Neugestaltung des Gesundheitssystems

Joachim P. Sturmberg

Neugestaltung des Gesundheitssystems

Wie man die Gesundheitsversorgung personenzentriert, gerecht und nachhaltig gestaltet

Springer

Joachim P. Sturmberg
University of Newcastle
Wamberal, NSW, Australien

ISBN 978-3-031-46815-5 ISBN 978-3-031-46816-2 (eBook)
https://doi.org/10.1007/978-3-031-46816-2

Die Deutsche Nationalbibliothek verzeichnet diese Publikation in der Deutschen Nationalbibliografie; detaillierte bibliografische Daten sind im Internet über http://dnb.d-nb.de abrufbar.

Dieses Buch ist eine Übersetzung des Originals in Englisch „Health System Redesign" von Sturmberg, Joachim P., publiziert durch Springer Nature Switzerland AG im Jahr 2018. Die Übersetzung erfolgte mit Hilfe von künstlicher Intelligenz (maschinelle Übersetzung). Eine anschließende Überarbeitung im Satzbetrieb erfolgte vor allem in inhaltlicher Hinsicht, so dass sich das Buch stilistisch anders lesen wird als eine herkömmliche Übersetzung. Springer Nature arbeitet kontinuierlich an der Weiterentwicklung von Werkzeugen für die Produktion von Büchern und an den damit verbundenen Technologien zur Unterstützung der Autoren.

Planung/Lektorat: Janet Kim
Springer ist ein Imprint der eingetragenen Gesellschaft Springer Nature Switzerland AG und ist ein Teil von Springer Nature.
Die Anschrift der Gesellschaft ist: Gewerbestrasse 11, 6330 Cham, Switzerland

Das Papier dieses Produkts ist recycelbar.

Dieses Buch ist meinen Patienten gewidmet, für ihre Geduld, mich über die wahre Natur der Gesundheit aufzuklären. Ich bin ihrer Großzügigkeit zu Dank verpflichtet, mit mir ihre Erfahrungen darüber zu teilen, was es bedeutet, „in guter Gesundheit" zu sein, und wie man die „Erfahrung guter Gesundheit" durch Anpassung an die Folgen von Krankheiten aufrechterhält.

Geleitwort

Notizen aus der Neuen Welt

In den letzten Jahren hat sich unsere Arbeit am Lown Institute auf die tiefgreifenden Probleme der Bereitstellung der richtigen medizinischen Versorgung für alle konzentriert. Seit unserer ersten jährlichen Konferenz im Jahr 2012 gibt es eine wachsende Anerkennung des Versagens moderner Gesundheitssysteme, die benötigte und gewünschte Versorgung bereitzustellen und gleichzeitig unnötige Versorgung zu vermeiden. Die schwerwiegenden Folgen dieser beiden Probleme, sowohl in Bezug auf Schäden für Patienten als auch auf Kosten für Gemeinschaften, sind erschütternd.

Unsere jüngste Reihe von Artikeln in der *Lancet* versuchte, diese Themen an eine prominentere Stelle auf der globalen Gesundheitsagenda zu rücken, neben dem traditionellen Fokus auf übertragbare und nicht übertragbare Krankheiten und dem neueren auf universelle Gesundheitsversorgung. Glücklicherweise befinden wir uns jetzt in den frühen Stadien einer weltweiten Bewegung zur Bekämpfung schlechter Versorgung. Je mehr ich jedoch über unsere Arbeit nachgedacht habe, desto mehr bin ich davon überzeugt, dass wir nicht erfolgreich sein werden, es sei denn, wir stellen uns einer Schlüsseltatsache: Die Probleme von Über- und Unteranwendung sind keine bloßen Abweichungen eines ansonsten gesunden Systems, sondern entstehen aus dem eigentlichen Gewebe der modernen Medizin und ihrem aktuellen Paradigma.

Die alte medizinische Welt befindet sich in Aufruhr, einem Aufruhr, der im letzten Jahrhundert beispiellos ist. Die Probleme und Schwierigkeiten häufen sich schneller, als Lösungen gefunden werden. Weltweit fühlen Patienten einen Bedarf an Pflege, der nicht erfüllt wird und werden skeptisch gegenüber Tests und Verfahren, die sie in den Bankrott treiben könnten. Während alternde Bevölkerungen und steigende Technologiekosten Kernfaktoren für Bedenken hinsichtlich der Effizienz der Gesundheitsversorgung sind, empfinden Kliniker weltweit auch etwas Emotionaleres: ein Gefühl des Verlusts, da die Pflege immer mehr transaktional und immer weniger relational geworden ist. Vieles davon ist eine

Folge der neoliberalen Ära, aus der wir hervorgehen, aber ich bin überzeugt, dass etwas Tieferes vor sich geht.

Die Beweise häufen sich, dass das wissenschaftliche Paradigma der letzten hundert Jahre seinen Lauf genommen hat und wir nun in jede Richtung auf Dilemmata stoßen. Eine Konsequenz ist, dass die Explosion der Technologie es immer schwieriger macht, eine integrierte Sicht auf den Menschen im Zentrum des medizinischen Zwecks zu haben. In Momenten wie diesen müssen wir unsere Weltanschauung vollständig überprüfen und sie an die hartnäckige Realität anpassen, die uns konfrontiert.

Der Autor dieses Buches, Joachim Sturmberg, ist eine der vielen außergewöhnlichen Personen, denen ich im Laufe meiner Arbeit in den letzten Jahren begegnet bin. Er ist jemand, den ich nur durch die Magie des Internets kenne – wir sind zusammen auf verschiedenen Mailinglisten und sind durch eine gemeinsame Leidenschaft für die Neugestaltung von Gesundheitssystemen verbunden.

Dr. Sturmberg ist ein bemerkenswerter Arzt, ein Allgemeinmediziner mit praktischer Erfahrung in der Betreuung von Menschen in ländlichen Gebieten, der auch ein versierter Systemdenker ist, der sich auf Modelle der integrierten Versorgung für den einzelnen Patienten konzentriert. Seine Fähigkeiten und Leidenschaft haben ihn dazu gebracht, ein internationaler Führer in der Anwendung der Komplexitätstheorie auf das Gesundheitswesen zu werden.

In dieser Funktion ist Joachim Sturmberg eindeutig ein Pionier, ein Entdecker einer neuen Welt.

In diesem Buch identifiziert Sturmberg zu Recht den wissenschaftlichen Reduktionismus als ein zentrales Problem unseres aktuellen Paradigmas. Reduktionismus zerlegt einen komplexen Prozess, wie das Funktionieren einer Uhr, in seine Bestandteile, um ein besseres Verständnis seiner zugrunde liegenden Mechanismen zu ermöglichen. Wir haben die Früchte dieser Methode im vergangenen Jahrhundert mit spektakulären, fast magischen Fortschritten in der Impfung, Antibiotika, chirurgischen Techniken und Geräten geerntet. Unser Wissen über die komplexen molekularen Komponenten und Prozesse, die in allen Aspekten von Gesundheit und Krankheit involviert sind, hat sich explosionsartig erweitert.

Aber die Abhängigkeit von einem reduktionistischen Paradigma zeigt nun ihre Nachteile, da die fortgesetzte Suche nach neuen, gezielten Therapien immer langsamere Fortschritte zu immer höheren Kosten erbringt, wie eine Vielzahl von Beispielen in der Krebs- und Herz-Kreislauf-Versorgung belegen kann. Dies ist in nicht geringem Maße darauf zurückzuführen, dass biologische Systeme stark vernetzt und nicht linear sind. Die Suche nach einer „Wunderwaffe" wie Penicillin für Zustände mit komplexer Biologie wie Krebs oder Herzkrankheiten oder Verhaltenskrankheiten wird wahrscheinlich nicht erfolgreich sein.

Jenseits des biologischen Reduktionismus ist ein ähnlicher Mangel an systemischem Denken allgegenwärtig in den Versuchen von Gesundheitssystemen, Probleme hoher Kosten und schlechter Ergebnisse anzugehen, die bisher nur dürftige Ergebnisse erbracht haben. Trotz rhetorischer Ausdrücke ist die tatsächliche Anstrengung normalerweise gering, hauptsächlich weil neue Anreize, Prozesse und Technologien immer noch weitgehend in das alte System eingebettet sind.

Das ist nicht überraschend, weil unsere aktuellen Gesundheitssysteme sich auf Transaktionen statt auf Beziehungen konzentrieren. Um ein System zu realisieren, das wirklich auf Beziehungen basiert, müssten wir Transaktionen entfernen – und tatsächlich alles an der klinischen Begegnung ändern: Zahlungsmodelle, Liefermodelle, die Technologieplattform und am wichtigsten die Kultur. Sturmberg zitiert Max Planck, den deutschen Physiker, der sagte: „Wenn Sie die Art und Weise ändern, wie Sie Dinge betrachten, ändern sich die Dinge, die Sie betrachten".

Aus Sturmbergs Sicht haben die aktuellen Gesundheitssysteme einen Wendepunkt erreicht und sind nicht mehr reformierbar. Wir müssen alles ändern. Sein Buch ist ein willkommener Beitrag, um uns den Weg nach vorne zu zeigen.

Sturmberg fordert eine Änderung der Denkweise oder Weltanschauung. Er definiert Denkweise als "eine Reihe von Annahmen, Methoden oder Vorstellungen, die von einer oder mehreren Personen oder Gruppen von Personen so fest verankert sind, dass sie in diesen Personen oder Gruppen einen starken Anreiz schaffen, frühere Verhaltensweisen, Entscheidungen oder Werkzeuge weiterhin zu übernehmen oder zu akzeptieren".

Das neue Paradigma, das er empfiehlt, ist die Komplexitätstheorie, ein relativ neuer Zweig der Wissenschaft, der die Welt nicht mehr als mechanistisch, linear und vorhersehbar sieht, sondern als vernetzt, nicht-linear und anpassungsfähig. In den letzten 20 Jahren sind mathematische Rahmenbedingungen entstanden, die uns helfen, das Verhalten komplexer Systeme zu verstehen: Netzwerktheorie, agentenbasierte Modellierung, Skalierungstheorie, die Theorie der skalenfreien Netzwerke, Nichtgleichgewichts-Statistische Mechanik und nichtlineare Dynamik. Diese Mathematik ist für Medizin und Gesundheitswesen genauso wichtig wie die Analysis für die Physik war.

Die Komplexitätstheorie ermöglicht es uns, Systeme zu modellieren, in denen die Summe der Teile auf neuartige Weise interagieren, die weit über das hinausgeht, was man von reduktionistischen Modellen vorhersagen könnte. Wenn die Interaktionen zwischen den Elementen nicht linear sind, ist das Verhalten komplexer Systeme unvorhersehbarer. Sturmberg's Aussage, dass gute und schlechte Gesundheit besonders nicht linear und daher schwer vorherzusagen sind, ist eine grundlegende Wahrheit, die viele der Misserfolge der aktuellen Ansätze erklärt.

Dieser Rahmen beantwortet einige Rätsel in den Bemühungen um die Gesundheitsreform: Manchmal können sehr kleine Eingaben zu sehr großen („chaotischen") Reaktionen führen, aber zu anderen Zeiten können große Eingaben zu keiner Veränderung führen. Darüber hinaus können Veränderungen in einem Teil des Gesundheitssystems leicht zu einer Verschlechterung in einem anderen führen.

Er weist darauf hin, dass das Wort Komplexität von „complexus" kommt, was ineinander verwoben bedeutet, und zeigt, wie dieses Framework uns ermöglicht, unsere Denkweise über Gesundheit und Gesundheitsversorgung vollständig neu auszurichten. Dies gilt für grundlegende Elemente wie die Gnosologie der Krankheit und die Erstellung einer Diagnose sowie für das Gesundheitssystem selbst. Es lädt uns auch ein, die Gesundheitsversorgung als enges Subsystem innerhalb des Gesundheitssystems zu sehen.

Sturmbergs Rahmenwerk ermöglicht es uns, die notwendigen Konfigurationen über die vielen Ebenen der Organisation zu durchlaufen und zu verstehen, die für die Verfolgung eines nahtlos integrierten Gesundheitssystems erforderlich sind. Noch wichtiger ist, dass dieses Rahmenwerk es uns ermöglicht, die Erfahrung der Gesundheit durch die Person als das Hauptergebnis der Pflege zu betrachten.

Sein Ansatz bereitet auch den Weg für ein umfassendes Programm zur Neugestaltung von Gesundheitssystemen und ermöglicht es ihm, die Aufmerksamkeit auf alle Organisationsebenen zu lenken. Sein Paradigma gibt lokalen Gesundheitsdiensten die Erlaubnis, sich so zu organisieren, dass das Ziel erreicht wird, die Bedürfnisse ihrer Menschen zu erfüllen. In Sturmbergs Sicht entsteht ein nachhaltiges Gesundheitssystem hauptsächlich auf lokaler Ebene, das dann durch die Beiträge von regionaler, staatlicher und nationaler Ebene beeinflusst wird. Gegenseitig beeinflussen die Ergebnisse des Gesundheitssystems auf lokaler Ebene die Funktionen des regionalen, staatlichen und nationalen Systems. Er betont, dass das Management der Neugestaltung des Gesundheitssystems sich auf eine kohärente Kommunikation im gesamten System konzentrieren muss.

Eine der kritischen Konsequenzen dieser Sichtweise auf die Gesundheitsversorgung als komplex adaptives System ist die Stärkung des lokalen Versorgungsnetzwerks. Sein Ideal ist ein lokales Netzwerk, das seine Dienstleistungen ständig verbessert, indem es auf das Feedback der Menschen hört und ihre Bedürfnisse versteht, dann die Änderungen erklärt, die aufgrund ihres Feedbacks vorgenommen werden, und schließlich die Erfolge der Organisation bei der Bereitstellung dessen kommuniziert, was die Menschen angefordert haben.

Sturmberg bietet auch einige faszinierende praktische Implikationen des komplexen Systemansatzes: Wie gibt ein kausales Schleifendiagramm eines Patientengesprächs dem Hausarzt neue Einblicke in die Krankheitserfahrung des Patienten und wie eröffnet es einen neuen narrativen Ansatz, um dem Patienten zu helfen, seine Krankheit zu verstehen, neue Interventionspunkte zu identifizieren und alternative Behandlungsansätze zu erforschen, um seine Krankheitserfahrung zu modifizieren?

Ich glaube, dass jeder im Gesundheitswesen von der Auseinandersetzung mit den in diesem Buch vorgestellten Ideen profitieren würde. Das Paradigma, das wir suchen und das Sturmberg anbietet, hält das Versprechen einer Synthese bereit, die uns von mehreren Einschränkungen befreit und unsere Suche nach einem einheitlichen Bild von Gesundheit erheblich vorantreibt. Es stellt auch die Beziehung in den Mittelpunkt der Heilung.

Ich teile Sturmbergs grundlegende Weltanschauung, die ich als wesentlich für die Medizin des einundzwanzigsten Jahrhunderts sehe. Dass er und ich unabhängig voneinander darauf gestoßen sind, halte ich für ein hoffnungsvolles Zeichen, dass wir wichtige intellektuelle Prinzipien inmitten von Unruhen, Übergängen und neuen Anfängen entdecken.

Dieses Buch bietet einen Rahmen zum Nachdenken über die neue Landschaft, in die wir eintreten, und ich erwarte, dass wir seine Themen noch viele Jahre lang verfeinern und erweitern werden. Als solches ist es ein unverzichtbares Handbuch für Entdecker, das eine umfassende Tour durch die neue Welt bietet.

September 2017

Vikas Saini
President
Lown Institute
Cambridge, MA, USA

Vorwort

Die kürzlich erschienene *Lancet* Serie *Right Care* (http://www.thelancet.com, Januar 2017) hebt hervor, dass Menschen in sowohl hoch- als auch in Niedrig- und Mitteleinkommensländern oft nicht die *Pflege erhalten, die sie benötigen.* Menschen werden entweder über- oder unterversorgt aufgrund einer oder einer Kombination von sozialen, wirtschaftlichen, politischen und psychologischen Faktoren. Diese Faktoren können in drei Bereiche gruppiert werden – *Geld und Finanzen; Wissen, Voreingenommenheit und Unsicherheit;* und *Macht und menschliche Beziehungen.* Wichtig ist, dass diese Faktoren das Gesundheitssystem auf allen Ebenen der Organisation – global, national, regional und lokal – beeinflussen. Darüber hinaus fehlt dem Gesundheitssystem – im Gegensatz zu seinem biomedizinischen Gesundheitsversorgungs-*Subsystem* – eine klare Definition seiner spezifischen Zwecke, Ziele und Werte. Das dynamische Verhalten dieser Faktoren auf und zwischen den Organisationsebenen resultiert in dem beobachtbaren Verhalten eines Landesgesundheitssystems. Ein unvollständiges Verständnis der Konfigurationen und Beziehungen zwischen den Akteuren des Systems begrenzt die Möglichkeiten für eine erfolgreiche Veränderung des Gesundheitssystems.

Neugestaltung des Gesundheitssystems

Unsere Gesundheitssysteme müssen neu gestaltet werden; in ihrer **aktuellen Form sind sie nicht mehr zweckmäßig** noch sind sie **finanziell nachhaltig** über die sehr nahe Zukunft hinaus. Beachten Sie, dass der Schwerpunkt hier auf dem **Gesundheitssystem** liegt und nicht auf dem engen Teilsystem, das das *Gesundheitsversorgungssystem* umfasst. Die Aktivitäten des Gesundheitssystems umfassen alle Aspekte, die die menschliche Gesundheit beeinflussen – Bildung, Arbeit, Lebensmittelversorgung, soziale und umweltbezogene Infrastrukturen neben den spezifischen Gesundheitsdienstleistungen.

Wie erreichen wir dann ein *Gesundheitssystem* das effektiv, gerecht und finanziell nachhaltig ist? In diesem Zusammenhang beachten Sie die Beobachtungen des Wirtschaftsnobelpreisträgers Herbert Alexander Simon:

> Ingenieurwesen, Medizin, Wirtschaft, Architektur und Malerei beschäftigen sich nicht mit dem Notwendigen, sondern mit dem Zufälligen – nicht damit, wie die Dinge sind, sondern wie sie sein könnten – kurz gesagt, mit Design ... Jeder entwirft, der Handlungswege plant, um bestehende Situationen in bevorzugte zu ändern.

Dieses Buch nimmt seine Leser mit auf eine Reise zu einem *bevorzugten Gesundheitssystem*. Ein solches System *geht über die üblichen Ansätze zur Gesundheitsreform hinaus* – Redesign-Ansätze behandeln Probleme mit einer *neuen Denkweise*, indem sie die grundlegende Basis des Systems, seinen Zweck, spezifische Ziele, Kernwerte und seine Kernantriebe oder Betriebsprinzipien (auch bekannt als „einfache Regeln") neu untersuchen. Dabei berücksichtigt es die Konfigurationen und Beziehungen seiner Akteure über und zwischen seinen verschiedenen Organisationsebenen hinweg, um ein nahtlos integriertes Gesundheitssystem zu erreichen.

Die Neugestaltung des Gesundheitssystems ist daher ein *Prozess*, der die Eingabe von allen erfordert. Wie Julio Frenk betonte, sind wir alle auf verschiedene Weise Akteure des Gesundheitssystems:

- Als Patienten, mit spezifischen Bedürfnissen, die Pflege benötigen
- Als Nutzer, mit Erwartungen an die Art und Weise, wie sie behandelt werden
- Als Steuerzahler/Dienstleistungskäufer und daher als die letztendliche Finanzierungsquelle
- Als Bürger, die möglicherweise den Zugang zur Pflege als Recht fordern
- Als Co-Produzenten von Gesundheit durch die Inanspruchnahme von Leistungen, die Einhaltung von Behandlungen und Verhaltensweisen, die die eigene Gesundheit oder die Gesundheit anderer fördern oder schädigen können

Unter Berücksichtigung einer *gesamtsystemischen* Perspektive, „*sollten*" alle Nutzer eine Schlüsselrolle bei der Bestimmung des Zwecks, der Ziele und Werte des Gesundheitssystems spielen. Da Nutzer in verschiedenen Kontexten unterschiedliche Notwendigkeiten haben, werden die entstehenden Konfigurationen lokaler Gesundheitssysteme in ihren Einzelheiten zu Recht variieren, während sie ihre übergeordneten Ziele vollständig umfassen. Diese entstehenden lokalen Gesundheitsdienste werden die „am besten angepassten" sein, gegeben die lokalen Notwendigkeiten sowie Einschränkungen. Daher kann und tut dieses Buch nicht so, als ob es *einfache Antworten* auf das Problem liefert; vielmehr zielt es darauf ab, auf wichtige Fragen hinzuweisen, die den Prozess der Neugestaltung des Gesundheitssystems untermauern. Das Buch wird sich mit drei Schlüsselthemen befassen:

- Verständnis für Komplexität – was sind Komplexitätswissenschaften und wie prägt das Denken in Komplexität unser Verständnis von Gesundheit
- Vision eines „am besten angepasstes" Gesundheitssystems – was wäre dafür erforderlich, Beispiele, die in diese Richtung weisen, und Wege, die uns dabei helfen könnten, dorthin zu gelangen

- Erreichen eines personenzentrierten, gerechten und nachhaltigen Gesundheitssystems – wie können wir die Prinzipien von System- und Design-Denken in der Praxis umsetzen, was können wir aus Beispielen lernen, die diese Prinzipien verwendet haben, und wie können wir dieses Lernen in Richtung des Ziels übersetzen, personenzentrierte, gerechte und nachhaltige Gesundheitssysteme zu erreichen

Meinungsvielfalt

Ein bevorzugtes Gesundheitssystem zu entwerfen, erfordert zunächst, dass alle mit einem berechtigten Interesse die vielen Probleme, die den *Status quo* untermauern, offen und transparent ansprechen. Wie oben hervorgehoben, ist das Gesundheitssystem in Fragen von Geld und Finanzen; Wissen, Voreingenommenheit und Unsicherheit; und Macht und menschlichen Beziehungen, konfliktbeladen. Werden wir in der Lage sein, unter anderem anzuerkennen, dass:

- Die Wege zu guter und schlechter Gesundheit sind nicht linear und schwer vorherzusagen
- Gesundheit ist eine *persönliche Erfahrung* und das Produkt komplexer dynamischer Beziehungen zwischen biologischen, sozialen, emotionalen und kognitiven Determinanten
- Um alle Gesundheitsnotwendigkeiten einer Person zu erfüllen, ist die Einbindung derjenigen erforderlich, die in der Lage sind, die zugrunde liegenden sozialen Determinanten der Gesundheit zu bewältigen
- Gesundheitssysteme sollen die Notwendigkeiten der Menschen befriedigen, nicht ihre Forderungen
- Gesundheitsnotwendigkeiten stehen in umgekehrtem Verhältnis zum sozioökonomischen Status
- Gesundheitsversorgung ist eine Dienstleistung, kein Handelsgut
- Effiziente Gesundheitsversorgung geht Hand in Hand mit effektiver Sozialversorgung
- Gesundheit ist ein Menschenrecht, das auf gerechter Basis aufrechterhalten werden muss
- Befugnisse und Verantwortlichkeiten innerhalb des Gesundheitssystems sind unter allen seiner Akteuren verteilt
- Das Gesundheitssystem bietet ein Sicherheitssystem im Bedarfsfall, insbesondere für die am stärksten gefährdeten in unseren Gemeinschaften
- Ein gemeinsamer Ansatz zur Finanzierung des Gesundheitswesens – unabhängig von öffentlichen oder privaten Finanzierungsvereinbarungen – kommt der *Gesellschaft als Ganzes zu Nutzen*
- Die größten Gesundheitsgewinne können aus Investitionen in Dienstleistungen außerhalb des Gesundheitssystems resultieren, z. B. das Ablassen

von stehenden Gewässern zur Verhinderung von durch Mücken übertragenen Krankheiten oder das Anlegen von Gemeinschaftsgärten in armen Stadtvierteln

Weiter Vorwärts

Dieses Buch enthält zahlreiche Verweise, um den Lesern zu ermöglichen, bekannte sowie unbekannte oder umstrittene Aussagen nachzuvollziehen. Die Ergänzung von Anhängen versorgt den interessierten Leser unter anderem mit Auszügen von einflussreichen Denkern und Praktikern, die eine Erkenntnistheorie der Systemwissenschaften abdecken; adaptive Führung und Veränderungsmanagement; unterschiedliche Perspektiven darauf, was „Wert im Gesundheitswesen" ausmacht; und eine kurze Einführung in das Verständnis der „Rolle und des Wertes von Sozialdiensten" für Gesundheit und Wohlbefinden.

Ich hoffe, dass wir eine fortlaufende Unterhaltung über die Neugestaltung des Gesundheitssystems beginnen können. Zu diesem Zweck habe ich eine *LinkedIn Gruppe* – https://www.linkedin.com/groups/13553062 – mit dem Ziel, eine Bewegung zu schaffen, die die Erneuerung von Gesundheitssystemen weltweit beeinflussen kann.

Holgate, NSW, Australien
Mai 2017

Joachim P. Sturmberg

Danksagungen

Dieses Buch entstand aus fortlaufenden Diskussionen mit Freunden und Kollegen aus der ganzen Welt. Ich bin besonders dankbar für hilfreiche Kommentare von Di O'Halloran, Bruno Kissling, Curt Lindberg, Carmel Martin, Beverley Ellis, Marcus Thygeson, Geoff McDonnell, Chad Swanson, Paul Spicker und Len Gainsford.

Inhaltsverzeichnis

Kapitel 1
Wir benötigen einen systemischen Ansatz für die Neugestaltung von Gesundheitssystemen

Der erfolgreiche Umgang mit komplexen Problemen erfordert ein Verständnis dafür, dass jedes Problem mit einer Vielzahl anderer Probleme verbunden ist, und ein Verständnis für die unvermeidliche Zeitverzögerung zwischen Maßnahmen und Ergebnissen [1].

Die Bewältigung der Herausforderungen der gegenwärtigen Gesundheitssystemkrise erfordert einen *Denkwechsel,* der:

- ***Systemdenken*** als den prinzipiellen Weg zum Verständnis der Probleme und zur Gestaltung von Lösungen akzeptiert
- Die ***Bedürfnisse der Person/des Patienten*** als das *sine qua non* für die Bereitstellung von Gesundheitsdienstleistungen betrachtet
- Die ***Gesundheitserfahrung der Person*** als das prinzipielle Ergebnismaß ansieht

Dieses Buch skizziert einen systembasierten Ansatz zur Untersuchung der Krise der Gesundheitssysteme weltweit und zeigt auf, wie die Anwendung von Systemdenkansätzen zu einem *nahtlos integrierten, personenzentrierten, gerechten und nachhaltigen Gesundheitssystem* führen kann (Abb. 1.1).

Die Kernargumente für einen systembasierten Ansatz zur Neugestaltung des Gesundheitssystems lauten wie folgt:

- Komplexe adaptive Systeme werden durch ihren Kernfokus definiert, eine Änderung des Gesundheitssystems erfordert eine Änderung des Kernfokus – *von Krankheit zu Gesundheit*
- Der Schwerpunkt sollte auf dem *Gesundheitssystem* und nicht auf dem *Gesundheitsversorgungssystem* liegen, wobei letzteres eines von vielen „Untersystemen des Gesundheitssystems" darstellt
  – *Das Gesundheitssystem konzentriert sich auf die Gesundheit und das Wohlbefinden der Person*

J. P. Sturmberg, *Neugestaltung des Gesundheitssystems*,
https://doi.org/10.1007/978-3-031-46816-2_1

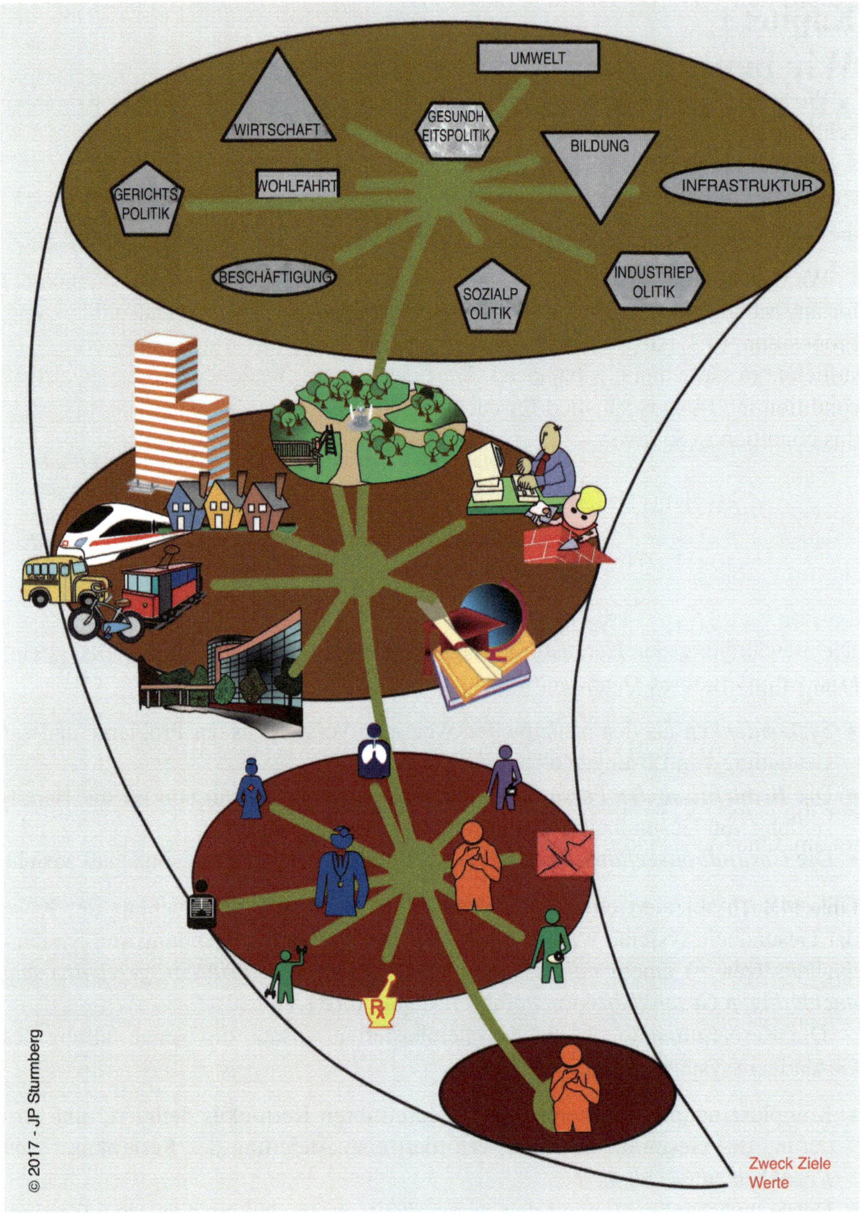

Abb. 1.1 Ein nahtlos integriertes Gesundheitssystem. Die Beschränkungen der lokalen Umgebung bestimmen die Konfigurationen und Beziehungen, die die notwendige Anpassung auf jeder organisatorischen Ebene ermöglichen, um das System nahtlos zu integrieren, um die *Bedürfnisse der Person/des Patienten zu erfüllen*

- *Das Gesundheitsversorgungssystem konzentriert sich auf die Krankheiten der Person*

- Ein Fokus auf die *„Gesundheit der Person"* würde die *Neukonfiguration der externen Faktoren* erfordern, die die Gesundheit einer Person beeinflussen, wie Bildung, Wohnen, Arbeit, soziale und öffentliche Infrastruktur

1.1 Denkweisen/Weltanschauungen

Denkweisen oder Weltanschauungen werden definiert als „eine Reihe von Annahmen, Methoden oder Vorstellungen, die von einer oder mehreren Personen oder Gruppen von Personen vertreten werden und die so etabliert sind , dass sie einen starken Anreiz innerhalb dieser Personen oder Gruppen schaffen, frühere Verhaltensweisen, Entscheidungen oder Werkzeuge weiterhin zu übernehmen oder zu akzeptieren".

Unsere Denkweise/Weltanschauung zeigt sich in der Art und Weise, wie wir uns mit Problemen auseinandersetzen.[1]

---

[1] Unsere Denkweisen/Weltanschauungen werden durch verschiedene Perspektiven geprägt, wie:

- Individualismus (d. h. Wertschätzung von Unabhängigkeit und Selbstständigkeit) oder Kollektivismus (d. h. Wertschätzung von sozialer Inklusion, Gleichheit und Gerechtigkeit)
- feste (d. h. regelbasierte) oder adaptive (d. h. situations- und umweltbewusste) Denkstrategien
- politische Überzeugungen wie
  - Libertarismus (d. h. Befürwortung einer dezentralisierten Regierung und individueller Wahl- und Freiheitsrechte)
  - Konservatismus (d. h. Befürwortung der Bewahrung traditioneller Institutionen wie Kirche und Monarchie)
  - Liberalismus (d. h. Befürwortung von Wahlmöglichkeiten, Privateigentum und Gleichheit)
  - Sozialismus (d. h. Befürwortung eines Glaubens an das soziale Eigentum und die Kontrolle der Produktionsmittel und somit einer Gesellschaft, die ein wirtschaftliches Sicherheitsnetz bietet, das die Bürger im Falle von Arbeitslosigkeit, Krankheit, Armut und Alter schützt)
  - Kapitalismus (d. h. Befürwortung des Privateigentums der Produktionsmittel und der persönlichen Gewinnmaximierung)
  - Neoliberalismus (d. h. Befürwortung von Privatisierung, fiskalischer Austerität, Deregulierung, freiem Handel und der Reduzierung der Regierungsgröße)
  - Die Überzeugungen und geistigen Einstellungen
  - Die Art und Weise, wie wir unsere Gedanken ausdrücken und unsere Sichtweisen darstellen
  - Die Verhaltensweisen, die wir in den Debatten zeigen

1.1.1 Ein Komplexitätsdenken

Ein Komplexitäts[2] Denkansatz sieht die Welt als *vernetzt und voneinander abhängig* aus und betrachtet das Verhalten der Welt als das Ergebnis der dynamischen nichtlinearen Interaktionen zwischen ihren Akteuren.

Ein Komplexitätsdenken akzeptiert, dass Veränderungen in der Struktur oder Funktion eines komplexen adaptiven Systems, wie dem Gesundheitssystem, nicht genau vorhersehbar sind. Es akzeptiert auch, dass die Ergebnisse einer Veränderung auf den obersten Ebenen von Organisationen lokal unterschiedliche Ergebnisse haben können. Ein Komplexitätsdenken schätzt diese Ergebnisse als gegenseitig akzeptabel ein; jedes Ergebnis spiegelt die „best angepasste Lösung“ im Lichte einzigartiger lokaler Umstände wider (Kap. 2).[3]

Betrachten Sie die folgenden Beispiele:

- Die rasch wachsende Adipositas-Epidemie, die viele beitragende Faktoren hat, ist hauptsächlich das Ergebnis des Konsums von Lebensmitteln mit hohem Zuckergehalt [2, 3]. Gesundheitspolitiker fordern eine strengere Regulierung der Zuckerzugabe während des Lebensmittelproduktionsprozesses als Teil eines mehrschichtigen Ansatzes gegen Adipositas [4], Zuckerproduzenten sehen dies als Angriff auf ihren Lebensunterhalt [5], die Lebensmittelindustrie argumentiert gegen eine solche Maßnahme aufgrund steigender Produktionskosten und dass es sowieso kein Problem der Lebensmittel, sondern eher eine Frage der Verbraucherwahl ist [6]. Und Verbraucher sind in einer Zwickmühle, da viele der stark verarbeiteten Lebensmittel viel billiger sind als frische Lebensmittel [7, Kap. 11]
- Australische Patienten beklagen sich ständig über schlechten Zugang zu semidringenden chirurgischen Eingriffen im öffentlichen Krankenhaussystem. Um die Transparenz des Zugangs zu gewährleisten, haben Gesundheitsbehörden Wartelistenregeln eingeführt, die garantieren sollen, dass niemand länger als 12 Monate auf einen Eingriff warten muss [8]. Wie jedoch kürzlich herauskam, hat diese Politik „unbeabsichtigte Folgen“ (Kap. 8); die einzige Möglichkeit für Krankenhausverwalter, dieses Ziel zu erreichen, besteht darin, ihre Chirurgen unter Druck zu setzen, Patienten nicht auf die Warteliste zu setzen – die einzige Möglichkeit, dieser Forderung nachzukommen, besteht darin, nicht versicherte Patienten erst dann zu sehen, wenn ein neuer Wartelistenplatz verfügbar wird [9]

Beide Beispiele – eines auf Makro-, das andere auf Mikroebene – verdeutlichen die in jedem Problem inhärenten Abhängigkeiten. Sie zeigen auch die Konsequen-

[2] Aus dem Lateinischen: *complexus*, was so viel bedeutet wie *verwoben*.

[3] Kapitelreferenzen wurden für die in diesem Kapitel eingeführten Schlüsselpunkte hinzugefügt.

Tab. 1.2 (Fortsetzung)

Systemdenkansätze in verschiedenen Sektoren	Auswirkungen auf das Gesundheitswesen
Entscheidungsunterstützungssysteme (DSS) beinhalten Gesundheitsinformationssysteme, künstliche Intelligenz (KI oder maschinelles Lernen) • DSS dienen dem Management, den Betriebs- und Planungsebenen einer Organisation • Helfen Menschen bei Entscheidungen über Probleme, die sich möglicherweise schnell ändern und/oder nicht leicht im Voraus spezifiziert werden können • Helfen Entscheidungsträgern, nützliche Informationen aus einer Kombination von Rohdaten, Dokumenten, persönlichem Wissen und/oder Geschäftsmodellen zu sammeln, um Probleme zu identifizieren und zu lösen	Einschränkungen aus einer *gesamtsystemischen* Perspektive • DSS bietet in der Theorie Vorteile für die medizinische Versorgung, jedoch zeigen Studien bestenfalls marginale Vorteile [17, 18] Mögliche Vorteile • DSS kann bei kleinskaligen Problemen wie der Verschreibung von Antibiotika und kritischen Versorgungsprotokollen helfen [18] • DSS kann helfen, die Auswirkungen verschiedener Ressourcenallokationsstrategien zu bewerten [19] • KI kann helfen, Muster zu identifizieren, die mit bestimmten Gesundheitsergebnissen verbunden sind
Geographische Informationssysteme • Verteilung von Agenten und ihren Verbindungen • Räumliche Beziehungen	Einschränkungen aus einer *gesamtsystemischen* Perspektive • Hohes Risiko der Überinterpretation lokaler Probleme ohne Berücksichtigung der eingebetteten globalen Faktoren Mögliche Vorteile • Frühe Identifizierung von Umweltursachen von Krankheiten [20] • Identifizierung von „Hot Spots" ermöglicht die Umverteilung von Ressourcen für diejenigen mit dem größten Bedarf [21] • Hilfreich bei der Identifizierung von Quellen gesundheitlicher Ungleichheit [22]
Agentenbasierte Modellierung und andere Simulationstools [23, 24]	Einschränkungen aus einer *gesamtsystemischen* Perspektive • Die Modellierung des Problems[a] „wie man ein nahtlos integriertes Gesundheitssystem erreicht", insbesondere mit Fokus auf die Erfüllung der Bedürfnisse der Person, wurde noch nicht versucht Mögliche Vorteile • Verständnis der Ausbreitung von Krankheiten in einer Gemeinschaft [25, 26] • Verständnis des Patientenflusses in einer Notaufnahme [27] • Optimierung der Nutzung von Operationssälen [28] • Testen von politischen Annahmen [29]

[a]Das Maxim in der Simulationsmodellierung lautet, Probleme zu modellieren, nicht Systeme

besserung sein könnte, kann leicht zu einer Verschlechterung in einem anderen führen. Der Schwerpunkt bei der Neugestaltung des Gesundheitssystems muss daher auf *kohärenter Kommunikation im gesamten System* liegen. Das Scheitern, eine kohärente Neugestaltung des *Systems als Ganzes* zu erreichen, verstärkt die Silolisierung des Gesundheitssystems.[4]

1.2 Neugestaltung des Gesundheitssystems: Mehr als Gesundheitssystem-Reform

Reform ist typischerweise ein Bestreben der Regierung, ein Problem in einem bestimmten Politikbereich zu lösen. Wie die Erfahrung zeigt, scheitern die meisten politischen Entscheidungen daran, die Probleme zu verbessern, die sie lösen sollten. Ein Teil des Grundes liegt in der Natur der Politikgestaltung.

Die Politikgestaltung ist ein zyklischer und iterativer Prozess, der erstmals 1956 von Harold Laswell als „Politikzyklus" [30] beschrieben wurde. Dieser Zyklus hat sich im Wesentlichen nicht verändert und beinhaltet hauptsächlich die Schritte „Agenda-Setting oder Problemidentifikation", „Politikformulierung, einschließlich Problem-Analyse", „Umsetzung" und „Bewertung". Während die zyklische Natur der Politikgestaltung von Land zu Land leicht variiert, sind die Ergebnisse in der Regel sehr ähnlich. Anhang 1 zeigt einige dieser Variationen und beschreibt die Phasen, Ziele, Prozesse und potenziellen Schwächen des Politikzyklus im Detail [31].

Trotz des „wohldefinierten Prozesses" erreicht die Politikgestaltung selten die ursprünglich angestrebten Ergebnisse. Wie „gut gemeinte" und „ehrgeizige" Gesundheitspolitikreformen sogar ein noch „größeres Chaos" verursachen, wurde visuell zusammengefasst (Abb. 1.2) vom King's Fund in Bezug auf die NHS-Reform 2012 in Großbritannien.[5]

Eine produktivere Möglichkeit, komplexe Gesundheitssystemprobleme zu lösen, könnte ein Design-Thinking-Ansatz sein [32, Kap. 13].

---

[4] Der Begriff *„Funktionales Silo-Syndrom"* wurde 1988 von Phil S. Ensor geprägt [12]. Er stellte fest, dass Manager ein mentales Modell haben, Informationen in Silos zu bewahren, was zu einer Divergenz der Ziele zwischen verschiedenen Einheiten einer Organisation führt. Prädiktoren für das Auftreten von Silos sind:

- Anzahl der Mitarbeiter
- Anzahl der organisatorischen Einheiten innerhalb der gesamten Organisation
- Grad der Spezialisierung
- Anzahl der verschiedenen Anreizmechanismen

[5] Für Interessierte hat der King's Fund ein kurzes YouTube-Video mit dem Titel **Eine alternative Anleitung zum neuen NHS in England** veröffentlicht – https://www.youtube.com/watch?v=8CSp6HsQVtw.

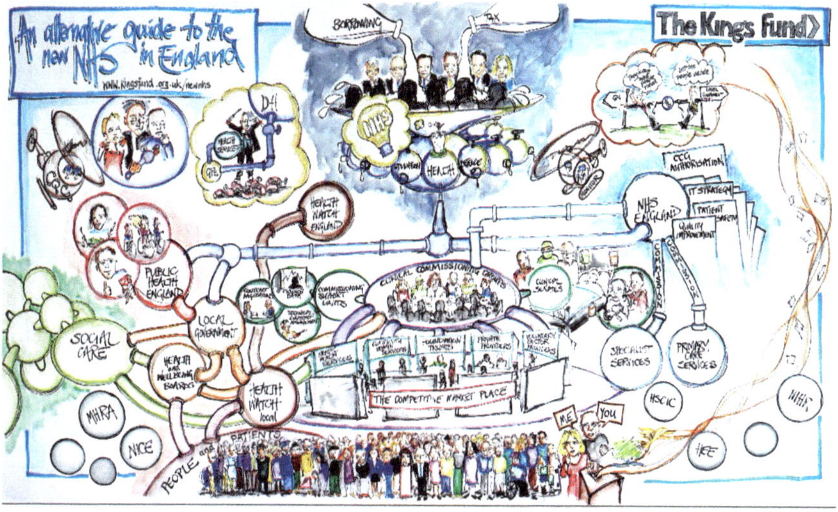

Abb. 1.2 Ein alternativer Leitfaden für den neuen NHS in England (reproduziert mit Genehmigung des King's Fund)

Design Thinking als Strategie bezieht bewusst alle betroffenen Stakeholder in einen iterativen Problemlösungsprozess ein. Sein Ansatz **kombiniert** Erkenntnisse aus WISSENSCHAFT (Ähnlichkeiten unter verschiedenen Dingen finden), KUNST (Unterschiede unter ähnlichen Dingen finden), **und** DESIGN (aus unpraktikablen „Teilen" machbare „Ganze" schaffen) auf eine Weise, die am besten geeignet ist, Lösungen für komplexe *(d. h. „wicked")* Probleme [33] im Bereich der Unsicherheit zu finden.

Design Thinking ist besonders nützlich bei *der Gestaltung komplexer Systeme oder Umgebungen zum Leben, Arbeiten, Spielen und Lernen.* …dieser Bereich hat sich ebenfalls erweitert und spiegelt ein stärkeres Bewusstsein für die zentrale Idee, den Gedanken oder den Wert wider, der die Einheit eines ausgewogenen und funktionierenden Ganzen ausdrückt. Dieser Bereich beschäftigt sich immer mehr mit der Erforschung der Rolle des Designs bei der Erhaltung, Entwicklung und Integration von Menschen in breitere ökologische und kulturelle Umgebungen, bei der Gestaltung dieser Umgebungen, wenn dies wünschenswert und möglich ist, oder bei der Anpassung an sie, wenn dies notwendig ist [33].

Design Thinking folgt einem lösungsbasierten Ansatz, es beginnt mit der Definition *wie Dinge sein sollten* [32]. Die Arbeit an der Lösung *(wie Dinge sein sollten)* folgt einem Prozess, der vom „Design Council (UK)" als die vier unterschiedlichen divergenten und konvergenten Phasen des Designs beschrieben wird: *Entdecken, Definieren, Entwickeln und Liefern.* Diese vier Schritte werden in Bezug auf eine *nahtlos integrierte, personenzentrierte, gerechte und nachhaltige Gesundheitssystem* Neugestaltung, wie sie in diesem Buch skizziert wird, illustriert (Abb. 1.3).

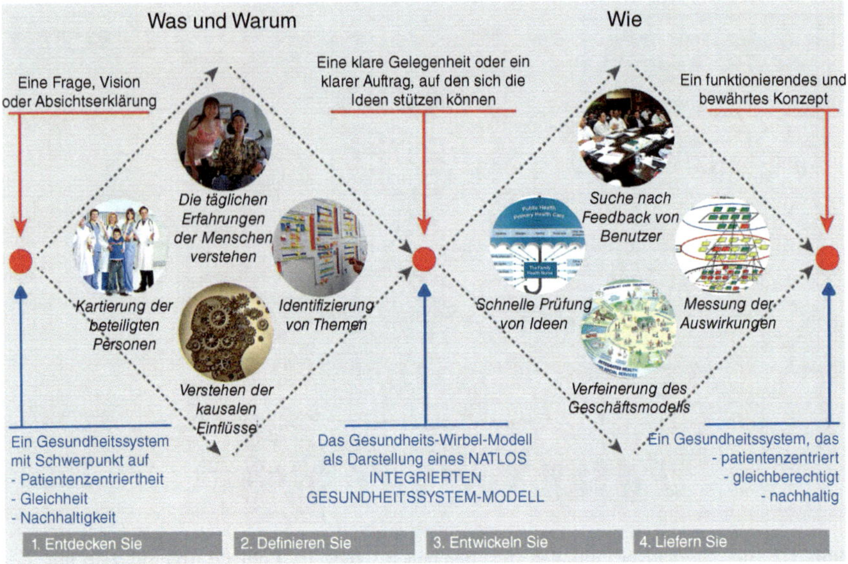

Abb. 1.3 Der Prozess der Gestaltung eines patientenzentrierten, gerechten und nachhaltigen Gesundheitssystems (adaptiert von „The Design Council (UK)")

Der Unterschied zwischen einem *„komplizierten kontrollbasierten"* und einem *„emergenten Ansatz der Neugestaltung"* des Gesundheitssystems wird in Anhang 2 (Obamacare) und Anhang 3 (Canterbury Health District (NZ)) illustriert.

1.3 *Gestaltung* eines *Komplex Adaptiven* Gesundheitssystems

Aktuelle Gesundheitssysteme haben einen Wendepunkt erreicht – sie sind nicht mehr reformierbar. Der Begriff Reform impliziert eine Veränderung innerhalb des bestehenden Rahmens (auch Tinkering genannt), d. h. Reformen können langfristig nur „mehr vom Gleichen" erreichen. Der Begriff Neugestaltung beginnt a priori mit einem „Tabula rasa"-Ansatz, er öffnet den „Raum der Möglichkeit", zu einem neuen Rahmen zu wechseln – wie hier vorgeschlagen, von einem Fokus auf „Krankheiten beheben" zu einem auf „Gesundheit schaffen".[6] Die Neugestaltung hat einen „Gesamtsystem"-Fokus. Es handelt sich um einen Prozess, der eine engagierte Führung und die Beteiligung aller Stakeholder erfordert.

[6] „Gesundheit schaffen" beinhaltet Gesundheitsförderung und Prävention sowie die Wiederherstellung der Gesundheit durch die Behandlung von „lästigen" Krankheiten.

Dieses Buch nimmt seine Leser mit auf die herausfordernde Reise der Neugestaltung des Gesundheitssystems und tut dies mit einer System- und Komplexitätsdenkweise. Es beschreibt einen systembasierten Weg zur Neugestaltung, gibt aber weder vor noch beabsichtigt es, „eine einfache oder endgültige Antwort" zu liefern.

Die Leser werden ermutigt, über ihre Erfahrungen in und mit ihren Gesundheitssystemen nachzudenken, bevor sie sich mit den hier skizzierten „neuen Ideen" auseinandersetzen. Jedes Kapitel beginnt mit einer kurzen „allgemeinverständlichen" Zusammenfassung, gefolgt von einer detaillierten Erörterung des Themas. Da viele Leser sich zum ersten Mal mit diesen Ideen auseinandersetzen, ist dieses Buch stark illustriert und Schlüsselideen werden in Fußnoten und Anhängen erweitert.

Obwohl das Buch notwendigerweise mit einer Einführung in die Theorie beginnen musste, ist es kein „Theoriebuch". Es wurde sehr darauf geachtet, den Lesern *reale* Beispiele aus aller Welt zu liefern, um zu demonstrieren, wie *Komplexitätsdenkweisen* hartnäckige Probleme auf verschiedenen Ebenen der Organisation von Gesundheitssystemen gelöst haben.

Anhang 1

Politikgestaltungszyklen in vier Ländern [34–37]

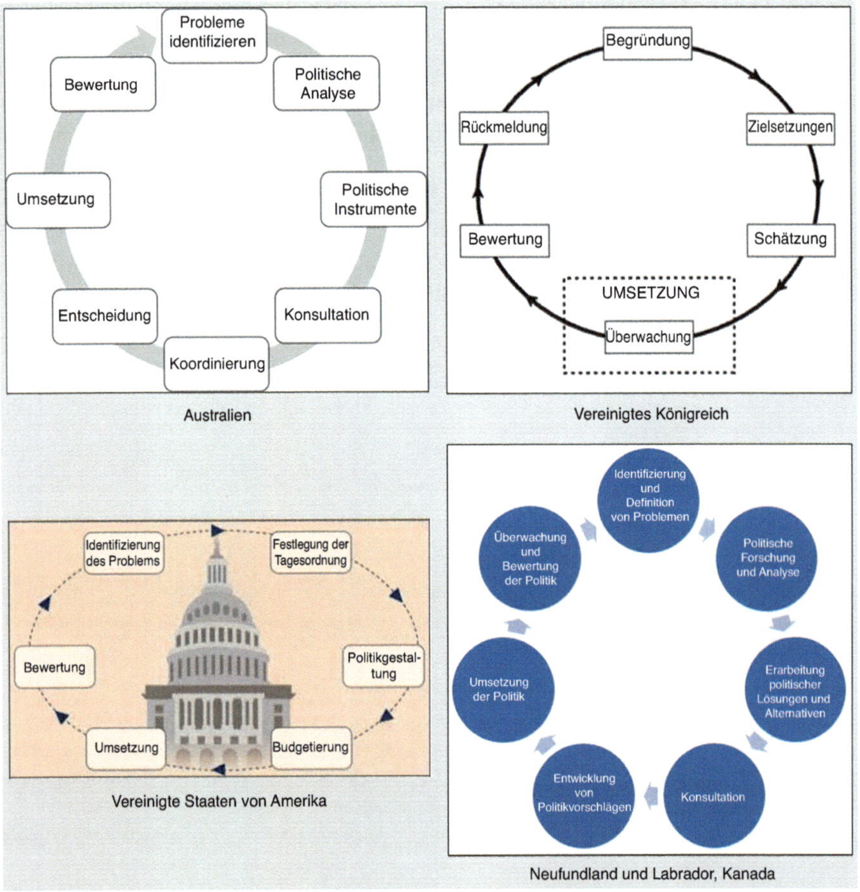

Modifiziert von Chapman A, McLellan B, Tezuka T. Stärkung des energiepolitischen Entscheidungsprozesses und der Nachhaltigkeitsergebnisse in der OECD durch Politikgestaltung [31]

Tabellarischer Prozess der Politikgestaltung zusammengestellt aus: Chapman A, McLellan B, Tezuka T. Stärkung des energiepolitischen Entscheidungsprozesses und der Nachhaltigkeitsergebnisse in der OECD durch Politikgestaltung [31]

Phase des Zyklus	Ziele	Prozesse	Schwächen
Agenda-Setting oder Problemidentifikation	Anerkennung eines politischen Problems	• Inherent politisch • Nicht unter direkter Kontrolle eines einzelnen Akteurs • Kann in einer Bottom-up- oder Top-down-Weise auftreten • Schauspieler fördern aktiv politische Themen, die für sie wichtig sind, um - sie auf die politische Agenda zu befördern - um prominent in der politischen Debatte zu bleiben	• Unklar, wie erfolgreich die öffentliche Meinung die Identifizierung von Politik beeinflusst • Begrenzte Kapazität innerhalb der Gesellschaft und politischen Institutionen, um alle möglichen politischen Reaktionen zu behandeln
Richtlinienformulierung, einschließlich der Analyse von Themen	Identifizierung von politischen Vorschlägen zur Lösung erkannter Probleme	• Findet innerhalb von Regierungsministerien, Interessengruppen, gesetzgebenden Ausschüssen, Sonderkommissionen und politischen Denkfabriken statt • Geht der Entscheidungsfindung voraus • Durchgeführt von Politikexperten, die bewerten - mögliche Lösungen - Lösungen vorbereiten, die in Gesetzgebung oder Verordnung kodifiziert werden sollen - erste Machbarkeitsanalyse - erste Analyse der politischen Akzeptanz - erste Analyse der Kosten und Nutzen • Die Konsultation mit der breiteren Gesellschaftspolitik wird Entscheidungsträgern, normalerweise dem Kabinett, Ministern und dem Parlament, zur Prüfung vor der Umsetzung vorgelegt	

Phase des Zyklus	Ziele	Prozesse	Schwächen
Implementierung	Die vorhergehende Planungsaktivität wird in die Praxis umgesetzt	• Ressourcenzuweisung • Abteilungsverantwortlichkeiten • Entwicklung von Regeln und Vorschriften • Durch Bürokratie • Schafft neue Agenturen • Übersetzung von Gesetzen in betriebliche Verfahren	• „Straßenebene“ Bürokraten müssen Anweisungen von zentralen Behörden interpretieren und gleichzeitig alltägliche Problemlösungsstrategien bereitstellen, um eine erfolgreiche Implementierungsstruktur zu gewährleisten
Bewertung	Politische Ergebnisse werden getestet gegen beabsichtigte Ziele und Auswirkungen	• Bestimmen Sie alle unbeabsichtigten Folgen von Richtlinien • Ermitteln Sie, ob eine Richtlinie aufgrund sich ändernder Richtlinienziele oder neu identifizierter Probleme beendet oder neu gestaltet werden sollte • Beteiligt staatliche und gesellschaftliche Akteure, um eine Neukonzeption von politischen Problemen und Lösungen zu beeinflussen	• Verwaltung (managerische und budgetäre Leistung) • Justiziell (gerichtliche Überprüfung und Verwaltungsermessen) • Politisch (Wahlen, Denkfabriken, Untersuchungen und gesetzliche Aufsicht) • Eine Kombination aus allen dreien

Anhang 2

Diagramm der Obamacare Gesundheitsreform

Das Diagramm hebt die strukturelle Konzeption hinter der politischen Reaktion hervor. Während die Details in der Online-Version besser betrachtet werden können, sind die Denkprozesse deutlich aus der vergrößerten Legende unter dem Diagramm ersichtlich (eine große Version dieses Bildes ist verfügbar unter http://www.jec.senate.gov/public/index.cfm/republicans/committeenews?ID=bb302d88-3d0d-4424-8e33-3c5d2578c2b0)

Anhang 3

Diagramm zur Neugestaltung des Gesundheitssystems des Canterbury Health District (NZ)

Die Grafik zeigt die organische und vernetzte Natur des Gesundheitswesens. (Eine große Version dieses Bildes ist verfügbar unter http://www.cdhbcareers.co.nz/All-About-Us/How-We-Do-What-We-Do/) (reproduziert mit Genehmigung des Canterbury und West Coast District Health Boards)

Literatur

1. Sturmberg JP (2007) Systems and complexity thinking in general practice. Part I – clinical application. Aust Fam Physician 36(3):170–173
2. Frieden TR, Dietz W, Collins J (2010) Reducing childhood obesity through policy change: acting now to prevent obesity. Health Aff (Millwood) 29(3):357–363
3. Lusk JL, Ellison B (2013) Who is to blame for the rise in obesity? Appetite 68:14–20
4. Hawkes C, Jewell J, Allen K (2013) A food policy package for healthy diets and the prevention of obesity and diet-related non-communicable diseases: the NOURISHING framework. Obes Rev 14:159–168
5. Zonca C (2016) Queensland cane growers take campaign against sugar tax to Canberra. ABC Rural. http://www.abc.net.au/news/2016-04-22/canegrowers-campaign-against-sugar-tax/7351424. Zugegriffen: 22 Apr 2016
6. Nixon L, Mejia P, Cheyne A, Wilking C, Dorfman L, Daynard R (2015) We're part of the solution: evolution of the food and beverage industry's framing of obesity concerns between 2000 and 2012. Am J Public Health 105(11):2228–2236
7. Wallinga D (2010) Agricultural policy and childhood obesity: a food systems and public health commentary. Health Aff (Millwood) 29(3):405–410
8. NSW Health (2012) Waiting time and elective surgery policy. Sydney. http://www0.health.nsw.gov.au/policies/pd/2012/PD2012_011.html
9. Australian Medical Association (2016) AMA Public Hospital Report Card 2015. Australian Medical Association, Contract No.: https://ama.com.au/sites/default/files/documents/160415%20-%20AMA%20Public%20Hospital%20Report%20Card%202015.pdf
10. Baker P (2014) Fat nation: why so many Australians are obese and how to fix it The Conversation, 6 Mar 2014. http://theconversation.com/fat-nation-why-so-many-australians-are-obese-and-how-to-fix-it-23783
11. Sturmberg JP, Martin CM (2009) Complexity and health – yesterday's traditions, tomorrow's future. J Eval Clin Pract 15(3):543–548
12. Ensor P (1988) The functional silo syndrome. AME Target: 16. http://www.ame.org/sites/default/files/target_articles/88q1a3.pdf. Zugegriffen: 2 Juli 2016
13. Sturmberg JP (2013) Health: a personal complex-adaptive state. In: Sturmberg JP, Martin CM (Hrsg) Handbook of systems and complexity in health. Springer, New York, S 231–242
14. Sturmberg JP (2009) The personal nature of health. J Eval Clin Pract 15(4):766–769
15. Mann S, Marcus R, Sachs B (2006) Grand rounds: lessons from the cockpit: how team training can reduce errors on L&D. Contemporary OB/GYN 51(1):34–42, 7p
16. Clewley R, Stupple EJN (2015) The vulnerability of rules in complex work environments: dynamism and uncertainty pose problems for cognition. Ergonomics 58(6):935–941
17. Moja L, Kwag KH, Lytras T, Bertizzolo L, Brandt L, Pecoraro V et al (2014) Effectiveness of computerized decision support systems linked to electronic health records: a systematic review and meta-analysis. Am J Public Health 104(12):e12–e22
18. Nachtigall I, Tafelski S, Deja M, Halle E, Grebe MC, Tamarkin A et al (2014) Long-term effect of computer-assisted decision support for antibiotic treatment in critically ill patients: a prospective 'before/after' cohort study. BMJ Open 4:e005370
19. Aktaş E, Ülengin F, Önsel Şahin Ş (2007) A decision support system to improve the efficiency of resource allocation in healthcare management. Socio Econ Plann Sci 41(2):130–146
20. Wang Y, Zhuang D (2015) A rapid monitoring and evaluation method of schistosomiasis based on spatial information technology. Int J Environ Res Public Health 12(12):15843–15859
21. McGrail MR, Humphreys JS (2015) Spatial access disparities to primary health care in rural and remote Australia, Geospatial Health 10:358
22. Bürgi R, Tomatis L, Murer K, de Bruin ED (2016) Spatial physical activity patterns among primary school children living in neighbourhoods of varying socioeconomic status: a

cross-sectional study using accelerometry and global positioning system. BMC Public Health 16:282
23. Brailsford CS, Harper RP, Patel B, Pitt M (2009) An analysis of the academic literature on simulation and modelling in health care. J Simul 3(3):130–140
24. Barton M, Berger S, Bolt T, Brailsford S, Clarkson J, Connell C et al (2009) Modelling and simulation techniques for supporting healthcare decision making a selection framework. Engineering Design Centre, University of Cambridge, Cambridge
25. Xiao Y, Brauer F, Moghadas SM (2016) Can treatment increase the epidemic size? J Math Biol 72(1):343–361
26. Rutherford G, Friesen MR, McLeod RD (2012) An agent based model for simulating the spread of sexually transmitted infections. Online J Public Health Inform 4(3):ojphi.v4i3.4292
27. Neighbour R, Oppenheimer L, Mukhi SN, Friesen MR, McLeod RD (2010) Agent based modeling of "crowdinforming" as a means of load balancing at emergency departments. Online J Public Health Inform 2(3):ojphi.v2i3.3225
28. Bhatt AS, Carlson GW, Deckers PJ (2014) Improving operating room turnover time: a systems based approach. J Med Syst 38(12):1–8
29. Esensoy AV, Carter MW (2015) Health system modelling for policy development and evaluation: using qualitative methods to capture the whole-system perspective. Oper Res Health Care 4:15–26
30. Jann W, Wegrich K (2007) Theories of the policy cycle. In: Fischer F, Miller GJ, Sidney MS (Hrsg) Handbook of public policy analysis: theory, politics, and methods. CRC Press, New York, S 43–62
31. Chapman A, McLellan B, Tezuka T (2016) Strengthening the energy policy making process and sustainability outcomes in the OECD through policy design. Adm Sci 6(3):9
32. Simon HA (1969) The sciences of the artificial. MIT Press, Cambridge
33. Buchanan R (1992) Wicked problems in design thinking. Des Issues 8(2):5–21
34. The University of Texas at Austin (2016) The public policy process. http://www.laits.utexas.edu/gov310/PEP/policy/index.html
35. Althaus C, Bridgman P, Davis G (2012) The Australian policy handbook, 5th edn. Allen and Unwin, Sydney
36. HM Treasury (2011) The green book: appraisal and evaluation in central government. HM Government Printer, London
37. Government of Newfoundland and Labrador (2016) The policy cycle. PolicyNL. http://www.policynl.ca/policydevelopment/policycycle.html

Teil I
Komplexität und Gesundheit: Herausforderung der Orthodoxie

Komplexität und Gesundheit: Eine Herausforderung für die Orthodoxie

Die Welt, die wir sehen und die so verrückt erscheint, ist das Ergebnis eines Glaubens
Systems, das nicht funktioniert. Um die Welt wahrzunehmen, müssen wir bereit sein,
unser Glaubenssystem zu ändern, die Vergangenheit hinter uns zu lassen,
unseren Sinn für das Jetzt zu erweitern und die Angst in unseren Köpfen aufzulösen.

William James (1842–1910)
Amerikanischer Philosoph, Psychologe und Arzt

Komplexität und Gesundheit

Die Wissenschaften der komplex adaptiven Systeme haben die meisten Wissenschaftsfelder revolutioniert, mit Ausnahme von Medizin und Gesundheits Systemen. Es wird offen anerkannt, dass eine Einführung in das Denken in komplex adaptiven Systemen zunächst abstrakt, hoch konzeptionell und sogar „unbrauchbar" erscheinen kann. Es ist nicht überraschend, dass Spannungen entstehen, wenn man versucht, das Denken in komplexen Systemen in der „realen Welt" der klinischen Versorgung, der Gesundheitsorganisationen oder der Gestaltung von Gesundheitssystemen anzuwenden.

Vielfach verwendet die Literature der Komplexitätstheorie und die der komplex adaptiver Systeme eine sehr spezifische Sprache, um die Funktionsweise von Systemen als Ganzes zu erklären. Sie stellt sich ausdrücklich gegen den Reduktionismus – die Annahme, dass die Zerlegung eines Systems in seine Teile nützlich ist, um seine Funktionsweise als Ganzes zu erklären und zu verbessern – und spricht den *Kernantrieb* eines Systems an, der seine langfristige Ausrichtung „bestimmt". In anderer Literatur werden „Systemdenken" oder

„Komplexitätsansätze“ in recht spezifischen Anwendungen verwendet, wie zum Beispiel beim Aufzeigen von Beziehungen, Identifizieren von Feedbackschleifen, Finden von Wissenslücken oder Erklären bestimmter Erfolge/Misserfolge. Obwohl die zugrunde liegenden Prinzipien in beiden Literaturkörpern gemeinsam sind, ist offensichtlich, dass das Konzeptuelle und das Angewandte manchmal nicht miteinander zu sprechen scheinen oder sogar in Konflikt geraten. Ob das Interesse nun dem *Kernantrieb* eines Systems oder der langfristigen Ausrichtung eines Systems oder der Fähigkeit, ein spezifisches Problem mit einer Systemperspektive anzugehen, gilt, ist es notwendig, sowohl in theoretischen als auch in angewandten Ansätzen gut verankert zu sein.

Das Verständnis komplexer Systeme und ihres Verhaltens muss zu einer erforderlichen Fähigkeit werden, um die vielen Probleme zu lösen, die Gesundheitssysteme betreffen. Wie das Institute of Medicine hervorhebt:

> *Die Gesundheitsversorgung ist komplex aufgrund der großen Anzahl von Verbindungen innerhalb und zwischen kleinen Versorgungssystemen... Gesundheitssysteme sind adaptiv, weil sie im Gegensatz zu mechanischen Systemen aus Individuen bestehen – Patienten und Kliniker, die die Fähigkeit haben, zu lernen und sich aufgrund von Erfahrungen zu verändern. Ihre Handlungen bei der Bereitstellung von Gesundheitsleistungen sind nicht immer vorhersehbar und neigen dazu, sowohl ihre lokale als auch ihre größere Umgebung zu verändern* (Institute of Medicine, 2001: 63–64).

Wichtige Punkte zur Navigation von Förderfaktoren und Hindernissen für Systemveränderungen beinhalten:

- Die Theorie komplex adaptiver Systeme kann helfen, das große Ganze, die gemeinsamen Treiber unseres Gesundheitssystems zu identifizieren, wo und wann sie die Fähigkeit zur Veränderung einschränken und wo Führung und Fürsprache angesetzt werden können
- Systemdenken kann uns helfen, Probleme zu verstehen und potenzielle Lösungen für diese Probleme zu identifizieren, die nicht offensichtlich sind – weil sie in den Verbindungen des Systems liegen, anstatt in spezifischen Teilen des Systems
- Die Anwendung komplexer Systemansätze kann aufzeigen, wie Ereignisse oder Veränderungen in einem Teil des Systems andere Teile des Systems beeinflussen
- Obwohl das Denken in komplex adaptiven Systemen keine „einfachen Antworten“ [1] liefern kann, bietet es einen fruchtbaren Boden, um über viele verschiedene mögliche Lösungen im Kontext nachzudenken und diese zu bewerten, was die „häufigen unbeabsichtigten Missgeschicke“ vermeidet, die durch die Durchsetzung linearer „Expertenlösungen“ entstehen

Dieser Abschnitt zielt darauf ab, den Lesern den notwendigen philosophischen und technischen Hintergrund zu den Systemwissenschaften, der Natur der Gesundheit und der Organisation und Dynamik von Gesundheitssystemen zu vermitteln. Die Kapitel behandeln:

- Die Natur der Systemwissenschaften
- Die Visualisierung von komplexen Systemen basierend auf Capras Wirbelmetapher [2]

- Ein Verständnis für das Zusammenleben von unterschiedlichen Komplexitätsgraden und deren Dynamik innerhalb komplex adaptiver Organisationen basierend auf dem Cynefin-Modell von Kurtz und Snowden [3]
- Die Natur der Gesundheit als ein „komplex adaptiver Erfahrungszustand“

Literatur

1. Heifetz R (1994) Leadership without easy answers. Harvard University Press, Cambridge, MA
2. Capra F (1996) The web of life. Harper Collins Verlag, London
3. Kurtz CF, Snowden DJ (2003) The new dynamics of strategy: sense-making in a complex and complicated world. IBM Syst J 42(3):462–483

Kapitel 2
Komplexitätswissenschaften

Überblick. Komplexitätswissenschaften sind, einfach ausgedrückt, die *Wissenschaften der Vernetzung.*

Das Ziel der Komplexitätswissenschaften besteht darin, die vielen verschiedenen Aspekte von Phänomenen zu verstehen. Die Komplexitätswissenschaften verwenden eine Vielzahl von methodischen Ansätzen, um vielschichtige Phänomene wie Gesundheit, Wirtschaft oder Umweltsysteme zu beschreiben und zu analysieren.

- Im Grunde besteht ein System aus einer Reihe von Teilen, die miteinander verbunden sind. Systeme unterscheiden sich je nach Art ihrer Vernetzung. Einfache Systeme haben eins-zu-eins-Beziehungen und ihr Verhalten ist genau vorhersehbar. Komplizierte Systeme haben eins-zu-viele-Beziehungen mit meist vorhersehbarem Verhalten
- Dieses Buch befasst sich mit *komplex adaptiven Systemen* mit vielen-zu-vielen-Beziehungen. Ihre vielen-zu-vielen-Beziehungen machen ihr Verhalten emergent, daher sind ihre Ergebnisse unvorhersehbar. Komplex adaptive Systeme haben eine besondere Eigenschaft, die Mitglieder des Systems können aus Rückmeldungen und Erfahrungen *lernen.* Die Beziehungen in komplex adaptiven Systemen ändern sich ständig, was es dem System ermöglicht, sich im Laufe der Zeit an veränderte Anforderungen anzupassen. Dennoch bleibt das Gesamtverhalten eines Systems trotz seiner Anpassung an veränderte Umstände relativ stabil innerhalb von Grenzen, aber gelegentlich kann sich sein Verhalten abrupt und dramatisch ohne ersichtlichen Grund ändern

Man kann das Verhalten von komplex adaptiven Systemen mit dem einer Familie vergleichen; meistens bleibt eine Familie trotz Höhen und Tiefen zusammen, aber gelegentlich kann eine Familie abrupt auseinanderbrechen, zur Überraschung ihrer Mitglieder und ihrer Umgebung.

J. P. Sturmberg, *Neugestaltung des Gesundheitssystems*,
https://doi.org/10.1007/978-3-031-46816-2_2

- Eine weitere wichtige Eigenschaft komplex adaptiver Systeme ist ihr nichtlineares Verhalten gegenüber Veränderungen, d. h. das Ausmaß der Veränderung in einem Mitglied des Systems zeigt eine überproportionale Veränderung in anderen. Wie die Erfahrung zeigt, führen kleine Veränderungen im Verhalten eines Systemmitglieds oft zu dramatischen Veränderungen im Verhalten des gesamten Systems, während eine große Veränderung im Verhalten dieses Mitglieds in der Regel zu wenig oder keiner Veränderung führt

Das Studium komplex adaptiver Systeme zielt darauf ab, die Beziehungen und die Dynamik zwischen den Mitgliedern der Systeme zu verstehen. Dieses Verständnis ermöglicht bessere Reaktionen, wenn das System als Ganzes durch Einschränkungen und/oder ungewohnte Herausforderungen herausgefordert wird.

Eine besondere Eigenschaft von *sozialen Systemen* ist ihre „zielorientierte" Natur. In organisatorischer Hinsicht werden diese durch ihren Zweck, ihre Ziele und Wertvorstellungen kodifiziert.

Punkte zur Reflexion

- Was verstehen Sie unter den Begriffen „komplex/Komplexität"?
- Was bedeuten für Sie die Begriffe „komplexes Gesundheitssystem", „komplexe Krankheit" und „komplexer Patient"?
- Wie erklären Sie die Natur dieser „Komplexität"?
- Wie schlagen Sie vor, diese „Komplexität" am besten zu bewältigen?

Systemdenken ist eine Disziplin des ganzheitlichen Sehens.
– Peter Senge

Jeder hat die Komplexität des Gesundheitssystems erlebt, unabhängig von seiner speziellen Rolle entlang des Kontinuums von Patienten, Arbeit in der Basisversorgung bis hin zu übergreifenden politischen und finanziellen Verantwortlichkeiten. Wir sind alle Teil vieler verschiedener Systeme innerhalb des gesamten Gesundheitssystems. Wir alle haben das manchmal überraschende Verhalten in unserem „unmittelbaren Arbeitssystem“ und dem System als Ganzes beobachtet und erlebt. Die meisten von uns hätten Vermutungen angestellt, warum ein bestimmtes Systemergebnis aufgetreten sein könnte. Einige von uns waren möglicherweise an der Analyse von „Systemversagen“ beteiligt, aber haben wir dies aus dem Verständnis des vernetzten Verhaltens komplex adaptiver Systeme heraus getan?

Einige vorläufige Überlegungen:

- „Komplexitätswissenschaften“ ist immer noch ein aufstrebendes Gebiet wissenschaftlicher Bemühungen (Anhang 1) und beinhaltet eine Reihe verschiedener methodischer Ansätze wie Systemdynamik, agentenbasierte Modellierung oder Netzwerkanalyse
- Die *umgangssprachliche* Bedeutung von komplex/Komplexität muss von ihrer *wissenschaftlichen* Bedeutung unterschieden werden. Die umgangssprachliche Bedeutung von komplex/Komplexität als „schwer zu verstehen„ oder „kompliziert“ muss von der wissenschaftlichen Bedeutung von *„die Eigenschaft, die aus dem vernetzten Verhalten von Agenten entsteht“* unterschieden werden
- „Komplexitätswissenschaften“ definiert eine Weltanschauung, die die Welt nicht mehr als mechanistisch, linear und vorhersehbar sieht. Vielmehr sieht sie die Welt als vernetzt. Die Interaktionen zwischen den Elementen sind nichtlinear, was das Verhalten komplexer Systeme unvorhersehbar macht (Abb. 2.1)
- Paul Cilliers skizzierte die philosophischen Grundlagen der Komplexitätswissenschaften, Teile davon werden in Anhang 2 ausführlicher zitiert
- Das „Komplexitätswissenschaftliche Rahmenwerk“, wie jedes andere wissenschaftliche Rahmenwerk, bietet ein mentales Modell ÜBER die Welt, d. h. *Die Wahrheit einer Theorie liegt in deinem Kopf, nicht in deinen Augen* – Albert Einstein [1]
- Mentale Modelle (oder Weltanschauungen) müssen notwendigerweise die reale Komplexität jedes beschriebenen Phänomens reduzieren [2, 3]. Nützliche Modelle, wie Box [3] feststellte,[1] sind diejenigen, die *die beobachteten kausalen Beziehungen* in der realen Welt[2] beschreiben [4]
- „Komplexität“ in ihrem wissenschaftlichen Verständnis bezieht sich auf *„die Art des Problems* ***nicht*** [Hervorhebung hinzugefügt] *den Grad der Schwierigkeit“*

[1] *Im Grunde sind alle Modelle falsch, aber einige sind nützlich.* Box, George E. P.; Norman R. Draper (1987). Empirical Model-Building and Response Surfaces [3, S. 424].

[2] Allerdings gibt es auch viele unbeobachtete kausale Beziehungen (latente Variablen).

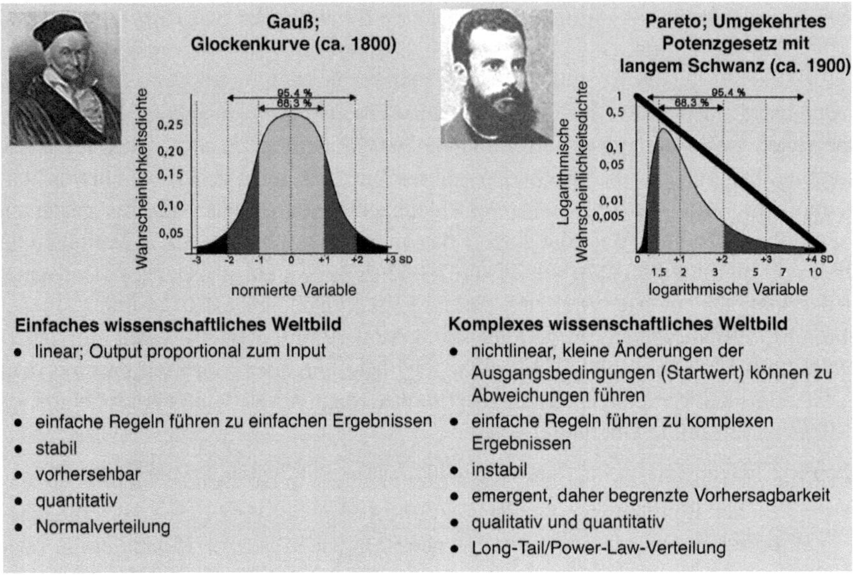

Abb. 2.1 Vergleich der Merkmale der einfachen wissenschaftlichen und komplexen wissenschaftlichen Weltanschauungen

[5]. Der Systemtheoretiker David Krakauer veranschaulicht diesen Aspekt in Bezug auf Ebola und wird in Anhang 3 ausführlich zitiert

- „Komplexität" existiert in jeder Skala, sei es im Labor oder auf der Ebene der gesamten Gesellschaft
- Die Art und Weise, wie wir „Dinge“ betrachten, bestimmt, was wir sehen und wie wir verstehen. Das Verstehen von „Dingen“ im **kleinen Maßstab** führt zu *größerer Sicherheit ABER Verlust von Kontext,* während das Verstehen von „Dingen“ im **großen Maßstab** zu *größerer Unsicherheit UND Verlust von Detail* führt (Abb. 2.2)

2.1 Komplexe Systeme sind ...

Systeme werden in Bezug auf ihre Struktur und Beziehungen beschrieben (Abb. 2.3). Die Interaktionen zwischen den Agenten des Systems erzeugen eine emergente Ordnung, die zur Bildung von Mustern führt—der Prozess ist vollständig selbstorganisierend [6].

Abb. 2.2 Das Skalenverhältnis und seine Auswirkungen auf Komplexität und Kontext. Im kleinen Maßstab haben wir größere Sicherheit, verlieren aber den Kontext, im großen Maßstab sehen wir den größeren Kontext, verlieren aber Detail

2.2 Das Wesen des systemischen Denkens

Wie Gene Bellinger es so treffend formulierte: das *Wesen des systemischen Denkens* ist das *Verstehen von Beziehungen und ihren Implikationen.*[3]

Systemisches Denken ist ein Ansatz zur Problemlösung, bei dem Probleme die Lücke zwischen dem bestehenden Zustand und einem gewünschten Zustand darstellen. Die Lösung verkleinert oder überwindet diese Lücke. Das Verständnis der Komplexität eines komplex adaptiven Problems in seiner Gesamtheit und die Suche nach der *besten* Lösung zur Überwindung eines solchen Problems erfordert (1) die Wertschätzung der Verbindungen zwischen den Elementen des Problems und (2) wie Veränderungen im Verhalten eines Elements das Problem in seiner Gesamtheit beeinflussen könnten. Wird eine Intervention das Problem lösen, oder wird sie unbeabsichtigte Folgen haben, die das Problem verschlimmern oder ganz neue Probleme schaffen (Abb. 2.4)?

[3] https://www.linkedin.com/pulse/essence-systems-thinking-gene-bellinger.

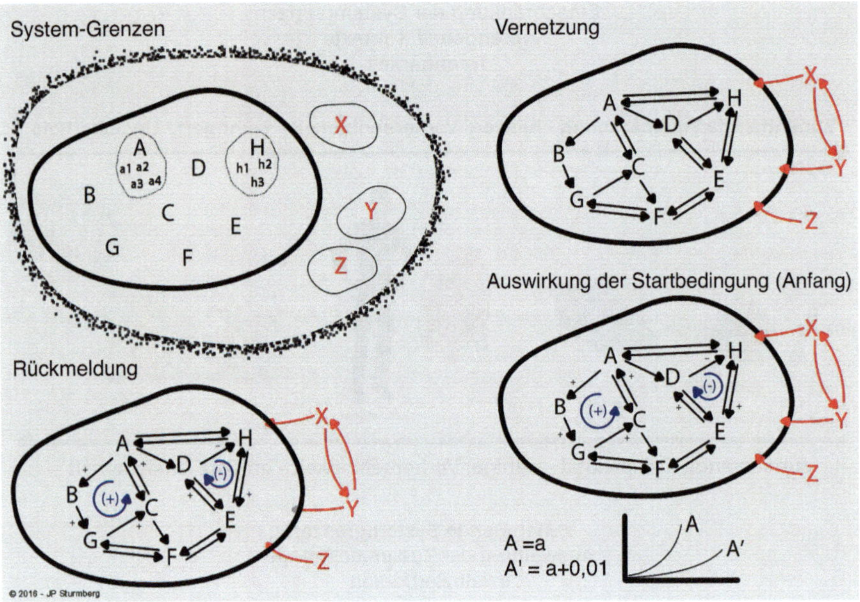

Abb. 2.3 Hauptmerkmale komplexer Systeme. Die Struktur eines komplexen Systems beschreibt die Sammlung von Agenten (A–H) innerhalb einer durchlässigen oder *unscharfen Grenze (schwarzer Kreis),* wobei jeder Agent kleinere Subsysteme (a1–a4) repräsentiert und Teil eines größeren Suprasystems *(gestrichelte Linie)* ist *(oben links).* Agenten sind auf vielfache Weise miteinander verbunden *(oben rechts),* und Verbindungen führen oft zu *Feedbackschleifen,* die das dynamische Verhalten des Systems entweder *verstärken* (+) oder *selbststabilisieren* (−) *(unten links).* Das dynamische Verhalten eines komplexen Systems kann sich stark ändern, selbst bei kleinen Änderungen in der *Ausgangsbedingung* einer Variablen *(unten rechts).* Obwohl Systeme begrenzt sind, erhalten sie Inputs von und liefern Outputs an andere Systeme (X–Z) innerhalb eines größeren Suprasystems

2.3 Komplexe Systemtheorie: Ein Überblick

Die *Komplexe Systemtheorie* ist aus zwei Hauptströmungen hervorgegangen – der allgemeinen Systemtheorie und der Kybernetik. Als Theorie bietet sie ein ***Modell der Realität, NICHT die Realität selbst.*** Modelle bieten jedoch einen nützlichen Rahmen zur Lösung vieler gängiger Probleme.

Mit der Systemtheorie können wir zwischen verschiedenen Arten von Systemen unterscheiden. Entlang eines Kontinuums können sie als einfach, kompliziert, komplex (dynamisch) und komplex adaptive Systeme klassifiziert werden (Unterschiede sind in Tab. 2.1 zusammengefasst). Die Systemtheorie bietet uns eine Möglichkeit, unsere „wicked" Welt zu verstehen.

In *einfachen Systemen* interagieren die Elemente des Systems in eins-zu-eins-Beziehungen und erzeugen vorhersehbare Ergebnisse. Einfache Systeme können

Abb. 2.4 Das Wesen des systemischen Denkens. Erstellt von Gene Bellinger in Insightmaker, https://insightmaker.com/insight/8892/Creating-the-Future (Creative Commons Attribution Lizenz)

konstruiert und kontrolliert werden. Sie sind geschlossen und daher nicht von ihrer externen Umgebung beeinflusst.

Komplizierte Systeme zeigen einige der gleichen Eigenschaften wie einfache Systeme, insofern als die Interaktionen zwischen den Elementen in den Systemen vorhersehbar sind, obwohl jedes einzelne Element des Systems mit mehreren anderen Elementen des Systems interagieren kann. Beziehungen sind immer noch linear und Ergebnisse bleiben vorhersehbar. Im Allgemeinen bezieht sich „kompliziert“ auf Systeme mit ausgeklügelten Konfigurationen, aber sehr vorhersehbarem Verhalten (z. B. ein Auto oder ein Flugzeug) – das Ganze kann in seine Teile *zerlegt* und bei erneuter Zusammenstellung wird es wieder genau wie das Ganze aussehen und sich genau so verhalten. Sie sind ebenfalls geschlossen und daher nicht von der externen Umgebung beeinflusst.

Komplex dynamische Systeme haben zwei Schlüsselmerkmale, sie *organisieren sich selbst* ohne externe Kontrolle und zeigen *Feedback,* was zu neu entstandenen, d. h. *emergenten* (manchmal unvorhergesehenen) Verhaltensweisen führt. ***Komplexität*** ist die *dynamische Eigenschaft des Systems*; sie resultiert aus den Interaktionen zwischen seinen Teilen. Je mehr Teile in einem System auf nichtlineare Weise interagieren, desto komplexer wird es sein. Komplexe Systeme sind auch offen, locker begrenzt und von ihrer Umgebung beeinflusst. Solche *unscharfen Grenzen* beinhalten eine gewisse Willkür bei der Definition eines Systems.

Tab. 2.1 Ergebnis eines langen Arbeitstages

Arten von Systemen	Einfach Mechanische Systeme 	Kompliziert 	Komplexe Komplexe (dynamische) Systeme 	Komplexe adaptive Systeme 
Arten von Systemen	Eins-zu-eins-Beziehungen 	Eins-zu-viele-Beziehungen 	Many-to-many- und System-to-System-Beziehungen (verschachtelte Systeme) 	
Ergebnisse	Hochgradig vorhersehbar Linear	Meistens vorhersehbar	Ändern mit Geschichte und Ausgangsbedingungen Unvorhersehbar/vorhersehbar Komplex - Chaotisch	
Ergebnis-Muster	Eine Änderung von x führt zu einer proportionalen Änderung von y		Eine Änderung von x führt zu einer überproportionalen Änderung von y	Anziehungsmuster, die chaotisch erscheinen können
Kontrolle des Systems	*Entwickelt*		*Lebende Systeme folgen den Gesetzen der Natur*	*Soziale "Gesetze". Kein Kontrollorgan*
				Zweck, Ziele und Werte definieren einfache Regeln für Interaktionen
Eigenschaften des Systems			*Selbstorganisation* führt zu *emergentem* Verhalten Die Komplexität von Systemen nimmt mit der Zahl der Akteure zu	
Beziehung zur Umwelt	Geschlossen		*Selbstorganisation* führt zu *emergentem* Verhalten Die Komplexität von Systemen nimmt mit der Zahl der Akteure zu	
Beziehung der Komponenten/Agenten Verhalten der Komponenten/Agenten	 Ursache und Wirkung wiederholbar, vorhersehbar	 Ursache und Wirkung sind zeitlich und räumlich getrennt	 Ursache und Wirkung sind nur im Nachhinein kohärent und lassen sich nicht wiederholen	 Es sind keine Ursache-Wirkungs-Beziehungen erkennbar (könnte oder könnte nicht existieren)
Analyse	Analyse von Ursache und Wirkung (Reduktionismus)		Struktur: Kartierungs Funktion: Inferenz auf der Grundlage von Mustererkennung	Funktion: Schlussfolgerungen auf der Grundlage vonMustererkennung und/oder Vorwissen
Prüfung	Labor	Labor/Diskrete Ereignis- und/oder Systemdynamikmodellierung	Modellierung im Labor/Feld und/oder Systemdynamik	Agentenbasierte Modellierung Feldversuche
Verallgemeinerbarkeit	Ja	Ja	Nein	Nein

Während jedes einzelne System als Ganzes als komplexes System definiert werden kann, sind unweigerlich auch Untergruppen in ihrem eigenen Recht komplexe Systeme. Daher muss jedes definierte komplexe System gleichzeitig als Subsystem eines größeren Systems (oder eines Suprasystems) und als Suprasystem, das aus einer Reihe von Subsystemen besteht (was die verschachtelte Struktur von Systemen definiert), betrachtet werden.

Komplex adaptive Systeme (CAS) sind komplex dynamische Systeme, deren Elemente (Agenten) lernen und ihr Verhalten an verändernde Umgebungen anpassen. In der Literatur über komplex adaptive Systeme werden die Elemente des Systems als Agenten bezeichnet. Das Verhalten von komplex dynamischen und komplex adaptiven Systemen wird durch die *Geschichte des Systems* beeinflusst, d. h. Einflüsse, die zum aktuellen Zustand eines Systems geführt haben, haben fortlaufende Auswirkungen auf zukünftige Zustände.

Die Zusammensetzung der komplexen und komplex adaptiven Systeme stellt bestimmte Probleme in Bezug auf das Verständnis, die Beschreibung und die Analyse dar. Während einfache und komplizierte Systeme sich für eine Ursache-Wirkungs-Analyse eignen, erfordern komplexe und komplex adaptive Systeme eine Kartierung von Beziehungen und das Ziehen von Schlussfolgerungen, die theoriebasiert sein können oder aus mehreren Wissensquellen stammen. Das Cynefin-Framework [6] bietet eine ausgezeichnete Möglichkeit, die verschiedenen Grade der Komplexität in CAS zu verstehen und wird im nächsten Kapitel ausführlich besprochen.

Das Verständnis der Unterschiede zwischen den Arten von Systemen ist oft der klarste Weg, um die verschiedenen Arten von Systemen zu unterscheiden. Tab. 2.1 fasst die Merkmale von einfachen, komplizierten und komplexen Systemen und die in der Literatur verwendete Sprache zur Beschreibung dieser Systeme zusammen.

2.4 Eine detaillierte Beschreibung von „Komplex Adaptiven Systemen“

CAS sind Systeme, deren Komponenten/Agenten ihre Eigenschaften und Verhaltensweisen im Laufe der Zeit ändern können, da sie lernen und sich anpassen können. Die Eigenschaften und Verhaltensweisen einzelner Komponenten/Agenten sind oft gut verstanden; wenn jedoch Komponenten/Agenten auf nichtlineare Weise interagieren und sich gegenseitig Feedback geben, haben die Ergebnisse des Systemverhaltens ein Maß an Unvorhersehbarkeit. Während die zugrunde liegenden „Ursache-Wirkungs-Beziehungen“, die zu dem beobachteten Systemverhalten führen, im Nachhinein verständlich sind, kann ihr Verhalten nicht genau vorausgesagt werden [7].

Detaillierte Definitionen der Hauptmerkmale von CAS sind in Tab. 2.2 aufgeführt und in Bezug auf die Gesundheitsversorgung und Gesundheitspolitik veranschaulicht.

Tab. 2.2 Hauptmerkmale von komplex adaptiven Systemen (CAS)

Nichtlinearität • Ergebnisse nicht proportional zum Reiz • Kann zu plötzlichen massiven und stochastischen Veränderungen des Systems führen • Empfindlich gegenüber Anfangsbedingungen • Anhäufungen, Verzögerungen und Rückkopplungen	• Allergische Reaktionen und Anaphylaxie • Intensivere Glukosekontrolle erhöht die Sterblichkeit [8] • Reaktion auf Coumadin-Therapie • Erhöhung der Chemotherapiedosis verbessert nicht die therapeutische Reaktion oder das Überleben [9] • Chemotherapie reduziert nicht nur zunächst die Tumorgröße, sondern induziert auch die Förderung von sekundären Tumoren [10]	• Große Investitionen in Gesundheitsdienste wurden nicht von einer ähnlichen Verbesserung der Ungleichheit zwischen sozialen Klassen begleitet [11] • Die Einführung von elektronischen Verschreibungssystemen hatte gemischte Auswirkungen auf die Angemessenheit und Sicherheit der Verschreibung und die Gesundheitsergebnisse der Patienten [12, 13]
Offen zur Umwelt • Ein System interagiert ständig mit seiner Umwelt, z. B. durch Austausch von Material, Energie, Menschen, Kapital und Informationen • Nichtlineare Reaktionen auf die externe Umwelt können zu plötzlichen massiven und stochastischen Veränderungen führen	• Physiologische Funktion – Immunsystem – Atemwege – Verdauungstrakt – Haut – Halbdurchlässige Membranen • Pathologische Funktion – HIV/AIDS – Asbestose – Lebensmittelvergiftung – Verbrennungen	• Strategien zur Ausbildung und Erhaltung von mehr Gesundheitsfachleuten müssen konkurrierende individuelle, organisatorische und soziale Faktoren in der Motivation und anderen Märkten berücksichtigen [14] • Eine Epidemie wie SARS entsteht durch die globale Offenheit für Fluidität, Flüsse, Mobilität und Netzwerke [15]
• Basiert auf vier grundlegenden Prinzipien – Rekursive Rückkopplung (positiv und negativ) – Balance von Ausbeutung und Exploration – Mehrere Interaktionen	• „Homeostase“ in der Gesundheit, z. B. – Blutzuckerspiegel – Thyroxinspiegel – Wasserhaushalt und Kreatininspiegel • und Krankheit, z. B. – Stabile Herzinsuffizienz – Intermittierende Claudicatio – Hypogonadismus	• DRG (Diagnosebezogene Gruppen) Zahlungsmechanismen führen zu – Gaming – Kategorie Creep – Verschiebung des Schwerpunkts [16] • Die natürliche Bildung von leistungsfähigen Teams basiert auf mehreren Interaktionen und Rückmeldungen [17]

(Fortsetzung)

Tab. 2.2 (Fortsetzung)

Selbstorganisation Emergenz • Tritt auf, wenn eine Anzahl von einfachen Einheiten (Agenten) in einer Umgebung operieren und als Kollektiv komplexere Verhaltensweisen bilden • Entsteht aus komplexen kausalen Beziehungen über verschiedene Skalen und Rückkopplungen – Vernetzung • Das emergente Verhalten oder die emergenten Eigenschaften sind nicht Eigenschaften einer einzelnen solcher Einheit, noch können sie leicht aus dem Verhalten in den untergeordneten Einheiten vorhergesagt oder abgeleitet werden: sie sind irreduzibel	• Auftreten von Superbugs in Reaktion auf Antibiotikatherapien • Auftreten von zuvor unbekannten Infektionskrankheitsepidemien wie SARS [18] • Emergenz von Medikamentennebenwirkungen bei bestimmten Individuen • Emergenz neuer Muster von Morbidität, Genexpression, mit dem Altern der Bevölkerung • Gehirnfunktion aus komplexer zellulärer Selbstorganisation	• Präventionsparadoxon – Ungleichheiten entstehen, wenn „innovative“ Gesundheitsförderungsrichtlinien ohne Berücksichtigung sozialer und kultureller Annahmen zwischen Gesundheitspraktikern und Zielgruppen eingeführt werden, wie es bei – Screening-Programmen – Well-Baby-Checks – Aufklärung über Teenagerschwangerschaften – Raucherentwöhnungsprogrammen zu sehen ist [19] • Die Hinzufügung von „Nurse Practitioners“ zur Grundversorgung – Veränderte nicht die Kosten oder Effizienzen – Behandelte jedoch erhebliche andere unerfüllte gesundheitsbezogene Notwendigkeiten [20]
Muster der Interaktion • Verschiedene Kombinationen von Agenten führen zum gleichen Ergebnis, oder • Die gleiche Kombination von Agenten führt zu unterschiedlichen Ergebnissen	• Sinusrhythmus-Herzfrequenzvariabilität bei Patienten mit schwerer kongestiver Herzinsuffizienz [21] • Verlust der Schlag-zu-Schlag-Variabilität bei autonomer Neuropathie [22] • Cheyne-Stokes-Atmung [21] • Die meisten Patienten mit Krebs zeigen drastisch unterschiedliche Muster genetischer Aberrationen [23] • Viele biologische Faktoren (genetische und epigenetische Variationen, Stoffwechselprozesse) und Umwelteinflüsse können die Wahrscheinlichkeit der Krebsbildung erhöhen, abhängig von den gegebenen Umständen [24]	• Muster der Interaktion von Geburtshilfeanbietern, die für den lokalen Kontext geeignet sind, beeinflussen das emotionale Wohlbefinden von Müttern auf dem Land [25] • Internationaler Vergleich zeigt, dass viele vielfältige Gesundheitsdienste zu bemerkenswert ähnlichen Ergebnissen führen – Erfolge bei der Raucherentwöhnung [26] – Herausforderungen bei der Fettleibigkeit bestehen in verschiedenen Kulturen und Entwicklungsstufen, trotz evidenzbasierter nationaler Ernährungsrichtlinien [27]

(Fortsetzung)

Tab. 2.2 (Fortsetzung)

Anpassung und Evolution • Im klinischen Kontext entwickeln sich zahlreiche Krankheiten über viele Jahre, während denen sich das „Gesamtkörpersystem“ an die veränderte Umwelt angepasst hat • Veränderungen betreffen das gesamte System und beschränken sich nicht auf einige klinisch messbare Faktoren • Die Anpassung führt zu einer neuen Homöostase mit neuen dynamischen Interaktionen [28]	• Hypothyreose • Koronare Herzkrankheit aufgrund stabiler Plaques • „Ausgebrannte“ rheumatoide Arthritis • Stabile chronisch obstruktive Atemwegserkrankung • Zöliakie • Katarakt • Hörbeeinträchtigung	• Anpassungen an das Gesundheitssystem aufgrund von Herausforderungen bei – Gesundheitsversorgung – Finanzierung – Die Entwicklungsgeschwindigkeit neuer Gesundheitstechnologien – Steigende Gemeinschaftserwartungen [29] • Stabiles Ritual der klinischen Versorgung trotz laufender Reformen, Forschung und Interventionen [30] • Heiltradition wechselt von der Mainstream-Gesundheitsversorgung zur alternativen Gesundheitsversorgung [31]
Ko-Evolution • Jeder Agent im Austausch wird verändert • Parallele Entwicklung eines Subsystems mit neuen Eigenschaften und Dynamiken	• Der Arzt lernt vom Patienten und der Patient lernt vom Arzt [32] • Eine Person wird blind UND entwickelt ein hervorragendes Gehör • Mikroorganismen erliegen Antibiotikatherapien UND einige entwickeln eine Medikamentenresistenz	• Lokale Systeme funktionieren gut in Reaktion auf lokale Bedürfnisse trotz oder parallel zu Top-Down-Gesundheitsinitiativen – Benutzergesteuerte Gesundheitsversorgung [33] – Selbsthilfegruppen [34] – Health 2.0 [35]

Die 2. und 3. Spalten liefern Beispiele, die die Wirkung einer Eigenschaft im Kontext der klinischen Versorgung und der Gesundheitssystemreform veranschaulichen

Die Schlüsselkonzepte eines CAS [7, 36–49] sind:

- *Agenten* (oder Komponenten) sind innerhalb locker definierter oder *unscharfer Grenzen* verbunden; jedes CAS ist gleichzeitig ein Subsystem eines größeren Systems (oder eines Suprasystems) und besteht selbst aus einer Reihe von Subsystemen (die geschachtelte Struktur von Systemen)
- *Agenten* (z. B. Menschen) in einem CAS können sich sowohl in Bezug auf ihre strukturelle Position im System als auch in ihrem relationalen Verhalten ändern
- Die Interaktionen zwischen den Agenten innerhalb eines CAS definieren die *typischerweise nichtlineare Dynamik* des Systems. Interaktionen sind:
  - *Empfindlich gegenüber Anfangsbedingungen,* d. h. gebunden an ihre historischen und kontextuellen Bedingungen
  - *„Pfadabhängig",* d. h. frühere Entscheidungen führen zu einer Bifurkation (Verzweigung) des Systemverhaltens
  - Sind stabil gegenüber vielen Interventionen, ändern sich jedoch plötzlich, wenn sie einen *Kipppunkt* erreichen
  - Führen zu *Feedbackschleifen,* d. h. ein Output wird zu einem neuen Input, der das zukünftige Verhalten der Agenten modifiziert (verstärkendes oder selbststabilisierendes/ausgleichendes Feedback)
  - *Emergent,* also *selbstorganisierend,* als Ergebnis der oben genannten Punkte
- Für ein soziales System, das ein „Ziel-orientiertes CAS" sein soll, müssen seine *Zweck, Ziele und Werte* klar a priori definiert sein[4] [42, 49–54]
- Vereinbarte *Zweck-, Ziel- und Werteaussagen* bilden die Grundlage für die Definition des Systems; zusammen führen sie zu den „operativen Anweisungen", die die Interaktionen innerhalb eines CAS kohärent steuern. Diese werden als *„einfache (oder betriebliche) Regeln"* bezeichnet, normalerweise 3, aber nie mehr als 5, und dürfen sich nicht widersprechen
- „Einfache Regeln" spiegeln die Kernwerte eines sozialen Systems wider. *Kernwerte* sind diejenigen, die in einer sich verändernden Welt unverändert bleiben.[5] Wenn sie von allen Agenten internalisiert und eingehalten werden, führt dies zu einem „reibungslosen Ablauf" des Systems (z. B. die Vögel im Schwarm) [43, 47, 54, 55]
- *„Einfache Regeln"* bieten den notwendigen „sicheren Raum/Freiheit", um das Verhalten eines Agenten unter sich ändernden Bedingungen anzupassen. Anpassung ist wünschenswert; sie fördert Kreativität und bietet Flexibilität; sie ist die Voraussetzung für das Entstehen des Systems und das Erreichen seiner Ziele (Lernen) [43, 47, 54, 55]

---

[4] Um Verwirrung zu vermeiden: Aus einer systemtheoretischen Perspektive (und Design Thinking Ansatz) werden Zweck, Ziele und Werte a priori definiert, bei der Untersuchung bestehender Systeme können sie a posteriori abgeleitet werden. Die Analyse von Systemen wird in Teil III untersucht.

[5] [Was sind Kernwerte? http://www.nps.gov/training/uc/whcv.htm, Wie werden Kernwerte verwendet? http://www.nps.gov/training/uc/hwcvbu.htm]. Zusammen bilden sie die Grundlage für die Lösung aufkommender Probleme und Konflikte.

In CAS tendiert die „Kontrolle“ dazu, stark verteilt und dezentralisiert zu sein [38]. Die Aktivität von CAS führt zu gemusterten Ergebnissen, basierend auf Zweck, Zielen und Werten innerhalb der Beschränkungen des lokalen Kontexts. Diese Ergebnisse, obwohl nicht unbedingt intuitiv offensichtlich, sind das Ergebnis des emergenten und selbstorganisierenden Verhaltens des Systems. Lokale Ergebnismuster, obwohl unterschiedlich, sind *„einvernehmlich“*.

Bemerkenswert ist, dass Systemlösungen – oft als Innovationen bezeichnet – einzigartig sind; sie *können nicht übertragen* werden von einem Ort zu einem anderen, da die lokalen Bedingungen, die zu dem Systemergebnis geführt haben, unterschiedlich sind, der Grund, warum selbst bewährte Innovationen scheitern, wenn sie in einen anderen Kontext übertragen werden [56].

2.5 Folgen des Verhaltens komplex adaptiver Systeme

Das Verständnis der Struktur und des dynamischen Verhaltens komplex adaptiver Systeme erklärt einige der scheinbar verwirrenden Beobachtungen:

- Nichtlinearität bedeutet unverhältnismäßige Reaktionen der Ergebnisse auf steigende Inputs, sehr kleine Inputs können sehr große („chaotische“) Outputs verursachen und umgekehrt können große Inputs zu keiner Veränderung führen
- Nichtlineares Verhalten macht Ergebnisse weniger vorhersehbar
- Der „gleiche“ Eingriff an verschiedenen Orten führt oft zu einer Reihe von Ergebnismustern, da die *Anfangsbedingungen* zwischen den Orten etwas variieren. *Diese Muster beschreiben einvernehmliche Ergebnisse*
- Feedbackschleifen tragen zur Robustheit eines Systems bei
- Kernwerte definieren den Treiber eines Systems und „bestimmen“ die Richtung, die das System nimmt. Unterschiedliche Kernwerte innerhalb der Subsysteme eines Systems können zu sehr unterschiedlichen Systemverhalten führen, die zu Konflikten führen können oder nicht, z. B. kann der „*Heilungs*-Fokus“ eines Onkologen zu aussichtslosen Eingriffen führen, während der „*Pflege*-Fokus“ eines Palliativmediziners dazu führen kann, Behandlungen zugunsten der Verbesserung der verbleibenden Lebensqualität des Patienten einzustellen
- In einem integrierten System können Subsysteme eine Reihe von einzigartigen Zwecken, Zielen und Werten haben; jedoch müssen sie sich im Großen und Ganzen mit dem Hauptzweck, den Hauptzielen und den Hauptwerten des Systems abstimmen, um nahtlos zu seiner Gesamtfunktion beizutragen

Anhang 1

Die Geschichte der Komplexitätswissenschaften

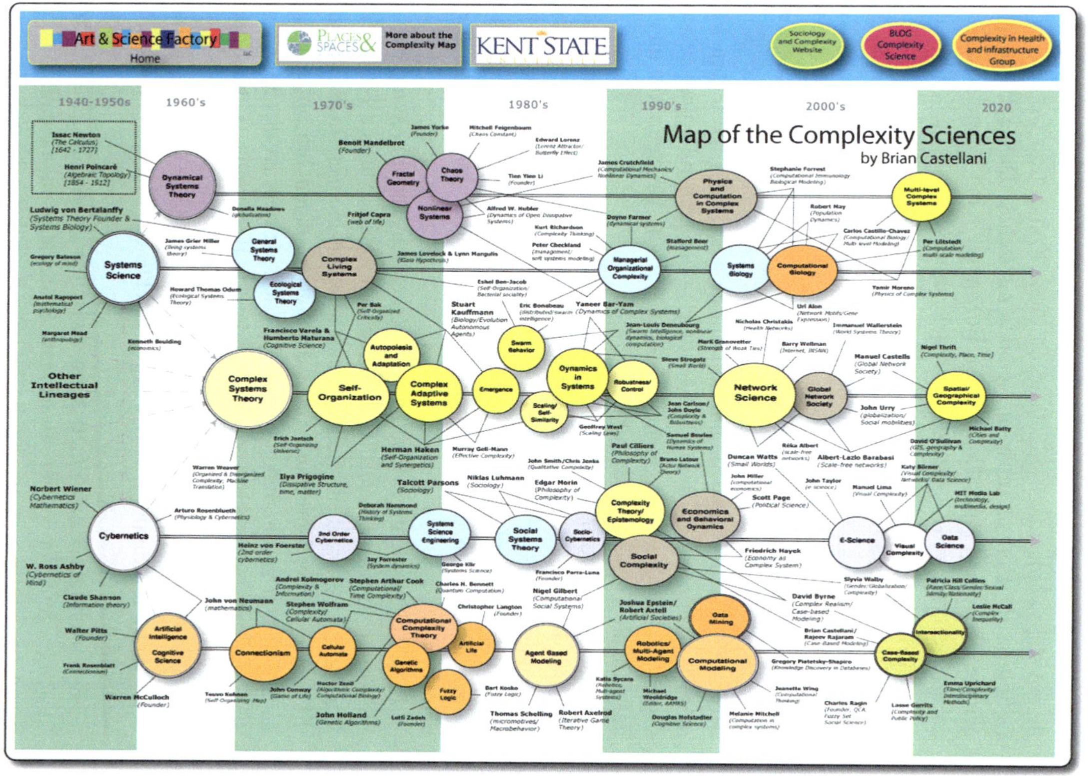

(Creative Commons Lizenz – https://de.wikipedia.org/wiki/Komplexe_Systeme)

Anhang 2

Die Philosophie der CAS – Paul Cilliers [57]

Der Begriff „Komplexität“ wurde bisher auf eine eher allgemeine Weise verwendet, als ob wir wissen, was das Wort bedeutet. Nach konventioneller akademischer Praxis wäre es nun angebracht, eine Definition von „Komplexität“ zu liefern. Ich werde mich jedoch gegen diese Konvention wehren. Im Prozess der Definition liegt etwas inhärent Reduktionistisches. Dieser Prozess versucht, die genaue Bedeutung eines Konzepts in Bezug auf seine wesentlichen Eigenschaften zu erfassen. Es wäre selbstzerstörerisch, eine Untersuchung über die Natur der Komplexität genau mit den Methoden zu beginnen, die wir zu kritisieren versuchen! Andererseits können wir den Begriff „Komplexität“ nicht einfach in der Luft hängen lassen; wir müssen ihm einen gewissen Inhalt geben. Dies wird durch eine Reihe von Unterscheidungen geschehen, die die Bedeutung des Begriffs[6] einschränken, ohne ihn endgültig festzulegen. Die auf diese Weise entwickelte Charakterisierung ist also nicht endgültig – in spezifischen Kontexten könnten weitere Merkmale hinzugefügt werden, und einige der hier vorgestellten Merkmale sind möglicherweise nicht immer anwendbar – aber sie hilft uns, substantielle Aussagen über die Natur der Komplexität zu treffen, Aussagen, die unser Verständnis auf radikale Weise verändern könnten.

Zunächst sollte man erkennen, dass Komplexität eine Eigenschaft eines Systems ist. Komplexes Verhalten entsteht durch die Interaktion zwischen den Komponenten eines Systems. Man kann sich daher nicht auf einzelne Komponenten konzentrieren, sondern auf ihre Beziehungen. Die Eigenschaften des Systems entstehen als Ergebnis dieser Interaktionen; sie sind nicht in einzelnen Komponenten enthalten.

Ein zweites wichtiges Thema ist zu erkennen, dass ein komplexes System neue Strukturen intern generiert. Es ist nicht auf einen externen Designer angewiesen. Dieser Prozess wird als Selbstorganisation bezeichnet. In Reaktion auf die Bedingungen in der Umgebung muss das System einen Teil seiner internen Struktur anpassen. Um zu überleben oder sogar zu gedeihen, ist das Tempo, in dem diese Änderungen stattfinden, von entscheidender Bedeutung (siehe Cilliers, 2007 für Details in dieser Hinsicht). Eine umfassende Diskussion über Selbstorganisation geht über den Rahmen dieses Kapitels hinaus (siehe Kap. 6 in Cilliers, 1998 für eine solche Diskussion), aber einige Aspekte der Selbstorganisation werden klar, während wir fortfahren.

Ein wichtiger Unterschied kann zwischen „komplexen“ und „komplizierten“ Systemen gemacht werden. Bestimmte Systeme können ziemlich kompliziert sein, sagen wir etwas wie ein Jumbo-Jet. Dennoch kann man es auseinandernehmen

[6] Die Bedeutung von „Einschränkungen“ wird im Kapitel diskutiert.

und wieder zusammensetzen. Selbst wenn ein solches System nicht von einer einzigen Person verstanden werden kann, ist es im Prinzip verständlich. Komplexe Systeme hingegen entstehen in der Interaktion der Komponenten. Wenn man es auseinandernimmt, werden die emergenten Eigenschaften zerstört. Wenn man solche Systeme studieren möchte, Beispiele dafür sind das Gehirn, lebende Systeme, soziale Systeme, ökologische Systeme und sozio-ökologische Systeme, muss man das System als solches untersuchen. Genau an diesem Punkt versagen reduktionistische Methoden.

Man könnte jedoch argumentieren, dass Emergenz ein Name für die Eigenschaften ist, die wir noch nicht vollständig verstehen. Dann ist Komplexität lediglich eine Funktion unseres gegenwärtigen Verständnisses des Systems, nicht des Systems selbst. So könnte man zwischen epistemologischer Komplexität – Komplexität als Funktion unserer Beschreibung des Systems – und ontologischer Komplexität – Komplexität als eine inhärente Eigenschaft des Systems selbst unterscheiden. Vielleicht, so könnte das Argument lauten, ist alle Komplexität lediglich epistemologisch, dass letztendlich alle komplexen Systeme tatsächlich nur kompliziert sind und dass wir sie schließlich vollständig verstehen werden.

Wenn man einer offenen Forschungsstrategie folgt – einer Strategie, die offen für neue Erkenntnisse sowie für ihre eigenen Einschränkungen ist – kann man das oben genannte Argument nicht endgültig abweisen. Dennoch ist es unklug, die emergenten Eigenschaften eines Systems so zu behandeln, als ob wir sie bereits verstehen, bis sie vollständig verstanden sind. Angesichts der Endlichkeit des menschlichen Verständnisses können einige Aspekte eines komplexen Systems immer außerhalb unserer Reichweite liegen. Dies ist kein Grund, unsere Bemühungen aufzugeben, so klar wie möglich zu verstehen. Es ist die Rolle der wissenschaftlichen Untersuchung, so genau wie möglich zu sein. Es gibt jedoch gute Gründe, warum wir bei den wissenschaftlichen Behauptungen, die wir aufstellen, äußerst vorsichtig sein müssen. Um diese Gründe genauer zu untersuchen, ist eine systematischere Diskussion über die Natur komplexer Systeme erforderlich. Die folgenden Merkmale werden uns dabei helfen[7]:

1. Komplexe Systeme sind offene Systeme.
2. Sie arbeiten unter Bedingungen, die nicht im Gleichgewicht sind.
3. Komplexe Systeme bestehen aus vielen Komponenten. Die Komponenten selbst sind oft einfach (oder können als solche behandelt werden).
4. Der Output von Komponenten ist eine Funktion ihrer Inputs. Mindestens einige dieser Funktionen müssen nichtlinear sein.
5. Der Zustand des Systems wird durch die Werte der Inputs und Outputs bestimmt.

[7] Diese Merkmale wurden in Zusammenarbeit mit Fred Boogerd und Frank Bruggemans am Department of Molecular Cell Physiology an der Freien Universität Amsterdam formuliert, basierend auf den Argumenten in Cilliers (1998) und verwendet in Cilliers (2005).

6. Interaktionen werden durch tatsächliche Input-Output-Beziehungen definiert und diese sind dynamisch (die Stärke der Interaktionen ändert sich im Laufe der Zeit).
7. Komponenten interagieren im Durchschnitt mit vielen anderen. Es gibt oft mehrere mögliche Wege zwischen den Komponenten, die auf unterschiedliche Weise vermittelt werden.
8. Viele Sequenzen von Interaktionen bieten Feedback-Routen, ob lang oder kurz.
9. Komplexe Systeme zeigen ein Verhalten, das aus der Interaktion zwischen den Komponenten resultiert und nicht aus den den Komponenten selbst innewohnenden Eigenschaften. Dies wird manchmal als Emergenz bezeichnet.
10. In komplexen Systemen wird asymmetrische Struktur (zeitliche, räumliche und funktionale Organisation) durch interne dynamische Prozesse entwickelt, aufrechterhalten und angepasst. Die Struktur bleibt erhalten, obwohl die Komponenten selbst ausgetauscht oder erneuert werden.
11. Komplexe Systeme zeigen Verhalten über eine divergierende Reihe von Zeitskalen. Dies ist notwendig, damit das System mit seiner Umgebung zurechtkommt. Es muss sich schnell an Veränderungen in der Umgebung anpassen, kann sich aber nur dann selbst erhalten, wenn zumindest ein Teil des Systems langsamer verändert wird als die Veränderungen in der Umgebung. Dieser Teil kann als das „Gedächtnis" des Systems gesehen werden.
12. Mehr als eine legitime Beschreibung eines komplexen Systems ist möglich. Verschiedene Beschreibungen werden das System auf unterschiedliche Weise zerlegen und sind nicht aufeinander reduzierbar. Verschiedene Beschreibungen können auch unterschiedliche Komplexitätsgrade aufweisen.

Wenn man die Implikationen dieser Eigenschaften sorgfältig betrachtet, ergeben sich eine Reihe von Erkenntnissen und Problemen:

- Die Struktur eines komplexen Systems ermöglicht es ihm, sich auf komplexe Weise zu verhalten. Wenn es zu wenig Struktur gibt (d. h. viele Freiheitsgrade), kann das System willkürlich, aber nicht funktionaler agieren. Die bloße „Kapazität" des Systems (d. h. die Gesamtmenge an verfügbaren Freiheitsgraden, wenn das System in keiner Weise strukturiert wäre) dient nicht als aussagekräftiger Indikator für die Komplexität des Systems. Komplexes Verhalten ist möglich, wenn das Verhalten des Systems eingeschränkt ist. Andererseits hat ein vollständig eingeschränktes System keine Kapazität für komplexes Verhalten. Diese Behauptung ist nicht ganz dasselbe wie zu sagen, dass Komplexität irgendwo am Rande zwischen Ordnung und Chaos existiert. Eine Vielzahl von strukturierten Systemen zeigt komplexes Verhalten

- Da verschiedene Beschreibungen eines komplexen Systems das System auf unterschiedliche Weise zerlegen, ist das durch eine Beschreibung gewonnene Wissen immer relativ zur Perspektive, aus der die Beschreibung gemacht wurde. Dies impliziert nicht, dass jede Beschreibung so gut ist wie jede andere. Es ist lediglich das Ergebnis der Tatsache, dass nur eine begrenzte Anzahl von Eigenschaften des Systems durch eine spezifische Beschreibung berücksichtigt werden kann. Obwohl es kein a priori Verfahren zur Entscheidung gibt, welche Beschreibung korrekt ist, werden einige Beschreibungen interessantere Ergebnisse liefern als andere
- Bei der Beschreibung des Makro-Verhaltens (oder emergenten Verhaltens) des Systems können nicht alle Mikro-Eigenschaften berücksichtigt werden. Die Beschreibung auf der Makro-Ebene ist daher eine Reduktion der Komplexität und kann keine genaue Beschreibung dessen sein, was das System tatsächlich tut. Darüber hinaus können die emergenten Eigenschaften auf der Makro-Ebene die Mikro-Aktivitäten beeinflussen, ein Phänomen, das manchmal als „Top-Down-Kausalität" bezeichnet wird. Dennoch ist das Makro-Verhalten nicht das Ergebnis von etwas anderem als den Mikro-Aktivitäten des Systems, wobei zu beachten ist, dass diese nicht nur durch ihre gegenseitige Interaktion und durch Top-Down-Effekte beeinflusst werden, sondern auch durch die Interaktion des Systems mit seiner Umgebung. Wenn wir Wissenschaft betreiben, arbeiten wir in der Regel mit Beschreibungen, die hauptsächlich auf einer Makro-Ebene operieren. Diese Beschreibungen werden immer Annäherungen irgendeiner Art sein

Diese Erkenntnisse haben wichtige Implikationen für die Wissensansprüche, die wir stellen, wenn wir mit komplexen Systemen umgehen. Da wir keinen direkten Zugang zur Komplexität selbst haben, ist unser Wissen über solche Systeme prinzipiell begrenzt. Der problematische Status unseres Wissens über Komplexität muss etwas detaillierter diskutiert werden. Bevor wir das tun, wird ein wenig Aufmerksamkeit auf drei Probleme gelegt: die Identifizierung der Grenzen komplexer Systeme, die Rolle der hierarchischen Struktur und die Schwierigkeiten, die bei der Modellierung von Komplexität auftreten.

Anhang 3

Warum benötigen wir die Wissenschaft der Komplexität, um die schwierigsten Fragen zu beantworten? – David Krakauer

Eine ziemlich nützliche Unterscheidung, die man treffen kann, ist die zwischen dem bloß komplizierten und dem komplexen. So ist das Universum in vielen Teilen kompliziert; die Sonne ist kompliziert, aber tatsächlich kann ich in ein paar Seiten Formeln darstellen, wie die Sonne funktioniert. Wir verstehen Plasmaphysik; wir verstehen Kernfusion; wir verstehen Sternenbildung.

Nehmen Sie nun ein Objekt, das wesentlich kleiner ist. Ein Virus, das Ebola-Virus. Hat ein paar Gene. Was wissen wir darüber? Nichts. Wie kann es also sein, dass ein Objekt, dem wir niemals nahe kommen werden, das riesig ist, das die Erde antreibt, das in gewisser Weise indirekt für den Ursprung des Lebens verantwortlich ist, so gut verstanden wird, aber etwas winziges und unbedeutendes und relativ neues, in Bezug auf Erdjahre, überhaupt nicht verstanden wird? Und das liegt daran, dass es komplex ist, nicht nur kompliziert. Und was bedeutet das?

Eine Möglichkeit, über Komplexität nachzudenken, sind adaptive, viele Körpersysteme. Die Sonne ist kein adaptives System; die Sonne lernt nicht wirklich. Diese schon; das sind Lernsysteme. Und wir haben noch nie wirklich erfolgreich eine Theorie für viele Körperlernsysteme gehabt. Um das ein wenig klarer zu machen, wäre das Gehirn ein Beispiel. Es gibt viele Neuronen, die adaptiv interagieren, um beispielsweise eine Darstellung einer visuellen Szene zu bilden; in der Wirtschaft gibt es viele einzelne Akteure, die über den Preis einer Ware entscheiden, und so weiter; ein politisches System, das für den nächsten Präsidenten stimmt. Alle diese Systeme haben individuelle Einheiten, die heterogen sind und Informationen gemäß einer einzigartigen Geschichte über die Welt, in der sie leben, erwerben. Das ist nicht eine Welt, mit der Newton umgehen konnte. Es gibt ein sehr berühmtes Zitat, in dem er so etwas sagt wie: Ich habe die Bewegung der Planeten verstehen können, aber ich werde nie den Wahnsinn der Menschen verstehen. Was Newton damit sagte, ist, dass er Komplexität nicht versteht.

Die Komplexitätswissenschaft ist im Grunde genommen der Versuch, eine mathematische Theorie des Alltäglichen, des Erfahrbaren, des Berührbaren, der Dinge, die wir sehen, riechen und berühren, zu entwickeln, und das ist das Ziel. In den letzten 10, 20 Jahren sind eine Reihe von mathematischen Rahmenwerken aufgetaucht – ein wenig wie die Analysis oder Graphentheorie oder Kombinatorik in der Mathematik, die sich in der Physik als so wichtig erwiesen haben – um das komplexe System zu verstehen, Netzwerktheorie, agentenbasierte Modellierung, Skalierungstheorie, die Theorie der neutralen Netzwerke, Nichtgleichgewichts-Statistische Mechanik, nichtlineare Dynamik. Diese sind neu und relativ, ich meine im Sinne von Jahrzehnten statt Jahrhunderten; und so befinden wir uns in einer sehr aufregenden Zeit, in der wir glaube ich anfangen, unser Inventar an Ideen und Prinzipien und Werkzeugen aufzubauen. Wir beginnen, gemeinsame Organisationsprinzipien zu sehen, die Dinge umspannen, die sehr unterschiedlich zu sein scheinen – die Wirtschaft, das Gehirn und so weiter. Die Komplexitätswissenschaft sucht letztendlich nach Vereinheitlichung – welche gemeinsamen Prinzipien geteilt werden – aber sie bietet uns auch Werkzeuge zum Verständnis adaptiver, vieler Körpersysteme. Und Intelligenz ist für mich in gewisser Weise das prototypische Beispiel für ein adaptives, vieler Körpersystem.

Genial: David Krakauer. Der Systemtheoretiker erklärt, was an den Standardmodellen der Intelligenz falsch ist. http://nautil.us/issue/23/dominoes/ingenious-david-krakauer

Literatur

1. Evens H (1972) Mathematical circles squared. Prindle, Weber and Schmidt, Boston
2. Cilliers P (2001) Boundaries, hierarchies and networks in complex systems. Int J Innov Manag 5(02):135–147
3. Box GEP, Draper NR (1987) Empirical model building and response surfaces. Wiley, New York
4. Mikulecky DC If the whole world is complex - why bother? http://www.people.vcu.edu/~mikuleck/alskuniv.htm
5. Stirzaker R, Biggs H, Roux D, Cilliers P (2010) Requisite simplicities to help negotiate complex problems. Ambio 39(8):600–607
6. Kurtz CF, Snowden DJ (2003) The new dynamics of strategy: sense-making in a complex and complicated world. IBM Syst J 42(3):462–483
7. Cilliers P (1998) Complexity and postmodernism. Understanding complex systems. Routledge, London
8. The Action to Control Cardiovascular Risk in Diabetes Study Group (2008) Effects of intensive glucose lowering in Type 2 diabetes. N Engl J Med 358(24):2545–2559
9. Leyvraz S, Pampallona S, Martinelli G, Ploner F, Perey L, Aversa S et al (2008) A threefold dose intensity treatment with ifosfamide, carboplatin, and etoposide for patients with small cell lung cancer: a randomized trial. J Natl Cancer Inst 100(8):533–541
10. Mittra I (2007) The disconnection between tumor response and survival. Nat Clin Pract Oncol 4(4):203
11. Blas E, Gilson L, Kelly MP, Labonté R, Lapitan J, Muntaner C et al (2008) Addressing social determinants of health inequities: what can the state and civil society do? Lancet 372(9650):1684–1689
12. Hider P (2002) Electronic prescribing: a critical appraisal of the literature. Department of Public Health and General Practice, Christchurch. Christchurch School of Medicine, Contract No.: 2
13. Ammenwerth E, Schnell-Inderst P, Machan C, Siebert U (2008) The effect of electronic prescribing on medication errors and adverse drug events: a systematic review. J Am Med Inform Assoc 15(5):585–600
14. Zurn P, Dolea C, Stilwell B (2005) Nurse retention and recruitment: developing a motivated workforce. Geneva
15. Ali S (2008) Infectious disease, global cities and complexity. Paper presented at the annual meeting of the American Sociological Association Annual Meeting, Sheraton Boston and the Boston Marriott Copley Place, Boston, MA, Jul 31, 2008 http://www.allacademic.com/meta/p_mla_apa_research_citation/2/3/7/3/0/p237304_index.html
16. Kuhn M, Siciliani L (2008) Upcoding and optimal auditing in health care (or The Economics of DRG Creep): SSRN, CEPR Discussion Paper No. DP6689
17. Grumbach K, Bodenheimer T (2004) Can health care teams improve primary care practice? JAMA291(10):1246–1251

18. Smith RD (2006) Responding to global infectious disease outbreaks: lessons from SARS on the role of risk perception, communication and management. Soc Sci Med 63(12):3113–3123
19. Frohlich KL, Potvin L (2008) Transcending the known in public health practice: the inequality paradox: the population approach and vulnerable populations. Am J Public Health 98(2):216–221
20. Laurant M, Reeves D, Hermens R, Braspenning J, Grol R, Sibbald B (2005) Substitution of doctors by nurses in primary care. Cochrane Database Syst Rev (2):CD001271
21. Goldberger A (1996) Non-linear dynamics for clinicians: chaos theory, fractals, and complexity at the bedside. Lancet 347:(9011) 1312–1314
22. Stella P, Ellis D, Maser RE, Orchard TJ (2000) Cardiovascular autonomic neuropathy (expiration and inspiration ratio) in type 1 diabetes. Incidence and predictors. J Diabet Complicat 14(1):1–6
23. Wood LD, Parsons DW, Jones S, Lin J, Sjoblom T, Leary RJ et al (2007) The genomic landscapes of human breast and colorectal cancers. Science 318(5853):1108–1113
24. Heng HHQ (2007) Cancer genome sequencing: the challenges ahead. Bioessays 29(8):783–794
25. Sutherns R (2004) Adding women's voices to the call for sustainable rural maternity care. Can J Rural Med 9(4):239–244
26. Treating tobacco use and dependence - a systems approach (2000) A guide for health care administrators, insurers, managed care organizations, and purchasers In: 2000 UPHS, editor. Washington, DC http://www.surgeongeneral.gov/tobacco/systems.htm.
27. Nishida C, Uauy R, Kumanyika S, Shetty P (2004) The joint WHO/FAO expert consultation on diet, nutrition and the prevention of chronic diseases: process, product and policy implications. Public Health Nutr (1A):245–250
28. Heng HHQ (2008) The conflict between complex systems and reductionism. JAMA 300(13):1580–1581
29. House of Representatives Standing Committee on Health and Ageing (2006) The blame game. Report on the inquiry into health funding. Commonwealth of Australia, Canberra, Nov 2006
30. Plamping D (1998) Looking forward: change and resistance to change in the NHS. Br Med J 317(7150):69–71
31. Snyderman R, Weil AT (2002) Integrative medicine: bringing medicine back to its roots. Arch Intern Med 162(4):395–397
32. Suchman AL (2006) A new theoretical foundation for relationship-centered care. Complex l. J Gen Intern Med 21(Suppl 1):S40–S4
33. Biswas R, Martin CM, Sturmberg JS, Mukherji KJ, Lee EWH, Umakanth S et al (2009) Social cognitive ontology and user driven health care. In: Hatzipanagos S, Warburton S (Hrsg) Handbook of research on social software and developing community ontologies. IGI Global, London, S 67–85
34. Martin CM, Peterson C, Robinson R, Sturmberg JP (2009) Care for chronic illness in Australian general practice - focus groups of chronic disease self-help groups over 10 years. Implications for chronic care systems reforms. Asia Pac Fam Med 8(1):1
35. Eysenbach G (2008) Medicine 2.0: social networking, collaboration, participation, apomediation, and openness. J Med Internet Res 10(3):e22. http://www.jmir.org/2008/3/e22/
36. Chen DT, Werhane PH, Mills AE (2007) Role of organization ethics in critical care medicine. Critical care medicine organizational and management ethics in the intensive care unit. Crit Care Med 35(2):S11–S17
37. Atun RA, Kyratsis I, Jelic G, Rados-Malicbegovic D, Gurol-Urganci I (2007) Diffusion of complex health innovations-implementation of primary health care reforms in Bosnia and Herzegovina. Health Policy Plan 22(1):28–39
38. Sturmberg JP, O'Halloran DM, Martin CM (2010) People at the centre of complex adaptive health systems reform. Med J Aust 193(8):474–478

39. Sturmberg JP, Martin CM (2010) The dynamics of health care reform - learning from a complex adaptive systems theoretical perspective. Nonlinear Dyn Psych Life Sci 14(4):525–540
40. Martin CM, Felix Bortolotti M, Strasser S (2010) W(h)ither complexity? The emperor's new toolkit? or Elucidating the evolution of health systems knowledge? J Eval Clin Pract 16(3):415–420
41. Paina L, Peters DH (2012) Understanding pathways for scaling up health services through the lens of complex adaptive systems. Health Policy Plan 27(5):365–373
42. Sturmberg JP, O'Halloran DM, Martin CM (2012) Understanding health system reform – a complex adaptive systems perspective. J Eval Clin Pract 8(1):202–208
43. Kottke TE. Simple Rules That Reduce Hospital Readmission. The Permanente Journal. 2013; 17(3):91–93
44. Marchal B, Van Belle S, De Brouwere V, Witter S (2013) Studying complex interventions: reflections from the FEMHealth project on evaluating fee exemption policies in West Africa and Morocco. BMC Health Serv Res 13(1):469
45. Swanson R, Atun R, Best A, Betigeri A, de Campos F, Chunharas S et al (2015) Strengthening health systems in low-income countries by enhancing organizational capacities and improving institutions. Glob Health 11(1):5
46. Shigayeva A, Coker RJ (2015) Communicable disease control programmes and health systems: an analytical approach to sustainability. Health Policy Plan 30(3):368–385
47. Plsek P (2001) Appendix B: redesigning health care with insights from the science of complex adaptive systems. In: Committee on quality of health care in America – Institute of Medicine, editor. Crossing the quality chasm: a new health system for the 21st century. National Academy Press, Washington DC, S 309–322
48. Glouberman S, Zimmerman B (2002) Complicated and complex systems: what would successful reform of medicare look like? Ottawa: Discussion Paper No 8. Commission on the Future of Health Care in Canada, July 2002
49. Begun JW, Zimmerman B, Dooley K (2003) Health care organizations as complex adaptive systems. In: Mick SM, Wyttenbach M, (eds) Advances in health care organization theory. Jossey-Bass, San Francisco, S 253–288
50. Gottlieb K (2013) The Nuka system of Care: improving health through ownership and relationships. Int J Circumpolar Health 72:doi:10.3402/ijch.v72i0.21118
51. Collins B (2015) Intentional whole health system redesign. Southcentral Foundation's 'Nuka' system of care. King's Fund, London
52. Kaplan RS, Porter ME (2011) How to solve the cost crisis in health care. Harv Bus Rev 89(9):47–64
53. Freedman LP, Schaaf M (2013) Act global, but think local: accountability at the frontlines. Reprod Health Matters 21(42):103–112
54. Bloom G, Wolcott S (2013) Building institutions for health and health systems in contexts of rapid change. Soc Sci Med 96:216–222
55. Gilson L, Elloker S, Olckers P, Lehmann U (2014) Advancing the application of systems thinking in health: South African examples of a leadership of sensemaking for primary health care. Health Res Policy Syst 12(1):30
56. Seelos C, Mair J (2012) Innovation is not the holy grail. Stanf Soc Innov Rev 10(4):44–49
57. Cilliers P (2013) Understanding complex systems. In: Sturmberg JP, Martin CM (Hrsg) Handbook of systems and complexity in health. Springer, New York, S 27–38

Kapitel 3
Visualisierung von komplex adaptiven Systemen

Überblick. In komplex adaptiven Systemen *bestimmt die Funktion die Struktur.* Zwar ändern sich die Interaktionen ständig, aber diese Änderungen erhalten im Allgemeinen die Gesamtfunktion und -struktur des Systems.

Im Allgemeinen kann das wechselseitige Verhältnis zwischen Funktion und Struktur komplex adaptiver Systeme am besten durch Betrachtung visueller Darstellungen verstanden werden. Dieses Buch verwendet drei Bilder, um verschiedene Aspekte der Systemeigenschaften zu veranschaulichen:

- Ein Wirbel ist eine hilfreiche metaphorische Darstellung der Dynamik, die die Funktion und Struktur eines komplex adaptiven Systems bestimmt.
  Ein Wirbel veranschaulicht die Schlüsseleigenschaften eines komplex adaptiven Systems:
  - ein komplex adaptives System kann nicht ohne einen zentralen Fokus entstehen (für das Entstehen eines Badewannenwirbels ist ein Abflussloch erforderlich)
  - der zentrale Fokus liefert die *Bottom-up* Energie für die Funktion des Systems
  - während das System sich entwickelt, bildet es verschiedene Strukturen auf, d. h. Subsysteme, die ihre eigenen dynamischen Eigenschaften haben
  - obwohl das System auf verschiedenen organisatorischen Ebenen unterschiedlich aussieht, ist seine Gesamtfunktion nahtlos und wird von seinem zentralen Fokus „gesteuert"
  - die Störung der Struktur eines komplex adaptiven Systems wird vorübergehend seine Dynamik und Struktur verändern
  - nur eine Veränderung in der Natur des zentralen Fokus wird das System dauerhaft verändern (oder vielmehr ermöglicht es seinen Agenten, sich in ein „neues System" zu reorganisieren)

J. P. Sturmberg, *Neugestaltung des Gesundheitssystems*,
https://doi.org/10.1007/978-3-031-46816-2_3

- Das Zeichnen von Systemkarten und Ursache-Wirkungs-Diagrammen sind formale Methoden, um die Verbindungen zwischen den Agenten eines Systems und ihre potenziellen dynamischen Beziehungen zu beschreiben
- Das „Cynefin-Framework" hilft, die verschiedenen dynamischen Verhaltensweisen in einem komplex adaptiven Organisationssystem auf der Grundlage der Stärke der Beziehung zwischen seinen Agenten zu verstehen

Punkte zur Reflexion

- Wenn Sie über ein komplex adaptives System nachdenken, welche Art von Bildern ruft es hervor? Sie möchten vielleicht ein paar zeichnen, bevor Sie fortfahren.

Wie können wir die Komplexitäten, die aus der wechselseitigen Natur von Struktur und Funktion komplex adaptiver Systeme entstehen, verstehen? Drei Ansätze werden vorgeschlagen:

- Die Metapher des Wirbels als allgemeine Darstellung der selbstorganisierenden Natur von CAS
- Das Zeichnen der Struktur eines Systems in einer Systemkarte und die Wechselbeziehungen zwischen den Agenten des Systems in Einfluss-, Ursache-Wirkungs- und Signaldiagrammen
- Das Cynefin-Framework als Darstellung der Natur und Beziehung verschiedener Dynamiken in menschlichen Systemen

Jede dieser Techniken bietet einige einzigartige Einblicke in die Funktion komplex adaptiver Systeme. Keine ist von Natur aus überlegen, und wie in späteren Abschnitten dieses Buches veranschaulicht wird, bildet jede die Grundlage für das Verständnis eines Systems oder Subsystems. Jede Visualisierung ermöglicht einen anderen Ansatz, um mit „systemischen" Problemen umzugehen.

3.1 Die Metapher des Wirbels

Wie von Capra [1] vorgeschlagen, kann die Theorie der Struktur und Wechselbeziehungen komplex adaptiver Systeme durch die Metapher des (Badewannen-) Wirbels zusammengefasst werden. Die Voraussetzung für die Bildung eines Wirbels ist sein *zentraler Fokus* (oder Treiber), der zu einer Bottom-up-Flussrichtung führt. Ein Wirbel ist ein strukturell offenes System, das durch den ständigen Fluss von „Materie" durch ihn aufrechterhalten wird, und es erhält sich autonom durch Selbstorganisation (Abb. 3.1).

Abb. 3.1 Das Wirbelmodell als metaphorische Darstellung komplex adaptiver Systeme. Damit ein Wirbel entstehen kann, muss genügend Energie von unten nach oben fließen. Metaphorisch gesprochen entsteht ein komplex adaptives System durch die Kräfte, die um seinen zentralen Punkt herum entstehen

Während die „Dynamik" entlang der Wirbelwand sich ändert, hängen alle Dynamiken von der Anwesenheit des zentralen Fokus des „Abflusslochs" ab. Entfernen Sie den zentralen Fokus und das System wird zusammenbrechen. Eine vorübergehende Störung (oder Perturbation) des Wirbels wird seine Form und die damit verbundenen Dynamiken verändern, aber letztendlich wird der Wirbel sich aufgrund der *selbstorganisierenden* Eigenschaften, die von seinem zentralen Fokus ausgeübt werden, nahe seiner ursprünglichen Struktur wiederherstellen.

In dieser Metapher kann man die verschiedenen „physikalischen/mathematischen" Strukturen/Dynamiken entlang der Wirbelwand als Darstellung verschiedener organisatorischer Ebenen in sozialen Organisationen konzeptualisieren. Dies erkennt Unterschiede über die vertikale Skala der Organisation an, betont aber vor allem die Bedeutung des zentralen Fokus (Zweck, Ziele und Werte) als die zentrale organisierende – Bottom-up – Kraft, um eine vollständig integrierte (nahtlose) Systemfunktion zu erreichen.

3.2 Systemstruktur und Systemdynamik

Ein pragmatischer Ansatz zur Beschreibung der Struktur und Dynamik eines Systems besteht darin, eine *Systemkarte* zu zeichnen. Sie grenzt das System von Interesse von verwandten Systemen eines breiteren Suprasystems ab. Sie identifiziert auch die verschiedenen Akteure des Systems und ermöglicht die Gruppierung von verwandten Akteuren in Subsysteme.

Einflussdiagramme beschreiben, welche Akteure miteinander in Beziehung stehen, und *Mehrfachursachendiagramme* identifizieren, wie eine Reihe von Akteuren einander beeinflussen. *Signaturgraphendiagramme* dokumentieren die Richtung der Beziehungen, wobei (+) anzeigt, dass eine Änderung des Akteurs am Anfang eines Pfeils eine Änderung in der gleichen Richtung im Akteur an der Spitze des Pfeils verursacht, und (−) eine Änderung in der entgegengesetzten Richtung (Abb. 3.2).

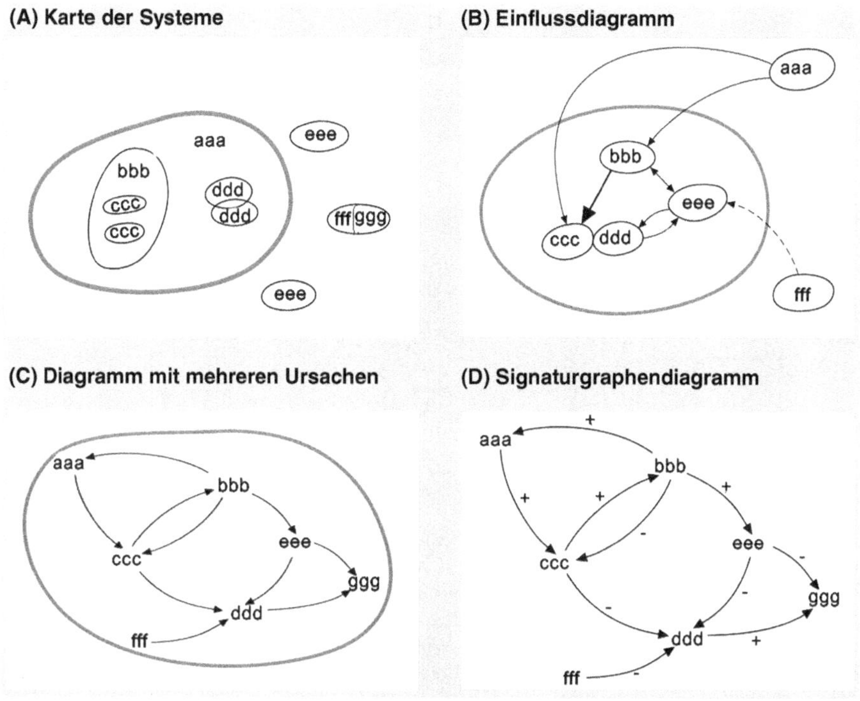

Abb. 3.2 Vier verschiedene Wege, ein System zu kartieren: eine *Systemkarte* (**a**) bietet einen Überblick über das System und seine Komponenten; das *Einflussdiagramm* (**b**) konzeptualisiert die Hauptstrukturmerkmale und ihre Beziehungen; das *Mehrfachursachendiagramm* (**c**) analysiert die Hauptbeziehungsursachen innerhalb des Systems; und das *Signaturgraphendiagramm* (**d**) gibt die Richtung des Einflusses unter den Variablen an, „+“ zeigt einen Einfluss in die gleiche Richtung an, „–“ einen Einfluss in die entgegengesetzte Richtung

Diese Diagramme bilden die Grundlage für die Untersuchung von Kausalitätsschleifen zwischen einer Reihe von Akteuren, die für das dynamische Verhalten des Systems oder eines bestimmten Teils verantwortlich sind [2]. Eine Kausalitätsschleife kann verstärkend (+) sein, wenn die Summe aller „+“ und „–“ Beziehungen zwischen einer Reihe von Akteuren eine gerade Zahl ist und selbstausgleichend (–), wenn sie eine ungerade Zahl ist (Abb. 3.3).

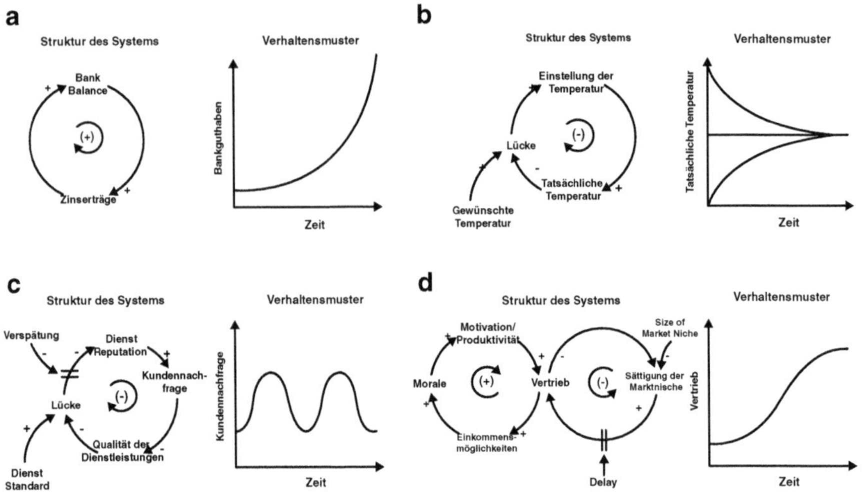

Abb. 3.3 Gängige Systemdynamikverhalten. (**a**) *Positiver Rückkopplungskreis* – positive Rückkopplungseffekte werden als Runaway-Schleifen oder verstärkende Rückkopplung bezeichnet, eine kleine Änderung über die Zeit führt zu großen Änderungen; (**b**) *Negativer Rückkopplungskreis* – negative Rückkopplungseffekte werden als selbstausgleichend bezeichnet, sie sind sowohl eine Quelle der Stabilität als auch des Widerstands gegen Veränderungen. Oft zeigen die ergriffenen Maßnahmen nicht nur sofortige Ergebnisse, ...Dinge brauchen Zeit. Verzögerungen führen dazu, dass ein System zwischen zwei Zuständen *oszillieren* kann (**c**), und wenn Verzögerung berücksichtigt wird, können Veränderungen vorhergesehen und in kontrollierterer Weise durchgeführt werden (**d**)

Diese Werkzeuge bilden die Grundlage für die qualitative Kartierung als Grundlage für die Modellierung von Systemdynamikverhalten und die Bewertung von Systemveränderungen. Dies wird in einem späteren Abschnitt ausführlicher diskutiert.

3.3 Verständnis unterschiedlicher Komplexitätsgrade: Das Cynefin-Framework

Kurtz und Snowden [3] entwickelten das Cynefin[1] Framework, um die dynamischen Muster in komplex adaptiven Organisationen entsprechend den Ursache-Wirkungs-Beziehungen zwischen den Akteuren zu klassifizieren – sie können eng gekoppelt, mehr oder weniger locker gekoppelt oder vollständig entkoppelt sein (Abb. 3.4).

[1]Ausgesprochen /'kʌnɪvɪn/; (Englische Aussprachescheibweise: kun-EV-in), ein walisisches Wort, das „Lebensraum" oder „Zugehörigkeitsort" bedeutet.

4.1 Gesundheit definieren

Seit der Antike wurden viele Definitionen von Gesundheit vorgeschlagen; alle umfassen ihre persönliche erfahrungsbasierte Natur (Tab. 4.1). Seit den 1980er Jahren haben eine Reihe von Autoren komplexitätsbasierte Konzeptualisierungen

Tab. 4.1 Die Grundbegriffe der *Gesundheit* [3]

Jahr	Konzept/Modell	Beschreibungen
	Ein mehrdimensionaler Zustand der ganzen Person	Gesundheit als Anwendung auf die menschliche Natur in all ihren Teilen, Abläufen, Ebenen und Dimensionen – das Physische, Psychologische, Soziale und Spirituelle. (Plato [26])
1911	Ein ganzheitliches Vermögen, sich gut in der Lebenswelt zu bewegen	Gesundheit ist eine ganzheitliche Fähigkeit, mit der gesamten Lebenswelt in all ihren Aspekten in Beziehung zu treten und sich gut in ihr zu bewegen, und Krankheit eine Störung dieser Fähigkeit, auf einer Vielzahl von Ebenen oder in einer Vielzahl von Dimensionen. (Husserl [22])
1946	Gesundheit als idealer Zustand	Gesundheit ist ein Zustand des vollständigen körperlichen, geistigen und sozialen Wohlbefindens und nicht ausschließlich das Fehlen von Krankheit und Gebrechen. (WHO [27])
1951	Gesundheit beinhaltet effektive Einhaltung von erwarteten oder normalen Rollen	Gesundheit in diesem Sinne wird zur Voraussetzung und Ressource für die Aufrechterhaltung des sozialen Systems. (Parson [28])
1960	Anpassungsmodell	Gesundheit und Glück sind Ausdruck der Art und Weise, wie der Einzelne auf die Veränderungen, die ihm im Alltag begegnen, reagiert und sich ihnen anpasst. (Dubos [29])
1968	Existentialistisches Modell	Letztendlich wird Gesundheit durch Selbstverwirklichung erreicht. Der Mensch muss auf seinen eigenen Grundlagen nach Sinn suchen und gemäß seinen eigenen Werten, Fähigkeiten und freien Neigungen leben. (Maslow [30])
1972	Ein selbstbewertender Zustand	…eine zusammenfassende Aussage über die Art und Weise, in der zahlreiche subjektive und objektive Aspekte der Gesundheit im sowohl subjektiven als auch objektiven innerhalb des Wahrnehmungsrahmens des einzelnen Befragten kombiniert werden (Tissue [31])
1975	Rollenanalyse von Gesundheit und Krankheit	Gesundheit ist die Fähigkeit zur menschlichen Entwicklung und Selbstentdeckung und die Überwindung entfremdender sozialer Umstände. (Kehlman [32])
1976	Ein positiver Zustand über die Lebensspanne	Gesundheit ist ein positiver Zustand, der sich dynamisch über die verschiedenen Lebensphasen erstreckt – 'Die Fähigkeit, sich an eine sich verändernde Umwelt anzupassen, aufzuwachsen und zu altern, zu heilen, wenn man geschädigt ist, zu leiden und den friedlichen Tod zu erwarten'. (Illich [21])
1979	Sinn für Kohärenz	Das Kohärenzgefühl ist eine globale Orientierung, die zum Ausdruck bringt, inwieweit man ein durchdringendes, anhaltendes, aber dynamisches Gefühl des Selbstvertrauens hat, dass das eigenen innere und äußere Umfeld vorhersehbar ist. (Antonovsky [23])

(Fortsetzung)

Tab. 4.1 (Fortsetzung)

Jahr	Konzept/Modell	Beschreibungen
1984	Sinn für persönliche Integrität/indigenes Konzept	Gesundheit ist das Ergebnis eines komplexen Zusammenspiels zwischen dem Individuum, seinem Lebensraum und seiner Integrität: seinem Körper, seinem Land und seinem Geist. (Reid [33])
1986	Sozialmedizinisches Erklärungsmodell	Gesundheit ist gleichbedeutend mit dem Zustand einer Reihe von Bedingungen, die eine Person in die Lage versetzen, ihre realistisch gewählten und biologischen Potenziale auszuschöpfen. (Seedhouse [34])
1986	Eine Ressource für das tägliche Leben	Gesundheit wird … als Ressource für das tägliche Leben gesehen, nicht als Ziel des Lebens. Gesundheit ist ein positives Konzept, das die sozialen und persönlichen Ressourcen sowie körperlichen Fähigkeiten betont. (WHO Ottawa Charter for Health [35])
2006	Würde, Teilen an Gemeinschaft, Kultur und Zugehörigkeit	Gesundheit hängt von vielen miteinander verknüpften Aspekten des Lebens ab: Zugehörigkeit zum eigenen lokalen Umfeld/Land, das Gefühl von Freiheit, kulturelle und spirituelle Zugehörigkeit sowie das Gefühl von Würde und Sicherheit (Ingstad [24])
2007	Gleichgewicht zwischen Körper, Geist, Umwelt und Sinnfindung	Gesundheit ist ein dynamisches Gleichgewicht innerhalb eines komplex adaptiven somato-psycho-sozio-semiotischen Rahmens (Sturmberg [36])

Anmerkungen. Seit der Erstellung der obigen Tabelle wurden drei bemerkenswerte „komplexitätsbasierte Vorstellungen" von Gesundheit vorgeschlagen.
Im Jahr 2007 kam die Kommission für soziale Determinanten der Gesundheit zu dem Schluss, dass Gesundheit selbst eine Eigenschaft anderer komplexer Systeme ist, von Beschäftigung und Arbeit bis hin zu Verkehr und Wohnen, dass sie sich auf die sozialen Stadien der Industrialisierung, Urbanisierung und Globalisierung bezieht und, am wichtigsten, dass sie sich auf die unterschiedliche Exposition gegenüber Risiken und unterschiedliche Bewältigungsfähigkeiten bezieht, die durch die Verteilung von Macht, Geld und Ressourcen in der Gesellschaft bestimmt werden [37].
Im Jahr 2011 schlug eine Arbeitsgruppe ein dynamisches Konzept von Gesundheit zur weiteren Ausarbeitung vor: Gesundheit als die Fähigkeit, sich anzupassen und sich selbst zu managen, angesichts sozialer, physischer und emotionaler Herausforderungen [2].
Im Jahr 2014 schlugen Bircher und Kuruvilla ein Modell von Gesundheit (Meikirch-Modell) vor, das besagt: Gesundheit ist ein Zustand des Wohlbefindens, der aus förderlichen Wechselwirkungen zwischen individuellen Potenzialen, Lebensanforderungen und sozialen und Umweltfaktoren hervorgeht. Die Vorzüge dieses Modells wurden in der gleichen Publikation ausführlich diskutiert [15].

von Gesundheit vorgeschlagen [12–16], die ihre persönliche adaptive Natur widerspiegeln [1, 3, 5, 6, 9, 12, 17–25].

4.1.1 Unterscheidung von Gesundheit und Krankheit

Die Begriffe „Gesundheit" und „Krankheit" implizieren unterschiedliche kategoriale Zustände. Allerdings, wie Pourbohloula und Kieny [38] betonten: *Gesundheit* [und Krankheit] sind *kein eigenständiges Phänomen mit klaren Grenzen.*

Sich gesund fühlen (health) sowie *sich krank fühlen* (illness) und *sich nicht/unwohl fühlen* (dis-ease) beziehen sich auf subjektive Erfahrungen und müssen vom *Objekt* „Krankheit" unterschieden werden. Es ist das Objekt der Krankheit, das die Gedanken fast aller Akteure im Gesundheitssystem beschäftigt. Obwohl es einige vereinbarte Merkmale hat, wird das „Objekt Krankheit" sozial konstruiert und ständig neu konstruiert. Zum Beispiel führt die Senkung der „normalen Blutzucker"-Grenzwerte dazu, dass mehr Menschen zu Diabetiker *gemacht* werden, und die Schaffung einer neuen Kategorie zwischen normalen und abnormalen Blutzuckerwerten führte dazu, dass diese Menschen als Prädiabetiker *kategorisiert* werden[2] [39–41].

Diese Unterscheidungen werden langsam auf einer breiteren Basis akzeptiert, z. B.

> *Australia's Health 2014* [42] geht von einer umfassenden Sichtweise auf Gesundheit und Funktionsfähigkeit aus, die sowohl physische als auch psychische Dimensionen sowie genetische, kulturelle, sozioökonomische und umweltbedingte Determinanten einbezieht. Es basiert auf den folgenden Konzepten:

- Gesundheit ist ein wichtiger Teil des Wohlbefindens, von wie sich Menschen fühlen und funktionieren
- Gesundheit trägt zum sozialen und wirtschaftlichen Wohlbefinden bei
- Gesundheit ist nicht einfach die Abwesenheit von Krankheit oder Verletzung, und es gibt Graduierungen von guter Gesundheit
- Gesundheitsmanagement beinhaltet die Fähigkeit, Gesundheit zu fördern, Risiken zu erkennen und zu bewältigen und Krankheiten vorzubeugen
- Krankheitsprozesse können sich über viele Jahre entwickeln, bevor sie sich durch Symptome zeigen

4.2 Die komplex adaptive Natur der Gesundheit

Die verschiedenen Vorstellungen von *Gesundheit* haben zwei gemeinsame Merkmale – *ein Gleichgewicht zwischen verschiedenen Aspekten der Lebenserfahrung einer Person* und das Bedürfnis, den eigenen Krankheitserfahrung einen *Sinn zu geben* oder *sie zu verstehen*.

Die Erfahrung sich gesund zu fühlen (health), sich krank zu fühlen (illness) und sich nicht wohl zu fühlen (dis-ease) hat objektive sowie subjektive Merkmale. Die Erfahrungen des sich gesund fühlens, krank fühlens und unwohl zu fühlens sind weder ausschließlich eine individuelle Konstruktion noch ausschließlich eine Reflexion gesellschaftlicher Attribute.[3]

---

[2] Jetzt umbenannt: gestörte Glukoseregulation.

[3] Eine detaillierte Diskussion über den Rahmen der Selbsteinschätzung von Gesundheit wurde von Marja Jylhä vorgelegt. Sie schlägt ein kontextuelles Bewertungsrahmenwerk für die Selbsteinschätzung von Gesundheit vor, das kulturell und historisch variierende Konzepte von „Gesundheit" umfasst; Rückgriff auf Referenzgruppen, Vergleich mit früheren Gesundheitserfahrungen, Gesundheitserwartungen, positive oder negative Dispositionen und Depression; und kulturelle Konventionen beim Ausdruck von positiven und negativen Meinungen und bei der Verwendung einer Bewertungsskala. [Jylhä. What is self-rated health and why does it predict mortality? Towards a unified conceptual model [6]].

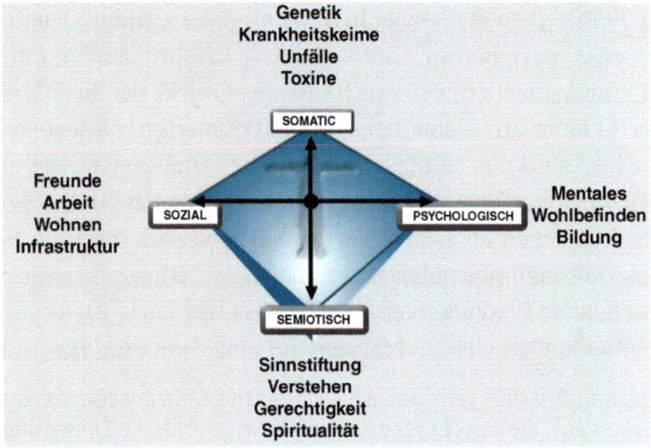

Abb. 4.1 Das somato-psycho-sozio-semiotische Modell der Gesundheit

Sich gesund fühlen, krank fühlen und unwohl fühlen sind dynamische Zustände, die aus somatischen, psychologischen, sozialen und kognitiven (d. h. sinnstiftenden oder semiotischen) Erfahrungen resultieren. Sich gesund fühlen, krank fühlen und unwohl fühlen sind ganzheitliche Erfahrungen, die alle Teile der Person auf struktureller und funktionaler Ebene beeinflussen. Die Auffassung von Gesundheit als ein dynamischer Zustand spiegelt besser die geschichtete Realität der menschlichen Erfahrung wider und ist die Grundlage des somato-psycho-sozio-semiotischen Modells von Gesundheit (Abb. 4.1). Es ist bemerkenswert, dass Gesundheit sowohl in der *Abwesenheit* als auch in der *Anwesenheit* von identifizierbaren Pathologien (dem „Objekt Krankheit") erfahren werden kann [1, 3, 43].

Sich krank fühlen und sich unwohl fühlen resultieren aus einer Störung des somato-psycho-sozio-semiotischen Gleichgewichts. Diese Störungen können viele Quellen haben, Abb. 4.2 veranschaulicht, dass viele nicht-krankheitsbedingte Ursachen zu einem Großteil der in der Gesellschaft auftretenden Erkrankheiten führen. Wie kann das sein? Das Forschungsgebiet der Psycho-Neuro-Immunologie hat die physiologischen Zusammenhänge zwischen Lebensereignissen, Bewältigung und körperlicher Fehlfunktion entwirrt. Jede Erkrankung verändert die Wahrnehmung und das Verständnis und kann zu der *Erfahrung von körperlichen Symptomen* führen. Die Erfahrung von körperlichen Symptomen, unabhängig von ihrer Ursache, führt in der Regel zu einem Kontakt mit dem Gesundheitssystem [44].

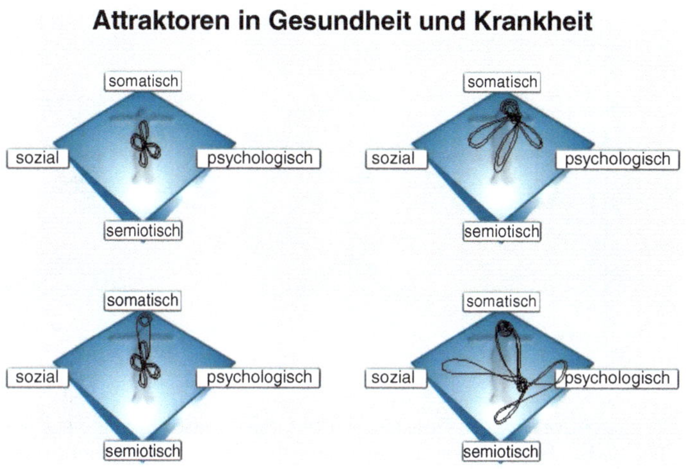

Abb. 4.2 Wie Lebenserfahrungen die Wahrnehmung verändern und das Gleichgewicht der Gesundheit stören

4.2.1 Störung des Gesundheitsgleichgewichts: Die Muster von „krank fühlen" und „krank sein"

Der Verlauf des Wechsels von „gesund sein" (Gesundheit) zu „krank sein" (eine Krankheit haben) kann als Übergang von einem stabilen zu einem instabileren Zustand verstanden werden. Geringfügige Störungen in irgendeinem Bereich führen normalerweise nicht zu Veränderungen im Gesundheitserleben (d.h. des sich *„gesund fühlens"*), jedoch können größere Störungen im Laufe der Zeit zu den bekannten Mustern von akuter Krankheit, chronischer Krankheit und Somatisierung führen (Abb. 4.3).

4.2.2 Die sich verändernden Beziehungen von Struktur und Funktion in Gesundheit und Krankheit

Gesundheit hat viele beitragende Dimensionen. Zum Beispiel sind Zellen gut verstanden, und die detaillierte Struktur und Funktion von Organen (eine Ansammlung von Zellen) ist von Experten gut verstanden. Die Variabilität der Organfunktion in Gesundheit und Krankheit ist jedoch viel weniger klar verstanden, da viele interne und externe Faktoren die organisierte zelluläre Funktion des gesamten Körpers beeinflussen. Bei akuter Krankheit kann es zu einer Dissoziation von Funktion und Struktur innerhalb und zwischen Organen kommen, die selbst den erfahrensten Kliniker verwirrt (Abb. 4.4).

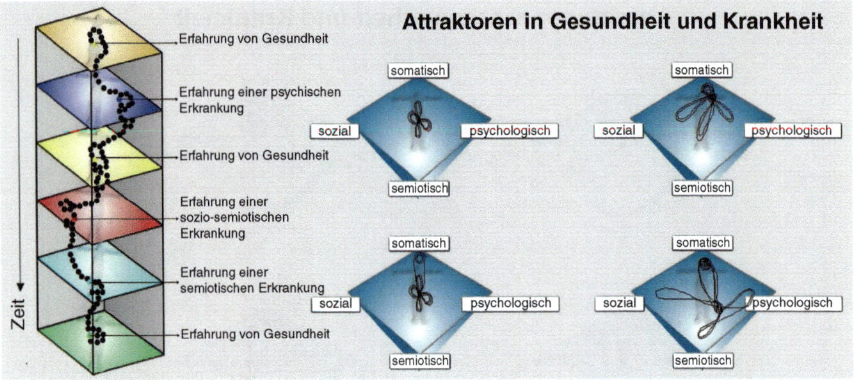

Abb. 4.3 Die *Systemdynamik* der Gesundheit. Die Gesundheitserfahrung einer Person ändert sich jeden Tag *(linkes Panel)*. Wenn das Anziehungsbasin um das Zentrum bleibt, erlebt die Person Gesundheit *(oben Mitte)*, eine akute biomedizinische Krankheit verschiebt den Attraktor vorübergehend in die somatische Ecke (*unten Mitte*), eine Person mit einer normalerweise stabilen chronischen Krankheit wird einen stabilen Zustand außerhalb des Gleichgewichtszentrums haben, typischerweise in Richtung der somatischen Ecke, verbunden mit gelegentlichen Verschiebungen, wenn die Folgen der Krankheit zu belastenden Einschränkungen führen *(oben rechts)*, und ein chaotischer Attraktor mit zwei vorherrschenden Zuständen – in den somatischen und psycho-semiotischen Ecken – bei einer Person mit „psychosomatischer Krankheit" *(unten rechts)*

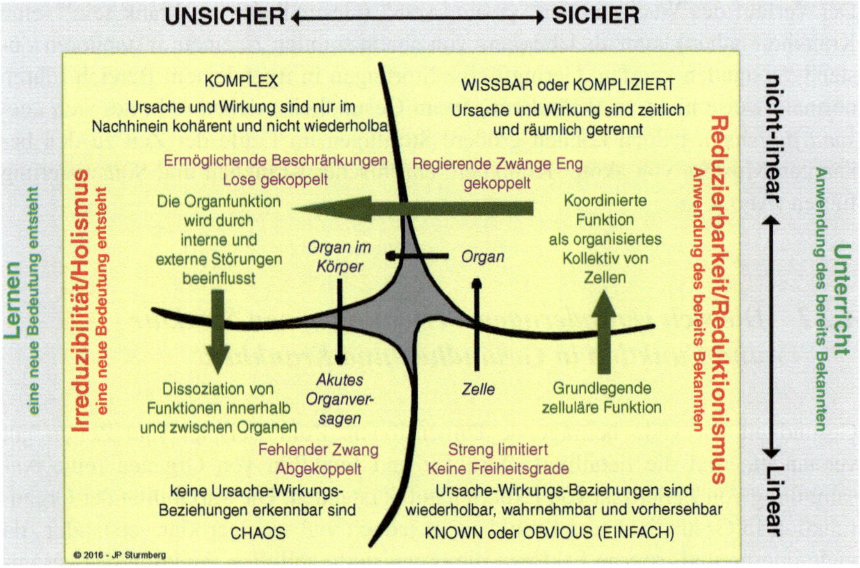

Abb. 4.4 Die sich verändernden Beziehungen von Struktur und Funktion in Gesundheit und Krankheit

4.2.3 Die Physiologie von Gesundheit und Krankheit

Verschiedene Forschungsdisziplinen haben zum Verständnis von Gesundheit und Krankheit beigetragen. Viele betonen die zugrunde liegenden, miteinander verbundenen *physiologischen Netzwerk Interaktionen,* die die Gesundheit erhalten oder zu Krankheiten führen. Von besonderer Bedeutung sind diejenigen, die

- Gen-Netzwerke [45]
- Das autonome Nervensystem [46]
- Die Hypothalamus-Hypophysen-Nebennieren-Achse (HPA) [47, 48]
- Die Bioenergetik innerhalb der Mitochondrien [49, 50]

Phänotypische Krankheit, die individuelle Einzigartigkeit der Merkmale und des Verlaufs einer Krankheit, resultiert aus komplexen Rückkopplungsinteraktionen zwischen den komplexen genomischen, proteomischen, metabolomischen, neuroendokrinen, immunologischen und bioenergetischen Netzwerken. Darüber hinaus werden Netzwerke durch die komplexen dynamischen Umweltkontexte des Patienten moduliert (Abb. 4.5) [51, 52].

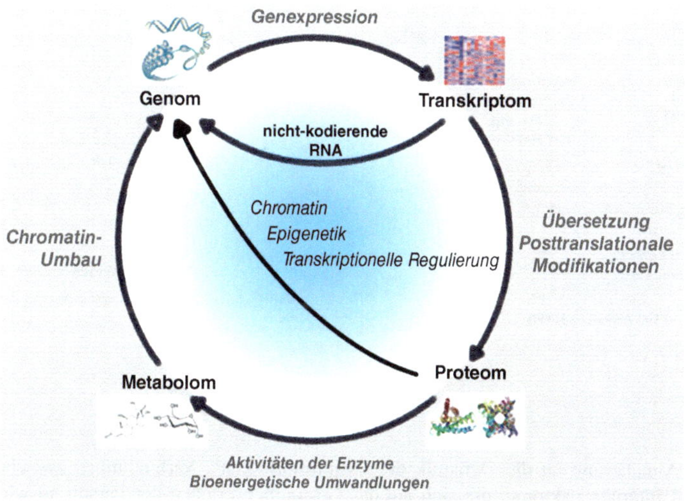

Abb. 4.5 Regelkreislauf, der die Omics des Lebens verbindet. Das Genom umfasst die Gesamtheit der Gene in einem Organismus, die den Bauplan für das Transkriptom darstellen, dessen Übersetzung zu Proteinen führt, die enzymatische Funktionen ausführen, einschließlich bioenergetischer Transformationen, die Metaboliten verbrauchen und produzieren, die das Metabolom bilden. Im Gegenzug beeinflussen Gen-Transkripte, Proteine und Metaboliten beeinflussen ihrerseits die Expression der genetischen Elementen durch dynamische Prozesse, die der Regulation unterliegen (ursprünglich veröffentlicht in Sturmberg, Bennett, Martin und Picard—The trajectory of Life [53])

Phänotypische Krankheiten, d. h. die individuelle Einzigartigkeit der Merkmale und des Verlaufs einer Krankheit, sind das Ergebnis komplizierter Rückkopplungen zwischen den komplexen genomischen, proteomischen, metabolomischen, neuroendokrinen, immunologischen und bioenergetischen Netzwerken. Darüber hinaus werden die Netzwerke durch den komplexen dynamischen Umweltkontext des Patienten moduliert.

Die Kombination der erfahrungsbasierten und der physiologischen Perspektiven auf Gesundheit und Krankheit ergibt ein Bild, wie es in Abb. 4.6 dargestellt ist. Gesundheit und Krankheit haben viele veränderbare externe Faktoren, die auf die „angeborenen" physiologischen Systeme einwirken, die die für die Gesundheit erforderliche homeokinetische Stabilität aufrechterhalten, und wenn sie

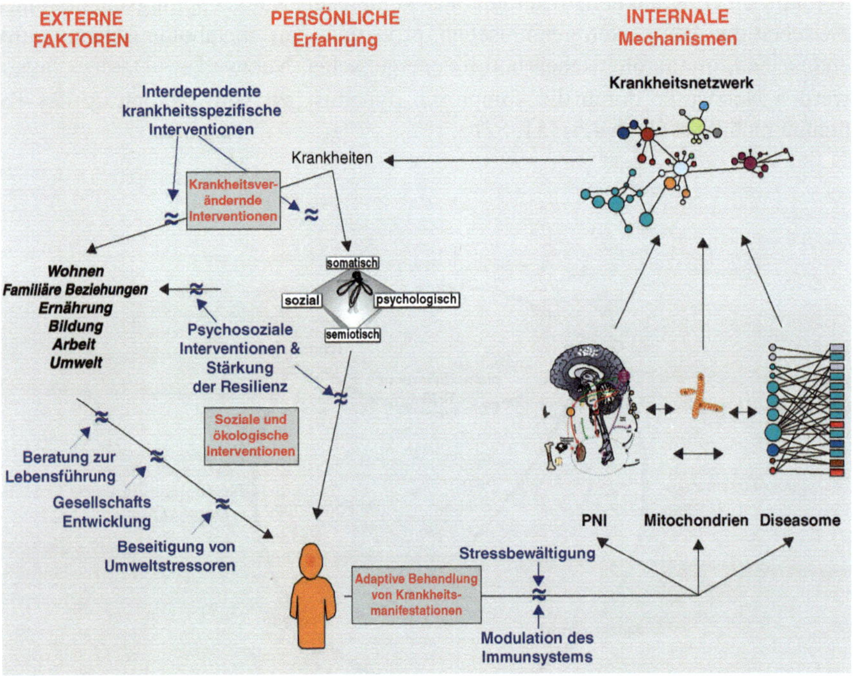

Abb. 4.6 Annäherung an die Dynamik der „Multimorbidität". Verbindungen zwischen den externen und internen Faktoren, die sich auf das Gesundheitserleben der Person auswirken. Seine Gesundheitserfahrungen modulieren positiv und negativ die Funktionen der Gen-, Bioenergie- und Immunnetzwerke, die die Expression des Krankheitsnetzwerks modulieren und in der „phänotypischen" Manifestation von Krankheit/en resultieren. Krankheit/en wirken sich ebenso auf die selbst eingeschätzte Gesundheit wie auf den sozialen Status und das soziale Engagement aus, wodurch die Rückkopplungsschleife von Gesundheit, Krankheit und Leiden geschlossen wird. Bemerkenswert ist, dass es zahlreiche Möglichkeiten gibt, die allgemeine Gesundheit einer Person in seinem physischen und sozialen Umfeld zu stärken, unabhänig von krankheitsspezifischen Interventionen. PNI: Psychoneuroimmunologie, $\approx$ zeigt potenzielle Interventionen, die die homeokinetische Netzwerkstabilität wiederherstellen können (ursprünglich veröffentlicht in: Sturmberg JP et al. „Multimorbidity" as the manifestation of network disturbances [54])

überbeansprucht werden, zu einem physiologischen Zusammenbruch führen, der mit phänotypischen Krankheiten verbunden ist [53–55].

4.3 Gesundheit messen

Es ist eigenartig, dass die meisten Gesundheitsberichte nie direkt über die Gesundheit der Bevölkerung berichten. Gesundheit wird in Bezug auf Lebenserwartung, der häufigsten Todesursachen, kombinierter Todesursachen (im Wesentlichen chronische Krankheiten und/oder allgemeine Gebrechlichkeit) und Krankheitsrisiko [42] (Abb. 4.7) beschrieben.

Obwohl Zahlen mehr als tausend Worte wert sind, können sie auch irreführend sein. Die Prävalenz von Nierenerkrankungen, Herz-, Schlaganfall- und Gefäßerkrankungen sowie Diabetes mellitus in der Bevölkerung beträgt etwa 15%. Da die Mehrheit aller Krankheiten altersbedingt ist, sind die meisten Patienten, die von diesen Zuständen betroffen sind – vorhersehbar – in den älteren Altersgruppen. Das zunehmende Alter ist jedoch auch die Hauptursache für die Sterblichkeit, was die Probleme von Nierenerkrankungen, Herzkrankheiten, Schlaganfall und anderen Gefäßerkrankungen sowie Diabetes mellitus in Perspektive setzt.

4.3.1 Selbsteinschätzung der Gesundheit

Eine aussagekräftigere Methode, um die Gesundheit der Gesamtbevölkerung oder spezifischer Bevölkerungsgruppen zu verstehen, besteht darin, die selbst bewertete Gesundheit zu betrachten. Die selbst bewertete Gesundheit als Maß ist eng mit

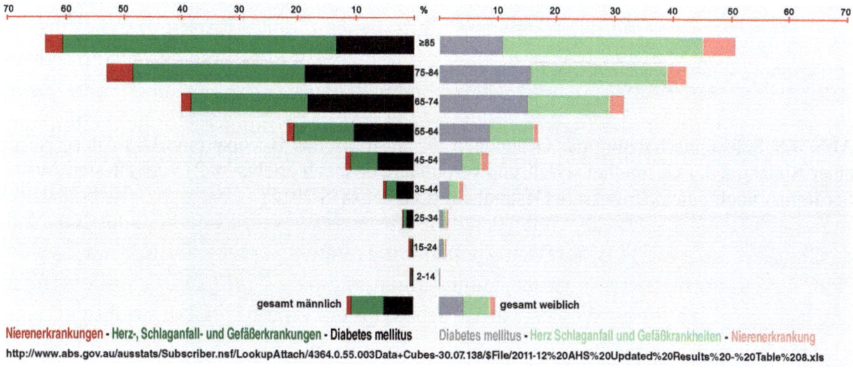

Abb. 4.7 Prävalenz von Nierenerkrankungen, Herz-, Schlaganfall- und Gefäßerkrankungen sowie Diabetes mellitus in der australischen Bevölkerung. Beachten Sie die großen Unterschiede in der altersbedingten Prävalenz, und das nur etwa 15% der Gesamtenbevölkerung betroffen sind. (Quelle: ABS 2011)

zukünftiger Morbidität und Mortalität verbunden, unabhängig vom Vorhandensein oder Fehlen identifizierbarer Pathologien (Krankheiten) [5–7]. Unabhängig von Alter, Geschlecht und Morbiditätslast schneiden Menschen, die ihre Gesundheit als gut oder besser bewerten, „besser" ab – Abb. 4.8 mag überraschend sein, da mehr als 60 % der über 85-Jährigen immer noch *gute Gesundheit* erleben. Dies ist wichtig, da es neue Erkenntnisse gibt die darauf hinweisen, dass eine bessere Lebensqualität mit einer geringeren Inanspruchnahme von Gesundheitsdiensten und geringeren Kosten verbunden ist [56].

Die Gesundheitserfahrung wird von vielen Faktoren beeinflusst; Abb. 4.9 und 4.10 zeigen die Unterschiede in der Gesundheitserfahrung von Menschen aus verschiedenen sozioökonomischen Hintergründen, ihrem Wohnort (städtisch/ländlich) und den Auswirkungen von Behinderungen.

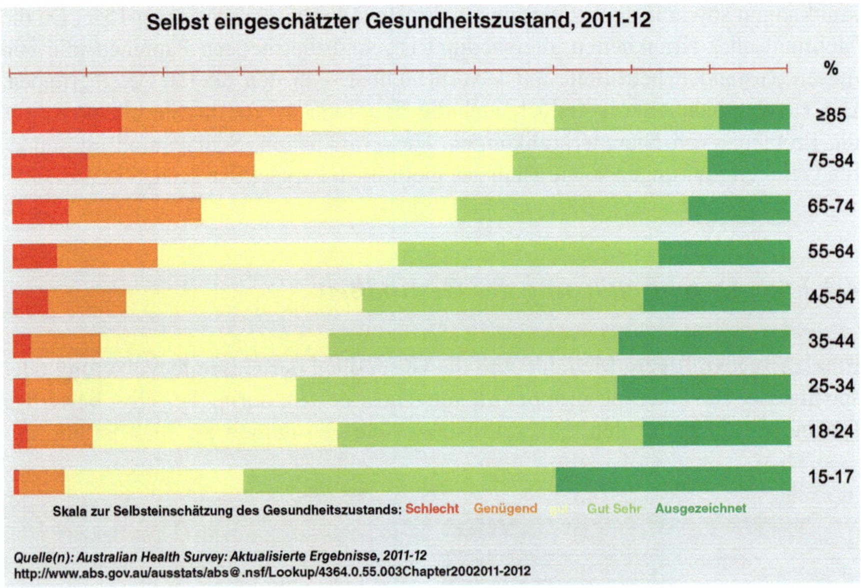

Abb. 4.8 Selbsteinschätzung der Gesundheit der australischen Bevölkerung. Das Altern ist mit einer Abnahme der Gesundheitserfahrung verbunden, dennoch erleben ≈ 2/3 der ältesten Australier immer noch gute oder bessere Gesundheit. (Quelle: ABS 2012)

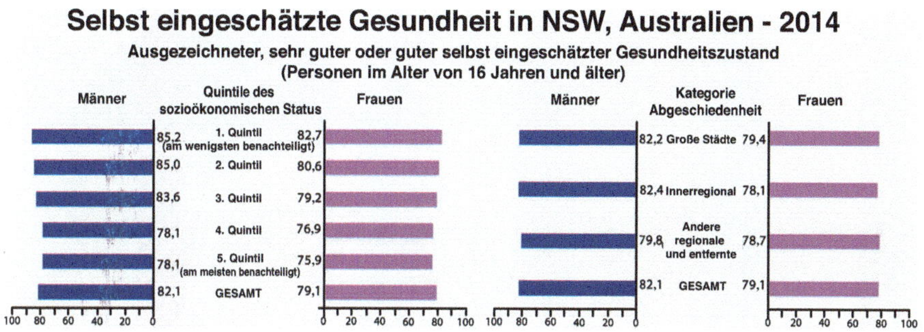

Abb. 4.9 Ausgezeichnete, sehr gute oder gute selbst eingeschätzte Gesundheit nach verschiedenen sozioökonomischen Indikatoren in NSW, Australien. Während 85,2 %/82,7 % der Männer/Frauen in der höchsten sozioökonomischen Quintile ausgezeichnete, sehr gute oder gute Gesundheit haben, fallen diese Zahlen auf 78,1 %/75,9 % der Männer/Frauen in der niedrigsten sozioökonomischen Quintile *(links)*. Die Unterschiede für Menschen, die in städtischen und ländlichen/abgelegenen Gebieten leben, betragen 82,2 %/79,4 % und 79,8 %/78,7 % für Männer/Frauen *(rechts)*. (Quelle: HealthStats NSW; http://www.healthstats.nsw.gov.au/Indicator/bod_self_age/bod_self_age)

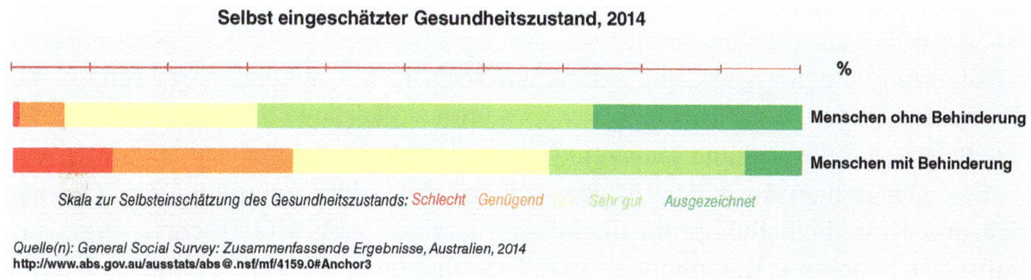

Abb. 4.10 Die Auswirkungen von Behinderungen auf die selbst eingeschätzte Gesundheit. Während etwa 8 % der Menschen ohne Behinderung eine schlechte/*genügend* Gesundheit haben, steigt dies um mehr als das Vierfache auf etwa 36 % bei Menschen mit Behinderungen. (Quelle: ABS 2014)

4.4 Bevölkerungsgesundheit und Inanspruchnahme von Gesundheitsdiensten

Studien zeigen immer wieder, dass die Mehrheit der Bevölkerung gesund oder zumindest „gesund genug" ist, um keine Gesundheitsfachkräfte zu benötigen – tatsächlich folgen der Bedarf an medizinischer Versorgung – wie erwartet – einer Pareto-Verteilung (Power-Law-Wahrscheinlichkeitsverteilung). Seit den 1960er Jahren suchen 80 % der Bevölkerung in einem beliebigen Monat keine Gesundheitsversorgung; von den 20 %, die Gesundheitsversorgung suchen, benötigen 80 % (oder 16 % der Gesamtbevölkerung) primäre Leistungen der Primärversorgung, um akute und chronische Krankheiten zu behandeln und die Patienten

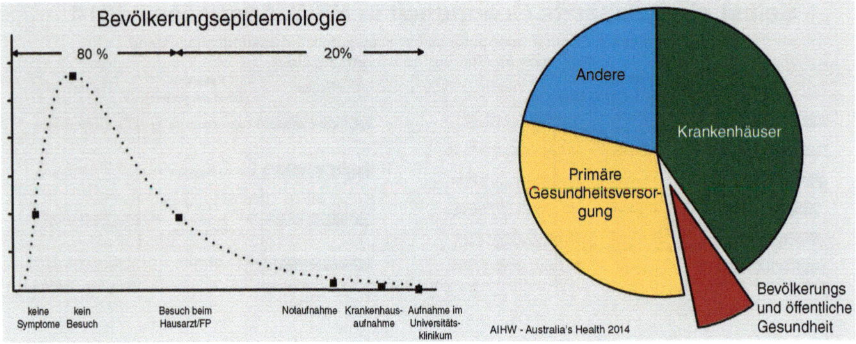

Abb. 4.11 Verteilung der Gesundheitsdienstleistungen in der Bevölkerung im Vergleich zur Ressourcenallokation des Gesundheitssystems. *Links:* Die Nutzung von Gesundheitsdienstleistungen hat sich in den letzten 50+ Jahren nicht verändert [54–56]. Hinweis: Der lange Schwanz in der Verteilungskurve ist charakteristisch für nichtlineare Verteilungen; *rechts:* nur ein „kleiner" Bruchteil des gesamten Gesundheitsbudgets geht in den *Bevölkerungs & Öffentlichen Gesundheits Sektor*. (Adaptiert von AIHW [42])

in Aktivitäten zur Gesundheitsförderung und Krankheitsprävention einzubinden. 80 % derjenigen, die zusätzliche Versorgung benötigen (oder 3,2 % der Gesamtbevölkerung), benötigen eine krankheitsspezifische Sekundärversorgung; nur die restlichen 20 % (oder 0,8 % der Gesamtbevölkerung) benötigen ressourcenintensive Tertiärversorgung [57–59] (Abb. 4.11, links).

Die Gesundheitsausgaben folgen jedoch nicht der Verteilung von Gesundheit und Krankheit. Schon ein flüchtiger Blick auf Abb. 4.11 (rechts) zeigt, dass die meisten unserer Bemühungen und Ressourcen in die sekundären und tertiären (Krankenhaus-) Sektoren fließen – im Einklang mit dem Fokus auf das Objekt Krankheit des Gesundheitsversorgungssysteme. Es wird nur wenig Mühe aufgewandt die sozialen und ökologischen Bedingungen zu erhalten und zu verbessern, die „gute Gesundheit" fördern und Krankheiten verhindern.

Literatur

1. Sturmberg JP (2009) The personal nature of health. J Eval Clin Pract 15(4):766–769
2. Huber M, Knottnerus JA, Green L, Horst Hvd, Jadad AR, Kromhout D et al (2011) How should we define health? Br Med J 343:d4163
3. Sturmberg JP (2013) Health: a personal complex-adaptive state. In: Sturmberg JP, Martin CM (Hrsg) Handbook of systems and complexity in health. Springer, New York, S 231–242
4. Lakoff G, Johnsen M (2003) Metaphors we live by. The University of Chicago Press, London
5. Idler EL, Benyamini Y (1997) Self-rated health and mortality: a review of twenty-seven community studies. J Health Soc Behav 38(1):21–37
6. Jylhä M (2009) What is self-rated health and why does it predict mortality? Towards a unified conceptual model. Soc Sci Med 69(3):307–316

7. Benyamini Y (2011) Why does self-rated health predict mortality? An update on current knowledge and a research agenda for psychologists. Psychol Health 26(11):1407–1413
8. Egnew TR (2005) The meaning of healing: transcending suffering. Ann Fam Med 3(3): 255–262
9. McWhinney IR (1989) An acquaintance with particulars. …'. Fam Med 21(4):296–298
10. Mitchell D (2014) Philosophy at the bedside – phenomenology, complexity and virtue in the care of patients. J Eval Clin Pract 20(6):970–974
11. Scott JG, Cohen D, DiCicco-Bloom B, Miller WL, Stange KC, Crabtree BF (2008) Understanding healing relationships in primary care. Ann Fam Med 6(4):315–322
12. Uexküll Tv, Pauli HG (1986) The mind-body problem in medicine. Adv J Inst Adv Health 3(4):158–174
13. Macklem PT, Seely A (2010) Towards a definition of life. Perspect Biol Med 53(3):330–340
14. Bircher J (2005) Towards a dynamic definition of health and disease. Med Health Care Philos 8(3):335–341
15. Bircher H, Kuruvilla S (2014) Defining health by addressing individual, social, and environmental determinants: new opportunities for health care and public health. J Public Health Policy 35(3):363–386
16. Sturmberg JP (2014) Emergent properties define the subjective nature of health and disease. J Public Health Policy 35(3):414–419
17. Pellegrino E, Thomasma D (1981) A philosophical basis of medical practice. Towards a philosophy and ethic of the healing professions. Oxford University Press, New York
18. Picard M, Juster R, Sabiston C (2013) Is the whole greater than the sum of the parts? Self-rated health and transdisciplinarity. Health Aff 5(12A):24–30
19. Vogt H, Ulvestad E, Eriksen TE, Getz L (2014) Getting personal: can systems medicine integrate scientific and humanistic conceptions of the patient? J Eval Clin Pract 20(6): 942–952
20. WHO – Western Pacific Region (2007) People at the centre of health care. Harmonizing mind and body, people and systems. WHO Western Pacific Region, Geneva
21. Illich I (1976) Limits to medicine. Medical nemesis: the expropriation of health. Marion Boyars Book, London
22. Husserl E (2006) The basic problems of phenomenology: from the lectures. Winter Semester, 1910–1911. Springer, Dordrecht
23. Antonovsky A (1979) Health, stress and coping. Jossey-Bass, San Francisco
24. Ingstad B, Fugelli P (2006) "Our health was better in the time of Queen Elizabeth": the importance of land to the health perception of the Botswana San. In: Hitchcock RK, Ikeya K, Lee RB, Biesele M (Hrsg) Updating the San: image and reality of an African people in the 21st century (Senri Ethnological Studies No 70). Senri; National Museum of Ethnology, Osaka
25. Engel GL (1977) The need for a new medical model: a challenge for biomedicine. Science 196(4286): 129–136
26. Moes M (2001) Plato's conception of the relationship between moral philosophy and medicine. Perspect Biol Med 44(3):353–367
27. WHO (1978) Declaration of Alma-Ata. International conference on primary health care, Alma-Ata, USSR, 6–12 Sept 1978. World Health Organisation, Geneva
28. Parsons T (1951) The social system. Free Press, Glencoe
29. Dubos R (1960) The mirage of health. Allen and Unwin, London
30. Maslow HA (1968) Toward a psychology of being. Van Nostrand Reinhold Company, New York
31. Tissue T (1972) Another look at self-rated health among the elderly. J Gerontol 27(1):91–94
32. Kehlman S (1975) The social nature of the definition problem in health. Int J Health Serv 5(4):625–642
33. Reid J (1984) Body, land and spirit. Queensland University Press, St Lucia
34. Seedhouse D (1986) Health: the foundations for achievement. Wiley, New York

35. WHO (1986) Ottawa charter for health promotion. First international conference on health promotion. Ottawa, 21 Nov 1986: WHO/HPR/HEP/95.1. http://www.who.int/hpr/NPH/docs/ottawa_charter_hp.pdf
36. Sturmberg JP (2007) The foundations of primary care. Daring to be different. Radcliffe Medical Press/Oxford San Francisco
37. WHO Commission on Social Determinants of Health (2007) Globalization, global governance and the social determinants of health: a review of the linkages and agenda for action. www.who.int/social_determinants/resources/gkn_lee_al.pdf
38. Pourbohloul B, Kieny M-P (2011) Complex systems analysis: towards holistic approaches to health systems planning and policy. World Health Organ Bull World Health Organ 89(4):242
39. Rosenberg CE (1989) Disease in history: frames and framers. Milbank Q 67(Suppl1):1–15
40. Rosenberg CE (2003) What is disease? In memory of Owsei Temkin. Bull Hist Med 77(3): 491–505
41. Sturmberg JP, Martin CM (2016) Diagnosis – the limiting focus of taxonomy. J Eval Clin Pract 22(1):103–111
42. Australian Institute of Health and Welfare (2014) Australia's welfare 2014. Australian Institute of Health and Welfare, Canberra. Contract No.: Cat. no. AUS 178. http://www.aihw.gov.au/australias-health/2014/
43. Pârvan A (2016) Monistic dualism and the body electric: sn ontology of disease, patient and clinician for person-centred healthcare. J Eval Clin Pract 22(4):530–538
44. Dantzer R (2001) Cytokine-induced sickness behavior: where do we stand? Brain Behav Immun 15(1):7–24
45. Goh K-I, Cusick ME, Valle D, Childs B, Vidal M, Barabási A-L (2007) The human disease network. Proc Natl Acad Sci 104(21):8685–8690
46. Tracey KJ (2007) Physiology and immunology of the cholinergic antiinflammatory pathway. J Clin Invest 117(2):289–296
47. Glaser R, Kiecolt-Glaser JK (2005) Stress-induced immune dysfunction: implications for health. Nat Rev Immunol 5(3):243–251
48. Cole SW (2013) Social regulation of human gene expression: mechanisms and implications for public health. Am J Public Health 103(S1):S84–S92
49. Picard M, Juster RP, McEwen BS (2014) Mitochondrial allostatic load puts the 'gluc' back in glucocorticoids. Nat Rev Endocrinol 10(5):303–310
50. Wallace DC (2013) A mitochondrial bioenergetic etiology of disease. J Clin Investig 123(4):1405–1412
51. Loscalzo J, Kohane I, Barabási A-L (2007) Human disease classification in the postgenomic era: a complex systems approach to human pathobiology. Mol Syst Biol 3(1):124
52. Barabási A-L (2007) Network medicine – from obesity to the "Diseasome". N Engl J Med 357(4): 404–407
53. Sturmberg JP, Bennett JM, Picard M, Seely AJE (2015) The trajectory of life. Decreasing physiological network complexity through changing fractal patterns. Front Physiol 6:169
54. Sturmberg JP, Bennett JM, Martin CM, Picard M (2017) "Multimorbidity" as the manifestation of network disturbances. Implications for whole person care. J Eval Clin Pract 23(1):199–208
55. Sturmberg JP, Botelho RJ, Kissling B (2016) Integrated multimorbidity management in primary care: why, what, how, and how to? J Comorbidity 6(2):114–119
56. Hutchinson AF, Graco M, Rasekaba TM, Parikh S, Berlowitz DJ, Lim WK (2015) Relationship between health-related quality of life, comorbidities and acute health care utilisation, in adults with chronic conditions. Health Qual Life Outcomes 13:69
57. White K, Williams F, Greenberg B (1961) The ecology of medical care. N Engl J Med 265(18):885–892
58. Green L, Fryer G, Yawn B, Lanier D, Dovey S (2001) The ecology of medical care revisited. N Engl J Med 344(26):2021–2025
59. Johansen ME, Kircher SM, Huerta TR (2016) Reexamining the ecology of medical care. N Engl J Med 374(5):495–496

Teil II
Ein “Best Angepasstes” Gesundheitssystem: Die Herausforderungen Meistern

Ein „bestangepasstes“ Gesundheitssystem: Bewältigung der Herausforderungen

Die moderne Medizin ist eine Negation der Gesundheit. Sie ist nicht darauf ausgerichtet, der menschlichen Gesundheit zu dienen, sondern nur sich selbst, als Institution. Sie macht mehr Menschen krank als sie heilt.

Ivan Illich (1826–2002)
Amerikanischer Soziologe

Ein „Best Angepasstes“ Gesundheitssystem

Teil I dieses Buches beschrieb die grundlegenden Elemente, die die Bildung eines *komplex adaptiven* Gesundheitssystems untermauern:

- Schlüsselaspekte aus System- und Komplexitätswissenschaften:
  - *Nichtlineares Verhalten:*
    unverhältnismäßige Reaktion zwischen Eingaben und Ausgaben
    macht Ergebnisse weniger vorhersehbar
    führt zu *selbstähnlichen Ergebnismustern,* von denen jedes das „am besten angepasste“ Ergebnis unter bestimmten Umständen ist
    Ergebnis unter bestimmten Umständen
  - *Feedbackschleifen* tragen zum nichtlinearen Verhalten von Systemen bei und:
    führen zu Lernen
    ermöglichen Anpassung
    erreichen Robustheit
  - Komplex adaptive Organisationen (oder soziale Systeme) entstehen um *gemeinsame (oder Kern-) Werte,* die die Richtung bestimmen, die die Organisation einschlagen wird
  - In einer nahtlos integrierten komplex adaptiven Organisation *stimmen Zweck, Ziele und Werte* innerhalb und über alle Teilsysteme und organisatorischen Ebenen hinweg überein

- Visualisierungstechniken helfen, ein *„System als Ganzes"* zu verstehen:
  - Ein *Wirbel* ist eine generische Darstellung eines komplex adaptiven Systems und veranschaulicht die selbstorganisierende Natur eines solchen Systems um seinen Fokuspunkt
  - *Systemkarten, Einfluss-, Mehrfachursachen- und Zeichendiagramme* heben die strukturellen und dynamischen Beziehungen zwischen den Agenten des Systems hervor
  - Das Cynefin-Framework klärt die Natur und Beziehung verschiedener Dynamiken in organisatorischen Systemen
- Gesundheit ist ein persönlicher komplex adaptiver Zustand:
  - Gesundheit ist *erfahrungsbedingt*
  - Die Erfahrung von Gesundheit ist *adaptiv* angesichts sich ändernder interner und externer Umstände
  - *Die meisten* Menschen sind *die meiste Zeit* gesund
  - *Gute Gesundheitserfahrung* (wie bei der Selbsteinschätzung der Gesundheit) ist ein starker Prädiktor für zukünftige Morbidität, Mortalität und Inanspruchnahme von Gesundheitsdiensten

Teil II dieses Buches skizziert, wie diese grundlegenden Elemente auf die Neugestaltung eines *komplex adaptiven Gesundheitssystems* angewendet werden können.

„Gesundheitssysteme" müssen von ***„Gesundheitsversorgungssystemen"*** unterschieden werden – einfach ausgedrückt, muss der Fokus des Systems von *Krankheit* auf ***Gesundheit*** und von *Krankheitsmanagement* auf ***Gesundheitsschaffung*** verlagert werden!

Die Neugestaltung eines *Gesundheitssystems* ist zunächst eine Veränderung der *Denkweise oder des Fokus.* Ein veränderter Fokus auf die *Erfahrung von Gesundheit* und ihre *beitragenden Faktoren* wird das Entstehen eines „am besten angepassten" Gesundheitssystems ermöglichen, basierend auf der Neukonfiguration der Beziehungen seiner Agenten und ihrer Art der Interaktion.

Drei Beispiele aus sehr unterschiedlichen Kontexten illustrieren das Entstehen von „am besten angepassten" Gesundheitssystemen. Jedes entstand aufgrund seines einzigartigen Fokus auf *die Bedürfnisse der Menschen, für die sie sorgen.* Explizit und/oder implizit definierte jedes System seine Reihe von *Zweck-, Ziel- und Werteaussagen* (die den Denkwechsel widerspiegeln), die zur Definition seiner Reihe von *„einfachen (operativen) Regeln"* führten (die die Art der Interaktion widerspiegeln).

Komplex adaptive Organisationen erfordern einen Führungsansatz, der sich *verpflichtet, seine Werte zu wahren* und den Fokus seiner Mitglieder auf gemeinsame Zweck und gemeinsame Ziele *aufrechtzuerhalten.*

Führungskräfte komplex adaptiver Organisationen arbeiten mit ihren Mitgliedern zusammen gemeinsame Probleme zu lösen - anstatt Lösungen vorzuschreiben. Dieser Führungsstil *„zeigt den Weg"*, er gibt *„Richtung ohne Direktiven"*. Führungskräfte führen durch *moralische Autorität* anstatt durch *institutionelle Macht.*

Ein wichtiger Teil der Führung in komplex adaptiven Organisationen ist die unvermeidliche Notwendigkeit, Einschränkungen zu bewältigen, die aus Systembeschränkungen entstehen. Die drei Beispiele zeigen, wie Führungskräfte Systembeschränkungen auf die von Goldratt [1] skizzierte Weise angegangen sind. Sie haben:

- Die Beschränkungen des Systems identifizieren
- Entschieden, wie die Beschränkungen des Systems ausgenutzt werden können
- Alles andere der obigen Entscheidung unterordnen
- Die Beschränkungen des Systems erhöhen
- Wenn in den vorherigen Schritten eine Beschränkung gebrochen wurde, gingen sie zurück zum ersten Schritt und ließen nicht zu, dass Trägheit eine weitere Systembeschränkung verursacht

Literatur

1. Goldratt EM (1990) What is this thing called THEORY OF CONSTRAINTS and how should it be implemented? Great Barrington, MA, The Northern River Press

Kapitel 5
Eine auf „Erstprinzipien" basierende Neugestaltung eines komplex adaptiven Gesundheitssystems

Überblick. Die Neugestaltung eines *komplex adaptiven Gesundheitssystems* muss auf „ersten Prinzipien" basieren – einem Fokus auf *Gesundheit, Gerechtigkeit und Nachhaltigkeit.* Ein *komplex adaptives Gesundheitssystem* wird:

- Die *Person und ihre Gesundheitserfahrung* in den Mittelpunkt stellen – dies wird ***Personenzentriertheit*** erreichen
- Alle erforderlichen Dienstleistungen bereitstellen, um die *gewünschten Gesundheitserfahrungen der Person* zu erreichen – dies wird ***Gerechtigkeit*** erreichen
- Gleiches Augenmerk auf die Behandlung des sich „krank fühlens" und „krank seins" (organische Krankheiten) der Person sowie den *Kontext,* in dem sein „*krank fühlen*" und sein „krank seins" (organische Krankheiten) auftreten – dies wird ***Nachhaltigkeit*** erreichen

Ein *komplex adaptives Gesundheitssystem* ist das übergeordnete System, das die vielen verschiedenen Subsysteme, Undersubsysteme usw. eines Gesundheitssystems enthält. Das Gesundheitssystem, das den Fokus auf die Kernprinzipien, wie oben skizziert, beibehält, ermöglicht das Entstehen eines nahtlos integrierten Gesundheitssystems, sowohl innerhalb als auch über seine verschiedenen organisatorischen Ebenen hinweg.

Wichtig ist, dass das ***Gesundheitsversorgungssystem nur EINES von vielen Subsystemen*** eines *komplex adaptiven Gesundheitssystems* ist. Es ist der Teil des *Gesundheitssystems,* der eine breite Palette von *Gesundheitsfachleuten* – umgangssprachlich als medizinische – *Versorgung* bietet. Primärversorgung, Sekundärversorgung und Tertiärversorgung sind einige der Subsysteme des *Gesundheitssystems.* Jedes dieser Subsysteme hat einen bestimmten Fokus und eine Rolle in der Versorgung einer/s Person/Patienten.

J. P. Sturmberg, *Neugestaltung des Gesundheitssystems,*
https://doi.org/10.1007/978-3-031-46816-2_5

Gesundheitssysteme sind *organisatorische Systeme.* Die Gestaltung einer komplex adaptiven Organisation muss drei Schlüsselprinzipien beachten:

- Die Definition ihres *Zwecks* und ihrer *Ziele*
- Die Definition ihres *Werts* und ihrer *„einfachen (Betriebs-)Regeln"*
- Die Anpassung ihrer Subsysteme auf den *übergeordneten* Zweck, Ziele und Werte-Rahmen des Systems

In einem *komplex adaptiven Gesundheitssystem:*

- Zweck, Ziele, Werte und „einfache (Betriebs-)Regeln" sind *explizit und allen Beteiligten bekannt* – dies wird ***Personenzentriertheit und Nachhaltigkeit*** erreichen
- Führungskräfte helfen ihren Mitarbeitern, kreativ *lokale Lösungen für lokale Probleme* zu finden. Sie stellen sicher, dass diese Lösungen mit dem übergeordneten Zweck, Zielen und Werten der Organisation *kompatibel* sind – dies wird ***Nachhaltigkeit, Gerechtigkeit und Nachhaltigkeit*** erreichen
- Gesundheitsfachleute konzentrieren sich auf die notwendigen *Bedürfnisse* (Bedürfnisse müssen von Forderungen getrennt werden) ihrer Patienten und arbeiten in Partnerschaft mit anderen zusammen, um sicherzustellen, dass diese Bedürfnisse erfüllt werden – dies wird ***Personenzentriertheit, Gerechtigkeit und Nachhaltigkeit*** erreichen

Punkte zur Reflexion

- Wie würde ein *komplex angepasstes Gesundheitssystem* aussehen?
- Was wären die Gestaltungsprinzipien für ein solches System?
- Wie könnte ein solches *komplex adaptives Gesundheitssystem* implementiert werden?
- Welche Art von Veränderungen könnten dazu beitragen, das Ziel in kleinen Schritten zu erreichen?

> *„Aber der Mensch ist so süchtig nach Systemen und abstrakten Schlussfolgerungen, dass er bereit ist, die Wahrheit absichtlich zu verzerren, seine Augen und Ohren zu verschließen, aber seine Logik um jeden Preis zu rechtfertigen."*
>
> Fjodor Dostojewski (1821–1881)
> Russischer Romancier, Kurzgeschichtenschreiber, Essayist, Journalist und Philosoph

Gesundheitssysteme auf der ganzen Welt funktionieren nicht. Der Zustand der Gesundheitssysteme kann in den Worten von Walter Cronkite wie folgt umschrieben werden: (fügen Sie Ihr Land ein) *Gesundheitssystem ist weder gesund, fürsorglich, noch ein System.*[1] Diese Charakterisierung sollte nicht überraschen, da Gesundheitssysteme isoliert als Institutionen agieren, die sich mit der Bewältigung von organischen Krankheiten beschäftigen.[2]

Das Gesundheitsversorgungssystem ist zwar ein einzigartiges System, es ist aber auch Teil eines größeren Systems – dem Gesundheitssystem, das wiederum in das gesamte Regierungssystem eingebettet ist – und besteht selbst aus mehreren Subsystemen, z.B. öffentliches Gesundheitssystem, Krankenhaussystem, psychisches Gesundheitssystem oder Primärversorgungssystem.

5.1 Wenn *Gesundheitssysteme* nicht funktionieren ... Wie sähe eine neue Vision für ein *Gesundheitssystem aus?*

Eine alternative Ansicht besagt, dass wir neue *Gesundheitssysteme* entwerfen müssen. Ein *Gesundheitssystem* konzentriert sich auf alle Aspekte, die die menschliche Gesundheit beeinflussen – Bildung, Arbeit, Lebensmittelversorgung, soziale und umweltbezogene Infrastrukturen sowie die Bereitstellung von krankheits- und krankheitsspezifischen Gesundheitsdienstleistungen.

Gesundheitssysteme sind *komplex adaptive soziale Systeme.* Sie haben:

- Eine große und vielfältige Anzahl von *Agenten:* Gesundheitsminister, Gesundheitsbürokratie, Gesundheitsfinanzierungsorganisationen, Krankenhäuser und kommunale Gesundheitszentren, und die verschiedenen Gesundheitsfachleute, Gesundheitsnutzergruppen und Einzelpersonen (Hinweis: Agenten in Systemen können Personen, Organisationen, Institutionen usw. sein)

---

[1] Walter Cronkite (1916–2009), amerikanischer Journalist und Rundfunkmoderator.

[2] Die Frustration mit dem Gesundheitssystem hat Andrew Weil (amerikanischer Arzt, Befürworter von ganzheitlicher Gesundheit und integrativer Medizin) dazu veranlasst zu sagen: *Ich habe jahrelang argumentiert, dass wir in Amerika kein Gesundheitssystem haben. Wir haben ein Krankheitsmanagement-System – eines, das routinemäßig teure Medikamente und Operationen einsetzt, die Gesundheitszustände behandeln, nachdem sie sich manifestiert haben, anstatt unseren Bürgern einfache Ernährungs-, Lebensstil- und therapeutische Werkzeuge zur Verfügung zu stellen, um sie gesund zu halten.*

- Unzählige *Interaktionen* unter ihren Agenten: Durch ihre fortlaufenden Interaktionen *„lernen“* Agenten und passen sich an, wodurch das System ständig innerhalb der Grenzen der Systembeschränkungen umgestaltet wird

Komplex adaptive soziale Organisationen funktionieren auf der Grundlage von drei Schlüsselorganisationsprinzipien:

- Ihre definierten *Zwecke und Ziele*
- Ihre definierten *Werte und „einfachen (oder betrieblichen) Regeln“*
- Die Anpassung ihrer Organisationssubsysteme

Auf der Grundlage dieser Prinzipien analysierten Sturmberg, O’Halloran und Martin das australische Gesundheitssystem durch die Linse eines komplex adaptiven Systems [1, 2]. Das Ergebnis wird durch den *Gesundheitswirbel* (Abb. 5.1, links) dargestellt, der zeigt, dass Australien bestenfalls ein

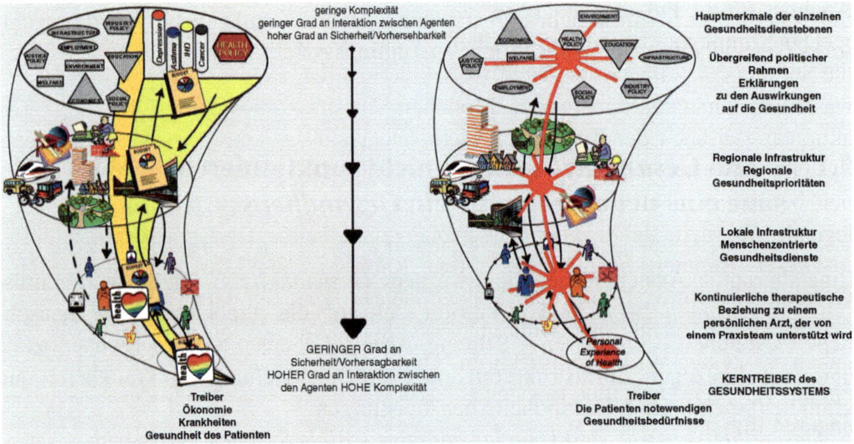

Abb. 5.1 Das Wirbelmodell des australischen „Gesundheitssystems“ – das aktuelle Gesundheitssystem im Vergleich zu einem alternativ gestalteten komplex adaptiven Gesundheitssystem. Die *linke Seite* der Abbildung zeigt die *Fragmentierung innerhalb und zwischen den verschiedenen organisatorischen Ebenen* im australischen ***Gesundheitssystem*** aufgrund von Unterschieden in den Treibern von Subsystemeinheiten wie: Fokus auf die Gesundheitserfahrung der Person auf der primären Versorgungsebene, Erkrankungsfokus in Krankenhäusern, Fokus auf öffentliche Gesundheitsprioritäten auf der Bevölkerungsebene, und Fokus auf die Weltgesundheit und Gesundheitsbudgets auf der politischen Ebene. Die Wirbeldarstellung auf der rechten Seite zeigt ein *nahtlos integriertes* ***komplex adaptives Gesundheitssystem,*** das als seinen *übergeordneten Systemtreiber* die „notwendigen Gesundheitsbedürfnisse der Person“ annimmt. Als übergeordneter Treiber würden Ebenen innerhalb und über das Gesundheitssystem hinweg alle ihre Aktivitäten auf das Erreichen des *„gemeinsamen Ziels“* des Systems ausrichten, dies jedoch auf ihre eigene Weise autonom tun (d. h. Subsysteme bestimmen ihre eigenen Treiber innerhalb der übergeordneten Systemtreiber). Beachten Sie auch, dass die *Komplexität* und die *Grade der Gewissheit* ***umgekehrt proportional*** über die organisatorische Skala verteilt sind (für eine detaillierte Diskussion über das Verhältnis von Skala/Komplexität siehe: Bar-Yam Y. Dynamics of Complex Systems. Reading, Massachusetts: Addison-Wesley; 1997. http://www.necsi.org/publications/dcs/)

„Krankheitsmanagement-System“ hat. Auf politischer Ebene sind „Gesundheitsabteilungen“ um Krankheitssilos organisiert, die ihren Einfluss auf die staatliche/regional/lokale Ebene geltend machen, um (hauptsächlich) krankenhausbasierte Krankenversorgung durchzusetzen. Auf der primären Versorgungsebene werden Gesundheitsfachleute jedoch hauptsächlich mit Patienten konfrontiert, deren *krank fühlen* nicht leicht in den „politischen Krankheits Rahmen“ passt. Die rechte Seite von Abb. 5.1 illustriert eine alternative Vision eines *Gesundheitssystems,* das um die Gesundheit und gesundheitlichen Bedürfnisse der Menschen organisiert ist, was zuweilen das dem *Gesundheitssystem* innewohnende Fachwissen erfordert.

5.2 Organisationen als komplex adaptive Systeme

Die Organisationsforschung hat einige Schlüsselprinzipien identifiziert, die die Funktion einer komplex adaptiven Organisation untermauern, nämlich die Definition von:

- Zweck
- Ziele
- Werten
- „Einfachen (oder betrieblichen) Regeln“

Diese müssen explizit sein und sie müssen von jedem Mitglied des Gesundheitssystems verstanden und akzeptiert werden, um einen nahtlos integrierten Gesundheitsdienst zu erreichen. Dies erfordert Führung, ein Thema, das in Kap. 7 und 8 ausführlicher behandelt wird.

5.2.1 Zweck und Ziele

Der *Zweck und die Ziele* eines *„komplex adaptiven personenzentrierten, gerechten und nachhaltigen Gesundheitssystems“* bestehen darin, den Patienten alle Dienstleistungen zur Verfügung zu stellen, die sie benötigen, um ihre Gesundheitsbedürfnisse zu erfüllen und ihre gewünschten Gesundheitserfahrungen zu erreichen.[3]

Da die Gesundheitsversorgung ein dyadische Bemühungen ist, müssen Zweck und Ziele aus der Perspektive der Person/des Patienten und des Leistungserbringers betrachtet werden.

---

[3] Die Bedeutung der *Gesundheitserfahrung* für Morbidität und Mortalität wurde von Forschern zur Selbsteinschätzung der Gesundheit wie Idler & Benyamini und Jylhä nachgewiesen (siehe Kap. 4). Die Selbsteinschätzung der Gesundheit muss von der Patientenzufriedenheit unterschieden werden, einem völlig unabhängigen Konzept.

- Der Schwerpunkt liegt auf der *„Gesundheitserfahrungen“*, wie sie von den Einzelnen auf ihre eigene Weise definiert werden. Gesundheitserfahrungen können gut oder schlecht sein, unabhängig davon, ob bestimmte Krankheiten vorliegen oder nicht.
  Es ist bemerkenswert, wie oft es eine Diskrepanz zwischen der subjektiven Sicht des Patienten und der objektiven Sicht der Gesundheitsversorger über „die Gesundheit dieser Person“ gibt. Jede Diskrepanz sollte vermieden werden, da sie zu einer Unter- oder Überversorgung oder zur Erbringung unerwünschter Dienstleistungen führen kann
- Für die Führungskräfte des Gesundheitssystems liegt der Schwerpunkt darauf, den *Fokus* aller Agenten auf den *Zweck* ihrer Arbeit zu *erhalten.* Dies erfordert von ihnen, den notwendigen kreativen Raum und die Unterstützung zur Problemlösung bereitzustellen und sicherzustellen, dass die erforderlichen Ressourcen verfügbar sind.
  Nahtlos integrierte Gesundheitssysteme erfordern von den Verantwortlichen, dass sie innerhalb und über die verschiedenen Ebenen der Organisation eines Gesundheitssystems hinweg zusammenarbeiten, um die Zusammenarbeit zu erleichtern und Hindernisse zu beseitigen, damit die Gesundheit des Einzelnen und der Gesellschaft erreicht und erhalten werden kann.
  Effektive Führungskräfte sehen ihre Rolle nicht als „Problemlöser“, sondern als *„Ermöglicher der notwendigen Anpassungsarbeit, die die Mitarbeiter an der Basis leisten müssen“*, um die gewünschten Ziele und Ergebnisse der Organisation zu erreichen [3].

5.2.2 Werte

Die Werte einer Organisation fungieren als ihr „moralischer Anker und Kompass“. Von besonderer Bedeutung für eine Organisation sind ihre ***Kernwerte,***[4] diejenigen, die *in einer sich verändernden Umgebung unverändert bleiben.*

Für das Gesundheitssystem sollte der Wert aus der *Perspektive der Menschen, die das Gesundheitssystem nutzen,* definiert werden, ein Vorschlag, der zunehmend an Akzeptanz gewinnt [4]. Verschiedene Organisationen haben die breite Vorstellung von *„Erfüllung der Bedürfnisse des Patienten“* als Kernwert für ihr Gesundheitssystem übernommen, wie:

- *„Die notwendigen Bedürfnisse des Patienten stehen an erster Stelle“* (Mayo Clinic [4])
- *„Respekt für die Werte, Präferenzen und ausgedrückten Bedürfnisse des Patienten; koordinierte und integrierte Versorgung; klare, hochwertige Informationen*

[4] [Was sind Kernwerte? http://www.nps.gov/training/uc/whcv.htm, Wie werden Kernwerte verwendet? http://www.nps.gov/training/uc/hwcvbu.htm.]. Zusammen bilden sie die Grundlage zur Lösung aufkommender Probleme und Konflikte.

und Bildung für den Patienten und die Familie; körperliches Wohlbefinden, einschließlich Schmerzmanagement; emotionale Unterstützung und Linderung von Angst und Sorge; Einbeziehung von Familienmitgliedern und Freunden, falls angebracht; Kontinuität, auch bei Übergängen zwischen den Versorgungseinrichtungen; und Zugang zur Versorgung" (Gerteis et al. [5])

- *„Alle klinischen Entscheidungen werden von den Werten der Patienten geleitet"* (Institute of Medicine [6])
- *„Eine indigene Gemeinschaft, die körperliches, geistiges, emotionales und spirituelles Wohlbefinden genießt"* (NUKA-System of Care [7])
- *„Was ist für Sie wichtig? sowie Was ist das Problem?"* (Barry und Edgman-Levitan [8]).

Damit ein Gesundheitssystem wirklich als nahtlos integrierte Organisation funktionieren kann, müssen seine Mitglieder die *„Kernwerte ihres Gesundheitssystems verinnerlichen"* und sie an jedem Punkt des Weges umsetzen [9, 10].

Da das Gesundheitssystem in pluralistischen Gesellschaften jedoch viele verschiedene Organisationen mit ihren eigenen Agenden umfasst, ist es nicht überraschend, dass Werte für Gesundheit und Gesundheitssysteme auf verschiedene Weise definiert werden, nicht alle davon sind mit den Vorstellungen eines *personenzentrierten, gerechten und nachhaltigen Gesundheitssystems* vereinbar.

Der wichtigere Punkt hier ist einfach, dass die Berücksichtigung von *Werten* nun ein Thema zur Diskussion ist. Zum Beispiel hat das New England Journal of Medicine gerade eine neue Serie zur Förderung der Neugestaltung des Gesundheitssystems auf der Grundlage von Werten gestartet.[5]

Ein provokativerer Ansatz von Keckly lautet, von einem *Fließbandansatz* im Gesundheitswesen zu einem System überzugehen, *das den* Patienten einen hohen Wert bietet.[6] Er schlägt vor, die *Bedürfnisse und Präferenzen* der Patienten im Zusammenhang ihrer *psychosozialen und demografischen* Merkmale in den üblichen Rahmen von *Anzeichen, Symptomen, Risikofaktoren und Begleiterkrankungen* einzubeziehen, um so schnell wie möglich ein wertlieferndes Gesundheitssystem zu schaffen [11].

Die Anhänge zu diesem Kapitel geben einen Überblick über die *Wertperspektiven* verschiedener Interessengruppen.

Der Begriff *Wert* wird mit zwei Bedeutungen verwendet – eine *Qualität* wie eine „gute Beratung" oder ein „schlechtes Behandlungsergebnis", und im Sinne eines *Wertes* wie eine „kostengünstige Behandlung" oder eine „gute Investition".

---

[5]Versorgungsneugestaltung: Schaffung der Zukunft der Gesundheitsversorgung. Sie stellen ausdrücklich fest: *Was bedeutet der Übergang „von Volumen zu Wert" für die Gesundheitsversorgung und die Organisationen, die sie erbringen? Die Neugestaltung der Versorgung um den Wert – die Erfüllung der Bedürfnisse des Patienten und dies so effizient wie möglich – hat in den USA und weltweit ernsthaft begonnen.* www.catalyst.nejm.org/events/care-redesign-creating-the-future-of-health-care-delivery-2015.

[6]Aus wirtschaftlicher Perspektive argumentiert er: *Sie sind wohl die wichtigsten Interessengruppen der Branche.*

In einem nahtlos integrierten Gesundheitssystem schließt sich diese zwar nicht gegenseitig aus, aber wir, d. h. die **Gesellschaft als Ganzes** sowie die einzelnen **Dienstleistungsorganisationen,** müssen sich auf eine übergreifende Werterklärung für die Gesundheitsversorgung einigen. Wir müssen uns darüber im Klaren sein, welche Werte wir verfolgen wollen.

Hier ist ein Überblick über verschiedene Perspektiven, die in den Anhängen ausführlich zitiert werden:

- Eine philosophische Perspektive über den Wert der Medizin von den medizinischen Philosophen Edmund Pellegrino und David Thomasma [Anhang 1]
- Die Sichtweise verschiedener Interessengruppen zum Wert des Gesundheitswesens aus einem vom Institute of Medicine durchgeführten Workshop zur „Gesundheitsindustrie“ [Anhang 2]
- Eine von Michael Porter und Elizabeth Teisberg angebotene Leistungs- und Verantwortungsperspektive, die Wert als Ergebnis im Verhältnis zu den Kosten definiert [Anhang 3]
- Zwei Branchenperspektiven [Anhang 4]
  - Metronic sieht den Wert nicht nur in den Vorteilen, die sich aus ihren therapeutischen Geräten ergeben, sondern auch in den wirtschaftlichen Vorteilen, die sich aus einer effizienteren Versorgung und Verminderung von Systemverschwendungen ergeben
  - Die Pharmaindustrie sieht den Wert vor allem unter dem Gesichtspunkt des Gewinns und nutzt Marketing und Rabattangebote (insbesondere in den USA), um den Marktanteil für jedes ihrer Produkte zu erhöhen

5.2.3 *„Einfache (oder Betriebs-) Regeln“*

Die Bedeutung von Zweck, Zielen und Werten (als bestimmende Faktoren für den Antrieb eines Systems) ist in der Managementwelt inzwischen weitgehend anerkannt [12–15].

„Einfache Regeln“ sind Funktionsprinzipien; sie bieten allen Agenten unabhängig von ihrer Stellung und Rolle im Gesundheitssystem eine „Anleitung“ zur Entscheidungsfindung. Die Entwicklung von *einfachen Regeln* ist ein *deliberativer Prozess*, der Kernwerte und das verfügbare Wissen sowie das Verständnis für die Prinzipien des dynamischen Verhaltens von Systemen berücksichtigt.

Vorgeschlagene *„einfache Regeln“* oder „How-to-Regeln“ für ein *„komplex adaptives, gerechtes und nachhaltiges Gesundheitssystem“* könnten sein:

- Aufbau einer kontinuierlichen, vertrauensvollen Patientenbeziehung
- Verstehen der Erfahrungen, Bedürfnisse und Präferenzen des Patienten
- Verbesserung der Fähigkeiten der Menschen, sich gesund zu halten
- Mit Patienten und ihren Familien die Auswirkungen von Behandlungen auf ihre zukünftige Gesundheit erkunden
- Zusammenarbeit mit der Gemeinde, um ein lokales gesundheitsfördernde Umfeld zu schaffen

Der Geist dieser vorgeschlagenen *„einfachen Regeln“* spiegelt sich in der Reihe von *„einfachen Regeln“* des NUKA-Systems wider – *„S-C-F: geteilte Verantwortung, Engagement für Qualität und Familienwohl“*. Wie diese *„einfachen Regeln“* die Führung und die Gesundheitsdienstleistung beeinflussen, wird in den Kap. 7 und 8 untersucht [6].

5.3 Unterscheidung von Patientenbedürfnisse und Patientenwünschen

Eine häufige erste Reaktion auf die Vorstellung von „Erfüllung der Patientenbedürfnisse“ ist: Patienten wollen alles, und das ist einfach nicht bezahlbar. Während der letztere Punkt offensichtlich ist, muss man zwischen „Bedürfnissen“ und „Wünschen“ unterscheiden.

Bedürfnisse haben biologische Ursprünge (reguliert und kontrolliert durch die HPA-Achsen-Regulation [16]) und sichern das Überleben; sie beinhalten das Bedürfnis nach Nahrung, Kleidung, Unterkunft und Pflege. Diese biologischen Bedürfnisse sind unabhängig von soziokulturellen Bedürfnissen, die durch die von der Gesellschaft akzeptierten Mengen und Arten von Notwendigkeiten definiert sind, die benötigt werden, die zur Befriedigung der „kollektiv definierten“ Bedürfnisse erforderlich sind [17, 18].

Wünsche gehen über Bedürfnisse hinaus, Wünsche definieren Restbedürfnisse, die übrig bleiben, nachdem essenzielle Bedürfnisse erfüllt wurden [17]. Es kann jedoch manchmal schwierig sein, zwischen einem *wahren Bedürfnis* und einem *angestrebten Wunsch* klar zu unterscheiden. Diese Unklarheiten können nur durch einen breiten öffentlichen Diskurs gelöst werden [18]. Es ist bemerkenswert, dass Restwünsche zunehmend *durch Gesetz, Konvention, Trends und Werbung definiert* werden, anstatt durch die Anforderungen an ***Gesundheit, Moral und Lebensunterhalt*** [17].

Die Differenz zwischen Bedürfnissen und Wünschen definiert den Bereich der *Knappheit*. In politischer Hinsicht ist *Knappheit relativ* und bestimmt die Formulierung der öffentlichen Politik, d. h. die Entwicklung von Lösungen, die Wünsche gegen die verfügbaren Ressourcen der Gesellschaft in Einklang bringen, ein Punkt, der im Gesundheitssektor allzu bekannt ist [17].

Die Bedürfnisse der Menschen sind sowohl *biologisch bestimmt* [15] als auch *sozial konstruiert* [17, 18]. Doyal und Gough [18] argumentieren, dass die *Gesundheit* – sowohl physisch als auch psychisch – und nicht das *Überleben* – die grundlegendsten menschlichen Bedürfnisse sind. Um körperliche Gesundheit zu erreichen, benötigt eine Person immer eine Mindestmenge an Ernährung und Flüssigkeitsaufnahme, unterschiedliche Mengen an Schlaf, Bewegung und Unterkunft. Die Erreichung von geistiger Gesundheit erfordert ein empirisches Minimum an menschlichem Kontakt, emotionaler Unterstützung, Möglichkeit zum emotionalen Ausdruck und Privatsphäre.

So entstehen *„Gesundheitspflegebedürfnisse“* aus der Wahrnehmung der Person, dass sie angesichts von Veränderungen in ihrem Gesundheitszustand, seien diese körperlicher, sozialer, emotionaler oder kognitiver Natur, Hilfe benötigt. [19, 20]. Diese Ansicht wird von Doyal und Gough [18] unterstützt, die betonen, dass *„Menschen* [haben] *starke Gefühle dafür, was sie brauchen und diese Gefühle variieren enorm zwischen Kulturen und im Laufe der Zeit.“* Bedürfnisse müssen von Forderungen – definiert als unhinterfragbare Erwartungen – unterschieden werden. Die Interpretation von Bedürfnissen als Forderungen spiegelt in der Regel ein mangelndes Verständnis der Gründe für das Bedürfnis wider oder kann auf einen Mangel an Ressourcen zur Erfüllung der „wahren Bedürfnisse“ der Menschen hinweisen.

Bedürfnisse müssen von *Forderungen* – definiert als unbestreitbare Erwartung – unterschieden werden. Bedürfnisse als Forderungen zu interpretieren, spiegelt in der Regel ein mangelndes Verständnis der Gründe hinter dem Bedürfnis wider oder kann auf einen Mangel an Ressourcen zur Erfüllung der der Menschen hinweisen.[7]

5.4 Das Aufkommen eines komplex, adaptiven, gerechten und nachhaltigen Gesundheitssystems

Möglicherweise die wichtigste Erkenntnis aus dem Verständnis von Gesundheitssystemen als „komplex adaptive Organisationen“ ist die Notwendigkeit, den *Treiber der Organisation* klar zu definieren. Der Treiber des Systems spiegelt den Zweck, die Ziele und die Wertvorstellungen der Organisation wider. Es ist der Treiber der Organisation, der die Konfiguration ihrer Agenten und deren Interaktionen (Verhaltensweisen) „bestimmt“ (der Begriff wird im wörtlichen Sinne verwendet).

Da ein Gesundheitssystem ein verschachteltes System ist, muss es, um nahtlos über die verschiedenen Systemdomänen hinweg zu funktionieren, seine Subsysteme alle an seinen Gesamttreiber anpassen. Dies schmälert nicht die Tatsache, dass Subsysteme ihre eigenen spezifischen Treiber benötigen, jedoch, wenn ein Subsystem völlig andere Ziele verfolgt, wird es zu einem der „ursächlichen Faktoren“ (der Begriff wird im wörtlichen Sinne verwendet) für Systemdysfunktionen (Abb. 5.1, linke Tafel).

---

[7] Die Reaktion auf die Bedürfnisse der Menschen kann über die direkte medizinische Versorgung hinausgehen. Berry und Seltman beschreiben, wie ein bedürfnisorientiertes komplex adaptives Gesundheitssystem (Mayo Clinic) auf das Bedürfnis einer an Krebs sterbenden Frau reagierte – ihre Tochter vor ihrem Tod heiraten zu sehen. Als Reaktion darauf *passten die Klinikmitarbeiter ihre Prioritäten an* und organisierten innerhalb von Stunden die Hochzeitszeremonie ihrer Tochter im Krankenhaus-Atrium (Berry L, Seltman K. Management Lessons from Mayo Clinic: Inside One of the World's Most Admired Service Organizations [8, S. 57]).

Wie könnte, ausgehend von den skizzierten Prinzipien der Organisation und Funktion von komplex adaptiven Systemen, ein *komplex adaptives, personenzentriertes, gerechtes und nachhaltiges Gesundheitssystem* entstehen? Es:

- Muss die Menschen in den Mittelpunkt stellen
- Braucht eine Führung, die Politiken und Aktivitäten auf allen Organisationsebenen an den Bedürfnissen der Menschen auf allen Organisationsebenen ausrichtet
- Ermöglicht es lokalen Gesundheitsdiensten, sich so zu organisieren, dass sie das Ziel erreichen, die Bedürfnisse ihrer Menschen zu erfüllen

Zu diesem Zweck sind Visualisierungen, wie sie in Abb. 5.1 auf der rechten Seite vorgeschlagen werden, hilfreiche Mittel, um die strukturelle und funktionale – verschachtelte – Beziehung der verschiedenen Agenten auf den verschiedenen Organisationsebenen innerhalb eines Gesundheitssystems zu würdigen.

Ein *komplex adaptives Gesundheitssystem* ist eines, das sich am *besten an die Bedürfnisse* der Menschen in einem lokalen Umfeld anpasst und „bestimmt" (in einer emergenten Weise) wie man die Bereitstellung von Gesundheitsdiensten auf der primären Versorgungsebene am besten organisiert. Die primäre Versorgungspraxis ist jedoch eingebettet in das größere Netzwerk ihrer Gesundheits- und Sozialinfrastruktur – andere primäre Versorgungspraxen, sekundäre Versorgungspraxen, Gemeinschaftspflegeeinrichtungen, Krankenhäuser, Sozialdienste usw. Die Kapazität und die Möglichkeiten der kommunalen Gesundheitsdienste werden wiederum durch lokale soziale, wirtschaftliche, bildungsbezogene, lebensbezogene, umweltbezogene usw. Merkmale eingeschränkt (oft einfach als soziale Determinanten der Gesundheit bezeichnet). Beide Faktoren stellen Zwänge dar, die die Fähigkeit eines Gesundheitsdienstes einschränken, „vorgegebene" Ergebnisse zu erzielen.[8]

Innerhalb der verschachtelten Struktur der Systeme sind lokale Gemeinden in lokale Regionen eingebettet, die wiederum in lokale/staatliche Gesundheitssysteme eingebettet sind, und die staatlichen Gesundheitssysteme sind wiederum Teil des nationalen Gesundheitswesens. Diese Einbettung eines Systems in Systeme führt zu mehrdimensionalen Interaktionen. Während die Struktur und Funktion eines *patientenzentrierten, gerechten und nachhaltigen* Gesundheitssystems im Prinzip von der lokalen Ebene ausgeht, wird die Konfiguration des Gesundheitssystems auf lokaler Ebene durch die Inputs von regionaler, staatlicher und nationaler Ebene beeinflusst. Ebenso beeinflussen die Ergebnisse des Gesundheitssystems auf lokaler Ebene die Funktionen der regionalen, staatlichen und nationalen Systeme.

[8] Das Argument hier ist die politische Perspektive, *vorgegebene* Ergebnisse können diejenigen sein, die Patienten, Familien und Gesellschaften *benötigen* oder auch nicht.

Anhang 1

Medizin und Philosophie – Edmund Pellegrino und David Thomasma [21]
Wenn Medizin und Philosophie konvergieren, können sie die Suche des Menschen nach einem einheitlichen Bild von sich selbst und der Welt erheblich voranbringen; wenn sie divergieren, wird dieses Bild fragmentiert, rätselhaft und sogar absurd. ...Die philosophische Bedrohung der Medizin besteht heute nicht in einer übermäßigen und unkontrollierten Systembildung, sondern in einem übermäßigen Glauben an reduktionistische und positivistische Denk- und Erklärungsweisen.

...

Philosophie der Medizin – Disziplin oder philosophisches Mélange?

...Die Medizin leitet tatsächlich einen Großteil ihrer Methoden, Logik und Theorie aus den physikalischen und biologischen Wissenschaften ab, so ist sie in gewissem Maße ein Zweig dieser Wissenschaften. Aber die Medizin ist auch eine *Praxis* im aristotelischen Sinne – Wissen, das für menschliche Ziele und Zwecke angewendet wird. In diesem Sinne kann die Medizin zu den Technologien gezählt werden. Aber die Medizin zielt auch darauf ab, das Verhalten von Individuen und Gesellschaften zu verändern, und hat daher Wurzeln in den Verhaltenswissenschaften. Schließlich agiert die Medizin durch eine persönliche und daher ethische Beziehung, die darauf abzielt, der Person zu einer „besseren“ Gesundheit zu „helfen“. Es ist eine wertgeladene Aktivität, mit Wurzeln in Ethik und Geisteswissenschaften.

...

Medizin, auch als Wissenschaft, muss die besonderen Komplexitäten des *Menschen als Subjekt* in Wechselwirkung mit dem *Menschen als Objekt* der Wissenschaft umfassen. Die Physiologie, im Gegensatz zur klinischen Wissenschaft der Medizin, untersucht physische Prozesse, während sie die gelebte Realität des Versuchsobjekts ignoriert – seine oder ihre selbst wahrgenommene Geschichte, Einzigartigkeit und Individualität. Daher muss die Medizin, auch wenn sie als klinische Wissenschaft fungiert, die erklärenden Modi der Naturwissenschaften mit denen der Sozial- und Verhaltenswissenschaften korrelieren.

Aber weder die Grundlagenwissenschaften noch die klinischen Wissenschaften können als Medizin angesehen werden, bis sie in einem bestimmten klinischen Kontext, bei einem bestimmten Individuum und zu einem bestimmten Zweck zur Erreichung von Gesundheit eingesetzt werden. Der Zweck der Medizin *qua* Medizin übersteigt also den der medizinischen Wissenschaft an sich – der hauptsächlich darin besteht, zu wissen. Medizinische Wissenschaft, ob grundlegend oder klinisch, wird erst dann zur Medizin, wenn sie zur Förderung von Gesundheit und Heilung eingesetzt wird – das heißt, nur wenn sie ein Eingriff in ein individuelles menschliches Leben ist, um den menschlichen Zustand zu verändern. Medizin, so verstanden, hat ein Telos, das sie von ihren Teilwissenschaften unterscheidet, Medizin, so verstanden, hat ein Telos, das sie von ihren Komponentenwissenschaften unterscheidet, deren Telos darin besteht, physikalische Prozesse so allgemein wie möglich zu verstehen und keinesfalls nicht, dieses Wissen in einem individuellen menschlichen Leben zu übertragen. Denn Medizin *qua* Medizin kann sich nicht mit allgemeinen wissenschaftlichen Gesetzen als solchen befassen, sondern muss sie in einer Zeit, einem Ort und einer Person verorten. …

Medizin ist kurz gesagt eine praktische Theorie der menschlichen Realität. Sie ist eine moralische Aktivität, da sie durch eine persönliche Beziehung funktioniert, in der Arzt und Patient gemeinsam das Ziel definieren und erreichen – Heilung von Krankheiten oder Förderung der Gesundheit. …Es ist das Entwirren dieses Nexus für diesen Patienten, hier und jetzt, das die Medizin ausmacht. Die resultierende Synthese ist mehr als die Summe der einzelnen Wissenschaften – physische, soziale und moralische – die zu diesem Entwirren beitragen.

…Der Patient präsentiert sich in einem Zustand verletzter Menschlichkeit. Er hat einen Teil seiner Freiheit verloren, da er zum Arzt kommen muss; er muss seine Zustimmung geben, wenn er Schmerzen und Unbehagen hat, und er tut dies in Anwesenheit einer Informationslücke, die niemals vollständig geschlossen werden kann. Die medizinische Wissenschaft wird daher nur dann zur Medizin, wenn sie auf einzigartige Weise durch die Menschlichkeit von Arzt und Patient moduliert und eingeschränkt wird. Ihr Telos führt sie aus dem Bereich der *theoria* und bringt sie in den Bereich der *praxis*.

Es ist die Gesamtheit dieser einzigartigen Kombination, die den klinischen Moment und die klinische Begegnung ausmacht, ohne die es keine authentische Medizin gibt. …

Schließlich müssen wir die sozialen Dimensionen der Medizin *qua* Medizin hinzufügen – die Anwendungen medizinischen Wissens auf eine Ansammlung von Menschen anstatt auf ein Individuum. Diese „soziale Begegnung" ist ein Parallelfall zur klinischen Begegnung mit einem einzelnen Patienten. Ohne sich die Zeit zu nehmen, eine parallele Analyse durchzuführen, ist klar, dass wissenschaftliches Wissen auch dazu genutzt werden kann, die Gesundheit der Gemeinschaft zu verbessern. Hier beschäftigt sich die Medizin mit Werten, Entscheidungen und Prioritäten, die sich auf das „Gute" der Gesellschaft beziehen. Solche Fragen wie die Verteilung von Gesundheitsdienstleistungen, die Zwecke, für die Medizin verwendet wird, für wen, wer entscheidet und auf welchen Prinzipien, würden die Elemente einer sozialen Philosophie der Medizin darstellen. …

Bis zu diesem Punkt haben wir versucht, zwischen drei Bedeutungsebenen des Begriffs „Medizin" zu unterscheiden: (a) der Komponente der Grundlagenwissenschaften, die versucht, physische Prozesse in einem lebenden Wesen, gesund oder krank, zu verstehen; (b) der Komponente der klinischen Wissenschaften, die versucht, physische Prozesse in einem wahrnehmenden Subjekt zu verstehen, in dem Geist und Körper vereint sind; und (c) Medizin per se, oder medizinische *Praxis,* in der die klinischen und Grundlagenwissenschaften im klinischen Moment oder Begegnung spezifiziert werden, mit all den oben skizzierten Komplexitäten. In der Medizin *qua* Medizin sind die Wissenschaften nicht nur Mittel zum Verständnis, sondern auch Mittel zur Intervention im Leben von Personen oder Gesellschaften. …

Die Medizin ist eindeutig ein Bereich der Aktivität, der sich als Wissenschaft, Kunst und *Praxis* auszeichnet und unterscheidet. Sie umfasst eine Reihe legitimer philosophischer Fragen und Probleme, die sich aus der einzigartigen Natur der klinischen Begegnung ergeben. **Es ist genau diese klinische Begegnung, die das singuläre Ordnungskonzept darstellt, welches die Medizin von den Wissenschaften unterscheidet und die Grundlage für die Logik, die Erkenntnistheorie und die Metaphysik der medizinischen Praxis bildet** [Hervorhebung hinzugefügt].

…

Einige dringende philosophische Fragen, die in der Medizin auftreten

…Es besteht ein wachsender Bedarf, die zahlreichen getrennten Informationsstränge über die menschliche Existenz miteinander zu verweben.

…Eng mit der philosophischen Auffassung des Menschen verbunden sind die Definitionen von Gesundheit und Krankheit, von Heilung und Behinderung. Die Voraussetzungen, die Ärzte über diese Konzepte haben, prägen die medizinische Theorie und Praxis. …

Der Modernisierungsprozess ist mit Bürokratisierung und Technologie verbunden, die zu Werten an sich geworden sind. Sie sind die Hauptgestalter des kognitiven Stils unserer Kultur und der modernen Medizin. Sie sind Teil dessen, was Foucault unser *epistémé* nennt – die gesammelte Geschichte eines menschlichen Unterfangens, das es ihm ermöglicht, einen spezifischen Raum in einer gegebenen Kultur einzunehmen.[58] Hat das *epistémé* der Medizin, das aus ihrer eigenen Bürokratisierung ergibt, bereits bestimmt, was die Gesellschaft von der Medizin erwartet, und einen sich selbst verstärkenden Zyklus geschaffen, der den Menschen immer weiter von dem entfernt, was eindeutig menschlich ist? Wird diese verzerrte Sichtweise weiter zur philosophischen Gebrechlichkeit des Menschen beitragen?

58. Foucault, The Birth of the Clinic: An Archaeology of Medical Perception (New York: Random House, 1973).

Auszüge von den Seiten 9–38

Anhang 2

Gemeinsame Themen – Institut für Medizin [22]
Während der Workshop-Diskussionen kristallisierte sich eine Reihe von konvergierenden Themen heraus. Diese gemeinsamen Themen erforschten die Dringlichkeit und Facetten des Wertangebots im Gesundheitswesen, die Vielfalt der Perspektiven auf Wert und die Möglichkeit der Umsetzung und Veränderung. Themen, die auf die Notwendigkeit hinweisen, den Wert zu verbessern und die Elemente, die zur Erreichung dieses Ziels berücksichtigt werden müssen, beinhalteten folgendes:

- **Dringlichkeit:** *Die Dringlichkeit, einen größeren Wert aus dem Gesundheitswesen zu erzielen, ist klar und zwingend.* Das anhaltende Wachstum der Gesundheitskosten in einer Rate, die über der Inflation liegt, führt zu einer Verdrängung der Gesundheitsversorgung durch die Arbeitgeber, erhöht die Anzahl der Unversicherten und verdoppelt die Selbstbeteiligung – alles ohne entsprechende Gesundheitsverbesserungen zu erzielen. Wir haben gehört, dass vielleicht ein Drittel bis die Hälfte der Gesundheitsausgaben für gezielte Gesundheitsergebnisse unnötig sind. Die langfristigen Folgen für die Bundeshaushaltsverpflichtungen, die durch das Wachstum der Medicare-Kosten getrieben werden, wurden als nahezu unfassbar beschrieben und belaufen sich auf geschätzte 34 Billionen Dollar an nicht finanzierten Verpflichtungen, etwa zwei Drittel der insgesamt 53 Billionen Dollar, die noch nicht für alle obligatorischen Bundesleistungen (einschließlich Sozialversicherung und andere zivile und militärische Leistungen) finanziert sind
- **Perspektiven:** *Wert bedeutet für verschiedene Stakeholder unterschiedliche Dinge, daher ist die Klarheit der Konzepte entscheidend.* Wir haben gehört, dass dass der von Patienten wahrgenommene Wert in der Gesundheitsversorgung häufig mit der Qualität ihrer Beziehung zu ihrem Arzt beschrieben wird. Es wurde hervorgehoben, dass die Verbesserung des Wertes bedeutet, ihnen dabei zu helfen, ihre persönlichen Ziele besser zu erreichen oder ein Leben zu führen, das so normal wie möglich ist. Es bedeutet *nicht* unbedingt mehr Dienstleistungen oder teurere Dienstleistungen, da es hieß, dass Patienten eher auf den Wert der Zeit achten und sicherstellen wollen, dass ihre finazielle Selbstbeteiligungen die Erreichung ihrer Ziele erreichen. Vertreter von Leistungserbringer weisen darauf hin, dass Wertsteigerung bedeutet, diagnostische und therapeutische Interventionen und Ansätze zu entwickeln, die ihnen ein größeres Vertrauen in die Wirksamkeit der von ihnen angebotenen Dienstleistungen bieten. Die Arbeitgeber diskutieren über Wertverbesserungen im Hinblick auf eine bessere Gesundheit und Produktivität der Arbeitnehmer und ihrer Familien bei geringeren Kosten. Die Krankenversicherer machen geltend, dass Wertverbesserung bedeutet, dass der Schwerpunkt auf Interventionen liegt, die klar und kohärent definiert und durch ein hohes Maß an Evidenz in Bezug

auf Wirksamkeit und Effizienz gestützt sind. Vertreter von Innovatoren und Herstellern von Gesundheitsprodukten sprachen von Wertverbesserung als Produkte, die besser für den einzelnen Patienten sind, mehr Gewinn bringen und zur Produktdifferenzierung und Innovation beitragen

- **Elemente:** *Die Identifizierung von Wert im Gesundheitswesen ist mehr als einfach die richtige Versorgung zum richtigen Preis, da sie die Bestimmung der zusätzlichen Elemente der Anwendbarkeit und Umstände der in Betracht gezogenen Vorteile erfordert.* Wir haben gehört, dass der Wert in jedem Bestreben eine Reflexion dessen ist, was wir im Verhältnis zu dem, was wir einbringen, gewinnen, und im Gesundheitswesen wird das, was aus einer bestimmten diagnostischen oder therapeutischen Intervention gewonnen wird, von Individuum zu Individuum variieren. Die Teilnehmer glauben, dass die Bestimmung des Wertes mit dem Erlernen der Vorteile beginnt – was am besten funktioniert, für wen und unter welchen Umständen – und zwar in Bezug auf die einzelnen Personen, da der Wert keiner Dienstleistung innewohnt, sondern vielmehr spezifisch für den Einzelnen ist. Die Wertbestimmung bedeutet auch die Bestimmung des richtigen Preises, und wir haben gehört, dass der richtige Preis aus der Nachfragesicht eine Funktion der Perspektive ist – der Gesellschaft, des Kostenträgers und des Patienten. Aus der Angebotsseite ist der richtige Preis eine Funktion der Produktionskosten, der Lieferkosten und des Anreizes zur Innovation
- **Grundlagen:** *Die Verbesserung des Wertes erfordert zuverlässige Informationen, fundierte Entscheidungsprinzipien und angemessene Anreize.* Da der Ausgangspunkt für die Bestimmung des Wertes zuverlässige Informationen sind, unterstrichen die Workshop-Teilnehmer die Bedeutung einer angemessenen Investition in die Infrastruktur und Prozesse für die anfängliche Bestimmung und kontinuierliche Verbesserung der Erkenntnisse über die Sicherheit, Wirksamkeit, Effektivität und vergleichende Wirksamkeit von Interventionen. Die Maßnahme zur Verbesserung des Wertes erfordert dann auch die Ausarbeitung und Anwendung von fundierten Entscheidungsprinzipien, die auf die Umstände zugeschnitten sind, und angemessene Anreize, um das gewünschte Ergebnis zu fördern
- **Entscheidungen:** *Fundierte Entscheidungsprinzipien konzentrieren sich auf den Patienten, die Evidenz, den Kontext, die Transparenz und das Lernen.* Derzeit scheinen die Entscheidungsregeln für viele Stakeholder vage und schlecht auf die Evidenz zugeschnitten zu sein. Die Workshop-Teilnehmer argumentierten, dass der Ausgangspunkt für die Anpassung von Entscheidungen an die Umstände bei Informationen über Kosten, Ergebnisse und Informationsstärke liegt. Sie diskutierten auch die Bewertung des Wertes auf gesellschaftlicher Ebene unter Verwendung der best verfügbaren Informationen und Analysen, um eine breite Perspektive und Orientierung für die Entscheidungsfindung in Bezug auf Verfügbarkeit, Nutzung und Preisgestaltung zu schaffen. Doch wir haben auch gehört, dass die Wertbewertung auf der Ebene des einzelnen Patienten den Kontext und die Patientenpräferenzen berücksichtigt, bedingt durch die Offenheit des Informationsaustauschs und das formelle Lernen aus unter Unsicherheit

getroffenen Entscheidungen. Wir haben auch gehört, dass eine informierte Patientenperspektive, die eine gesellschaftliche Wertbestimmung übertrifft, dennoch mit fundierten Entscheidungsprinzipien vereinbar sein kann

- **Information:** *Die Zuverlässigkeit der Informationen ergibt sich aus ihren Quellen, Methoden, Transparenz, Interpretation und Klarheit.* Wir haben von der Bedeutung der Offenheit über die Art, Stärken und Grenzen der Beweise und die Prozesse der Analyse und Interpretation gehört – und von der Anpassung der Entscheidungsprinzipien an die Merkmale in dieser Hinsicht. Da die Qualität der Beweise variiert, ebenso wie die Methoden, die zur Bewertung verwendet werden, sind Transparenz hinsichtlich der Quelle und des Prozesses, Sorgfalt bei der Interpretation und Klarheit in der Kommunikation von größter Bedeutung
- **Anreize:** *Angemessene Anreize lenken die Aufmerksamkeit und Belohnungen auf Ergebnisse, Qualität und Kosten.* Oft wurde in den Workshop-Diskussionen darauf hingewiesen, dass die Belohnungen und Anreize, die im amerikanischen Gesundheitssystem vorherrschen, schlecht ausgerichtet – und sogar widersprüchlich – zur Wirksamkeit und Effizienz sind, was eine Versorgung fördert, die verfahrens- und spezialitätenintensiv ist und die Grundversorgung und Prävention entmutigt. Wir haben gehört, dass die Erzielung eines systemweiten Nutzens praktisch ausgeschlossen ist, wenn der Schwerpunkt auf einzelne Dienstleistungen gelegt wird, die oft hohe Kosten verursachen und unzureichend begründet sind, anstatt auf Ergebnisse, Qualität und Effizienz
- **Grenzen:** *Die Fähigkeit, Systemwert zu erreichen, ist wahrscheinlich umgekehrt proportional zur Höhe der Systemfragmentierung.* Die Umstellung des Gesundheitswesens auf eine direktere Wertorientierung wird häufig als ein Unterfangen bezeichnet, das weitreichende organisatorische, finanzielle und kulturelle Veränderungen erfordert - Veränderungen, die bei dem Grad der Fragmentierung, der die Entscheidungsfindung im US-Gesundheitssystem derzeit kennzeichnet, letztlich nicht zu erreichen sind. Wir haben gehört, dass es schwer sein wird, den erforderlichen Nutzen zu erzielen, solange keine besseren Mittel zur Verfügung stehen, um Informationen über die Effizienz und Effektivität von Dienstleistungen auf breiter Basis zu nutzen, um Prioritäten zu setzen und die Ansätze zur Schließung von Evidenzlücken zu straffen, um die Vereinheitlichung der Art und Weise sicherzustellen, wie Evidenz interpretiert und angewendet werden, und um Anreize zur Verbesserung der Bereitstellung von hochwertigen Dienstleistungen zu schaffen und gleichzeitig solche von begrenztem Wert zu verhindern
- **Kommunikation:** *Die Verbesserung des Systemwerts erfordert eine nahtlosere Kommunikation zwischen den Komponenten.* In Bezug auf die Systemfragmentierung gehören zu den Hauptbarrieren für die Erzielung eines besseren Wertes die Kommunikationslücken, die praktisch bei allen beteiligten Parteien festgestellt wurden. Patienten und Leistungserbringer kommunizieren nicht gut miteinander über Diagnose- und Behandlungsoptionen oder Kostenimplikationen, teilweise weil in komplexen administrativen und sich schnell

verändernden Wissensumgebungen die notwendigen Informationen für keine der beiden Parteien leicht verfügbar sind. Die Kommunikation, ob mündlich oder elektronisch, fehlt oft fast vollständig zwischen und unter mehreren Leistungserbringer und Anbietersystemen für einen einzelnen Patienten, was die Aussicht auf Service-Lücken, Duplikationen, Verwirrung und Schaden erhöht, so die Diskutanten. Darüber hinaus ist die Kommunikation zwischen wissenschaftlichen und beruflichen Organisationen, die Evidenz produzieren und bewerten, oft begrenzt, was zu Ineffizienzen, verpassten Chancen und Widersprüchen in der Erstellung von Leitlinien führt. Dementsprechend ist die Kommunikation zwischen den vielen Gruppen, die an der Entwicklung von Beweisen beteiligt sind, und den Praktikern, die sie anwenden, oft unstrukturiert und kann widersprüchlich sein

Die Vielfalt der Stakeholder-Perspektiven auf den Wert wurde aus mehreren Blickwinkeln hervorgehoben.

- **Leistungserbringer:** *Die Bemühungen zur Wertsteigerung auf der Ebene der Leistungserbringer hängen von einer ergebnisorientierten Kultur und Belohnung ab.* In den Workshop-Präsentationen wurden mehrere Beispiele für einige ermutigende Ergebnisse aus verschiedenen Programmen hervorgehoben, die darauf abzielen, die Sensibilität und den Fokus der Anbieter auf den Wert der Gesundheitsversorgung zu verbessern. Diese reichen von der Verbesserung der analytischen Werkzeuge zur Bewertung der Wirksamkeit und Effizienz einzelner Leistungserbringer, Institutionen und Interventionen bis hin zu Anreizprogrammen wie Pay-for-Performance, dem patientenzentrierten medizinischen Zuhause und arbeitgeberbasierten Programmen für Wellness, Krankheitsprävention und Krankheitsmanagement. Wir hörten zum Beispiel, dass bestimmte Anbieterorganisationen sich im Grunde genommen auf die Versorgung der ärmsten und kranksten Patienten spezialisiert haben und Versorgungsleistungen anbieten können, die tatsächlich bessere Ergebnisse und niedrigere Kosten haben, weil sie darauf ausgerichtet sind, die Kommunikation zwischen den Leistungserbringer, die Kontinuität der Versorgung und die Verbindungen mit Sozialhilfeorganisationen zu verbessern. Sie haben jedoch auch die notwendige Flexibilität mit den Zahlern ausgehandelt. Wir hörten, dass die deutlichsten Hindernisse für die Verbesserung des Wertes auf Anbieter-Ebene in dem Mangel an wirtschaftlichen Anreizen für einen Fokus auf Ergebnisse (sowohl eine analytische als auch eine strukturelle Frage) und auch in kulturellen und strukturellen Hindernissen liegen, die sich auf die kritischen Schnittstellen des Versorgungsprozesses konzentrieren – die Qualität der Verbindungen in der Kette der Versorgungselemente
- **Patienten:** *Die Verbesserung des Wertes auf Patientenebene resultiert aus Qualität, Kommunikation, Information und Transparenz.* Es wurde darauf hingewiesen, dass Patienten den Wert meist in Bezug auf ihre Beziehung zu ihrem Leistungserbringer – in der Regel ein Arzt – sehen, aber letztendlich hängen die praktischen Ergebnisse dieser Beziehung in Bezug auf Kosten und Ergeb-

nisse vom Erfolg von Programmen ab, die einen praktischen, kontinuierlichen und nahtlosen Zugang zu Informationen über Best Practices und Kosten und zu Zahlungsstrukturen, die entsprechend belohnen, verbessern. Workshop-Teilnehmer boten Einblicke in die Verwendung verschiedener finanzieller Ansätze zur Sensibilisierung und Orientierung von Patientenentscheidungen über Gesundheitspreise – individuelle Diagnostik und Behandlungen, Versicherer oder Gesundheitspläne – entsprechend dem Nachweis des gelieferten Wertes. Die erfolgreiche Anwendung solcher Ansätze auf breiter Basis wird wahrscheinlich von einem systemweiten Wandel in der Verfügbarkeit der erforderlichen Informationen und der Transparenz hinsichtlich ihrer Verwendung abhängen

- **Hersteller:** *Regulierungs- und Kaufanreize auf Herstellerebene können besser auf die Wertschöpfung ausgerichtet werden.* Hersteller und Innovatoren von Gesundheitsprodukten konzentrieren sich natürlich auf ihre Rentabilität – die Rückgabe von Wert an die Aktionäre – aber wir werden daran erinnert, dass die Produkt-Nachfrage in der Fähigkeit verankert ist, einen Vorteil in Bezug auf den Patientenwert zu demonstrieren – bessere Ergebnisse mit größerer Effizienz. Daher äußerten die Hersteller Interesse daran, regulatorische Ansätze und Zahlungsansätze zu erforschen, die die Leistung in Bezug auf die Ergebnisse der Produktverwendung verbessern

Pierre L. Young, Leigh Anne Olsen and J. Michael McGinnis. Value in health care: accounting for cost, quality, safety, outcomes, and innovation, S. 3–7

Anhang 3

Was ist Wert in der Gesundheitsversorgung? – Michael Porter [23]

In jedem Bereich hängt die Verbesserung der Leistung und Rechenschaftspflicht davon ab, ein gemeinsames Ziel zu haben, das die Interessen und Aktivitäten aller Stakeholder vereint. Im Gesundheitswesen haben die Stakeholder jedoch unzählige, oft widersprüchliche Ziele, einschließlich Zugang zu Dienstleistungen, Rentabilität, hohe Qualität, Kostenkontrolle, Sicherheit, Bequemlichkeit, Patientenorientierung und Zufriedenheit. Die Unklarheit über die Ziele hat zu unterschiedlichen Ansätzen, Manipulationen des Systems und langsamen Fortschritten bei der Leistungsverbesserung geführt.

Das Erreichen eines hohen Wertes für Patienten muss das übergreifende Ziel der Gesundheitsversorgung werden, wobei der Wert als die pro ausgegebenem Dollar erzielten Gesundheitsergebnisse definiert wird.[1] Dieses Ziel ist es, was für Patienten zählt und die Interessen aller Akteure im System vereint. Wenn der Wert steigt, können Patienten, Zahler, Anbieter und Lieferanten alle profitieren, während die wirtschaftliche Nachhaltigkeit des Gesundheitssystems zunimmt.

Wert – weder ein abstraktes Ideal noch ein Codewort für Kostenreduktion – sollte den Rahmen für Leistungsverbesserungen im Gesundheitswesen definieren. Eine rigorose, disziplinierte Messung und Verbesserung des Wertes ist der beste Weg, um den Systemfortschritt voranzutreiben. Dennoch bleibt der Wert im Gesundheitswesen weitgehend ungemessen und missverstanden.

Der Wert sollte immer um den Kunden definiert werden, und in einem gut funktionierenden Gesundheitssystem sollte die Schaffung von Wert für Patienten die Belohnungen für alle anderen Akteure im System bestimmen. Da der Wert von Ergebnissen abhängt, nicht von Inputs, wird der Wert im Gesundheitswesen durch die erzielten Ergebnisse gemessen, nicht durch das Volumen der erbrachten Versorgungsleistungen, und die Verlagerung des Schwerpunkts von Volumen auf Wert ist eine zentrale Herausforderung. Auch wird der Wert nicht durch den verwendeten Pflegeprozess gemessen; Prozessmessung und -verbesserung sind wichtige Taktiken, aber sie sind kein Ersatz für die Messung von Ergebnissen und Kosten.

Da Wert als Ergebnisse im Verhältnis zu Kosten definiert ist, umfasst er Effizienz. Kostenreduktion ohne Rücksicht auf die erzielten Ergebnisse ist gefährlich und kontraproduktiv, was zu falschen „Einsparungen“ führt und potenziell effektive Versorgung einschränkt.

1. Porter ME, Teisberg EO. Redefining health care: creating value-based competition on results. Boston: Harvard Business School Press, 2006.

Anhang 4

Industrieansätze zum Wert

***Metronic** [24]*

Die gute Nachricht ist, dass der Wertbegriff im Gesundheitswesen weit verbreitet anerkannt ist. Die US-Regierung hat bereits Reformen genehmigt, die sich auf die Bezahlung für bessere Patientenergebnisse konzentrieren, nicht nur auf die Anzahl der erbrachten Versorgungsleistungen, Produkte und Tests. Aber die Verbesserung der Patientenergebnisse nach der Diagnose ist nicht genug. Wir müssen den Wert im Gesundheitssystem über das gesamte Kontinuum der Pflege hinweg erhöhen.

Bei Medtronic haben wir diese Tatsache vor mehreren Jahren erkannt und ein Konzept eingeführt, das wir als wirtschaftlichen Wert bezeichnen und es als Grundpfeiler unserer Geschäftsstrategie integriert haben. Kurz gesagt, wir haben eine Veränderung in den Erwartungen unserer Kunden an uns festgestellt. Sie benötigen nicht nur klinischen Wert aus unseren Therapieinnovationen, sondern auch wirtschaftlichen Wert. Das Produkt oder die Dienstleistung, die wir liefern, muss auch einen wirtschaftlichen Nutzen bieten, wie zum Beispiel die Effizienz der Pflege zu erhöhen, Systemabfälle zu minimieren oder den Patientenzugang zu Therapien zu erweitern.

Als führendes Unternehmen in der Medizintechnik haben wir diese breitere Perspektive des Wertes akzeptiert. Wir haben unser Geschäft umgestellt, um diese Herausforderung anzugehen, und wir haben nicht zurückgeblickt. Seitdem wir den wirtschaftlichen Wert angenommen haben, haben wir eine Möglichkeit erkannt, den Wert nicht nur mit unseren Geräten, sondern auch durch unsere klinische Expertise und therapeutisches Wissen zu steigern. Das ist einer der Gründe, warum wir das Geschäft Medtronic Integrated Health Solutions^{SM} geschaffen haben – ein neues Angebot, das über Geräte hinausgeht und sich auf systemweite Dienstleistungen und Lösungen konzentriert. Heute hilft Medtronic Integrated Health Solutions Krankenhäusern, öffentlichen und privaten Zahlern und Gesundheitssystemen, den Wert innerhalb der Versorgungskette zu koordinieren, indem effizientere und verbesserte Versorgung für Patienten bereitgestellt wird.

Pharmazeutische Industrie [25]

Das wertbasierte Planungsdesign – ein Begriff, der die Bemühungen der Zahler beschreibt, die Kostenbeteiligung der Verbraucher mit dem durch eine Versorgungsleistung oder ein Medikament erzeugten Wert in Einklang zu bringen – mag wie eine neue Entwicklung im Gesundheitswesen klingen, ist aber für verschreibungspflichtige Medikamente nichts Neues. Seit Jahren haben Versicherer und Apothekenleistungsmanager die Verbraucher dazu angehalten, generische und andere hochwertige Medikamente zu verwenden, indem sie Medikamente in „Stufen" einteilen und geringere Zuzahlungen für bevorzugte Medikamente verlangen. … Die Stufeneinteilung ermutigt nicht nur die Verbraucher, hochwertige Medikamente zu verwenden, sie gibt den Versicherern auch einen Hebel bei Preisverhandlungen mit den Herstellern.

Unter der Staffelung bieten Versicherer Herstellern eine günstige Staffelplatzierung im Austausch für bessere Rabatte. ... Versicherer können auch niedrigere Preise für Medikamente aushandeln, die therapeutische Substitute haben oder deren Nutzen fragwürdig ist, indem sie drohen, sie ganz von ihren Arzneimittellisten zu nehmen. ...

In den letzten Jahren haben Arzneimittelhersteller mit der Bereitstellung von „Zuzahlungsgutscheinen"[2] Gegenmaßnahmen ergriffen. Diese Gutscheine oder Rabattkarten – verteilt durch Arztpraxen, per Post und online – ermöglichen es dem Hersteller, einen Teil oder die gesamte Zuzahlung eines Verbrauchers für ein Rezept zu übernehmen. Durch die Trennung von Kostenbeteiligung und dem durch ein Medikament erzeugten Wert können Zuzahlungsgutscheine die positiven Effekte der Staffelung zunichte machen. Mit solchen Gutscheinen kann die Kostenbeteiligung der Verbraucher tatsächlich niedriger sein für Medikamente der höheren Stufe als für therapeutische Ersatzstoffe oder generische Bioäquivalente der niedrigeren Stufe. Da Versicherungen in der Regel etwa 80 % des Gesamtpreises eines Rezepts abdecken, bleibt der kombinierte Betrag, den die Versicherung und der Verbraucher für Medikamente der höheren Stufe ausgeben, jedoch erheblich höher. Wenn Gutscheine die Ausgaben in Richtung dieser teureren Medikamente verschieben, wird die Nettoauswirkung höhere Arzneimittelausgaben und letztendlich höhere Krankenversicherungsprämien sein.

Nicht nur haben Zuzahlungsgutscheine das Potenzial, Verbraucher von hochwertigen Medikamenten abzuziehen, sie reduzieren auch stark den Anreiz für Arzneimittelhersteller, Preisnachlässe im Austausch für eine bevorzugte Platzierung in der Stufe anzubieten. Tatsächlich wird die entgegengesetzte Strategie rentabel: den Versicherern den höchstmöglichen Preis berechnen, während man auf der Arzneimittelliste bleibt, und dann einen Zuzahlungsgutschein zur Förderung der Nutzung verwenden. Die einzige Abhilfe, die Versicherer haben, besteht darin, ein Medikament vollständig von ihrer Arzneimittelliste auszuschließen, und das könnte für Patienten viel schlimmer sein als es in eine hohe Stufe zu setzen.

2. Ross JS, Kesselheim AS. Prescription drug coupons - no such thing as a free lunch. N Engl J Med 2013; 369: 1188–9.

Literatur

1. Sturmberg JP, O'Halloran DM, Martin CM (2010) People at the centre of complex adaptive health systems reform. Med J Aust 193(8):474–478
2. Sturmberg JP, O'Halloran DM, Martin CM (2013) Health care reform – the need for a complex adaptive systems approach. In: Sturmberg JP, Martin CM (Hrsg) Handbook of systems and complexity in health. Springer, New York, S 827–853
3. Heifetz R (1994) Leadership without easy answers. Harvard University Press, Cambridge, MA
4. Mayo Clinic (2007) Our shared commitment – Mayo Clinic 2007 annual report
5. Gerteis M, Edgman-Levitan S, Daley J, Delbanco T (1993) Through the patient's eyes. Jossey-Bass, San Francisco

6. Institute of Medicine (2001) Crossing the quality chasm: a new health system for the 21st century. www.iom.edu/file.asp?id=27184
7. Gottlieb K (2013) The Nuka system of care: improving health through ownership and relationships. Int J Circumpolar Health 72. doi:10.3402/ijch.v72i0.21118
8. Barry MJ, Edgman-Levitan S (2012) Shared decision making – the pinnacle of patient-centered care. N Engl J Med 366(9):780–781
9. Sturmberg JP, O'Halloran DM, Martin CM (2013) Health care reform – the need for a complex adaptive systems approach. In: Sturmberg JP, Martin CM (Hrsg) Handbook of systems and complexity in health. Springer, New York, S 827–853
10. Cloninger CR, Salvador-Carulla L, Kirmayer LJ, Schwartz MA, Appleyard J, Goodwin N et al (2014) A time for action on health inequities: foundations of the 2014 Geneva declaration on person- and people-centered integrated health care for all. Int J Person Centered Med 4(2):69–89
11. Keckly P (2015) The healthcare blog [Internet]. Available from: http://thehealthcareblog.com/blog/2015/12/03/the-meaning-of-value-in-health-care/
12. Dolan SL, García S, Diegoli S, Auerbach A (2000) Organisational values as „attractors of chaos": an emerging cultural change to manage organisational complexity. Department of Economics and Business, Universitat Pompeu Fabra
13. Rouse WB (2008) Health care as a complex adaptive system: implications for design and management. The Bridge 38(1):17–25
14. Ham C, Dixon A, Brooke B (2012) Transforming the delivery of health and social care. The case for fundamental change. King's Fund, London
15. Seelos C, Mair J (2012) Innovation is not the holy grail. Stanf. Soc Innov Rev 10(4):44–49
16. Pecoraro N, Dallman MF, Warne JP, Ginsberg AB, Laugero KD, la Fleur SE et al (2006) From Malthus to motive: how the HPA axis engineers the phenotype, yoking needs to wants. Prog Neurobiol 79(5–6):247–340
17. Raiklin E, Uyar B (1996) On the relativity of the concepts of needs, wants, scarcity and opportunity cost. Int J Soc Econ 23(7):49–56
18. Doyal L, Gough I (1984) A theory of human needs. Crit Soc Policy 4(10):6–38
19. Sturmberg JP (2009) The personal nature of health. J Eval Clin Pract 15(4):766–769
20. Sturmberg JP (2013) Health: a personal complex-adaptive state. In: Sturmberg JP, Martin CM (Hrsg) Handbook of systems and complexity in health. Springer, New York, S 231–242
21. Pellegrino E, Thomasma D (1981) A philosophical basis of medical practice. Towards a philosophy and ethic of the healing professions. Oxford University Press, New York/Oxford
22. Young PL, Olsen LA, McGinnis JM (2010) Value in health care: accounting for cost, quality, safety, outcomes, and innovation. Institute of Medicine. Washington DC, National Academies Press
23. Porter ME, Teisberg EO (2006) Redefining health care: creating value-based competition on results. Harvard Business School Press, Boston
24. Medtronic. Value and innovation: today's definitions are not tomorrow's reality. http://blog.han.nl/gwem/files/2015/11/Medtronic-2011.-Today%E2%80%99s-Definitions-Are-Not-Tomorrow%E2%80%99s-Reality.pdf
25. Leemore SD, Christopher JO, Schmitt MA (2016) Undermining value-based purchasing – lessons from the pharmaceutical industry. N Engl J Med 375(21):2013–2015

Kapitel 6
Eine Neugestaltung des komplex adaptiven Gesundheitssystems aus organisatorischer Perspektive

Überblick. Die Organisationsliteratur betrachtet die Funktion und Struktur einer Organisation auf vier verschiedenen Ebenen. Die Organisation eines *Gesundheitssystems* beinhaltet:

- Die *Makro*-Ebene der Politik und Governance
- Die *Meso*-Ebene der Organisation und Koordination regionaler Gesundheits-, Gemeinschafts-, Sozial- und Infrastrukturdienste
- Die *Mikro*-Ebene der Bereitstellung lokaler/individueller Pflege in der lokalen Gemeinde
- Die *Nano*-Ebene der persönlichen Gesundheit, funktionalen Unabhängigkeit und Selbstverwaltung des eigenen Wohlbefindens und Krankheiten

Wie im vorherigen Kapitel skizziert, muss eine *nahtlos integrierte komplex adaptive* Organisation ihren übergeordneten Fokus auf ihren Zweck, ihre Ziele, ihre Werte und ihre „einfachen (Betriebs-)Regeln" *beibehalten.*

Aus der Perspektive komplex adaptiver Systeme muss ein *nahtlos integriertes, komplexes, adaptives, gerechtes und nachhaltiges Gesundheitssystem:*

- Seine eigenen *wertbasierten* Systeme entwickeln und sie in seinen „organisatorischen Strukturen und Interaktionen" (in Form von *„einfachen Regeln"*) umsetzen
- Erkennen, dass es innerhalb eines Gesundheitssystems einfache, komplizierte und komplexe Bereiche gibt, die jeweils unterschiedliche organisatorische und Managementansätze erfordern
- Führungskräfte haben, die *„ohne Weisungen führen"* und die *Zusammenarbeit* zwischen allen Mitarbeitern fördern

J. P. Sturmberg, *Neugestaltung des Gesundheitssystems*,
https://doi.org/10.1007/978-3-031-46816-2_6

- Führungskräfte haben, die die emergente Natur von Gesundheitssystemen und Gesundheitsversorgungssystemen in ihren *jeweiligen lokalen Kontexten* anerkennen
- Akzeptieren, dass die Ergebnisse des Gesundheitssystems *unvermeidlich variieren* werden, abhängig von den Bedingungen der *lokalen Umgebung*

Diese Prinzipien ***verhindern nicht,*** dass Teilsysteme ihre eigenen Zwecke, Ziele, Werte und „einfachen (Betriebs-)Regeln" annehmen, jedoch müssen diese mit denen des *„Gesundheitssystems als Ganzes"* übereinstimmen.

Punkte zur Reflexion

Denken Sie an Ihre eigene Organisation:

- Welche Ebenen gibt es in Ihrer Organisation?
- Welche Aktivitäten finden auf jeder dieser Ebenen statt?
- Wie wirken sich diese Aktivitäten auf die gesamte Organisation aus?
- Wer hat die Kontrolle auf jeder Ebene?
- Wer hat die Kontrolle über die gesamte Organisation?
- Wie wirkt sich die Kontrolle auf die Gesamtfunktion der Organisation aus?

Die Organisationstheorie betrachtet Organisationen als mehrstufig mit Makro-, Meso-, Mikro- und Nanostrukturen und -funktionen (die Rollen und Verantwortlichkeiten auf jeder Organisationsebene sind im Anhang 1 detailliert). Im Kontext der Gesundheitssysteme denken wir typischerweise an:

- Die *Makroebene,* die sich mit Politik- und Governance-Fragen befasst
- Die *Mesoebene,* die regionale Gesundheits-, Gemeinde-, Sozial- und Infrastrukturdienste verwaltet
- Die *Mikroebene,* die lokale/individuelle Pflege in der lokalen Gemeinde bereitstellt
- Die *Nanoebene,* die persönliche/organismische Gesundheits- und Krankheitsmerkmale/funktionen beschreibt [1]

Die Konzeptualisierung des Gesundheitssystems als mehrstufige Organisation mit mehreren Teilsystemen entspricht dem Komplexitätsbegriff der *verschachtelten Systeme.* Jede Organisationsebene und jedes Teilsystem wird ihre eigenen einzigartigen Strukturen und Aktivitäten mit gut definierten Rollen und Regelsätzen haben, die effektiv zu funktionieren scheinen, wenn sie isoliert betrachtet werden. Es ist jedoch von entscheidender Bedeutung, dass das „System als Ganzes" so interagiert, dass es die nahtlose Erreichung seiner gewünschten Ziele erreichen kann.

6.1 Agenten auf verschiedenen Ebenen des Systems

Eine kritische Analyse zeigt, dass es eine Vielzahl von Agenten mit unterschiedlichen Interessen im Gesundheitssystem gibt (Anhang 2 listet einige für das australische Gesundheitssystem nach Systemebenen auf). Besonders auffällig ist, dass viele Agenten/Teilsysteme einen begrenzten und eigennützigen Fokus haben. Dies ist am offensichtlichsten auf der Makroebene; ein Gesundheitsminister muss gerechtfertigte Gesundheitsversorgungsanforderungen gegen Ressourcenbedenken abwägen. Lobbyisten, die Industrieinteressen, Bürgerlobbygruppen oder andere Nichtregierungsorganisationen vertreten, plädieren für die Entscheidungen, die ihren Wählern am meisten nutzen, unabhängig von den Konsequenzen dieser Entscheidungen für das „System als Ganzes".

6.2 Die Verbindungen zwischen den Organisations-/Systemebenen sind nicht notwendigerweise immer aufeinander abgestimmt

Es gibt verständliche Einschränkungen für die Agenten auf jeder Organisations-/Systemebene, eine „systemübergreifende" Perspektive einzunehmen, d. h. eine, die kohärent arbeitet, um den gemeinsamen Zweck und die Ziele der Organisation/des Systems in Übereinstimmung mit ihren Werten zu erreichen.

- Organisationsebenen/Teilsysteme können Zweckziele und Werte annehmen, die nicht ausgerichtet sind oder sogar von denen des „Systems als Ganzes" abweichen. Systeme ohne erkennbaren vereinheitlichenden Treiber machen das System eher zu einer „Ansammlung diskreter Einheiten". Selbst wenn Agenten gemäß den Regeln ihres eigenen Teilsystems handeln, tragen sie möglicherweise nicht zur übergreifenden Zielorientierung des „Systems als Ganzes" bei
- Aufgrund der stark verteilten Natur eines organisatorischen Systems ist es möglicherweise nicht sofort klar, welche Maßnahmen auf der Ebene einer Organisation/eines Teilsystems am vielversprechendsten sind, um die gewünschten Ergebnisse zu erzielen, und welche Auswirkungen es auf andere Teile des Systems oder auf das „System als Ganzes" haben könnte

6.2.1 Das Beispiel „Lebensmittelregulierung"

Makroebenen-Agenten wie ein Minister und seine Bürokraten nehmen selten eine „ganzheitliche Systemperspektive" ein, wenn sie mit einem spezifischen Problem konfrontiert sind. Betrachten Sie die Regulierung der Lebensmittelindustrie; welche Folgen hat die Lebensmittelregulierung über einen Zeitraum von 10–20 Jahren unter Berücksichtigung des Salz- und Zuckergehalts eines Produkts oder der Menge und Art der Werbung, die sich an Kinder richtet (schematisch Abb. 6.1)?

Das Beispiel der Lebensmittelregulierung verweist auf „ganzheitliche Systemdynamiken", d. h. Änderungen der Lebensmittelregulierung (eine Makroebenen-Aktivität) werden den Status quo der Lebensmittelindustrieökonomie (Mesoebene) (beschäftigte Personen, Kosten der Inputs, Gewinnmargen, gezahlte Steuern), die Kosten der für Verbraucher verfügbaren Lebensmittel, aber auch die potenziellen Kosteneinsparungen für das Gesundheitssystem aufgrund einer besseren Gesundheit von Einzelpersonen und der Gesellschaft stören. Letzteres wird jedoch wirtschaftliche Auswirkungen auf private Gesundheitsdienstleister haben. Der möglicherweise geringere Bedarf an Gesundheitsdienstleistungen wirkt sich auf das Einkommen von Gesundheitsversorger aus, was möglicherweise zu einer Erhöhung der Kosten für die Nutzer des Gesundheitssystems führt. Auf der Nanoebene könnte die Aufklärung der Gesellschaft über gesündere Lebensmittelauswahl zu einer größeren Nachfrage nach gesünderen Lebensmitteln führen, was zusätzliche Anreize für Lebensmittelproduzenten bietet, ihre Produktionsprozesse und Produktpaletten zu ändern. Die Menschen müssen möglicherweise ihre Budgets neu ausbalancieren; höhere Ausgaben für Lebensmittel können durch geringere Ausgaben für Gesundheitsdienstleistungen ausgeglichen werden. Darüber hinaus können Veränderungen in der Lebensmittelauswahl auf der Nanoebene eine Anpassung des Geschmacks und den Erwerb zusätzlicher Kochfähigkeiten erfordern (Abb. 6.2).

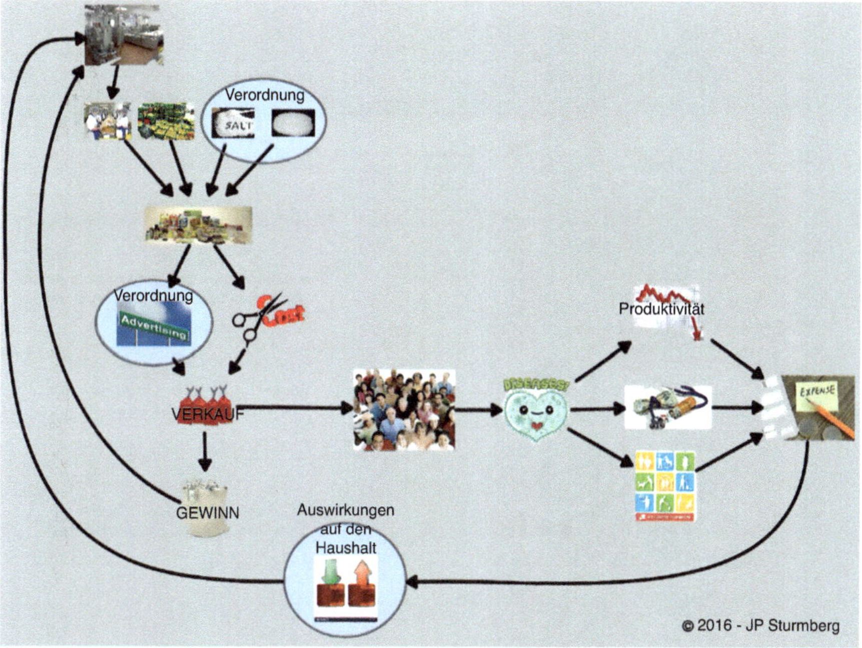

Abb. 6.1 Einflussdiagramm der Lebensmittelregulierung. Einflussdiagramme können als Grundlage für ein Modell dienen, mit dem die Auswirkungen der Lebensmittelregulierung auf den „Haushaltsbilanz" der Regierung und Veränderungen im Einkommen der Lebensmittelindustrie sowie bei der Nutzung der Gesundheits- und den Sozialressourcen in der Gesellschaft simuliert werden können

Die derzeitige „gesamtstaatliche" Sichtweise ist jedoch im Allgemeinen auf „kurzfristige Auswirkungen auf den Haushalt" beschränkt und geht historisch gesehen mit dem Bedarf an höheren Ausgaben in der Zukunft einher. Ein System, das sich auf die langfristige *Gesundheit* der Gesellschaft konzentriert, könnte leicht die kurz- und langfristigen Auswirkungen der Lebensmittelregulierung auf die Wirtschaft, die die Kosten des Gesundheitswesens und die gesundheitlichen Ergebnisse mit gängigen Modellierungsinstrumenten leicht bewerten (für Details siehe Kap. 11).

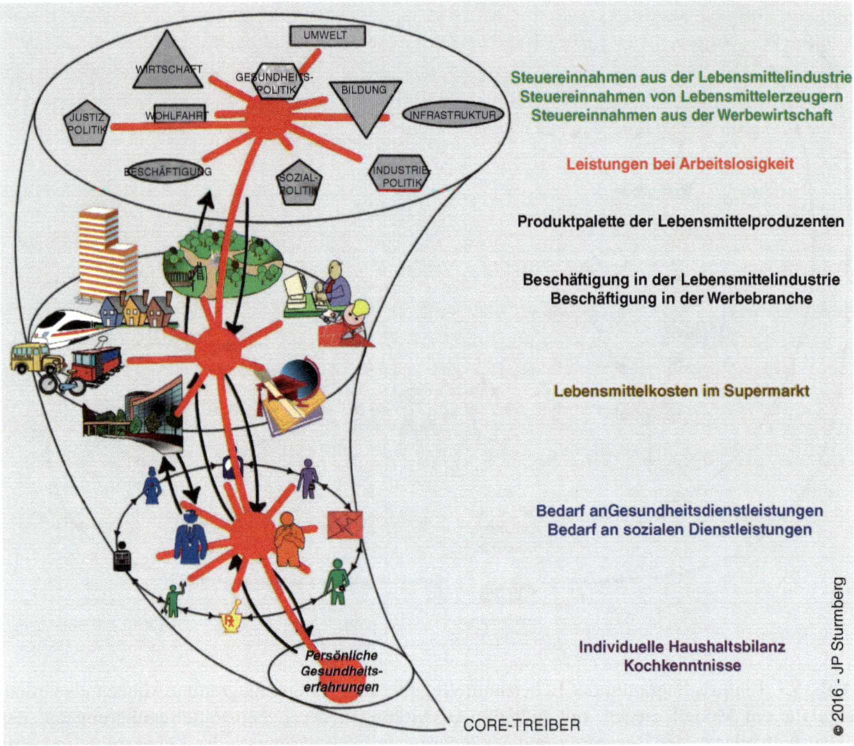

Abb. 6.2 Auswirkungen der Verschärfung der Lebensmittelregulierung auf das „ganzheitliche personenzentrierte Gesundheitssystem". Beachten Sie die vielfältigen Auswirkungen der Lebensmittelregulierung auf verschiedene Agenten in verschiedenen Ebenen. Jeder muss sich anpassen, um die *gemeinsamen Ziele* zu erreichen, die die *gemeinsamen Werte* widerspiegeln

6.3 Abstimmung der Agenden der Agenten auf allen Organisationsebenen

Eine Organisation, die ein *personenzentriertes, gerechtes und nachhaltiges komplex adaptives Gesundheitssystem* erreichen möchte, muss ihren *Zweck, Ziele* und *Kernwerte* klar definieren und diese nutzen, um alle Aktivitäten des Systems innerhalb und über alle organisatorischen/Teilsystemebenen hinweg auf die Bereitstellung solcher Pflege auszurichten (Anhang 3). In einem *personenzentrierten, gerechten und nachhaltigen komplex adaptiven Gesundheitssystem* würden die Schlüsselverantwortlichkeiten der Agenten – basierend auf dem *Zweck, Zielen, Werten* und den *„einfachen Regeln"*, wie im vorherigen Kapitel dargelegt – sicherstellen:

- Führungskräfte unterstützen alle Mitarbeiter auf allen Ebenen der Organisation dabei, gemeinsam die notwendigen Änderungen vorzunehmen, um die vereinbarten Ziele zu erreichen
- Lokale Gesellschaften bestimmen die Prioritäten für die Entwicklung von gesundheitsfördernden physischen und sozialen Infrastrukturen
- Alle Gesundheitsdienstleister erbringen Gesundheits-, Krankheits- und Krankenpflege, die den psychosozialen Notwendigkeiten und persönlichen Wünschen der Menschen entspricht
- Menschen erwerben persönliche Gesundheitsfähigkeiten, die ihre Gesundheit fördern und die vorzeitige Entwicklung von Krankheiten verhindern

6.4 Komplex Adaptive Organisationen

Es gibt eine umfangreiche Gesundheitsdienst-/Politikliteratur, die Gesundheitssystemorganisationen aus einer Komplexitätsperspektive untersucht hat. Die wichtigsten Erkenntnisse umfassen:

- Die Notwendigkeit für Organisationen, ihre eigenen *wertbasierten* Systeme zu entwickeln [2–12] und sie in ihren „organisatorischen Strukturen und Interaktionen" (in Form von *„einfachen Regeln"*) zu übersetzen [5, 8, 13–18], um ein nahtlos integriertes stabiles und widerstandsfähiges Gesundheitssystem zu erreichen
- Anerkennung der Tatsache, dass es innerhalb von Gesundheits-(Versorgungs-) Systemen einfache, komplizierte und komplexe Bereiche gibt, die jeweils unterschiedliche organisatorische und Managementansätze erfordern [9, 19]
- Führung in komplex adaptiven Organisationen verfolgt die Strategie *„ohne Anweisungen zu führen"* [3, 8, 20–23], und fördert so die Zusammenarbeit zwischen allen Agenten [10, 11, 21, 24–26]
- Führung in komplex adaptiven Organisationen umfasst die *emergente Natur* eines Gesundheitsdienstes/-systems, da sich das Verhalten des Systems aus den *nichtlinearen* Prozessen ergibt, die *dem lokalen Kontext zuzuschreiben* sind
- Führung in komplex adaptiven Organisationen akzeptiert, dass komplexe adaptive Dynamiken in komplex adaptiven Organisationen zwangsläufig *nicht genau vorhersehbar* sind, ABER *„ einvernehmlichen Ergebnissen"* führen, die sich aus *lokalen Zwängen ergeben* [10, 11, 26–28]
- Führung in komplex adaptiven Organisationen erkennt an, dass jede Organisation *historisch begrenzt* ist durch die vorherrschenden sozio-kulturellen Normen, die ihre zukünftigen Entwicklungen *(„Pfadabhängigkeit")* lenken [8, 15, 16, 22, 23, 29]

Das nächste Kapitel wird Beispiele liefern, die die Schaffung und den Betrieb von komplex adaptiven Gesundheitssystemen veranschaulichen, die sich *„am besten anpassen"*.

Anhang 1

Die Rollen und Verantwortlichkeiten der Agenten auf jeder Systemebene

Makro- oder Politikebene Politische und finanzielle Rahmenbedingungen müssen sowohl die Bedürfnisse der Bevölkerung als auch die Bedürfnisse vulnerabler Gruppen berücksichtigen. Das Prinzip der optimalen Gesundheit für alle Bürger steht im Mittelpunkt der politischen Innovationen in jedem Modell der primären Gesundheitsversorgung. Derzeit dominieren vorgeschriebene, „top-down", hierarchische und lineare politische Ansätze. Bei „bottom-up"-Ansätzen kann die Allgemeinmedizin für Patienten eintreten und Strategien befürworten, die durchdachte multimodale Rahmenbedingungen bieten, in denen alle Stakeholder zusammenarbeiten, um lokal adaptierte Lösungen zu entwickeln.

Meso- oder Organisations- und Lokalebene Die Behandlung von Gesundheitsbedürfnissen und gesundheitsbezogenen Determinanten auf regionaler/lokaler Ebene erfordert koordinierte Antworten sowohl von Gesundheitsdienstleistern als auch von Verwaltungsmitarbeitern. Um die Entwicklung neuer, lokal relevanter Dienstleistungsmodelle zu erleichtern, ist es wichtig, dass Schlüsselakteure in einer offenen statt stark vorschreibenden Planungsumgebung agieren können. Zum Beispiel hat der Allgemeinmediziner/Familienarzt somit eine sich entwickelnde organisatorische Rolle und eine Rolle als Wissensvermittler in interdisziplinärer und intersektoraler Versorgung und bei der Einführung neuer Technologien, während er gleichzeitig die Grundprinzipien der personenzentrierten Versorgung aufrechterhält. Dies erfordert die Übersetzung von Forschungswissen, die Sicherstellung der Gleichberechtigung und des Zugangs der Patienten zu zeitnaher Gesundheitsversorgung und die gemeinsame Koordination der Gesundheitsversorgung zwischen einer Vielzahl von Gesundheits- und Nicht-Gesundheitsbehörden.

Mikro- oder individuelle Ebene Patienten und ihre Gemeinden sind der Mittelpunkt, um den herum die Pflege bereitgestellt und organisiert wird. Die Wirksamkeit der Rollen und Verantwortlichkeiten der Allgemeinmedizin beruht auf der Beratung und der persönlichen Interaktion des Arztes/Anbieters mit einer Einzelperson. Die Beratung ist die grundlegende „Produktionseinheit" in der Medizin—hier werden Entscheidungen über den Ressourcenverbrauch zwischen dem Arzt und dem Patienten ausgehandelt. Doch die Rollen und Verantwortlichkeiten in diesem Bereich entwickeln sich weiter mit der Delegation der Pflege, neuen Patientenerwartungen, elektronischen Informationssystemen und Internetmedizin. Entscheidend ist, dass es eine zunehmende Interessenvertretung und Führungsrolle gibt, um den Patienten (nicht eine Krankheit, eine Kostenstelle oder ein multidisziplinäres Team) im Zentrum des Gesundheitssystems zu halten und sicherzustellen, dass ihre Kernversorgung kontinuierlich, koordiniert, beziehungsorientiert und in der primären Gesundheitsversorgung angesiedelt bleibt.

Nano- oder Organismus-Ebene Das Niveau der Gesundheit – subjektiv wie auch objektiv – spiegelt die gesamte Wirkung der Einflüsse wider, die die menschliche Gesundheit beeinflussen. Die Wahrnehmung von Gesundheit, das heißt, die subjektive Erfahrung von Gesundheit oder Krankheit, ist das Ergebnis der Wechselbeziehung (ein Begriff, der von Ban-Yar geprägt wurde) der Person mit ihrer Umwelt. Mit anderen Worten, die Erfahrung eines Patienten mit der Gesundheitsversorgung ergibt sich aus der Effektivität der Konsultation – von Beratungen und Förderung, sowie das Funktionieren des Gesundheitssystems im Allgemeinen widerspiegelt. Letztendlich ist es jedoch der Organismus und seine verkörperten Erfahrungen von Geist, Körper und Emotion, die wir als „Gesundheit" bezeichnen. Hierauf ist die Gesundheitsversorgung ausgerichtet und hat ihre Daseinsberechtigung. Die Beurteilung des Erfolgs der primären Gesundheitsversorgung liegt schließlich auf dieser Ebene. Zunehmend liegt hier die Rolle und Verantwortung der Allgemeinmedizin.

Martin CM, Sturmberg JP. Neudenken der Allgemeinmedizin – Teil II: Strategien für die Zukunft. Patientenzentrierte, sozial und wirtschaftlich verantwortliche Primärversorgung und die Führungsherausforderungen [1].

Anhang 2

Die unterschiedlichen Interessen der Akteure im Gesundheitssystem

Ebene	Einflussagenten	Interessen der Agenten
Makro	• Regierungspolitiker – Gesundheit – Soziale Dienstleistungen – Soziale Infrastruktur – Wirtschaft und Finanzen – andere—Bildung, Berufstätigkeit, Wohnen usw.	• Ressourcenzuteilung – Bestimmt durch wahrgenommene Prioritäten – Hat finanzielle Kontrolle über die Gesundheit – Derzeit „Ausgeglichene Haushalte“
	• Privates Unternehmen – Pharmazeutische Industrie – Gerätehersteller – Medizinische Vereinigungen – Krankenversicherungsbranche	• Marktanteil und Gewinne – Neue Medikamente entwickeln und – Gelistetet auf den Arzneimittellisten – Finanzielles Interesse der Mitglieder – Wachsende Mitgliedschaft und Marktanteil vom öffentlichen Gesundheitssystem
	• Bürgerlobbygruppen – Gesundheitsverbraucherforum – Krankheitsspezifische Unterstützungsgruppen	• Erhalten von größeren Ressourcen für ihre spezifischen Interessen
	• Nichtregierungsorganisationen – Forschungsinstitute	• Erhalt von größeren Ressourcen für ihre spezifischen Interessenorganisationen
Meso	• Lokale Gemeindeinfrastruktur/ Umgebung – Arbeit – Bildung – Wohnen – Straßen – Soziale Infrastruktur – Offene Räume – Andere	• Abhängig von der Zusammenarbeit mit anderen Interessen • Ressourcenbeschränkungen • Fokussiert auf spezifische Aufgaben • Verschiebung von Prioritäten mit wechselnden Regierungsagenden
	• Öffentliche Krankenhauspflege – Krankenhausabteilungen – Community-Outreach-Dienste	• Ressourcenbeschränkungen – Unterteilt nach – Organ-System oder Technologie – Instabile Belegschaft – Personalmangel – Hohes Maß an Bürokratie – Effizenz wird an Patientenzahlen und Komplikationen gemessen
	• Private Krankenhauspflege	• Rendite auf Investitionen – Kundenorientierung: Allgemeinärzte und Spezialisten – Leistung basiert auf der Maximierung des Umsatzes pro Patiententag

Ebene	Einflussagenten	Interessen der Agenten
Mikro	• Gesundheitsdienstleistung • Primärversorgung – Allegemeinmedizische Praxisteams, einschließlich Empfangspersonal, Krankenschwestern, Psychologen, indegene Gesundheitsarbeiter, andere • Pathologie/Radiologie • „Teilgebietsarbeiter" (Spezialist) • Gemeinschaft – Gemeinde basierte Krankenpflege – Physiotherapie – Psychologie – Andere Fachkräfte des Gesundheitswesens – Familie, Freunde und soziale Netzwerke	• Anliegen privater Unternehmen – FFS (fee-for-service)-System der Vergütung – Wettbewerb zwischen Praxen – Ressourcenbereitstellung gemäß dem Potenzial zur Einkommenserzeugung – Anreiz zur Überversorgung – Zeit = Geld, Überweisung eine einfache Option – Fragmentierte Pflege – Begrenzte Zusammenarbeit mit anderen Gesundheitsfachleuten – Begrenzte Bewertung der Gesundheitsergebnissen – Finanzielle Einschränkungen – Begrenztes Wissen über Patientenpflege und -unterstützung – Schwierigkeiten beim Zugang zu kommunalen Versorgungs Diensten
Nano	• Die Person	• Besorgt über ihre Gesundheitserfahrung, begrenzt es die gewünschten Aktivitätsniveaus • Sicherheit der Selbstverwaltung • Finanzielle Einschränkungen • Schwierigkeiten beim Zugang zu kommunalen Versorgungs Diensten

Anhang 3

Der Fokus und die Handlungen von Agenten in einem personenzentrierten, gerechten und nachhaltigen komplex adaptiven Gesundheitssystem

Ebene	Einflussagenten	Der Fokus der Agenten basiert auf dem Zweck des Gesundheitssystems, *Zielen, Werten und „einfachen Regeln“*
Makro	• Regierungspolitiker – Gesundheit – Soziale Dienstleistungen – Soziale Infrastruktur – Wirtschaft und Finanzen – andere—Bildung, Arbeit und Beschäftigung, Wohnen usw.	• Führung – Förderung der Werte des Systems – Erleichterung der notwendigen adaptiven Arbeit, die geleistet werden muss – Sicherstellen, dass sie über die benötigten Ressourcen verfügen – Übergreifende Zusammenarbeit mit anderen Portfolios
	• Private Unternehmen – Pharmazeutische Industrie – Gerätehersteller – Medizinische Vereinigungen – Krankenversicherungsbranche	
	• Bürgerlobbygruppen – Gesundheitsverbraucherforum – Krankheitsspezifische Unterstützungsgruppen	
Meso	• Lokale Gemeindeinfrastruktur/Umwelt	• Gesellschaftliches Engagement • Denken Sie an langfristige Änderungen (Zeitraum von 10 Jahren) – Arbeit – Bildung – Wohnen – Straßen – Soziale Infrastruktur – Offene Räume • Sie sind bereit, mehrere Perspektiven zu verstehen, arbeiten mit der Komplexität in all ihrer herausfordernden Unordnung und erkennen sowohl die Bedeutung lokaler Details als auch des übergeordneten Gesamtbildes. Es ist keine kleine Aufgabe in diesem Zeitalter der schnellen Lösung und des Schlagwortes.
	• Krankenhauspflege	

Ebene	Einflussagenten	Der Fokus der Agenten basiert auf dem Zweck des Gesundheitssystems, *Zielen, Werten und „einfachen Regeln“*
Mikro	• Gesundheitsdienstleistung • Primärversorgung – Team der Allgemeinarztpraxis, einschließlich Empfangspersonal, Krankenschwestern, Psychologen, indegene Gesundheitsarbeiter, andere • Pathologie/Radiologie • „Teilgebietsarbeiter“ (Spezialist) • Gemeinde – Gemeinde basierte Krankenpflege – Physiotherapie – Psychologie – Andere Fachkräfte des Gesundheitswesens • Familie, Freunde und soziale Netzwerke	• Personen-/Patientenzentriertheit • Gleichzeitige Konzentration auf die physischen, sozialen, emotionalen und kognitiven/sinnstiftenden Bereiche der Krankheit • Gemeinsame Entscheidungsfindung unter Berücksichtigung – Persönliche Entscheidungen – Akzeptanz von Unsicherheit und Risiko – Auswirkungen von Umweltfaktoren auf Gesundheit und Wohlbefinden • Schwerpunkt auf der Interessenvertretung und Entwicklung der Gemeinde • Konzentrieren Sie sich auf die Stärkung der Verbindung mit – Familie – Freunde – Schwierigkeiten beim Zugang zu kommunalen Unterstützungsdiensten
Nano	• Die Person	• Schwerpunkt auf Stärkung von – Selbstpflege – Stressmanagement – Gesunde Ernährung, Bewegung, Medikamenteneinhaltung – Engagement mit Familie und sozialen Netzwerken • Fokus auf Prävention im Hinblick auf – Familiengeschichte (Genetik) – Bedeutende Lebensereignisse (Epigenetik) – Schädliche Umweltbelastungen—Luft und andere Umweltfaktoren Schadstoffe, schlechte Wohnverhältnisse, Gefahren am Arbeitsplatz

Literatur

1. Martin CM, Sturmberg JP (2006) Rethinking general practice – Part II: strategies for the future. Patient-centred, socially and economically responsible primary care and the leadership challenges. Asia Pac Fam Med 5(5). www.apfmj-archive.com/afm5_2/afm48.pdf
2. Lindstrom R (2003) Evidence-based decision-making in healthcare: exploring the issues though the lens of complex, adaptive systems theory. Healthc Pap 3(3):29–35
3. Chen DT, Werhane PH, Mills AE (2007) Role of organization ethics in critical care medicine. Critical care medicine organizational and management ethics in the intensive care unit. Crit Care Med 35(2):S11–S17
4. WHO – Western Pacific Region (2007) People at the centre of health care. Harmonizing mind and body, people and systems. WHO Western Pacific Region, Geneva
5. Rouse WB (2008) Health care as a complex adaptive system: implications for design and management. The Bridge 38(1):17–25
6. Kaplan RS, Porter ME (2011) How to solve the cost crisis in health care. Harv Bus Rev 89(9):47–64
7. Sturmberg JP, O'Halloran DM, Martin CM (2012) Understanding health system reform – a complex adaptive systems perspective. J Eval Clin Pract 18(1):202–208
8. Freedman LP, Schaaf M (2013) Act global, but think local: accountability at the frontlines. Reprod Health Matters 21(42):103–112
9. Kottke TE (2013) Simple rules that reduce hospital readmission. Perm J 17(3):91–93
10. Gottlieb K (2013) The Nuka system of care: improving health through ownership and relationships. Int J Circumpolar Health 72. doi:10.3402/ijch.v72i0.21118
11. Martin D, Pollack K, Woollard RF (2014) What would an Ian McWhinney health care system look like? Can Fam Phys 60(1):17–19
12. Cloninger CR, Salvador-Carulla L, Kirmayer LJ, Schwartz MA, Appleyard J, Goodwin N et al (2014) A time for action on health inequities: foundations of the 2014 Geneva declaration on person- and people-centered integrated health care for all. Int J Person Centered Med 4(2): 69–89
13. Glouberman S, Zimmerman B (2002) Complicated and complex systems: what would successful reform of medicare look like? Discussion Paper No 8. Commission on the Future of Health Care in Canada, Ottawa, July 2002
14. Sturmberg JP, O'Halloran DM, Martin CM (2010) People at the centre of complex adaptive health systems reform. Med J Aust 193(8):474–478
15. Sturmberg JP, Martin CM (2010) The dynamics of health care reform – learning from a complex adaptive systems theoretical perspective. Nonlinear Dynamics Psychol Life Sci 14(4):525–540
16. Saxton JF, Johns MME (2010) Barriers to change in engineering the system of health care delivery. Engineering the system of healthcare delivery. Stud Health Technol Inform 153:437–463
17. Bloom G, Wolcott S (2013) Building institutions for health and health systems in contexts of rapid change. Soc Sci Med 96:216–222
18. Marchal B, Van Belle S, De Brouwere V, Witter S (2013) Studying complex interventions: reflections from the FEMHealth project on evaluating fee exemption policies in West Africa and Morocco. BMC Health Serv Res 13(1):469
19. Martin CM, Felix Bortolotti M, Strasser S (2010) W(h)ither complexity? The emperor's new toolkit? or Elucidating the evolution of health systems knowledge? J Eval Clin Pract 16(3):415–420
20. Plsek P (2001) Appendix B: redesigning health care with insights from the science of complex adaptive systems. In: Committee on quality of health care in America – Institute of medicine, editor. Crossing the quality chasm: a new health system for the 21st century. National Academy Press, Washington DC, S 309–322

21. Tsasis P, Evans JM, Owen S (2012) Reframing the challenges to integrated care: a complex-adaptive systems perspective. Int J Integr Care 12:e190
22. Gilson L, Elloker S, Olckers P, Lehmann U (2014) Advancing the application of systems thinking in health: South African examples of a leadership of sensemaking for primary health care. Health Res Policy Syst12(1):30
23. Swanson R, Atun R, Best A, Betigeri A, de Campos F, Chunharas S et al (2015) Strengthening health systems in low-income countries by enhancing organizational capacities and improving institutions. Glob Health 11(1):5
24. van der Vlegel-Brouwer W (2013) Integrated healthcare for chronically ill. Reflections on the gap between science and practice and how to bridge the gap. Int J Integr Care 13:e019
25. Varghese J, Kutty V, Paina L, Adam T (2014) Advancing the application of systems thinking in health: understanding the growing complexity governing immunization services in Kerala, India. Health Res Policy Syst 12(1):47
26. Prashanth N, Marchal B, Devadasan N, Kegels G, Criel B (2014) Advancing the application of systems thinking in health: a realist evaluation of a capacity building programme for district managers in Tumkur, India. Health Res Policy Syst 12(1):42
27. Paina L, Peters DH (2012) Understanding pathways for scaling up health services through the lens of complex adaptive systems. Health Policy Plan 27(5):365–373
28. Borgermans L, De Maeseneer J, Wollersheim H, Vrijhoef B, Devroey D. A Theoretical Lens for Revealing the Complexity of Chronic Care. Perspect Biol Med. 2013;56(2):289–299
29. Ho S, Sandy L (2014) Getting value from health spending: going beyond payment reform. J Gen Intern Med. 29(5):796–797

Kapitel 7
Ein komplex adaptives Gesundheitssystem: Beispiele aus der Praxis

Überblick. *Personenzentrierte, gerechte und nachhaltige komplex adaptive Gesundheitssysteme* sind kein Hirngespinst. Dieses Kapitel beschreibt drei Beispiele von *komplex adaptiven Gesundheitssystemen,* die sich auf spezifische Weise aus einer bestimmten Herausforderung heraus entwickelt haben. Bemerkenswerterweise entstanden jedes dieser komplex adaptiven Gesundheitssysteme auf unterschiedliche Weise:

- *Spontan,* wie das Primärversorgungssystem in den Slums von Nairobi, das aus der karitativen Arbeit zur Pflege von Menschen, die an HIV/AIDS sterben, entstand
- *Verknüpfung* verschiedener bestehender Dienste, wie es die brasilianische Regierung angesichts der Bedrohung durch HIV/AIDS tat, was zum Zusammenbruch der brasilianischen Gesundheitsdienste und/oder des Staates geführt hätte
- Durch Konsultation der Gesellschaft der Alaska Natives und American Indian, die die Hauptmerkmale eines Gesundheitssystems definierten, das ihren gesundheitlichen und kulturellen Bedürfnissen entsprach (das NUKA-System der primären Gesundheitsversorgung)

Diesen Beispielen ist gemeinsam, dass sie eine Reihe von *Zwecken, Zielen und Werten entwickelt haben,* die die Grundlage für die Maßnahmen und Interaktionen bilden die erforderlich sind, um ein *personenzentriertes, gerechtes und nachhaltiges komplex adaptives Gesundheitssystem* zu erreichen.

- ***Das Eastern Deanery AIDS Relief Program (EDARP)***
  EDARP ist ein Beispiel für das *scheinbar spontane Auftreten* eines Gesundheitssystems in den Slums von Nairobi. „Die Pflege von Menschen, die an HIV/AIDS sterben“, war ein Missionsprogramm, das mit einer Handvoll

J. P. Sturmberg, *Neugestaltung des Gesundheitssystems*,
https://doi.org/10.1007/978-3-031-46816-2_7

Krankenschwestern und Community Health Workern[1] (CHW) begann. Nachdem Gemeindemitglieder Vertrauen in das Programm gefasst hatten, traten sie an das Programm heran und äußerten ihren Bedarf an zusätzlichen Dienstleistungen. Das Programm reagierte schnell und erweiterte sich, um Tuberkulose zu behandeln, eine häufig zusammen mit HIV/AIDS auftretende Krankheit. Der Erfolg bei der Kontrolle von HIV/AIDS und Tuberkulose war das Ergebnis der Zusammenarbeit mit einiger Unterstützung von der Gesundheitsbehörde in Nairobi. Die Behandlung dieser beiden Krankheiten war der Auslöser, um die Dienste auf die Prävention und die Übertragung von HIV/AIDS von Müttern auf Babys sowie auf soziale und pädagogische Unterstützungsprogramme für Kinder und Jugendliche, die durch den Tod ihrer Eltern an HIV/AIDS oder Tuberkulose verwaist waren, auszuweiten.

- ***HIV/AIDS in Brasilien: Eine gesamtstaatliche Reaktion***
  Die brasilianische Regierung, konfrontiert mit einer HIV/AIDS-Pandemie, akzeptierte als Ausgangspunkt, dass es keine „einfachen Antworten" zur Lösung des Problems geben würde. Sie erkannten, dass sie eine andere Denkweise benötigten, um den Zusammenbruch der Gesellschaft zu verhindern. Die Frage nach dem *wie* (die kreative Antworten ermöglichen) statt *was/warum* Fragen (die Rechtfertigungsantworten hervorruft) machte deutlich, dass viele verschiedene Strategien eingesetzt werden müssen. Es stellte sich auch heraus, dass viele verschiedene Gruppen das Risiko, das HIV/AIDS für die Gesellschaft darstellte, erkannt hatten, und unabhängig voneinander Dienstleistungen anboten. Überraschenderweise waren diese Gruppen jedoch nicht über die Bemühungen der anderen informiert. Die Regierung erkannte, dass die Verbindung und Unterstützung dieser Gruppen mit ihrem spezifischen Verständnis der Epidemie in ihrer lokalen Umgebung der Schlüssel zur Abwendung einer HIV/AIDS-Krise sein würde. Brasiliens Ansatz verknüpfte die Bemühungen auf allen Ebenen der Organisation des Gesundheitssystems und konnte so die drohende Krise verhindern .
- ***Das NUKA-Primärversorgungssystem***
  1998 wurde der von Washington kontrollierte, scheiternde Gesundheitsdienst der Alaska Natives und American Indians an die lokale Gemeinde übergeben, die simultan die Eigentümer, Betreiber und Nutzer des Dienstes wurden. Die Neugestaltung des Gesundheitssystems begann mit einem umfangreichen Konsultationsprozess, in dem die Erwartungen der Bevölkerung ermittelt wurden – eine *geteilte Beziehung* mit ihrem primären Versorger, *behandelt zu werden* mit Höflichkeit, Respekt und kulturellem Verständnis, und *Zugang zu einer bedarfsgerechten Versorgung* zu haben. Kontinuierliche Befragungen und Feedback ermöglichen es dem System, sich schnell an verändernde Notwendigkeiten und Anforderungen anzupassen.
  Das NUKA-System wird von vielen Organisationen weltweit als Modell für die Neugestaltung der Primärversorgung angesehen.

[1] CHW sind im Wesentlichen ehrenamtliche Laien, die in ihrer eigenen Gemeinde leben und arbeiten.

Punkte zur Reflexion

Denken Sie über ein *personenzentriertes, gerechtes und nachhaltiges komplex adaptives Gesundheitssystem* nach:

- Wie würden Sie das für Ihre Umgebung definieren?
- Was würden Sie als seine Schlüsselmerkmale vorschlagen?
- Wie würden Sie einen solchen Neugestaltungsprozess angehen?
- Was könnten einige der Hürden sein, um Ihre Vision zu erreichen?

Nachdem Sie über die drei in diesem Kapitel vorgestellten Fälle nachgedacht haben:

- Was halten Sie für die Schlüsselmerkmale ihres Erfolgs?
- Wenn Sie über die Merkmale nachdenken, die den Erfolg dieser Beispiele untermauert haben, wie würden Sie Ihren Ansatz zur Neugestaltung in Ihrer Organisation ändern?

„Man kann keine feinen Dinge tun, ohne feine Beispiele gesehen zu haben"
William Morris Hunt (1824–1879) – Amerikanischer Künstler

Wem die beiden vorherigen Kapitel zu theoretisch erscheinen, findet hier „drei ausgezeichnete Beispiele", die das Design von *personenzentrierten, gerechten und nachhaltigen komplex adaptiven Gesundheitssystemen* veranschaulichen:

- Das *de-novo* „bottom-up" Primär-/Kommunales Gesundheitssystem, das als Reaktion auf die klar artikulierten Bedürfnisse der Menschen in einer unterprivilegierten Gemeinde in Kenia entstand
- Die *Neugestaltung* von Gesundheits- und Gemeindediensten als Reaktion auf die HIV/AIDS-Krise, die das gesamte Gesundheitssystem in Brasilien bedrohte
- Die auf Bürgerbefragung basierende Neugestaltung eines Gesundheitssystems nach der Übertragung des Gesundheitsdienstes von der Zentralregierung auf die Kontrolle der indigenen Gemeinschaft in Alaska

Diese Dienste waren erfolgreich, weil sie Beziehungen und Allianzen auf der Grundlage von Aussagen über *gemeinsamen Zweck, Ziele und Werte* aufbauten, die die Entwicklung von *„einfachen (oder operativen) Regeln"* leiteten. Die Einhaltung dieser Prinzipien durch alle Systemagenten auf allen organisatorischen Ebenen bildete den Rahmen für die Agenten, ihre Beziehungen neu zu konfigurieren und ihre Interaktionen anzupassen. Feedback stellte das *Auftreten* neuer und neuartiger Lösungen für Herausforderungen und sich entwickelnde Probleme sicher.

Diese komplex adaptiven Ansätze zur Bewältigung systemischer Probleme stehen im starken Kontrast zu den vorherrschenden linearen und top-down hierarchischen Ansätzen und dem Wunsch, „off-the-shelf-Lösungen" zu finden und umzusetzen.

Die Beispiele sind so strukturiert, dass sie den Nutzen der in Teil I dieses Buches diskutierten Systemwerkzeuge und -rahmen verdeutlichen:

- Eine kurze Beschreibung des lokalen Kontexts
- Eine Darstellung des Gesundheitswirbels des Systems, die die organisationsübergreifenden Dynamiken hervorhebt
- Die Visionserklärung, die die Grundlage für die Entwicklung des Systemtreibers bildete
- Eine Cynefin-Karte, die die verschiedenen Veränderungsdynamiken zeigt

7.1 Die De-Novo-Entstehung eines Kommunalen Gesundheitsdienstes in den Slums von Nairobi

Diese Fallstudie veranschaulicht das Aufkommen eines „Bottom-up"- kommunalen Gesundheitssystems im Gebiet Eastland von Nairobi mit einer Bevölkerung von mindestens 2,16 Mio. Menschen und einer geschätzten HIV-Prävalenz bei Erwachsenen von 5,2 %.

Das Eastern Deanery AIDS Relief Program (EDARP – http://www.edarp.org/index.php) zielte zunächst ausschließlich darauf ab, das Leiden sterbender AIDS-Patienten zu lindern. Das Programm erkannte schnell, dass es für den langfristigen Erfolg bei der Behandlung und Prävention der Ausbreitung von HIV/AIDS und der Verbesserung der allgemeinen Gesundheit der Bevölkerung notwendig wäre, sich mit der gesamten Bevölkerung auseinanderzusetzen. Es wurde deutlich, dass Community Health Worker (CHW) eine zentrale Rolle bei der Erreichung dieser Ziele spielen [1, 2]. CHWs wurden aus der Bevölkerung rekrutiert, in der Bevölkerung ausgebildet und arbeiteten als vertrauenswürdige Gemeindemitglieder innerhalb ihrer eigenen lokalen Gemeinde.

Der kooperative Ansatz zwischen EDARP, CHWs und Bevölkerung identifizierte ständig neue Notwendigkeiten und neue Ansätze, um diesen gerecht zu werden. Ein *gemeinschaftlich getriebener* kommunaler Gesundheitsdienst ist entstanden, der sich ständig an sich wechselnden medizinischen, persönlichen und sozialen Bedürfnissen anpasst. Die wichtigsten Meilensteine in der Entwicklung dieses Dienstes sind (Abb. 7.1):

- 1993 – Fokus auf sterbende AIDS-Patienten
- 1995 – Fokus auf die Ausbreitung unbehandelter TB-Infektionen als Komorbidität bei HIV/AIDS-Patienten. Eine Partnerschaft mit dem Centre for Disease Control Kenya (CDC) erreichte die Implementierung von HIV/TB-Screening- und Behandlungsprogrammen
- 1996 – Fokus auf die Entwicklung einer lokalen TB-Testeinrichtung, da die Reise zum Hauptkrankenhaus unerschwinglich war. In Zusammenarbeit mit dem Haupt-TB-Labor wurde ein junger Schulabgänger mit guten Naturwissenschaftsnoten als TB-Techniker ausgebildet. Da die Patienten nicht zwischen den Gesundheitszentren reisen konnten, kaufte EDARP ein Fahrrad und beschäftigte ein Gemeindemitglied als Kurier, um Sputumproben zum Labor zu liefern und die Ergebnisse zu den Gesundheitszentren zurückzubringen
- 2001 – zusätzlicher Fokus auf die Medikamentenadhärenz für HIV- und TB-Patienten. Die Behandlungsadhärenz wurde erhöht, indem auch dringend benötigte Ernährungsunterstützung bereitgestellt wurde, die von einem lokalen Müller gespendet wurde
- 2004 – Fokus auf HIV-Prävention. In Zusammenarbeit mit dem Centre for Disease Control Kenya (CDC) wurde ein Programm für hochaktive antiretrovirale Therapie (HAART) implementiert. Das Team hatte einen speziellen Programmschwerpunkt auf schwangere Frauen und ihre Neugeborenen, um die Mutter-zu-Kind-Übertragung zu verhindern
- 2014 – Fokus auf die sozialen Folgen von HIV. Die steigende Anzahl von verwaisten und verlassenen Kindern/Jugendlichen erforderte die Entwicklung von integrierten Kliniken und Familiensupportdiensten, um mit den emotionalen und sozialen Folgen von HIV/AIDS umzugehen [3]

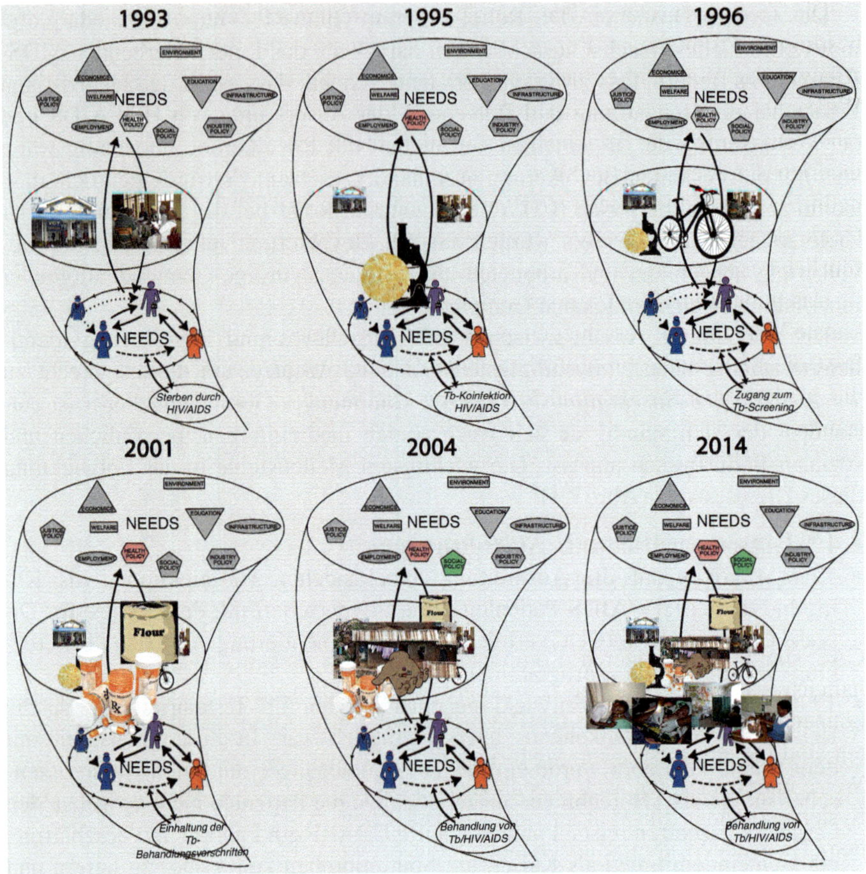

Abb. 7.1 Die Meilensteine der Entwicklung des EDARP-Projekts in den Slums von Nairobi. Das Programm wuchs schnell von anfänglich nur der Betreuung sterbender HIV/AIDS-Patienten (1993) zu der Auseinandersetzung mit der gleichzeitigen Infektion von TB als Bedrohung für die gesamte Gemeinde (1995). Durch lokale Rekrutierung und Ausbildung wurde ein funktionaler TB-Testdienst eingerichtet, der der gesamten Gemeinde zugänglich war (1996), und die Behandlungsergebnisse für TB und HIV wurden durch die Bereitstellung dringend benötigter Ernährungsunterstützung, die von einem philanthropischen Müller gespendet wurde, verbessert (2001). Die Zusammenarbeit mit dem Centre for Disease Control (CDC) Kenia führte zur Einführung einer hochaktiven antiretroviralen Behandlung (HAART) in der Gemeinde mit einem besonderen Schwerpunkt auf Mütter und ihre Neugeborenen (ab 2004). Seit 2014 konzentrieren sich zusätzliche Programme nun auf die emotionalen und sozialen Bedürfnisse von verwaisten/verlassenen Kindern/Jugendlichen aufgrund von HIV/AIDS (ursprünglich veröffentlicht in Sturmberg and Njoroge. People-centred health systems, a bottom-up approach: Where theory meets empery [3])

7.1.1 Die organisatorischen Grundlagen von EDARP

Um nachhaltige, erschwingliche Qualitätsversorgung für alle anzubieten, zielen die EDARP-Dienste darauf ab, erschwingliche Qualitätsversorgung zu bieten. In dieser Hinsicht bemüht sich EDARP immer, eine Organisation zu sein, die folgendes fördert:

1. Mitgefühl
2. Professionalität
3. Patientenorientierung
4. Qualität
5. Integrität
6. Führung und Entwicklung
7. Teamarbeit

7.1.2 Jedes Problem hat einen unterschiedlichen Grad an Komplexität: Herausforderungen und Lösungen abstimmen

EDARP verwendete Strategien, die alle Bereiche im Cynefin-Framework abdecken. Antworten auf verschiedene Herausforderungen erforderten entweder die Übernahme von bewährten und vorhersehbaren oder die Experimentierung mit aufkommenden und neuen Strategien. Wie Abb. 7.2 zeigt, war das Management der Hauptkrankheiten in der Gemeinde unkompliziert; jedoch erforderte der Umgang mit den vielfältigen Folgen von TB und HIV/AIDS den Mut, kontextgetriebene, aber unerprobte Ansätze auszuprobieren und die Bereitschaft, diese angesichts ihrer – gewünschten wie ungewünschten – Erfolge anzupassen.

7.2 Vermeidung einer HIV/AIDS-Pandemie in Brasilien

Ende der 1990er Jahre erkannte die brasilianische Regierung, dass die aufkommende HIV/AIDS-Epidemie eine große Krise für das Land verursachen würde. Ist diese Bedrohung ein „kompliziertes Problem" oder ein „komplexes Problem"? Anstatt *Was-Fragen* zu stellen (Was tun wir? Was wird es kosten? – Auslösung von Rechtfertigungsantworten) und von einem „komplizierten Problem" auszugehen, für das es einfache Antworten gibt, stellten sie *Wie-Fragen* (Wie können wir erreichen…? Wie können wir die Kosten senken? – Auslösung von Reaktionen, die aus kreativem Denken resultieren), da sie erkannten, dass HIV/AIDS ein komplexes Problem mit vielen verschiedenen beitragenden Faktoren und vielen verschiedenen Kontexten ist, abhängig von individuellen und lokalen Umständen.

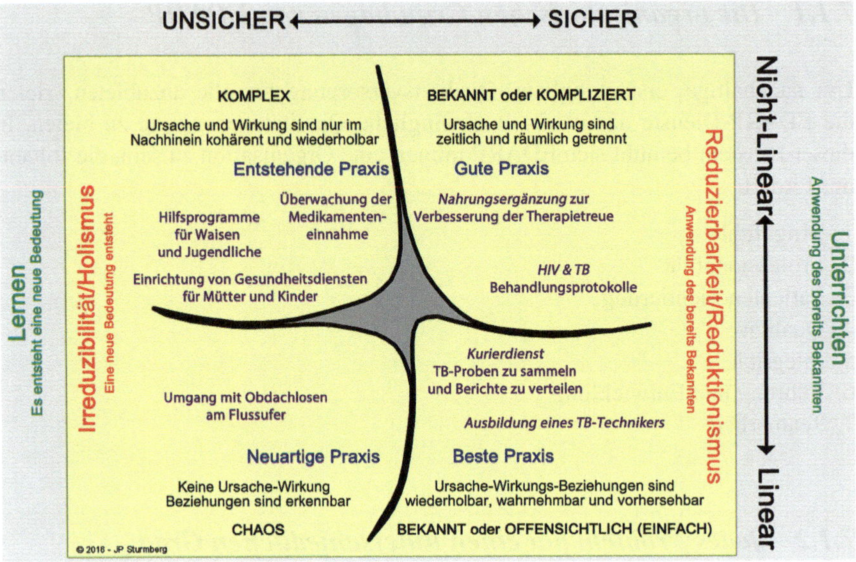

Abb. 7.2 Cynefin-Karte der EDARP-Ansätze. **Best-Practice-Ansätze** für Training und Logistik. **Good-Practice-Ansätze** für das Krankheitsmanagement. **Emergente Praxisansätze** zur Verbesserung der Behandlungsadhärenz und Entwicklung neuer Dienstleistungen. **Neuartige Praxisansätze** zur Erreichung der „schwer erreichbaren“

Glouberman und Zimmerman [4] stellten diese Fragen und Antworten wie folgt gegenüber (Beispiele aus den Tab. 11 und 12).

Kompliziertes Problem	Komplexes Problem
• Was werden die Medikamentenkosten für unsere infizierte Bevölkerung sein? oder Wen können wir uns leisten zu behandeln? • Sollten wir uns mit unseren begrenzten Ressourcen mehr auf Prävention oder Behandlung konzentrieren? oder Was sind die Ressourcen für eine effektive Präventionsbehandlung?	• Wie können wir die Kosten senken, damit wir allen, die es brauchen, eine Behandlung anbieten können? • Wenn Essen ein Problem ist, wie können wir bestehende Wohltätigkeitsorganisationen nutzen, um Essen bereitzustellen, damit die Patienten zur richtigen Zeit für ihr Medikamentenregime Essen bekommen können? • Wie können wir unsere Präventionsziele erreichen, und gleichzeitig alle derzeit Infizierten behandeln?
• Sinnvolle Lösungen erfordern ausgeklügelte, integrierte nationale Gesundheitssysteme • Wir können nicht allen eine Behandlung anbieten, wenn die Kosten zu hoch sind. Es müssen Entscheidungen getroffen werden	• Wir werden Wege finden, die Ressourcen, die wir haben, zur Lösung des Problems zu nutzen • Wir werden einen Weg finden, allen, die es brauchen, eine Behandlung anzubieten, indem wir die Kosten drastisch senken

Beide Perspektiven beruhen zwar auf einer Reihe von kohärenten Annahmen über die Realität und den Wandel, gehen aber zwangsläufig auch von einem bestimmten Problemlösungsansatz aus:

- Der *komplizierte Ansatz* legt nahe, dass externe Manager – oder Mechaniker – benötigt werden, um das System und/oder seine Teile zu reparieren
- Der *komplexe Ansatz* legt nahe, dass Lösungen (und neue Probleme) das Potenzial haben, von innen heraus zu entstehen, und dass die externe Rolle der Führung eher förderlich als mechanisch ist

7.2.1 Die organisatorischen Grundlagen der brasilianischen Regierung

Die Reaktion der brasilianischen Regierung auf die HIV-Krise zeigt, wie eine breite und integrierte politische Antwort den notwendigen Rahmen für das Entstehen von vernetzten Dienstleistungssystemen schaffen kann. Hier wird die Führung bewusst über das Kontinuum zwischen den Organisationsstrukturen auf Makro- zu Nanoebene verteilt. Die Annahme, dass HIV ein komplexes Problem ist und die „kreative Frage“ *wie?* zur Lösung des Problems stellt, führte zu einer Liste sehr unterschiedlicher Antworten:

- Förderung von „Behandlung als Prävention“
- Verwendung von Humor zur Förderung der Kondomnutzung
- Kostenlose antiretrovirale Medikamente
- Unterricht in der richtigen Medikamenteneinnahme (Zeichnungen zur Überwindung von Kommunikationsschwierigkeiten in Gemeinden mit hohen Analphabetenraten)
- Lokale Medikamentenherstellung (gegen WTO und Drohungen der Pharmaindustrie)
- Verknüpfung mit NGO-Lebensmittelprogrammen für die am stärksten benachteiligten
- Verknüpfung bestehender informeller Dienstleistungsnetzwerke (über 600 NGOs und lokale Pflegeorganisationen)

Alle Antworten trugen letztendlich dazu bei, dass sich alle Beteiligten engagieren konnten, um das endgültige Ziel der Kontrolle der Krankheit bei betroffenen Personen und die Verhinderung ihrer Ausbreitung in der Gemeinschaft zu erreichen (Abb. 7.3).

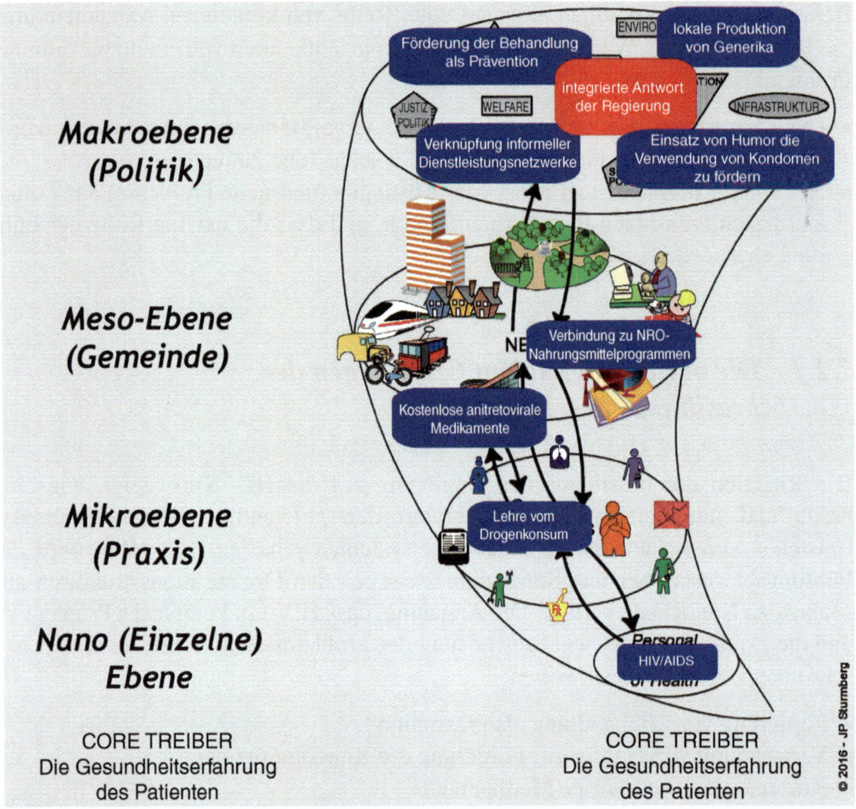

Abb. 7.3 HIV/AIDS ist ein „systemübergreifendes Problem". HIV/AIDS als „systemübergreifendes Problem" erfordert Lösungen, die den Eigenschaften der einzelnen organisatorischen Ebenen entsprechen. Alle Lösungen entstanden aus dem „vereinigenden Fokus" auf die Behandlung ALLER betroffenen Personen und die Verhinderung der Ausbreitung auf den Rest der Gemeinde

7.2.2 Jedes Problem hat einen unterschiedlichen Grad an Komplexität: Anpassung von Herausforderungen und Lösungen

Die brasilianische Regierung nutzte Strategien, die alle Bereiche außer den chaotischen im Cynefin-Framework abdeckten (Abb. 7.4). Die Dynamik der Ansätze hat die HIV/AIDS-Epidemie gestoppt; das Center of Disease Control (*Center for Disease Control Daily News,* 2000) fasste dieses bemerkenswerte Ergebnis so zusammen: *„Es gab enorme Unterschiede in den verfügbaren Dienstleistungen im ganzen Land und für verschiedene Bevölkerungsgruppen. Ihre HIV/AIDS-Bemühungen haben in hohem Maße die Gesundheitsinfrastruktur oder das Netzwerk*

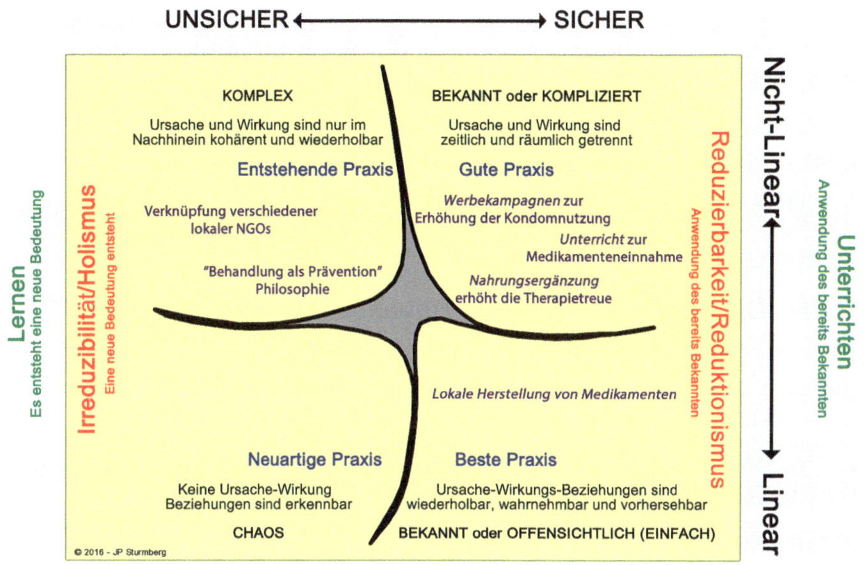

Abb. 7.4 Cynefin-Karte der Ansätze der brasilianischen Regierung. **Best-Practice-Ansätze** für die Medikamentenproduktion. **Good-Practice-Ansätze** für Krankheitsmanagement und Prävention. **Emergente Praxisansätze** für die Verknüpfung verschiedener Organisationen und die Veränderung der Bevölkerungsmentalität

von Verbindungen gestärkt, um die notwendige Behandlungs- und Präventionsarbeit zur Bewältigung von HIV/AIDS zu leisten. Sie nutzten über 600 bestehende NGOs und Gemeindeebene Pflegeorganisationen, um die Armen des Landes zu erreichen".

7.3 Das NUKA-System der Primärversorgung

Die Southcentral Foundation (https://www.southcentralfoundation.com/nuka/) ist eine gemeinnützige Gesundheitsorganisation, die sich im Besitz der Alaska Native Gemeinde befindet und von diesen betrieben wird. Sie versorgt fast 65.000 Alaska Native und amerikanische Indianer in Anchorage, Matanuska-Susitna Valley und 55 ländlichen Dörfern der Anchorage Service Unit.

Historisch gesehen wurde der Indian Health Service zentral aus Washington gesteuert, ohne lokale Beteiligung. Es ist nicht überraschend, dass die Mitarbeitermoral schlecht war, da sie sich entmachtet fühlten, dass der Zugang zur Primärversorgung schlecht war und das das Gesundheitspersonal den kulturellen Bedürfnissen der Menschen wenig Achtung schenkten – was sich in den schlechten Gesundheitsstatistiken der Bevölkerung wider spiegelte.

1998 wurde der Gesundheitsdienst an die lokale Gemeinde übergeben. Die Neugestaltung des Dienstes begann mit umfangreichen Umfragen zu den *Werten, Prioritäten und Bedürfnissen* der Menschen – sie wollten:

- Eine Beziehung zu ihrem Hausarzt
- Mit Höflichkeit, Respekt und kulturellem Verständnis behandelt werden
- Zugang zur Versorgung, wenn sie ihn benötigen

7.3.1 Die organisatorischen Grundlagen von NUKA

Nachdem die Werte, Prioritäten und Bedürfnisse der Nutzer des Gesundheitsdienstes klar identifiziert wurden, ergab sich daraus eine Vision:

- *Eine indigene Gemeinde, die körperliches, geistiges, emotionales und spirituelles Wohlbefinden genießt*

und eine Missionserklärung, die „gemeinsames Arbeiten" als Kernprinzip betonte

- *Gemeinsam mit der indigene Gemeinde arbeiten, um durch Gesundheits- und damit verbundene Dienstleistungen Wohlbefinden zu erreichen*

Vision und Mission bestimmten die *„einfachen (oder betrieblichen) Regeln"* des Dienstes

- *Geteilte Verantwortung*
- *Verpflichtung für Qualität*
- *Familienwohlbefinden*

7.3.2 Das NUKA-Gesundheitssystem

Das NUKA-System ist ein vollständig integrierter Dienst, der primäre, sekundäre und tertiäre Versorgung umfasst (Abb. 7.5). Es umfasst die Strategien des patientenzentrierten medizinischen Heims (https://pcmh.ahrq.gov/), indem es multidisziplinäre Teams bereitstellt, die Gesundheitsversorgung und Sozialdienste durch Grundversorgungszentren und Gemeinschaftsarbeit integrieren. Traditionelle Heilmethoden der Alaska Natives werden neben anderen Gesundheitsdiensten angeboten, einschließlich Zahnmedizin, Mutter- und Kinderprogrammen und Programmen für ältere Menschen. Das Gesundheitssystem fördert auch Bewusstsein, Prävention und Unterstützungsinitiativen wie Programme gegen häusliche Gewalt, Unterstützung bei Missbrauch und Vernachlässigung, Raucherentwöhnung, Gewichtsverlust und Ernährungsunterstützung sowie Krebsprävention/-unterstützung in der gesamten Bevölkerung durch Aufklärung, Schulung und Gemeinschaftsengagement.

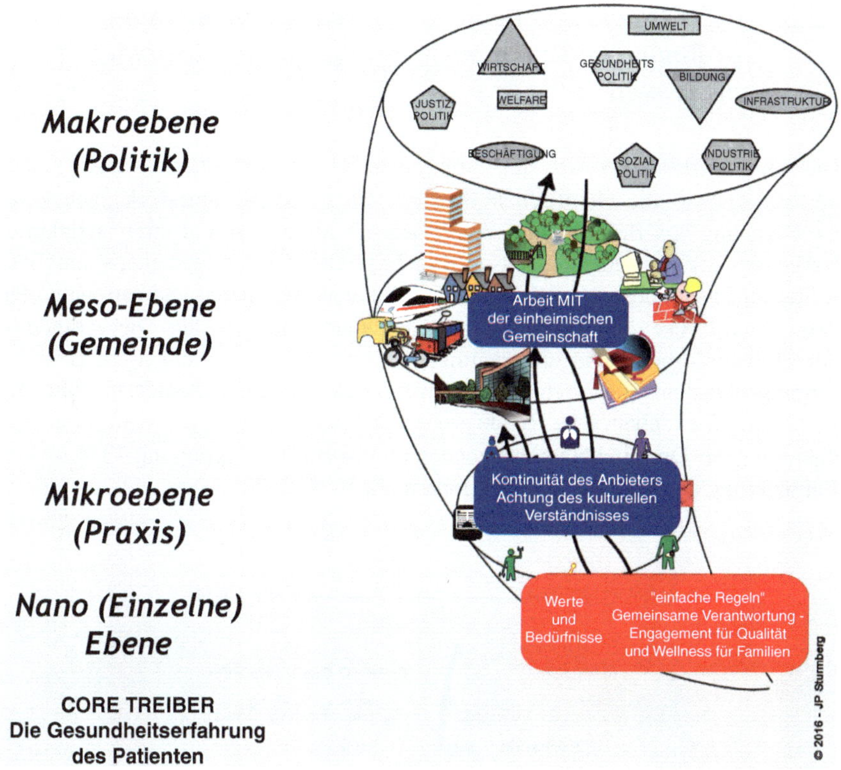

Abb. 7.5 Die Entwicklung des NUKA-Gesundheitsdienstes. Die Entwicklung des NUKA-Gesundheitsdienstes basiert stark auf seinen Wert- und Bedürfnisaussagen, die alle Aktivitäten innerhalb des Gesundheitsdienstes leiten. *Gesundheit* resultiert ebenso aus individueller Dienstleistung wie aus Gemeinschaftsengagement und Unterstützung

Das Führungsteam von NUKA verbessert seine Dienstleistungen ständig durch:

- Auf die Rückmeldungen der Menschen hören und ihre Bedürfnisse verstehen **UND**
- Erklären der Änderungen, die aufgrund ihres Feedbacks vorgenommen werden **UND**
- Dann Kommunikation der Erfolge der Organisation bei der Erfüllung der von der Gemeinschaft gestellten Anforderungen [5, 6][2]

[2] Ein kleineres Beispiel für die Neugestaltung von Gesundheitsdiensten im Lichte der Bedürfnisse der Patienten und ihrer Familien wurde gerade in einem Artikel der NEJM Catalyst Initiative beschrieben – Warner JJ. Wie unsere Gemeinschaft ein besseres Krankenhaus entworfen hat (How Our Community Designed a Better Hospital) [7].

7.3.3 *Jedes Problem hat einen unterschiedlichen Grad an Komplexität: Herausforderungen und Lösungen abstimmen*

Die Ansätze des NUKA-Systems führen zu einer Neugestaltung des Dienstes, die alle bis auf die chaotischen Bereiche im Cynefin-Framework abdeckt und die Betonung von Beziehungen, der Arbeit mit Menschen und ihren sozialen und Umweltkontexten widerspiegelt (Abb. 7.6). Der Gesundheitsdienst entwickelt weiterhin Zusammenarbeiten mit anderen lokalen, regionalen und nationalen Partnern, wenn Lücken in den Dienstleistungen identifiziert werden. Die Veränderung der Ergebnisse beinhaltet eine deutlich verbesserte Zugänglichkeit zu Grundversorgungsdiensten, eine verbesserte Leistung der Gesundheitsdienste, eine hohe Benutzerzufriedenheit, eine Reduzierung der Krankenhaustage um 36 %, eine Reduzierung der Dringlichkeits-dringenden und Notfallversorgung um 42 % und eine Reduzierung der Besuche in Fachkliniken um 58 % [5, 8].

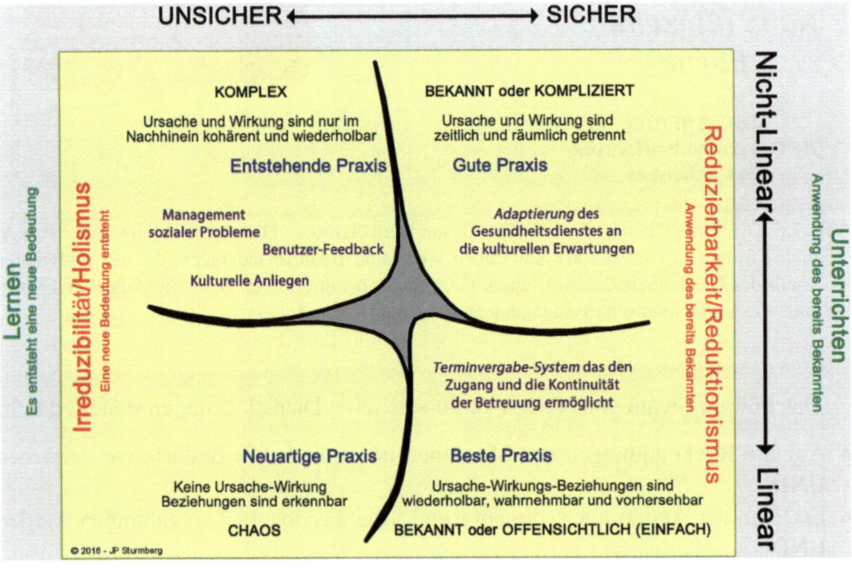

Abb. 7.6 Cynefin-Karte der Ansätze des NUKA-Systems. **Best-Practice-Ansätze** für administrative Vereinfachung. **Good-Practice-Ansätze** für *kulturell angemessenes* Krankheitsmanagement. **Emergente Praxisansätze** für die Beteiligung an der Gemeindeentwicklung und der laufenden Neugestaltung des Dienstes

7.4 Gemeinsamkeiten diese Fälle

Diese drei Fallstudien verdeutlichen, wie wichtig es ist, sich an eine Reihe von vordefinierter *Zweck-, Ziel- und Werteaussagen* zu halten, die die Handlungen der Systemagenten *leiten/steuern.*

Für Probleme, die das „System als Ganzes" betreffen, erfordert die Änderung eine Neudefinition der *Zweck-, Ziel- und Werteaussagen,* die im NUKA-System explizit durchgeführt wurde und weniger formell im EDARP-System, das von seinem christlichen Wertesystem geleitet wird. Der brasilianische Ansatz zur Eindämmung einer HIV/AIDS-Epidemie hingegen ist *ausdrücklich zielorientiert* und konnte Agenten aus verschiedenen „Regierungs- und Nichtregierungssubsystemen" dazu bewegen, die Ziele zum Wohl der gesamten Gesellschaft zu übernehmen.

Während jedes System sich im Laufe der Zeit entwickelte, blieben sein *Zweck und seine Werte* unverändert, was sich änderte, waren seine spezifischen Ziele im Licht neu identifizierter Bedürfnisse. Dies ist am offensichtlichsten im EDARP-System und führte zum nachhaltigen Wachstum des Systems und zur Erweiterung der angebotenen Dienstleistungen.

Literatur

1. Lehmann U, Sanders D (2007) Community health workers: what do we know about them? World Health Organisation, Geneva
2. Chen L, Evans T, Anand S, Boufford JI, Brown H, Chowdhury M et al (2004) Human resources for health: overcoming the crisis. The Lancet 364(9449):1984–1990
3. Sturmberg JP, Njoroge A (2017) People-centered health systems, a bottom-up approach. J Eval Clin Pract 23(2):467–473
4. Glouberman S, Zimmerman B (2002) Complicated and complex systems: what would successful reform of medicare look like? Discussion Paper No 8. Commission on the Future of Health Care in Canada, Ottawa
5. Gottlieb K (2013) The Nuka System of Care: improving health through ownership and relationships. Int J Circumpolar Health 72. 10.3402/ijch.v72i0.21118
6. Collins B (2015) Intentional whole health system redesign. Southcentral Foundation's 'Nuka' system of care. King's Fund, London
7. Warner JJ How our community designed a better hospital. www.catalyst.nejm.org/how-our-community-designed-a-better-hospital/
8. Kings Fund (2015) The Kings fund – ideas that change health care – Nuka system of care Alaska. Available from: www.kingsfund.org.uk/publications/population-health-systems/nuka-system-care-alaska

Kapitel 8
Führung: Effektiv und effizient zusammenarbeiten, um ein gemeinsames Ziel zu erreichen

Überblick. Wie Heifetz und Kollegen es ausdrücken: „*Die Menschen haben lange die Vorstellung von Führung mit Autorität, Macht und Einfluss verwechselt. Wir halten es für äußerst nützlich, Führung als eine Praxis zu sehen, als eine Tätigkeit, die manche Menschen zu einem bestimmten Zeitpunkt ausüben*“. In ihren Worten bedeutet wahre Führung, dass „*Führungskräfte die notwendige Anpassungsarbeit erleichtern, die von den Menschen, die mit dem Problem verbunden sind, geleistet werden muss*“.

Die Rolle von Führungskräften und ihrer Führung besteht darin, die *komplexen* Probleme zu lösen, mit denen ihre Organisation konfrontiert ist. Solche *komplexen* Probleme werden oft als *wicked* bezeichnet; sie überspannen Disziplinen und Organisationen und erzeugen ständige Spannungen zwischen den Interessengruppen und ihren Zielen. Rittel charakterisierte komplexe/bösartige Probleme durch die folgenden Merkmale:

- Viele wicked Probleme können erst vollständig verstanden werden, nachdem wir eine Lösung für das Problem gefunden haben
- Wicked Probleme können selten wirklich gelöst werden, man ist gezwungen, mit dem Ergebnis zu leben, das man erreicht hat, wenn die eigenen Ressourcen aufgebraucht sind
- Lösungen für wicked Probleme sind weder richtig noch falsch, das Urteil über eine Lösung hängt von den inhärenten Werten und Zielen eines Stakeholders ab
- Jedes wicked Problem ist einzigartig und neu, es wird nie wieder auf diese spezielle Weise erlebt werden
- Jede Lösung für ein wicked Problem ist eine „Einmalaktion“, man kann ein wicked Problem nicht lösen, ohne eine Lösung auszuprobieren, aber jede Lösung hat potenziell unbeabsichtigte Konsequenzen, die zu neuen wicked Problemen führen

J. P. Sturmberg, *Neugestaltung des Gesundheitssystems*,
https://doi.org/10.1007/978-3-031-46816-2_8

- Wicked Probleme haben keine alternativen Lösungen, eine angewandte Lösung ist die eine von vielen möglichen, die aufgrund des Urteils ihrer Stakeholder ausgewählt und umgesetzt wurde

Die Art der heutigen Probleme hat eine *VUCA-Welt* geschaffen, eine Welt der **V**olatilität, **U**nsicherheit, **C**omplexität und **A**mbiguität.

Wie gehen wir am besten mit den *wicked Problemen* unserer *VUCA-Welt* um? Der wichtigste Schritt bei der Bewältigung dieser Art von Problemen besteht darin, zu *erkennen* und zu *akzeptieren,* dass die vorherrschenden linearen Ansätze zur Lösung von *wicked Problemen* in einer *VUCA-Welt* selbst ein Hindernis für die Lösung wicked Probleme sind. Wicked Probleme können nicht von einer einzigen Person gelöst werden, sie erfordern einen kollaborativen Ansatz. *VUCA-Probleme* erfordern *VUCA-Ansätze,* Ansätze der **V**ision, des **U**nderstanding, der **C**larheit und der **A**gilität.

Lernen, die *Schaffung* und *Übertragung von Wissen,* ist der einzige Weg, um bösartige Probleme zu bewältigen. Wie Alvin Toffler es ausdrückte: *„Die Analphabeten des 21. Jahrhunderts werden nicht diejenigen sein, die nicht lesen und schreiben können, sondern diejenigen, die nicht lernen, verlernen und neu lernen können.“* Wir sind alle zeitweise Führungskräfte, daher müssen wir alle lernen, dass:

- Wir können nicht befehlen, sondern müssen das Wissen unserer Mitarbeiter suchen
- Wir wissen immer mehr, als wir sagen können, und wir können immer mehr sagen, als wir schreiben können. Geschriebenes Wissen ist reflektiertes Wissen, wertvoll, aber nicht pragmatisch in Situationen, in denen Entscheidungen getroffen werden müssen
- Wissen ist tiefgreifend kontextabhängig; wir rufen unser wichtigstes Wissen nur dann leicht ab, wenn es von den Umständen gefordert wird

Führungskräfte müssen daher *lernen* zu führen und *verlernen* Lösungen vorzuschreiben. Ron Heifetz beschrieb Führung als: *Führungskräfte erleichtern die notwendige Anpassungsarbeit, die von den Menschen, die mit dem Problem verbunden sind, geleistet werden muss.* Adaptive Führungskräfte *ermöglichen anderen zu wachsen,* sie:

- Erlauben Experimente
- Betrachten Misserfolg als eine Gelegenheit für Einzelpersonen und die Organisation zu lernen
- Erfahren mehr über die verschiedenen Realitäten, die Menschen in verschiedenen Teilen der Organisation erleben

Die Führung einer Organisation und die Erleichterung der Anpassungsarbeit ihrer Mitglieder erfordert ein Verständnis für die „Organisation als Ganzes", insbesondere dass:

- Eine Organisation besteht aus vielen voneinander abhängigen Teilen, die *alle auf ein gemeinsames Ziel hinarbeiten*
- Die 80/20-Regel gilt, nicht alle System-/Organisationskomponenten sind gleich leistungsfähig oder gleich wichtig für die Erreichung ihrer *gemeinsamen Ziele*
- Die Sachzwänge einer Organisation begrenzen ihre Fähigkeit, ihre gemeinsamen Ziele zu erreichen. Führungskräfte müssen die Ressourcen ihrer Organisation auf diese Beschränkungen konzentrieren, um die *gemeinsamen Ziele zu erreichen*

Organisationen mit adaptiver Führung:

- Schaffen Vertrauen unter allen Mitgliedern
- Ermöglichen persönliches und organisatorisches Sinnverständnis
- Bewahren den Fokus auf den Zweck, die Ziele und Werte der Organisation
- Haben ein tieferes Verständnis für die *Organisation als Ganzes,* konzentrieren sich auf das Verständnis von Problemen in ihrem Kontext und schätzen die Bedeutung der Organisationskultur

Punkte zur Reflexion

- Was ist Führung?
- Welche unterschiedlichen Ansätze zur Führung gibt es?
- Gibt es einen Unterschied zwischen Führungskräften und Managern? Wenn ja, welche Unterschiede gibt es?
- Wie können Führungskräfte „ohne Anweisungen führen"?
- Wie lösen adaptive Führungskräfte Konflikte in ihrer Organisation?
- Wer hat auf jeder Ebene die Kontrolle?
- Wer hat die Kontrolle über die *Organisation als Ganzes?*
- Wie beeinflusst die Kontrolle die Gesamtfunktion der Organisation?

> *„Letztendlich geht es bei der Führung nicht um glorreiche, krönende Taten. Es geht darum, das Team auf ein Ziel auszurichten und zu motivieren, sein Bestes zu geben, um es zu erreichen, vor allem, wenn viel auf dem Spiel steht und die Konsequenzen wirklich wichtig sind. Es geht darum, den Grundstein für den Erfolg der anderen zu legen und sich dann zurückzulehnen und sie glänzen zu lassen"*
>
> Chris Hadfield (geboren 1959) – Kanadischer Astronaut
>
> *„Früher bedeutete Führung wohl Muskeln; aber heute bedeutet sie, mit Menschen auszukommen"*
>
> Mahatma Gandhi (1869–1948) – Indischer Führer
>
> *„Management bedeutet, die Dinge richtig zu machen, Führung bedeutet, die richtigen Dinge zu tun"*
>
> Peter Drucker (1909–2005) – Amerikanischer Managementberater und Philosoph

Diese drei Zitate charakterisieren die Natur der Führung – Führung als *„improvisatorischer dynamischer Prozess des Vorankommens"* um eine gemeinsame Sache zu errecichen [1–7]. Die Hauptaufgabe der Führung besteht daher darin, die Denkweise der Menschen auf die gemeinsame Sache und die Ziele der Organisation zu konzentrieren. Dies stellt sicher, dass die Menschen zusammenarbeiten, um die Probleme der Organisation effektiv und effizient zu lösen; schließlich können wir zusammen mehr erreichen als jeder für sich.

8.1 Verständnis unserer komplex adaptiven Welt

Das zwanzigste Jahrhundert hat ein beispielloses Wachstum in sozialen Interaktionen und Wissensaustausch gesehen. Während diese Entwicklungen ein enormes Wachstum in gesellschaftlichen und wirtschaftlichen Entwicklungen erreicht haben, haben sie auch die Natur der komplexen sozialen Netzwerke aufgedeckt, die das Entstehen dieser komplex adaptiven Welt ermöglicht haben. Diese Welt kann durch das Akronym *VUCA* [8] beschrieben werden, und ihre Herausforderungen als *wicked problems* [9].

8.1.1 VUCA

In den 1990er Jahren wurde immer offensichtlicher, dass wir in einer herausfordernden und unberechenbaren Welt leben. Das US-Militär [8] versuchte erstmals, die Herausforderungen in unvorhersehbaren Umgebungen besser zu verstehen und zu navigieren. Diese Umgebungen sind durch Eigenschaften definiert, die durch das Akronym *VUCA* zusammengefasst werden:

Volatilität die Dynamik des Wandels; Volatilität entsteht aus der sich ständig ändernden Natur und Geschwindigkeit des Wandels

Unsicherheit der Mangel an Vorhersehbarkeit; aktuelle Situation und zukünftige Ergebnisse sind unklar

Komplexität resultiert aus der Vielzahl von voneinander abhängigen Entscheidungsfaktoren; komplexe Situationen lassen sich nicht durch Ursache-Wirkungs-Beziehungen erklären

Ambiguität die Unklarheit der Realität; Ambiguität spiegelt den Mangel an Klarheit über die Bedeutung eines aktuellen Ereignisses wider, der oft aus der Verwirrung von Ursache und Wirkung resultiert

8.1.2 Wicked Problems

Probleme in einer komplex adaptiven Welt sind meist schlecht definiert und wurden von Rittel [9] als *wicked problems* charakterisiert.[1] Ihre Hauptmerkmale sind:

- ***Sie verstehen das Problem nicht, bis Sie eine Lösung entwickelt haben***
  „Man kann das Problem nicht verstehen, ohne seinen Kontext zu kennen; man kann nicht sinnvoll nach Informationen suchen, ohne die Orientierung eines Lösungskonzepts; man kann nicht erst verstehen, dann lösen." [10]
- ***Wicked problems haben keine Stopp-Regel***
  Der Problemlösungsprozess endet, wenn Ihnen die Ressourcen ausgehen, wie Zeit, Geld oder Energie, nicht wenn eine optimale oder „endgültige und korrekte" Lösung auftaucht.
- ***Lösungen für wicked problems sind nicht richtig oder falsch***
  Lösungen werden in einem sozialen Kontext bewertet, in dem *„viele Parteien gleich ausgestattet, interessiert und/oder berechtigt sind [sie]zu beurteilen,"* [10] und diese Einschätzungen können sehr unterschiedlich ausfallen und hängen von den eigenen Werten und Zielen der Beteiligten ab.
- ***Jedes wicked problem ist im Wesentlichen einzigartig und neu***
  Es gibt so viele Faktoren und Bedingungen, alle eingebettet in einen dynamischen sozialen Kontext, dass keine zwei wicked problems gleich sind, und die Lösungen für sie werden immer individuell entworfen und angepasst.
- ***Jede Lösung für ein wicked problem ist eine „Einmal-Operation"***
  Sie können das Problem nicht ohne das Ausprobieren von Lösungen kennenlernen, aber jede Lösung, die Sie ausprobieren, ist teuer und hat dauerhafte unbeabsichtigte Konsequenzen, die wahrscheinlich neue wicked problems hervorbringen.
- ***Wicked problems haben keine gegebenen alternativen Lösungen***
  Es mag keine Lösungen geben, oder es mag eine Vielzahl von potenziellen Lösungen geben, die erdacht wurden, und eine weitere Vielzahl, die nie auch nur gedacht wurden. Daher ist es eine Frage der Kreativität, potenzielle Lösungen zu entwickeln, und eine Frage des Urteilsvermögens, zu entscheiden, welche gültig sind und welche verfolgt und umgesetzt werden sollten.

---

[1] Der Begriff wurde erstmals von Horst Rittel in einem Seminar am Architekturdepartment der University of California im Jahr 1967 eingeführt.

8.2 Veränderung von Denkweisen zur Bewältigung in einer komplex adaptiven Welt

Man muss zwischen Führungspersönlichkeiten (die Person mit ihren Attributen) und Führung (den von einer Führungsperson ausgeübten Tätigkeiten) unterscheiden. Heifetz und Kollegen beschreiben den Unterschied so: *„Die Menschen haben lange die Vorstellung von Führung mit Autorität, Macht und Einfluss verwechselt. Wir halten es für äußerst nützlich, Führung als eine Praxis zu sehen, als eine Tätigkeit, die manche Menschen zu einem bestimmten Zeitpunkt ausüben"* [11].

Es ist unvermeidlich, dass Menschen in jeder Organisation ständig mit aufkommenden Problemen konfrontiert sind. Die alte Methode, nach einer „Lösung von der Stange" [6] zu suchen, funktioniert selten (und scheitert oft spektakulär trotz enormer Anstrengungen und Kosten). Aufkommende Probleme entstehen in einem lokalen Kontext und erfordern lokale Lösungen. Diejenigen, die von dem Problem betroffen sind, benötigen die Unterstützung der Organisation, um die bestmöglichen Lösungen im Kontext ihrer lokalen Einschränkungen zu finden.

Lösungen entstehen in Ihrem Kopf. Die Suche nach neuen Lösungen erfordert Vorstellungskraft. Design Thinking [12, 13] nutzt den Vorstellungsraum der Menschen – neue Lösungen entstehen innerhalb eines Rahmens von „was getan werden sollte" und „was angesichts unserer Einschränkungen getan werden kann".

Die Herausforderung für Führungskräfte besteht darin, die vorherrschenden Denkweisen in ihrer Organisation zu verstehen. Ist diese Denkweise förderlich für die Lösung der Probleme, mit denen die Organisation konfrontiert ist? Wenn nicht, wie können wir unseren Mitgliedern helfen, ihre Denkweisen zu erkunden und zu ändern?

Führungskräfte stehen vor mindestens drei bedeutenden Herausforderungen bei der Beeinflussung des Denkens von Einzelpersonen:

- Reduktionismus und seine Folgen (siehe ausführliches Zitat von Mark Beresford über die Lehren aus dem medizinischen Reduktionismus in Anhang 1)
  Seit 300 Jahren ist unser Denken fest in den Lehren von Descartes verankert. Er schlug vor, dass die einzige solide Denkpraxis bei der Konfrontation mit einem Problem darin besteht, die Bestandteile eines Phänomens voneinander und ihrer Umgebung zu isolieren. Der Prozess der Reduktion, Vereinfachung und Klärung basiert auf einer disjunktiven Logik von „entweder/oder".
  Dieses Denkmuster hat sich fest in der westlichen Gesellschaft verankert – es umfasst reduktives Denken (angewendet und gefördert durch die „Bewegung für evidenzbasierte Medizin"). Reduktives Denken ignoriert Mehrdeutigkeit, ignoriert Interdependenz und lehnt beobachtbare Paradoxien rundweg ab [14].
  Reduktionistisches Denken förderte das Wachstum von hierarchischen Organisationsbürokratien. Managern wurden Werkzeuge an die Hand gegeben, um Aufgaben und Entscheidungen zu isolieren und zu kategorisieren, in ihrem Kopf befassen sich Organisationen mit:
  - trennbaren und somit unabhängigen Einheiten
  - Ursache und Wirkung haben lineare Beziehungen

  - Beziehungen sind umkehrbar
  - das Verhalten der Organisation ist erkennbar
  - die Zukunft einer Organisation ist vorhersehbar
- Erzeugung von Komplexitätsdenkweisen (siehe ausführliches Zitat über die Rahmen und Denkgewohnheiten von Komplexitätsdenkern von Kevin Rogers et al. in Anhang 2)

  Rogers et al. [14] skizzierten, wie man Komplexitätsdenkweisen für eine VUCA-Welt [8] schafft. Das fehlende Element ist eine Anleitung, wie man diese Komplexitätsdenkweise zur Lösung herausfordernder Probleme anwendet. In einem Vorschlag wird angeregt, VUCA auch als Akronym für die Annäherung an die „Wicked Problems" zu sehen [15]:

Volatilität wird zu **Vision**
gemeinsames Arbeiten an einer gemeinsamen Zukunft; erfordert klare Kommunikation und die Sicherstellung, dass alle Stakeholder die beabsichtigten Ergebnisse verstehen
Unsicherheit wird zu **Verständnis**
erfordert, dass alle eine Pause einlegen, schauen und zuhören, es ist die Voraussetzung für den Aufbau von Vertrauen; erfordert Flexibilität
Komplexität wird zu **Klarheit**
erleichtert das Verstehen, wenn die Menschen ein verwirrendes (chaotisches) Bild sehen; erfordert Zusammenarbeit und die Akzeptanz, dass Lösungen immer nur vorübergehend sind
Ambiguität wird zu **Agilität**
Der Erfolg entsteht durch kollaborative (Netzwerk-)Ansätze statt starre hierarchische Ansätze; erfordert Zuhören und Akzeptanz von vielfältigen Lösungen

- Erleichterung der notwendigen Anpassungsarbeit, die geleistet werden muss (siehe ausführliches Zitat über die Merkmale der Anpassungsarbeit in der klinischen Versorgung von Ron Heifetz in Anhang 3)

  Die Rolle von Führungspersönlichkeiten und ihrer Führung besteht darin, oft eher *komplexe Probleme* zu lösen. Komplexe Probleme erstrecken sich über mehrere Disziplinen und elegante „eindimensionale" „reduktionistische Lösungen" bieten keine Lösungen mehr.

  Wie die Tafel anschaulich zeigt, besteht die Hauptaufgabe der Führung in einer unsicheren Welt darin, das Problem in diesem Kontext zu diesem Zeitpunkt zu verstehen.

WICHTIG

Es ist das ultimative Paradox für Führungskräfte: Man kann die Zukunft nicht vorhersehen, aber man muss ihr einen Sinn geben, um erfolgreich zu sein.

> Das Verständnis eines Problems und die Suche nach der bestmöglichen Lösung erfordern Führungspersönlichkeiten, die in den Worten von Ron Heifetz [1], *„die notwendige Anpassungsarbeit erleichtern, die von den Menschen, die mit dem Problem verbunden sind, geleistet werden muss"*.

Führungspersönlichkeiten werden von den Komplexitäten ihrer Organisationen herausgefordert (Abb. 8.1). Diese Komplexitäten können in Bezug auf *wie wir denken* und *wie wir handeln* untersucht werden. Am wichtigsten ist, dass Führungspersönlichkeiten erkennen müssen, dass das meiste Wissen über die Organisationen bei ihren Mitarbeitern an der Front und ihren Vorgesetzten liegt. Durch die Einbeziehung aller Mitglieder der Organisation wird eine *lernende Organisation* schaffen, die in der Lage ist, ihre Herausforderungen in einer komplexen Welt zu bewältigen.

8.3 Lernen und Anpassen in einer komplex adaptiven Welt

Wiederholung des Punktes von Heifetz und Kollegen: *„Die Menschen haben lange die Vorstellung von Führung mit Autorität, Macht und Einfluss verwechselt. Wir finden es äußerst nützlich, Führung als eine Praxis zu sehen, eine Aktivität, die einige Menschen manchmal tun"* [11].

Echte Führung, schlussfolgerte Ron Heifetz [1], bedeutet *„Führungskräfte erleichtern die notwendige Anpassungsarbeit, die von den Menschen, die mit dem Problem verbunden sind, geleistet werden muss"*.

Um in unserer *VUCA-Welt* erfolgreich zu sein, müssen Führungskräfte ihren Fokus auf die Förderung des organisatorischen Lernens legen. Gemeinsames Lernen stellt sicher, dass man die am besten angepassten Antworten auf die vielen Herausforderungen in unserer Umgebung findet.

8.3.1 Lernen: Die Erzeugung und Übertragung von Wissen

Um in einer sich ständig verändernden Welt erfolgreich zu sein, ist ständiges Lernen erforderlich. Wie Alvin Toffler[2] es ausdrückte: *„Die Analphabeten des 21. Jahrhunderts werden nicht diejenigen sein, die nicht lesen und schreiben können, sondern diejenigen, die nicht lernen, verlernen und neu lernen können"*.

---

[2]Amerikanischer Schriftsteller und Futurist (1928–2016).

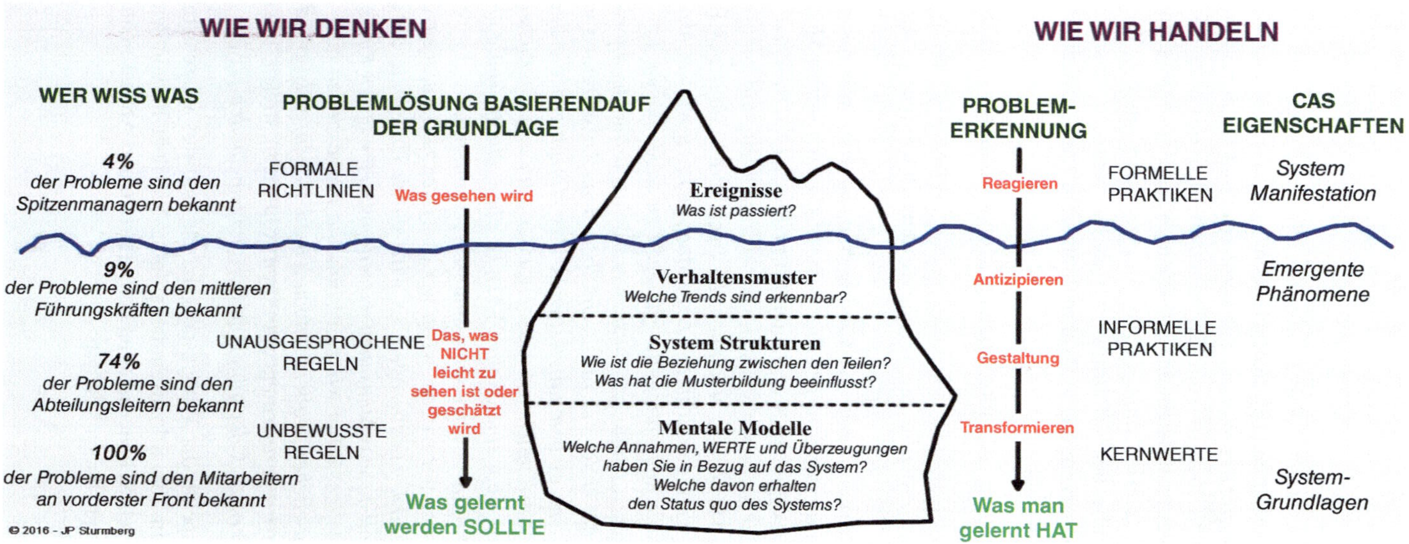

Abb. 8.1 Die Eisbergmetapher des Wissens in einer Organisation. Top-Manager kennen nicht die Mehrheit der Probleme, mit denen die Mitglieder der Organisationen konfrontiert sind. Ihre Reaktionen sind in der Regel eher reaktiv als explorativ

Lernen ist ein komplex dynamischer Prozess. Es beinhaltet die Erzeugung sowie die Übertragung von Wissen. Wissen selbst muss dekonstruiert werden. Kurz gesagt:

- Man muss „wissen was" – Fakten und Beziehungen benennen – von „wissen wie" – Verfahren erklären [16] unterscheiden
- Man muss auch *explizites* Wissen, das kodifiziert und leicht kommuniziert werden kann, von *implizitem* Wissen [16] unterscheiden, das nicht kodifiziert werden kann und daher nicht leicht an andere weitergegeben werden kann

  Polanyi [16] beschrieb *implizites Wissen* als „persönliches Wissen" – teilweise aus der Fülle der Erfahrung entstehend, teilweise aus der kognitiven Denkweise von Überzeugungen, Wahrnehmungen, Idealen, Werten, Emotionen und mentalen Modellen.

Die Wissensübertragung hat ihre eigenen Dynamiken, die von Snowden beschrieben wurden:

1. *Wissen kann nur freiwillig zur Verfügung gestellt werden; es kann nicht erzwungen werden, aus dem einfachen Grund, dass ich nie wirklich wissen kann, ob jemand sein Wissen nutzt. Ich kann wissen, dass sie sich an einen Prozess oder einen Qualitätsstandard gehalten haben. Aber wir haben Manager darauf trainiert, Zwangsverpflichtete und nicht Freiwillige zu überwachen.*
2. *Wir können immer mehr wissen, als wir sagen können, und wir werden immer mehr sagen, als wir schreiben können. Es liegt in der Natur des Wissens, dass wir immer mehr wissen oder in der Lage sind, mehr zu wissen, als wir die physische Zeit oder die konzeptionelle Fähigkeit zu sagen haben. Ich kann in fünf Minuten aussprechen, wofür ich sonst zwei Wochen bräuchte, um ein paar Stunden darauf zu verwenden, es aufzuschreiben. Das Aufschreiben von etwas ist reflektiertes Wissen; es beinhaltet sowohl das Hinzufügen als auch das Wegnehmen von der tatsächlichen Erfahrung oder dem ursprünglichen Gedanken. Reflektiertes Wissen hat einen hohen Wert, ist aber zeitaufwendig und beinhaltet den Verlust der Kontrolle über seine spätere Verwendung.*
3. *Wir wissen nur, was wir wissen, wenn wir es wissen müssen, menschliches Wissen ist tiefgreifend kontextbezogen, es wird durch Umstände ausgelöst. Wenn wir verstehen wollen, was Menschen wissen, müssen wir den Kontext ihres Wissens wiederherstellen, wenn wir eine sinnvolle Frage stellen oder die Nutzung von Wissen ermöglichen wollen. Jemanden zu fragen, was er oder sie weiß, wiederherstellen Frage in einem sinnlosen Kontext zu stellen, aber solche Ansätze sind das Kernstück der gängigen Beratungsmethoden [23].*

Die wichtigsten Aspekte der Wissensgenerierung und des Wissenstransfers, d. h. des Lernens, sind in Tab. 8.1 zusammengefasst. Sie hebt hervor, wie wir lernen und betont, warum wir Schwierigkeiten beim Lernen und Anpassen an sich schnell ändernde Umgebungen haben könnten.

Tab. 8.1 Vier Lernrahmen, die helfen, Weltanschauungen zu verändern (für Details siehe Rogers [14])

Lernrahmen	Schlüsselkonzepte	Umsetzung
Expliziter/Impliziter Wissensrahmen (Polanyi [17])	• Explizites Wissen kann übertragen werden • Implizites Wissen ist persönlich und schwer zu übermitteln	• Die Übertragung von implizitem Wissen handelt von der Aushandlung von Bedeutungen zwischen Individuen/Stakeholdern
Verlernen selektiver Exposition (Cohen und Levinthal [18]; Miller und Morris [19])	• Lernmuster werden stark durch vorheriges Wissen (Lernen) beeinflusst	• Eng fokussierte Wissensexperten haben Schwierigkeiten zu sehen, was in anderen Bereichen entstanden ist und • müssen aktiv verlernen, bevor sie etwas Neues lernen können
Bewusstseins-//Kompetenz-Lernmatrix (Howell [20])	Vier Stufen des Lernens • *Unbewusste Inkompetenz* – Sie wissen nicht, dass sie nicht wissen! • *Bewusste Inkompetenz* – Sie wissen, dass sie nicht wissen! • *Bewusste Kompetenz* – Sie wissen, dass sie wissen! • *Unbewusste Kompetenz* – Sie wissen nicht, dass sie wissen!	• Der reflektierende Lerner – Menschen *hinterfragen bewusst ihr angenommenes Wissen* mit dem Ziel, Lücken in ihrem Wissen zu finden, die gefüllt werden müssen (die vorgeschlagene fünfte Stufe des Lernens)
Lernschleifenmodell (Argyris und Schön [21]; Raelin [22])	• *Einfache Lernschleife* – praktisches Wissen • *Doppelte Lernschleife* – propositionales Wissen • Dreifache Lernschleife – dialektisches Wissen	• Handlungen basieren auf *allgemeinen Faustregeln* – entstehen aus Reduktionismus[a] • Handlungen basieren auf der Anerkennung der *Kontextsensitivität* des Wissens – spiegelt Pseudo-Komplexität wider • Handlungen basieren auf der Reflexion von *zugrunde liegenden Annahmen* – gelebte Komplexität

[a]Morin verknüpfte die drei Arten von Lernschleifen mit Reduktionismus, Pseudo-Komplexität und gelebter Komplexität [Morin, E. 2008. *On complexity* [33]]

8.3.2 Den Wandel und das Veränderungsmanagement in Organisationen verstehen: Der Cynefin-Rahmen für Veränderungsmanagement

Organisationen sind komplex adaptive soziale Systeme. Wie alle Systeme bestehen sie aus vielen Subsystemen, die jeweils einen bestimmten Fokus und eine spezifische Rolle im Gesamtsystem haben. Jeder Teil des Systems beinhaltet eine Anzahl von Menschen mit unterschiedlichen Einstellungen, Fähigkeiten, Zielen und so weiter, die zur Gesamtfunktion der Organisation beitragen.

Die Organisationsforschung hat erkannt, dass nicht alle Probleme, mit denen eine Organisation konfrontiert ist, gleich schwierig sind. Einige können sofort gelöst werden, andere erfordern einige Nachforschung, um sie zu lösen, und einige erscheinen unüberwindbar zu sein.

Wie in Kap. 3 beschrieben, haben Kurtz und Snowden [24] das Cynefin[3] Framework entwickelt, um die dynamischen Interaktionsmuster in komplex adaptiven Organisationen zu klassifizieren. Das Cynefin-Framework visualisiert die Natur (Gegenstand und Kontext) der verschiedenen Probleme nach ihrem Verständlichkeitsgrad. Es ermöglicht allen Mitgliedern einer Organisation zu sehen, welcher Problemlösungsansatz am besten geeignet ist und wer in der Organisation am besten in der Lage ist, ein bestimmtes Problem zu bewältigen (Abb. 8.2).

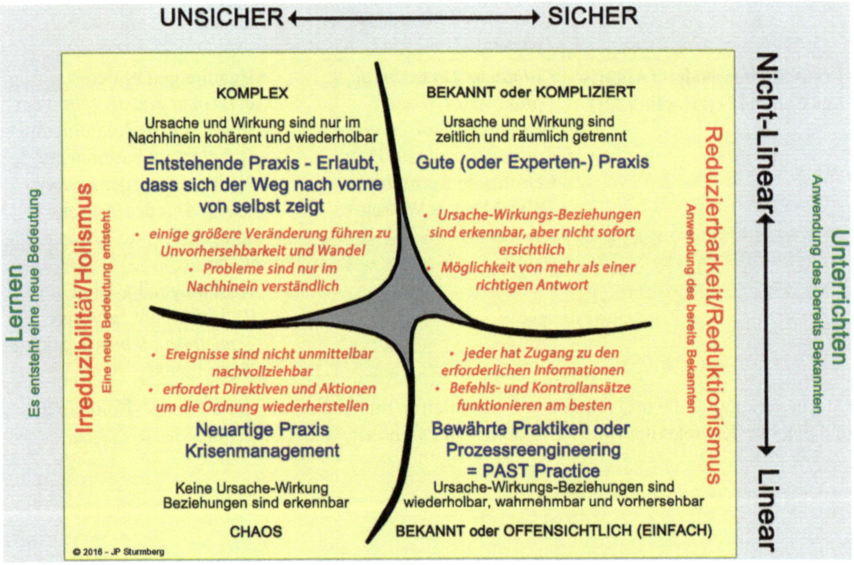

Abb. 8.2 Annäherung an Probleme nach ihrem „Zugehörigkeitsort“

[3]Ausgesprochen /ˈkʌnɪvɪn/; (Englische Aussprache: kun-EV-in) ein walisisches Wort, das „Lebensraum“ oder „Zugehörigkeitsort“ bedeutet.

Entsprechend [23]:

- Probleme des „offensichtlichen Bereichs“ werden durch *Best Practice* Ansätze gelöst
- Probleme des „komplizierten Bereichs“ können durch *Expertenpraxis* gelöst werden
- Probleme des „komplexen Bereichs“ erfordern *emergente Praxis*
- Probleme des „chaotischen Bereichs“ erfordern *neuartige Praxis* Ansätze

Das Cynefin-Framework gibt Führungspersönlichkeiten ein Instrument an die Hand, um die vielfältigen Dynamiken innerhalb einer Organisation erfolgreicher steuern zu können [24]. Bekanntlich entstehen die meisten Probleme dadurch, dass man bei der Bewältigung alltäglicher Probleme in „vertrauten/bewährten Wegen“ stecken bleibt. Diese Vertrautheit mit „den Dingen“ hindert viele daran, aufkommende Probleme zu erkennen, die, wenn sie schließlich erkannt werden, oft katastrophaler Natur sind.

Um das Auftreten von katastrophalen Problemen zu verhindern, ist ein geschicktes Management der Organisationsdynamik erforderlich. Obwohl das Aufbrechen unerwünschter Strukturen und Praktiken Unsicherheit und Angst auslöst, ist es dennoch eine Voraussetzung, dass in einem sich wandelnden Umfeld neue und besser angepasste Strukturen und Praktiken entstehen können. Abb. 8.3 und 8.4 fassen die Quellen zusammen, die zur Dynamik des Wandels in Organisationen beitragen, und deuten auf mögliche Managementstrategien hin.

8.3.3 Umgang mit Systemeinschränkungen

Goldratt [25] betonte, dass *jedes System für einen Zweck erstellt wird.* Es ist von größter Bedeutung zu erkennen, dass *jede Aktion,* die von *jemandem* in *irgendeinem Teil* des Systems/Organisation durchgeführt wird, anhand von *seiner Auswirkung auf das globale Ziel des Systems* beurteilt werden muss.

Beschränkungen in einem System sind alle Dinge – physische Ressourcen ebenso wie das Niveau des Personals und ihrer Fähigkeiten sowie interne Richtlinien – die *das System daran hindern, seine globalen Ziele zu erreichen.*

Wie kann man dann Systembeschränkungen umgehen? Goldratt beschrieb einen fünfstufigen Prozess (für ein erweitertes Zitat über Systembeschränkungen von Goldratt siehe Anhang 4):

- **Identifizieren Sie die Beschränkungen des Systems** – wenn Beschränkungen identifiziert sind, müssen sie hinsichtlich ihrer Auswirkung auf das Gesamtziel Ziel des Systems priorisiert werden, da sie die Faktoren sind, die das gesamte System begrenzen
- **Entscheiden Sie, wie Sie die Systembeschränkungen ausnutzen wollen** – lassen Sie zu, dass die Nicht-Beschränkungen alles liefern, was die Beschränkungen erfordern

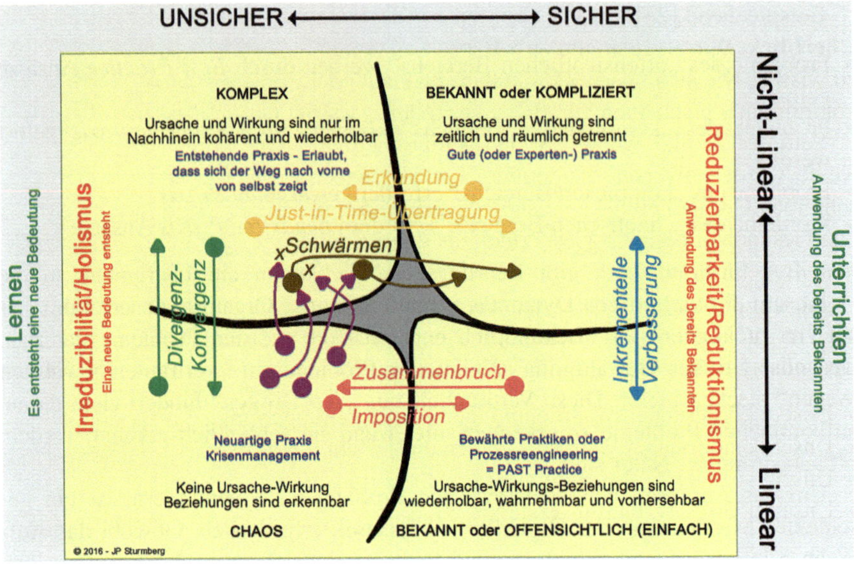

Abb. 8.3 Dynamiken im Cynefin-Framework (adaptiert von Kurtz und Snowden [24]). **Bewegung zwischen den Dimensionen.** Bewegung vom Bekannten zu Chaos – *asymmetrischer Zusammenbruch* (meist eine Katastrophe), und Chaos zum Bekannten – Imposition (Erzwingung von Ordnung). Wiederholte Bewegung an der Grenze zwischen dem Bekannten und dem Wissbaren – *inkrementelle Verbesserung* (fördert technologischen Fortschritt). Bewegung zwischen dem Wissbaren und dem Komplexen – *Erforschung* (Generierung neuer Ideen), und vom Komplexen zum Wissbaren – Just-in-Time-Transfer (Weitergabe neuen Wissens bei Bedarf). Bewegung vom Chaotischen zum Komplexen zum Wissbaren – *Ausschwärmen* (kann emergent und selektiv sein; der produktivste Weg, um neue Ordnung herzustellen). Wiederholte Bewegung an der chaotisch-komplexen Grenze – *Divergenz-Konvergenz* (Störung im Innovationsraum)

- **Ordnen Sie alles andere der obigen Entscheidung unter** – unabhängig von der Beschränkung muss es Möglichkeiten geben, ihre Auswirkung zu begrenzen
- **Erhöhen Sie die Beschränkungen des Systems** – wenn wir uns lange genug auf eine Beschränkung konzentrieren, wird sie sich auflösen und die Funktion des Systems nicht mehr einschränken, jedoch werden neue Beschränkungen auftreten
- **Wenn in den vorherigen Schritten eine Beschränkung gebrochen wurde, gehen Sie zurück zu Schritt eins, aber lassen Sie nicht zu, dass Trägheit eine Systembeschränkung verursacht**

Führungspersönlichkeiten müssen sich darüber im Klaren sein, dass der Umgang mit Zwängen psychologische Arbeit erfordert (wie auch Heifetz betonte) – das Beseitigen von Systemzwängen beinhaltet Veränderungen, und Veränderungen bedrohen die *emotionale Sicherheit* des Status quo.

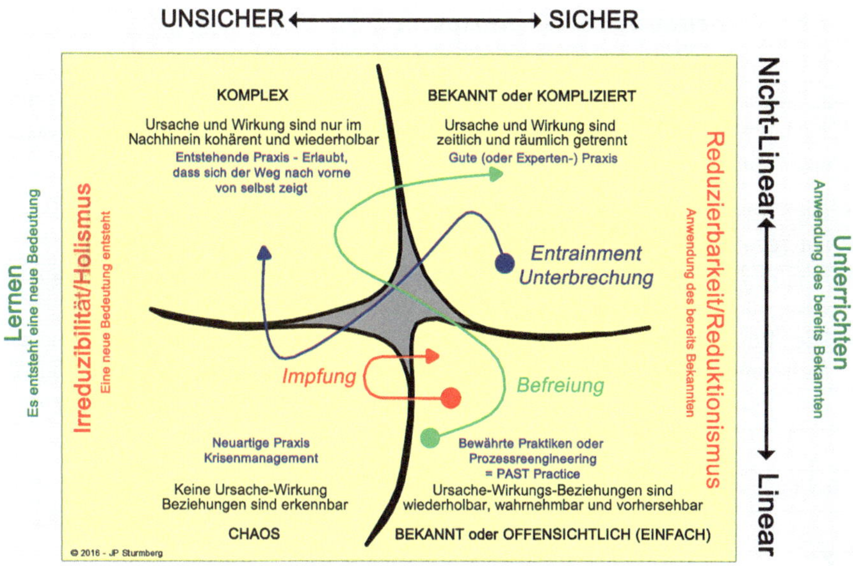

Abb. 8.4 Dynamiken im Cynefin-Framework (adaptiert von Kurtz und Snowden [24]). **Besuch des chaotischen Bereiches, um starre Strukturen aufzubrechen.** Periodische Bewegung vom Wissbaren zum Chaotischen zum Komplexen – Mitreißendes Brechen (Unterbrechung des eingeschliffenen Denkens von Experten). Periodische Bewegung vom Bekannten zum Komplexen zum Wissbaren – *Befreiung* (Einbeziehung sowohl interner als auch externer Kontakte, um neue Muster entstehen zu lassen). Temporäre Bewegung vom Bekannten zum Chaotischen – *Immunisierung* (Dinge so aufrütteln, dass sie zum Nachdenken anregen ohne zu destabilisieren)

8.4 Führen: Der *Improvisatorische Dynamische Prozess des Vorankommens*

Es gibt einen wichtigen Unterschied zwischen Führung (die Aktivitäten, die ein Führer unternimmt) und Führern (die Person und ihre Attribute). Wie Heifetz und Kollegen feststellten: *„Die Menschen haben lange die Vorstellung von Führung mit Autorität, Macht und Einfluss verwechselt."* [11].

Der Schwerpunkt der Führung verlagert sich hin zum Prozess des Führens,[4] wobei Führung der *„improvisatorische dynamische Prozess des Vorankommens"* um eine gemeinsame Sache ist [1–3, 5–7].

---

[4] Der Schwerpunkt liegt hier auf dem Verb – dem Prozess des Führens, nicht dem Substantiv – Führung als Qualität der Kompetenz.

8.4.1 Führung einer Organisation

Eine Voraussetzung für die Führung einer Organisation und die Erleichterung der adaptiven Arbeit ihrer Mitglieder ist das Verständnis für die „Organisation als Ganzes", insbesondere dass:

- Die Organisation besteht aus vielen voneinander abhängigen Teilen, die *alle auf ein gemeinsames Ziel hinarbeiten*
- Die 80/20-Regel gilt, nicht alle System-/Organisationskomponenten sind gleich fähig oder gleich wichtig, um ihre gemeinsamen Ziele zu erreichen
- Die Beschränkungen der Organisation begrenzen ihre Fähigkeit, ihre gemeinsamen Ziele zu erreichen. Daher wird die Konzentration der Ressourcen der Organisation auf Beschränkungen der größte Schritt zur Erreichung ihrer gemeinsamen Ziele sein

8.4.2 Führer führen, Manager verwalten

Obwohl die Begriffe Führung und Management häufig synonym verwendet werden, gibt es wichtige Unterschiede zwischen den beiden. Führung hat mit Menschen zu tun, Manager mit „Dingen"; die Unterschiede sind in Tab. 8.2 zusammengefasst.

Tab. 8.2 Der Unterschied zwischen Führern und Managern

Führer …	Manager …
Schaffen eine Vision	Setzen Ziele
Sind Veränderungsagenten	Bewahren den Status quo
Sind einzigartig	Kopieren
Gehen Risiken ein	Kontrollieren Risiken
Sind auf lange Sicht dabei	Denken kurzfristig
Wachsen persönlich	Verlassen sich auf bestehende, bewährte Fähigkeiten
Bauen Beziehungen auf	Bauen Systeme und Prozesse auf
Coachen	Bestimmen
Schaffen Fans	Haben Mitarbeiter

Zusammengestellt aus: William Arruda. Nine differences between being a leader and a manager https://www.forbes.com/sites/williamarruda/2016/11/15/9-differences-between-being-a-leader-and-a-manager/#1e1997fe4609

8.4.3 Führung einer komplex adaptiven Organisation

Nicht alle komplex dynamischen Systeme haben die gleiche Kapazität zur Anpassung und Entwicklung. Hoch geordnete Systeme – wie sehr bürokratische Organisationen – sind zu starr und widerstandsfähig gegenüber adaptiven Veränderungen. Hoch chaotische Systeme – Organisationen ohne definierten Zweck – haben zu wenige stabile Komponenten, um selbst mit kleinen zusätzlichen Störungen fertig zu werden und neigen dazu zu versagen, da sie zu wenige stabile Komponenten haben, um sie zu puffern, und kleine Störungen dazu führen, dass das System auseinanderbricht [26].

Komplexe adaptive Systeme – Organisationen mit einem gut definierten Zweck, Zielen und Werten – liegen zwischen diesen beiden Extremen. Es ist die *gemeinsame Intention einer Organisation,* die ihre Identität definiert und *in den Köpfen und Herzen ihrer Mitglieder verankert sein muss. Daher wird in Abwesenheit einer externalisierten bürokratischen Struktur eine internalisierte kognitive Struktur dessen, wofür die Organisation steht und wohin sie gehen will – kurz gesagt, ein klares Verständnis der Identität der Organisation – immer wichtiger. Ein Identitätsgefühl dient als Ruder, um schwierige Gewässer zu navigieren* [27].

Die Führung einer adaptiven Organisation bedeutet, *Menschen in die Lösung von Problemen einzubeziehen.*[5] Führungskräfte verstehen, dass sie keine Lösungen vorschreiben können, da jedes Problem einzigartig ist und der Versuch, eine Lösung von einem Kontext in einen anderen zu übertragen, in der Regel erfolglos ist. Solche Versuche hemmen den Fortschritt, da sie die Ansammlung und den Austausch von Wissen nicht fördern [6].

---

[5] In einem kürzlichen Blog-Post betonte *Wisdom and Wei* fünf Schlüsseleigenschaften, die Teams dabei unterstützen, ihre Probleme erfolgreich zu lösen:

1. **Psychologische Sicherheit:** Können Teammitglieder Risiken eingehen, indem sie Ideen und Vorschläge teilen, ohne sich unsicher oder peinlich berührt zu fühlen? Fühlen sich die Teammitglieder unterstützt oder haben sie das Gefühl, dass andere Teammitglieder sie absichtlich untergraben? (für mehr Details siehe: Amy Edmondson. *Psychologische Sicherheit und Lernverhalten in einem Arbeitsteam.* Administrative Science Quarterly 1999;44(2):350–383)
2. **Zuverlässigkeit:** Kann jedes Teammitglied darauf zählen, dass die anderen ihre Aufgaben effektiv erfüllen? Wenn Teammitglieder einander um etwas bitten, wird es dann erledigt? Können sie sich auf ihre Teamkollegen verlassen, wenn sie Hilfe benötigen?
3. **Struktur und Klarheit:** Sind die Rollen, Verantwortlichkeiten und individuelle Rechenschaftspflicht im Team klar?
4. **Bedeutung der Arbeit:** Arbeitet das Team auf ein Ziel hin, das für jedes Mitglied persönlich wichtig ist? Gibt die Arbeit den Teammitgliedern ein Gefühl von persönlicher und beruflicher Erfüllung?
5. **Auswirkung der Arbeit:** Glaubt das Team grundsätzlich, dass die Arbeit, die sie leisten, wichtig ist? Haben sie das Gefühl, dass ihre Arbeit für ein höheres Ziel wichtig ist?

http://catalyst.nejm.org/psychological-safety-great-teams/?utm_campaign=Connect+Weekly&utm_source=hs_email&utm_medium=email&utm_content=36496976&_hsenc=p2ANqtz--eeQgbmqpLIQPE_OySPUfa6_BvLkSywiWU2Z3tIP3j6HCZFMOApROrD1fZ-RbnWlqRXTRrpy_wbt3GMQiS774f8DXeEQA&_hsmi=36496976.

Erfolgreiche Führungspersönlichkeiten adaptiver Organisationen geben die Erlaubnis zu experimentieren und sie sehen Misserfolge als eine Gelegenheit für Einzelpersonen und die gesamte Organisation zu lernen [5, 6, 26]. Ihre Beteiligung am Problemlösungsprozess wird die vielfältigen Realitäten hervorbringen, die von Menschen in verschiedenen Positionen erlebt werden, eine Voraussetzung, um ein Verständnis für die verschiedenen Positionen der Menschen (Sense-Making) zu erleichtern. In einer solch aufgeschlossenen Umgebung werden die Menschen die notwendige Arbeit angehen, um die bestmögliche Lösung für jede Herausforderung zu finden [1, 5–7, 28].

8.5 Führungspersönlichkeiten adaptiver Organisationen

Führungspersönlichkeiten in einer komplex adaptiven Organisation sind eher wie Löwenzahn als wie Banyanbäume. Wie ein Löwenzahn pflegen sie ihre Umgebung, um sie widerstandsfähig und anpassungsfähig gegenüber Herausforderungen zu machen.

Wie Vivek Bapat es ausdrückte: *„Genau wie der Löwenzahn anderen Pflanzen hilft zu gedeihen, müssen sich Führungspersönlichkeiten nicht darauf konzentrieren, ihre eigenen Reiche (in Banyan-ähnlicher Weise) zu erweitern, sondern anderen zu ermöglichen, zu gedeihen"* [29] (Abb. 8.5).

Diese kurze Übersicht betont vier Schlüsselaspekte über die Natur der Führung in komplex adaptiven Organisationen – *adaptive* Führung:

- *Schafft Vertrauen* – versteht jede Person den gemeinsamen Bezugsrahmen für Entscheidungen. Führungspersönlichkeiten stellen sicher, dass dieser gemeinsame Rahmen eingehalten wird, wenn sie vor bedeutenden Herausforderungen stehen
- *Erleichtert das Verstehen* – wie verstehen die Betroffenen das Problem und wie sehen sie die Lösung, wodurch „traditionelle" Machtbeziehungen abgebaut werden
- *Behält den Fokus auf dem Zweck, den Zielen und den Werten der Organisation*[6] – welche der möglichen vorgesehenen Lösungen stimmen am besten damit überein

[6] „Akteure handeln intelligent, wenn sie ein Verständnis für die Beziehung zwischen Ich und ihrem Kontext zeigen" (Hosking D und Fineman S. Organizing processes [34].) und „Intelligentes soziales Handeln kann ins Spiel kommen, wenn der Kontext als solcher wahrgenommen wird, dass bestehende Regeln und Verfahren nicht funktionieren; die intelligente soziale Aktion besteht darin, den bestehenden Kontext zu ignorieren und einen neuen zu schaffen, in dem Werte relevanter und bedeutungsvoller sein werden" (Hosking D (1988) Organizing, leadership and skilful process [34], zitiert in Fulop [Fulop L und Mark A. Relational leadership, decision-making and the messiness of context in healthcare [28]].)

Abb. 8.5 Warum der bescheidene Löwenzahn eine bessere Metapher für Führungspersönlichkeiten ist als der mächtige Banyan

„Es gibt gute Gründe, warum die Metapher so beliebt ist. Wie der Banyan beginnen viele angesehene Führungspersönlichkeiten, indem sie eine aufkommende Chance nutzen. Ähnlich wie die Äste und Wurzeln des Banyan gedeihen sie, indem sie sich mit gleichgesinnten Kollegen um den Kern herum verbinden. Sie erweitern erfolgreich ihren Einflussbereich vom Zentrum aus und sammeln im Laufe der Zeit mehr Einfluss.
Die gleichen Attribute, die den anfänglichen Erfolg hervorbringen, offenbaren jedoch auch einige innere Schwächen. Wenn die Wurzeln des Banyan vom Zentrum zu einem gewaltigen Stamm heranwachsen, umschließt und erstickt er den ursprünglichen Wirtsbaum vollständig und hinterlässt einen hohlen Kern in der Mitte. Entsprechend können Führungspersönlichkeiten, die ihren Einfluss wie der große Banyan ausbauen, unwissentlich den ursprünglichen Funken der Innovation und des disruptiven Denkens im Kern des Unternehmensethos ersticken – die Magie, die sie in erster Linie erfolgreich gemacht hat.
Im starken Kontrast zum Banyan steht ein kleines Unkraut, das ein unauffälliges, flüchtiges Leben führt – der Löwenzahn.
Aber … könnte der kleine, schwache Löwenzahn … eine bessere Metapher für die moderne Führung bieten? Löwenzähne fallen unter eine Klasse, die als nützliche Unkräuter bekannt ist, die den Pflanzen um sie herum helfen. Löwenzähne tun dies, indem sie Pfahlwurzeln tief in den Boden schicken. Diese Pfahlwurzeln ziehen Nährstoffe an die Oberfläche, verbessern die Qualität des Bodens und ernähren flachwurzelnde Pflanzen in der Nähe. Löwenzähne ziehen auch Insekten an, die die Bestäubung ermöglichen, wie Bienen, die anderen blühenden Pflanzen helfen. Pflanzen, die sonst vielleicht keine Chance hätten zu keimen oder zu überleben, bekommen eine Chance auf Leben durch die Nährstoffe und Insekten, die die Löwenzähne ihnen zukommen lassen. Ja, Löwenzähne sind produktiv und kämpfen um Territorium, aber sie wachsen nicht groß und sie verblassen schnell nach der Blüte, was anderen Arten eine Chance zum Gedeihen gibt. Sie sind vielleicht nicht die auffälligsten Pflanzen, aber sie hinterlassen eine bessere Umgebung.“ **Vivek Bapat [29]**

- *Versteht das „System als Ganzes", konzentriert sich auf das Verstehen von Problemen im lokalen Kontext und schätzt die Bedeutung der lokalen Kultur* – was ist der einzigartige Kontext des Problems und wie wird dieser Kontext die „am besten angepasste" Lösung für die „Organisation als Ganzes" formen. Große „gesamtsystemische" Probleme haben oft mehrere, gegenseitig akzeptable Lösungen (es gibt keinen Platz für Einheitslösungen)

Führung in komplex adaptiven Organisationen ist eindeutig viel anspruchsvoller und langsamer, aber effektiver im *dauerhaften Lösen von Problemen,* so dass man in neue Gebiete vorstoßen kann, anstatt immer wieder die gleichen Probleme über die Zeit hinweg erneut bearbeiten zu müssen. Wie Yogi Berra sagte: *„Wenn du nicht weißt, wohin du gehst, wirst du verloren sein, wenn du dort ankommst."*

Nonaka lieferte einen nachdenklichen *Vergleich zwischen drei verschiedenen Führungsansätzen,* die in Tab. 8.3 zusammengefasst wurden – jeder hat einen kontextabhängigen Platz in der Führung einer Organisation.

Tab. 8.3 Vergleich von Managementansätzen [30, 31]

	Von oben nach unten	Komplex adaptiv (von der Mitte nach oben und unten)	Von unten nach oben
	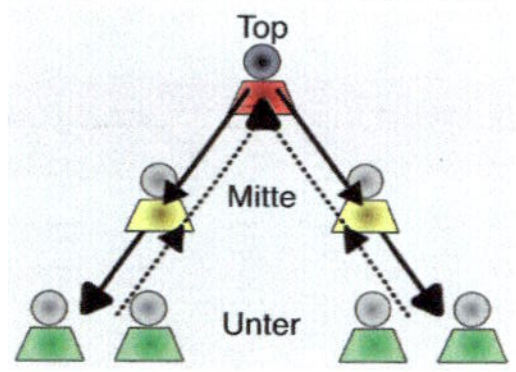	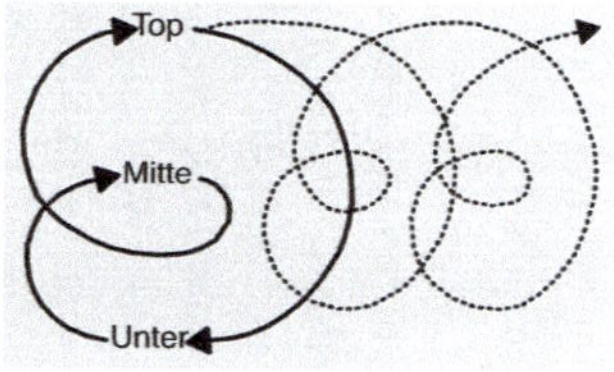	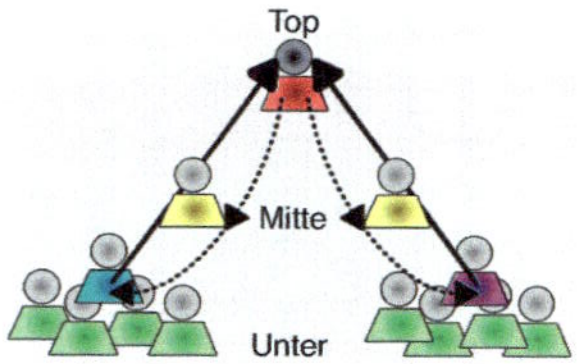
Wissensvermittler	Oberes Management	Selbstorganisierende Teams, geleitet von mittleren Managern	„Unternehmerische/charismatische" Einzelperson innerhalb einer Gruppe
Art des Wissens	Explizit	Stillschweigend/explizit	Stillschweigend
	Dokumentiert	In verschiedenen Formen geteilt	Weisheit der Massen, verbreitet durch Einzelperson/en
Managementprozess	Führer als Befehlshaber	Führer als Katalysatoren	Führer als Sponsoren
Stil …	Hände weg	Hände an und ab	Hände an
Kontext …	In der Zentrale	Unter bestimmten Personen innerhalb einer Gruppe	Freiwillige innerhalb einer Gruppe
Schwerpunkt auf …	Informationsverarbeitung	Erzeugung von organisatorischem Wissen	Erzeugung von persönlichen Informationen
Fördert …	Hierarchische Unterordnung	Emergenz	Selbstorganisation/Entstehung
Ordnung …	Chaos um jeden Preis vermeiden	Chaos absichtlich erzeugen/verstärken, um neue Perspektiven zu gewinnen	Von Chaos wird ausgegangen und „irgendeine Art von Ordnung" wird sich ergeben
Synergien …	Fokus auf Geld	Fokus auf Wissen	Fokus auf Menschen
Probleme …	Analyseparalyse	Erschöpfung	Induktive Mehrdeutigkeit
	Hohe Abhängigkeit vom oberen Management	Mangel an allgemeiner Kontrolle über die Organisation	Zeitaufwendig, schwierig zu koordinierende Einzelpersonen

Anhang 1

Medizinischer Reduktionismus: Lektionen von den großen Philosophen – Mark Beresford [32]

In den letzten Jahren gab es bedeutende Verbesserungen in der Behandlung von Krankheiten, viele davon sind das Ergebnis eines besseren Verständnisses der komplexen Komponenten und Prozesse in der Zellbiologie. Zum Beispiel wird unser Wissen über Zellproliferationswege immer detaillierter, was zur Entwicklung einer zunehmenden Anzahl von neuen gezielten Therapien führt. Die Medizin folgt einer Philosophie des „Reduktionismus“: Ein komplexer Prozess wird in seine Bestandteile zerlegt, um ein besseres Verständnis zu ermöglichen. Obwohl dieser Ansatz offensichtliche Vorteile hat, da die Identifizierung spezifischer Komponentenfehlfunktionen zu effektiveren und weniger toxischen Behandlungen führen könnte, gibt es potenzielle Gefahren, wenn wir in unserer Philosophie zu reduktionistisch werden. Die Vor- und Nachteile des Reduktionismus wurden lange von Philosophen und Denkern diskutiert und es gibt viel zu lernen, wenn wir einige ihrer Argumente im Bezug auf das Feld der Medizin erneut besuchen.

Die Geschichte des Reduktionismus

Der früheste reduktionistische Philosoph war Thales, geboren um 636 v. Chr. in Milet in Kleinasien. Er stellte die Hypothese auf, dass das Universum aus Wasser besteht – Wasser sei die grundlegende Substanz, aus der alle anderen zusammengesetzt sind. Der Reduktionismus wurde später von Descartes in Teil V seiner Diskurse wieder eingeführt.[1] Er schlug vor, dass die Welt wie eine Uhrwerkmaschine sei, die verstanden werden könnte, indem man sie in Stücke zerlegt und die einzelnen Komponenten studiert. Der Reduktionismus hat sich seitdem zu mindestens drei verwandten, aber unterscheidbaren Themen entwickelt: ontologisch, methodologisch und epistemisch. In der biologischen Wissenschaft ist der ontologische Reduktionismus die Idee, dass jedes System nur aus Molekülen und ihren Wechselwirkungen besteht und auch eine Hierarchie von chemischen, biologischen und physikalischen Eigenschaften festlegt. Der methodologische Reduktionismus ist die Idee, dass biologische Systeme am fruchtbarsten auf der niedrigstmöglichen Ebene untersucht werden und der epistemische Reduktionismus legt nahe, dass das Wissen über einen höheren Bereich immer auf eine niedrigere, grundlegendere Ebene reduziert werden kann. In der modernen Krebsforschung ist es oft der methodologische Reduktionismus, der dominiert.

Es gibt jedoch mögliche Probleme mit einem reduktionistischen Ansatz:

(i) Reduktionismus erweckt oft Misstrauen: Obwohl der Reduktionismus darauf abzielt, Dinge verständlicher zu machen, wird in der Realität das allgemeine Verständnis der Vielen oft durch das bessere Verständnis der Wenigen ersetzt. Wenn eine Krankheit auf molekularer und submolekularer Ebene erklärt wird, wird es für den Laien schwierig, sie zu konzeptualisieren. Wir sehen dies in der medizinischen Wissenschaft, wo selbst engagierte Forscher oft kein vollständiges Verständnis der zellulären Wege außerhalb ihres unmittelbaren Interessengebiets haben.

(ii) Reduktionismus birgt das Risiko einer Vereinfachung eines Prozesses: Reduzieren wir etwas, eliminieren wir dann nur bestimmte Aspekte aus unserer Beschreibung davon? Es kommt ein Punkt, an dem die Reduktion von dem Phänomen, das sie zu erklären versucht, getrennt wird und ausschließlich reduktionistische Forschungsstrategien können systematisch voreingenommen sein und wichtige biologische Merkmale übersehen. Auch dies ist in der Medizin offensichtlich – obwohl viele „zielgerichtete" Wirkstoffe nun in der Klinik eingesetzt werden, kann man mit Fug und Recht sagen, dass die Vorteile für die Patienten in den meisten Fällen trotz solider theoretischer Prinzipien und Laborergebnisse relativ bescheiden waren.

(iii) Reduktionistische Erklärungen können manchmal zu Verwirrung über Ursache und Wirkung führen: Dies ist das klassische „Henne-Ei"-Problem. Zum Beispiel, ist ein gestörter Proliferationsweg die Ursache oder das Ergebnis einer Malignität – was kam zuerst? Wir könnten nicht die Wurzel des Problems bekämpfen.

1. Descartes R. Die philosophischen Schriften von Descartes in 3 Bänden. Übersetzt von Cottingham J, Stoothoff R, Kenny A, Murdoch D. Cambridge, UK, Cambridge University Press, 1988.

Anhang 2

Rahmen und Denkgewohnheiten für Komplexitätsdenker – Kevin Rogers et al. [14]

Wir stellen fest, dass die wichtigsten Kompetenzen, die eine effektive Nutzung dieses integrativen Lernrahmens ermöglichen, psychologischer Natur sind. Es handelt sich um Denkweisen, die es einem ermöglichen, reduktionistische Gewohnheiten abzulegen und gleichzeitig solche zu übernehmen und zu verankern, die für die Arbeit in komplexen Systemen förderlicher sind. Wir haben das von Arthur Costa und Kollegen (Costa 1991, Costa und Kallick 2008) entwickelte pädagogische Lernkonzept der „Denkgewohnheiten" angepasst, um intelligentes Denken bei Schulkindern zu fördern.

Eine Denkgewohnheit ist ein Muster des intellektuellen Verhaltens, das zu produktiven Handlungen führt. Denkgewohnheiten werden selten isoliert verwendet, sondern eher in Clustern, die gemeinsam ein Muster von Verhaltensweisen darstellen. Wenn Menschen durch Dilemmata verwirrt sind oder mit Unsicherheiten konfrontiert werden, wird ihre Reaktion durch die Muster des intellektuellen Verhaltens bestimmt, auf die sie zurückgreifen können. Dies impliziert, dass Menschen sich der Muster des intellektuellen Verhaltens (Denkgewohnheiten) bewusst sein und bewusste Entscheidungen darüber treffen sollten, welche unter welchen Umständen am besten geeignet sind. Eine gewisse Kompetenz ist dann erforderlich, um die Verhaltensweisen effektiv zu nutzen, durchzuführen und aufrechtzuerhalten, und auch um sie zu reflektieren, zu bewerten und für die zukünftige Verwendung unter verschiedenen Bedingungen zu modifizieren.

Es ist unwahrscheinlich, dass man sich selbst oder eine Gruppe von Interessensvertretern von einer Kompetenzposition zur anderen bewegt, es sei denn, Denken und Handeln sind durch bestimmte intellektuelle Muster begrenzt. Wir erkennen drei breite Denkrahmen, von denen jeder eine Reihe von Denkgewohnheiten umfasst, die für die Leitung partizipativer Planung und Entscheidungsfindung in komplexen sozial-ökologischen Systemen von entscheidender Bedeutung sind. Diese Denkrahmen sind Offenheit, Situationsbewusstsein und ein gesunder Respekt vor dem, was wir als das Paradoxon von Zurückhaltung/Aktion bezeichnen.

Offenheit (Siehe Text Box 1)

Um Komplexität zu umarmen und effektiv damit umzugehen, erfordert eine gewisse psychologische Offenheit von Individuen und Institutionen, insbesondere bei einem Übergang von einem überwiegend reduktionistischen Paradigma. Diese Offenheit kann als Bereitschaft beschrieben werden, die verschiedenen Perspektiven, sogar Paradigmen, zu akzeptieren, sich damit auseinanderzusetzen und sie zu verinnerlichen, die man bei der Zusammenarbeit mit verschiedenen Teilnehmern in einer interdisziplinären Situation antrifft. Eine offene Denkweise erfordert die bewusste Akzeptanz, dass Begriffe wie Mehrdeutigkeit, Unvorhersehbarkeit, Serendipität und Paradoxon stark und legitim mit Wissen, Wissenschaft und Fakten konkurrieren werden. Im Wesentlichen bedeutet dies, dass man, während man die

Herausforderungen eines komplexen sozio-ökologischen Systems navigiert, seine eigenen starken Meinungen leicht nimmt (Pfeffer und Sutton 2006) und sowohl als Vermittler als auch als Lernender agiert.

Box 1: *Denkweisen, die Offenheitsmuster im Verhalten fördern*

- Halte deine starken Meinungen locker und ermutige andere, dasselbe zu tun
- Sei bereit, die Intervention von Überraschung, Serendipität und Epiphanie zu identifizieren und zu akzeptieren
- Begegne jeder Person mit gleichem Respekt, höre auf ihre spezifischen Bedürfnisse, Kenntnisse und Wissenswege
- Sei offen für sowohl/als auch Optionen
- Lehne Mehrdeutigkeit oder Paradoxon nicht ab. Sie sind zu erwarten und ihre Akzeptanz als legitim kann oft Streitigkeiten vermeiden
- Pflege, ehre und bestätige die Legitimität von mehreren Perspektiven und Ergebnissen. Sei bereit, deinen Weg durch sie zu finden, um über mehrere legitime Ergebnisse zu lernen: es gibt viele Wege, die Katze zu häuten
- Akzeptiere jeden als Mitlerner, nicht als Experten oder Wettbewerber
- Fördere Zusammenarbeit und Konsens: der beste Weg, das zu bekommen, was du brauchst, besteht darin, anderen zu helfen, das zu bekommen, was sie brauchen

---

Situationsbewusstsein (Siehe Text Box 2)
Einer der kritischen Unterschiede zwischen komplexitätsbasiertem und reduktionsbasiertem Denken ist die Bedeutung von Kontext und Skala in komplexen Systemen. Jedes Problem oder Systemattribut kann unter verschiedenen Kontexten und auf verschiedenen Skalen ganz anders erscheinen, und Interaktionen haben ganz unterschiedliche Ergebnisse (Levin 1998, Dollar et al. 2007). Räumlicher und historischer Kontext sind sehr wichtig, aber auch die unterschiedlichen Wertesysteme der Teilnehmer und wie sie zu unterschiedlichen Ergebnissen führen. Wir verwenden das Akronym V-STEEP (Values – Social, Technical, Economic, Environmental, and Political) (Rogers und Luton 2011), um uns bei der Kontextabgrenzung zu leiten. Ein Bewusstsein für den komplexen Kontext, in dem eine adaptive Herausforderung besteht, und wie er sich im Laufe der Zeit und im Raum ändert, ist entscheidend, um effektiv durch ihn zu navigieren. Im Wesentlichen muss man einen Zustand der vorausschauenden Wahrnehmung und ständigen Achtsamkeit für die V-STEEP-Umgebung kultivieren, wenn man komplexe Systeme navigiert.

Box 2: *Denkweisen, die Muster der Situationsbewusstsein im Verhalten fördern*

- Erkennen, wann eine Änderung ausreichend ist, um eine Neuverhandlung oder Überprüfung zu erfordern
- Betrachten Sie die Bedeutung von Beziehungen und Interaktionen zwischen Entitäten und nicht nur die Entitäten selbst

- Bewusst werden und Veränderungsagenten und Prozesse akzeptieren
- Seien Sie zeit- und ortspezifisch: Ohne dies können Sie den geeigneten Kontext nicht richtig identifizieren oder Probleme und Lösungen definieren
- Seien Sie sich der Eventualitäten, der Skala und der Geschichte bewusst: Sie alle spielen eine Rolle bei der Kartierung der Gegenwart und der Zukunft
- Bringen Sie die kollektiven Prinzipien und Werte an die Oberfläche, die Entscheidungssituationen begrenzen und dazu beitragen, die Entscheidungsfindung von einem Kontext zum nächsten konsistent zu halten
- Verwenden Sie diese Prinzipien, um die Entscheidungsfindung zu leiten, anstatt sich auf Fakten und Zahlen zu verlassen, die sich mit dem Kontext ändern werden
- Reflektieren Sie oft: formell, informell, individuell und kollektiv

Ein gesunder Respekt vor dem Paradoxon von Zurückhaltung/Aktion (Siehe Text Box 3)

Führung und Entscheidungsfindung in einem komplexen System stellen ein Gleichgewicht zwischen den Risiken dar, die mit der Ausübung von Zurückhaltung und dem Ergreifen von Maßnahmen verbunden sind. Einerseits muss man, wenn der Kontext es erfordert, bewusst Zurückhaltung üben und einen Raum schaffen, der das Aufkommen von Ideen, Vertrauen, Möglichkeiten und sogar Epiphanien ermöglicht, um das verwickelte Problem zu lösen. Es besteht ein starkes Bedürfnis nach einer gewissen Langsamkeit (Cilliers 2006), um der Entstehung Zeit zu geben, sich zu entfalten. Andererseits braucht man den Mut, in einem Nebel der Unsicherheit zu handeln, denn in einem komplexen System sind die Konsequenzen unserer Handlungen niemals vollständig vorhersehbar, und egal wie gut unser Wissen ist, es gibt niemals eine objektive „richtige" Entscheidung. Sich dieser Paradoxie bewusst zu sein und damit umgehen zu können, ist entscheidend für die erfolgreiche Förderung und Praxis von adaptiver Führung in sozio-ökologischen Systemen.

Diese drei Denkweisen sind voneinander abhängig, wobei Offenheit als die Grundlage oder die wichtigste der drei gilt, da sie die anderen Denkweisen ermöglichen oder einschränken kann. In gewissem Maße ist ein angemessenes Situationsbewusstsein nicht möglich ohne Offenheit für eine Vielfalt von Perspektiven. In einem komplexen System kann man es sich einfach nicht leisten, eine einseitige Perspektive zu haben. Wann man handeln und wann man Zurückhaltung üben sollte, hängt von der Bewusstheit der sich ändernden Dynamiken im System ab, erfordert aber auch Offenheit für das Unerwartete. Die spezifischeren Denkgewohnheiten sind leichter zu kontextualisieren, zu erinnern und zu lehren, wenn sie unter diesen Denkweisen gruppiert sind, aber sie sind nicht auf die Verwendung unter einer Denkweise beschränkt. Wenn man in ihrer Anwendung kompetenter wird, können sie leicht von einem Kontext in den nächsten übertragen oder modifiziert werden. Diese Liste von Denkgewohnheiten ist eine lebende Liste, die ständig verfeinert wird, während wir mehr lernen, indem wir das Denken in Komplexität explizit auf sozial-ökologische Problemsituationen anwenden.

Box 3: *Denkmuster, die einen gesunden Respekt für das Paradoxon von Zurückhaltung und Handlung fördern* Entschlossenheit/Bereitschaft, unter Spannungsbedingungen zu handeln

- Fördere den Mut. Haben Sie keine Angst vor intelligenten Fehlern
- Vermeiden Sie Lähmung durch die Paranoia des Unterlassens und/oder die Angst vor Einfachheit
- Haben Sie den Mut, den Moment des einfach-machens zu ergreifen
- Akzeptieren Sie, dass es keinen einzig richtigen Anfangs- oder Endpunkt gibt. Tun Sie dies, wenn es sinnvoll und nützlich ist
- Haben Sie den Mut, Maßnahmen zu ergreifen, aus denen Sie lernen können. Auch Fehler führen zum Lernen
- Kultivieren Sie ein Bewusstsein für die natürliche Neigung, Unbehagen zu vermeiden, und haben Sie den Mut, darüber hinaus zu gehen

Zurückhaltung unter Spannungsbedingungen

- Erkenne, wann du dem Erleichterungsprozess vertrauen und ruhig zurücktreten solltest, um der Gruppendynamik Raum zu geben und Emergenz zu ermöglichen
- Vermeide vorzeitige Konvergenz – vermeide es, zu schnell Urteile zu fällen und Entscheidungen zu treffen. Behalte Optionen lange über ihren scheinbaren Nutzen hinaus auf dem Tisch. Viele werden später im Prozess einen Kontext finden
- Vermeide übermäßiges Vertrauen darauf, bereit zu sein, in einem datengetriebenen „vorhersagen und handeln" Modus zu handeln
- Wissen, wann man sich ausruhen sollte. Offene und partizipative Beteiligung legt Schwachstellen offen, erfordert Bescheidenheit und kostet Energie
- Wenn du dem Spiel voraus bist, fühlen sich die Teilnehmer unruhig und es eröffnen sich Möglichkeiten für Dissens. Gib den Teilnehmern ausreichend Zeit zur Heilung und Erholung

---

Cilliers, F. P. 2006. On the importance of a certain slowness. *Emergence: Complexity and Understanding* 8:106–113.Costa 1991

Costa, L., und B. Kallick. Editors. 2008. *Learning and leading with habits of mind.* Product # 108008, Association for supervision and curriculum development, Alexandria, Virginia, USA.

Dollar, E. S. J., C. S. James, K. H. Rogers und M. C. Thoms. 2007. A framework for interdisciplinary understanding of rivers as ecosystems. *Geomorphology* 89:147–162. http://dx.doi.org/10.1016/j.geomorph.2006.07.022

Levin, S. A. 1998. Ecosystems and the biosphere as complex adaptive systems. *Ecosystems* 1:431–436. http://dx.doi.org/10.1007/s100219900037

Pfeffer, J., und R. I. Sutton. 2006. Evidenced-based management. *Harvard Business Review* 84:62–74.

Rogers, K. H., und R. Luton. 2011. *Strategic adaptive management as a framework for implementing integrated water resources management in South Africa.* Report No. KV 245/10. Water Research Commission, Pretoria, Südafrika.

Anhang 3

***Führung ohne einfache Antworten – Ronald Heifetz* [1]**
Unterscheidung zwischen adaptiver und technischer Arbeit (S. 73–88)
Die Praxis der Medizin veranschaulicht den Unterschied zwischen technischen und adaptiven Problemen und die Dynamiken, die diese Probleme erzeugen. Patienten kommen mit Symptomen und Anzeichen von Krankheiten zu Ärzten. Sie hoffen, dass ihr Arzt das Problem „beheben" kann, wissen aber nicht, ob ihre Hoffnungen begründet sind. Oft kann der Arzt die Krankheit tatsächlich heilen. Wenn eine Person eine Infektion hat, kann der Arzt in vielen Fällen sagen: „Ich habe ein Antibiotikum, das Sie fast sicher ohne jegliche Anstrengung oder Lebensanpassung heilen wird. Das Medikament ist praktisch harmlos. Ich kann Ihnen eine Spritze geben, oder eine Woche Pillen, je nachdem, was Sie bevorzugen". Für die Zwecke unserer Diskussion können wir diese technischen Situationen als Typ I-Situationen bezeichnen, in denen die Erwartungen des Patienten realistisch sind: Der Arzt kann eine Lösung bereitstellen und das Problem kann auf der Grundlage von (1) der Nutzung der Expertise des Arztes und (2) der Verlagerung der Hauptlast des Patienten auf die Schultern des Arztes definiert, behandelt und geheilt werden. Der Patient *hängt* angemessen von dem Know-how des Arztes ab, und der Arzt *hängt* von dem Vertrauen, der Zufriedenheit und der Zahlungsbereitschaft des Patienten ab.

Diese Typ-I-Situationen sind etwas mechanisch: man kann tatsächlich zu jemandem gehen und es „reparieren lassen". Viele medizinische und chirurgische Probleme sind dieser Art, und viele von ihnen sind lebensrettend. Aus der Sicht des Arztes bieten diese erfreuliche Momente, in denen sie sagen kann: „Endlich hat mir jemand ein Problem gebracht, das ich lösen kann!" Obwohl die Mitarbeit des Patienten in diesen Situationen entscheidend ist, liegt das Gewicht der Problemdefinition und Problemlösung beim Arzt. Der Patient erwartet von ihr ein Rezept, das ihm gleichzeitig Orientierung (nehmen Sie dieses Medikament), Schutz (das Medikament wird die Infektion überwinden) und Ordnung (einer Woche sollten sie ihre normale Aktivität wieder aufzunehmen können) bietet.

Natürlich sind viele Situationen, die Menschen zum Arzt bringen, nicht so technisch. Wir können diese adaptiven Situationen in Typ II und III unterteilen. In Typ II Situationen ist das Problem definierbar, aber es gibt keine klare Lösung. Der Arzt könnte eine Lösung im Kopf haben, aber er kann sie nicht umsetzen. Und eine Lösung, die nicht umgesetzt werden kann, ist eigentlich keine Lösung; es ist einfach eine Idee, ein Vorschlag. In Situationen des Typs II muss der Patient die Lösung schaffen, auch wenn der Arzt eine zentrale Rolle spielen kann. Herzkrankheiten stellen manchmal ein Typ II Problem dar. Der Patient kann mehr oder weniger vollständig wiederhergestellt werden, aber nur, wenn er Verantwortung für seine Gesundheit übernimmt, indem er geeignete Lebensanpassungen vornimmt. Insbesondere muss er die ärztlichen Verschreibungen für langfristige Medikation, Bewegung, Diätprogramm und Stressabbau in Betracht ziehen. Er muss unter diesen wählen. Typ II Situationen können vom Arzt nur teilweise mechanistisch bewältigt werden. Sie diagnostiziert und verschreibt, aber ihre Empfehlungen werden Nebenwirkungen haben, die eine Bewertung der Kompromisse durch den Patienten erfordern. Welches neue Gleichgewicht sollte er zwischen der Reduzierung der Intensität seiner Arbeit, dem Sport oder einer besseren Ernährung erreichen? Der Patient muss sein eigenes Problem genug erkennen, um eine adaptive Veränderung zu bewirken. Die Verantwortung für die Bewältigung des Problems muss geteilt werden.

In diesen Situationen ermöglicht die technische Expertise des Arztes ihr, das Problem zu definieren und Lösungen vorzuschlagen, die funktionieren könnten. Aber nur dem Patienten eine technische Antwort zu geben, hilft dem Patienten nicht. Ihre Verschreibung muss den Patienten aktiv einbeziehen, wenn sie effektiv sein soll. Der Patient muss sich den Entscheidungen und Veränderungen stellen, die ihm bevorstehen. Die technischen Antworten des Arztes bedeuten nichts, wenn der Patient sie nicht umsetzt. Nur er kann die Prioritäten seines Lebens neu festlegen. Er muss neue Wege lernen. Und der Arzt muss den Lernprozess steuern, um dem Patienten zu helfen, sich selbst zu helfen. Die Abhängigkeit von Autorität, die in technischen Situationen angemessen ist, wird in adaptiven Situationen unangemessen. Die Autorität des Arztes stellt immer noch eine Ressource dar, um dem Patienten zu helfen zu reagieren, aber jenseits ihres substantiellen Wissens benötigt sie eine andere Art von Expertise – die Fähigkeit, dem Patienten bei der Arbeit zu helfen, die nur er tun kann.

Typ III-Situationen sind noch schwieriger. Die Problemdefinition ist nicht klar und technische Lösungen sind nicht verfügbar. Die Situation erfordert eine Führung, die Lernen induziert, wenn selbst der Arzt keine Lösung im Kopf hat. Lernen ist sowohl zur Definition von Problemen als auch zur Implementierung von Lösungen erforderlich. Chronische Krankheiten und bevorstehender Tod aus irgendeinem Grund passen oft in diese Kategorie. In diesen Situationen kann der Arzt weiterhin in einem mechanistischen Modus arbeiten, indem er Diagnosen stellt und Heilmittel verschreibt (und in der Regel lässt sich auch ein „Heilmittel" finden). Doch dies vermeidet die Problemdefinition und Problemlösungsarbeit sowohl des Arztes als auch des Patienten.

In Typ II und III Situationen ist das *Behandeln der Erkrankung* eine zu enge Definition der Aufgabe für den Patienten und den Arzt. Es wendet eine technische Formulierung auf ein nicht-technisches Problem an. Wenn kritische Aspekte der Situation wahrscheinlich unveränderlich sind, wird das Problem mehr als der medizinische Zustand. Zum Beispiel, wenn die Diagnose des Patienten ein fortgeschrittenes Stadium von Krebs ist, bei dem die Wahrscheinlichkeit einer Heilung gering ist, kann es nutzlos – tatsächlich eine Verleugnung der Realität – sein, das primäre Problem als Krebs zu definieren. Krebs ist in diesem Fall ist ein *Zustand*. In dem begrenzten Ausmaß, in dem er überhaupt behandelt werden kann, ist er nur ein Teil des Problems. Krebs als das primäre Problem zu definieren, führt dazu, dass sich alle Beteiligten darauf konzentrieren, Lösungen für den Krebs zu finden, und lenkt ihre Aufmerksamkeit von der eigentlichen Arbeit ab. Die eigentliche

Tab. A.1 Situative Typen

Situation	Problem-definition	Lösung und Implementierung	Primärer Verantwortungsbereich für die Arbeit	Art der Arbeit
Typ I	Klar	Klar	Arzt	Technisch
Typ II	Klar	Erfordert Lernen	Arzt und Patient	Technisch und Adaptiv
Typ III	Erfordert Lernen	Erfordert Lernen	Patient > Arzt	Adaptiv

Arbeit des Patienten besteht darin, sich mit harten Realitäten auseinanderzusetzen und Anpassungen vorzunehmen, die über seinen Gesundheitszustand hinausgehen und mehrere mögliche Probleme beinhalten: das Beste aus seinem Leben zu machen; zu überlegen, was seine Kinder nach seinem Tod brauchen könnten; seine Frau, Eltern, geliebten Menschen und Freunde vorzubereiten; und die Erledigung geschätzter beruflicher Aufgaben. Tab. A.1 gibt einen Überblick über die Merkmale der drei Arten von Situationen.

Leider sind weder Ärzte noch Patienten geneigt, zwischen technischer und adaptiver Arbeit zu unterscheiden. Tatsächlich suchen wir umso stärker nach einer Autorität, die uns eine Lösung bietet, die uns vor Anpassungen bewahrt, je härter die Realität ist. Im Großen und Ganzen wollen wir Antworten, keine Fragen. Selbst der härteste Einzelne neigt dazu, Realitäten zu vermeiden, die adaptive Arbeit erfordern, und sucht stattdessen nach einer Autorität, einem Arzt, der den Ausweg bietet. Und Ärzte, die tiefgreifend den Wunsch nach Heilmitteln erfüllen wollen, reagieren allzu oft bereitwillig auf den Druck, den wir auf sie ausüben, um sich eng auf technische Antworten zu konzentrieren.

...

Implikationen

Obwohl Platon den Präzedenzfall schuf, bringt die Analyse von Führung mit einer medizinischen Metapher einige Schwierigkeiten mit sich. Arzt-Patienten-Beziehungen unterscheiden sich grundlegend von den Beziehungen von Geschäftsführern, Politikern und öffentlichen Managern zu ihren jeweiligen Interessengruppen. Große soziale Systeme wie Organisationen oder politische Einheiten präsentieren dem Manager wesentlich komplexere Muster als das Arzt-Patienten-Dyade. In einem medizinischen Umfeld wird ein Problem an Klarheit mangeln, weil der Patient das Problem noch nicht begründet und in Typ I und II Komponenten unterteilt hat. In einem komplexen sozialen System wird ein Problem an Klarheit mangeln, weil eine Vielzahl von Fraktionen divergierende Meinungen sowohl über die Natur des Problems als auch über seine möglichen Lösungen haben wird. Was für die eine Fraktion eine Lösung ist, ist für die andere eine Herausforderung für die Anpassung. Oft stehen konkurrierende Werte auf dem Spiel. Darüber hinaus sind sich die wissenschaftlichen Experten in einem großen sozialen System oft selbst über die grundlegenden Konturen eines Problems uneinig, insbesondere in den frühen Stadien der Problemdefinition.[7] Jede Fraktion wird ihren eigenen Experten haben. Zum Beispiel, betrachten Sie die öffentliche Debatte über so wissenschaftliche Frage wie die globale Erwärmung. Stellt die globale Erwärmung ein Problem dar, das Aufmerksamkeit erfordert? Welchem Wissenschaftler sollten wir vertrauen?[8]

Darüber hinaus hat bei einer medizinischen Erkrankung der Patient das Problem. In Organisationen und im öffentlichen Leben gibt es jedoch viele Beteiligte an einem Problem, so dass die Verantwortung für das Problem verteilt ist. Die kritische strategische Frage ist: 'Wessen Problem ist es? Und die Antwort ist nicht so offensichtlich. Zum Beispiel, wer sollte die Verantwortung für Drogenmissbrauch übernehmen: die Polizei, Eltern, Schulen, Geistliche, Steuerzahler, die Armee oder eine Kombination aus diesen?

Dennoch stellen Medizin und Politik ähnliche Dilemmata dar. ...Zunächst muss eine Autoritätsperson, die Führung ausübt, den Unterschied zwischen technischen und adaptiven Situationen erkennen, da sie unterschiedliche Reaktionen erfordern. Sie muss die entscheidende Unterscheidungsfrage stellen: *Erfordert der Fortschritt bei diesem Problem Änderungen in den Werten, Einstellungen oder Verhaltensgewohnheiten der Menschen?* Wenn die Menschen das Problem erkennen und eine gut ausgearbeitete Lösung wiederholen können, dann kann sie eine autoritative Antwort mit praktischer Effizienz und Wirkung einbringen. ... In Situationen, die adaptive Arbeit erfordern, müssen soziale Systeme jedoch lernen, ihren Weg zu gehen. Selbst wenn eine Autorität einige klare Vorstellungen davon hat, was getan werden muss, erfordert die Umsetzung von Veränderungen oft Anpassungen im Leben der Menschen.

Daher muss die Autorität bei adaptiven Problemen über autoritative Lösungen hinausgehen. Autoritäres Handeln kann sinnvollerweise Debatten, Umdenken und andere Prozesse des sozialen Lernens fördern, aber dann wird es zu einem Werkzeug in einer Strategie zur Mobilisierung adaptiver Arbeit *an* einer Lösung, anstatt ein direktes Mittel zur Durchsetzung einer solchen Lösung. ...

Wie vorgeschlagen, erfordert dies eine Veränderung der Denkweise. Wenn man autoritäre Provokation als Teil einer Strategie verwendet, muss man auf einen Ausbruch von Unruhe in Reaktion auf die Provokation vorbereitet sein und frühzeitig den nächsten Schritt in Betracht ziehen. Man muss die Hitze gelassen nehmen

[7] Robert Tucker schlägt vor, dass „Die Gültigkeit von Definitionen der Situation möglicherweise eine Frage des Grades ist. Es besteht die Möglichkeit, theoretisch wenn nicht praktisch in jedem Einzelfall, einer umfassenderen Diagnose, die Raum für einige, wenn nicht alle, der Zwecke und Anliegen beider Seiten schaffen würde.“ Tucker, *Politik als Führung,* S. 53.

[8] Siehe Thomas C. Schelling. „Klimawandel: Auswirkungen auf das Wohlergehen und die Politik,“ in der Studie der National Academy of Sciences, *Klimawandel: Bericht des Kohlendioxid-Bewertungsausschusses* (Washington, DC: National Academy Press, 1983), S. 449–482; und neuerdings John Broome, *Die Kosten der globalen Erwärmung zählen* (Cambridge, England: White Horse Press, 1992), Kaps. 1 und 2, der Schelling auf der Grundlage neuerer wissenschaftlicher Erkenntnisse widerlegt.

und sie als Teil des Prozesses sehen, Menschen für das Thema zu gewinnen. Im Gegensatz dazu würde die Denkweise, die autoritäres Handeln als Lösung für ein adaptives Problem sieht, logischerweise eine verärgerte Gesellschaft *als* eine überflüssige Komplikation für Fortschritte sehen, anstatt als einen inhärenten Teil des Fortschritts. Mit dieser Denkweise würde eine Autoritätsperson wahrscheinlich defensiv und unangemessen reagieren, wenn die Gesellschaft Vergeltung übt.

Zweitens, … eine Autoritätsbeziehung zu Menschen ist sowohl eine Ressource für die Führung als auch eine Einschränkung. Autorität ist eine Ressource, weil sie die Instrumente und die Macht bereitstellen kann, um den belastenden Prozess der Anpassungsarbeit zusammenzuhalten und zu lenken. Autorität ist eine Einschränkung, weil sie von der Erfüllung der Erwartungen der Wähler abhängt. Eine Abweichung von diesen Erwartungen ist riskant. …

Drittens können Typ III-Situationen, wenn Lernen stattfindet, teilweise wenn nicht vollständig in Typ II- und Typ I-Komponenten zerlegt werden. Dies beinhaltet sowohl Prozess- als auch technische Expertise. Wenn eine Autorität Bedingungen von Problemen unterscheidet, kann sie handhabbare Themen zur Aufmerksamkeit der Menschen bringen. Indem sie die Aufmerksamkeit auf Themen lenkt, anstatt autoritäre Lösungen zu diktieren, ermöglicht sie Erfindungen. Menschen erschaffen und sortieren alternative Problemdefinitionen, klären Wertabwägungen und testen potenzielle Handlungswege. Kreativität und Mut können manchmal adaptive Herausforderungen in technische Probleme umwandeln, indem sie die technischen Fähigkeiten der Menschen erweitern.

Anhang 4

Die fünf Schritte des Fokussierens – Eliyahu Goldratt [25]
Die Botschaft dieses Buches handelt nicht von Engpässen oder der Reduzierung von Chargen. Es geht auch nicht darum, wie die Aktivitäten auf dem Fabrikboden arrangiert werden. Tatsächlich ist die Botschaft dieselbe für jeden Aspekt eines Unternehmens, vom Produktdesign und Marketing bis zur Herstellung und Distribution. Jeder weiß, dass die Aktionen des Marketings durch das Konzept von Kosten und Margen geleitet werden, noch mehr als die Aktionen der Produktion. Und jeder weiß, dass der beste Verkäufer in seinem/ihrem Unternehmen derjenige ist, der alle Regeln bricht – was sofort impliziert, dass die Regeln im Marketing genauso falsch sind wie die in der Produktion.

Wir unterschätzen unsere Intuition stark. Intuitiv kennen wir die wirklichen Probleme, wir kennen sogar die Lösungen. Was leider nicht genug betont wird, ist die enorme Bedeutung der Verbalisierung unserer eigenen Intuition. Solange wir unsere Intuition nicht verbalisieren, solange wir nicht lernen, sie klar in Worte zu fassen, werden wir nicht nur andere nicht überzeugen können, wir werden nicht einmal in der Lage sein, uns selbst von dem zu überzeugen, was wir bereits als richtig wissen. Wenn wir uns nicht die Mühe machen, unsere Intuition zu verbalisieren, werden wir selbst das Gegenteil von dem tun, an das wir glauben. Wir werden „nur viele Spiele mit Zahlen und Wörtern spielen."

Wie hören wir auf das, was wir intuitiv als richtig erkennen? Wie gehen wir vor, um es zu verbalisieren?

Der erste Schritt besteht darin zu erkennen, dass jedes System für einen Zweck erstellt wurde. Wir haben unsere Organisationen nicht nur um ihrer Existenz willen geschaffen. Daher sollte jede Aktion, die von irgendeinem Organ – irgendeinem Teil der Organisation – unternommen wird, anhand ihrer Auswirkungen auf den Gesamtzweck beurteilt werden. Dies impliziert sofort, dass wir, bevor wir uns mit der Verbesserung eines Abschnitts eines Systems befassen können, zuerst das globale Ziel des Systems definieren müssen; und die Messungen, die es uns ermöglichen, die Auswirkungen eines beliebigen Subsystems und jeder lokalen Entscheidung auf dieses globale Ziel zu beurteilen.

Sobald diese definiert sind, können wir die nächsten Schritte auf zwei verschiedene Arten beschreiben. Eine, bei der wir die Terminologie des Systems verwenden, das wir zu verbessern versuchen. Die andere, unter Verwendung der Terminologie des Verbesserungsprozesses selbst. Wir stellen fest, dass beide Beschreibungen sehr hilfreich sind und nur wenn beide zusammen betrachtet werden, entsteht ein unverzerrtes Bild.

Wie sortiert man das Wichtige aus dem Unwichtigen aus? Der Schlüssel liegt in der Anerkennung der wichtigen Rolle der Systembeschränkungen. Eine Systembeschränkung ist nichts anderes als das, was wir alle durch diese Worte ausgedrückt fühlen: alles, was ein System daran hindert, eine höhere Leistung im Vergleich zu seinem Ziel zu erzielen. Um dies in ein praktikables Verfahren umzuwandeln, müssen wir uns nur mit der Art und Weise auseinandersetzen, wie unsere Realität konstruiert ist. In unserer Realität hat jedes System sehr wenige Beschränkungen (dies wird in The Goal, durch die Pfadfinder-Analogie, bewiesen) und gleichzeitig muss jedes System in der Realität mindestens eine Beschränkung haben. Nun ist der erste Schritt intuitiv offensichtlich:

1. Identifizieren Sie die Einschränkungen des Systems.
   Sobald dies erreicht ist – denken Sie daran, dass die Identifizierung der Einschränkungen auch bedeutet, sie nach ihrer Auswirkung auf das Ziel zu priorisieren, sonst schleichen sich viele Belanglosigkeiten ein – wird der nächste Schritt selbstverständlich. Wir haben gerade unsere Finger auf die wenigen Dinge gelegt, die knapp sind, so knapp, dass sie das gesamte System begrenzen. Lassen Sie uns also sicherstellen, dass wir das Wenige, das wir haben, nicht verschwenden. Mit anderen Worten, Schritt Nummer zwei ist:
2. Entscheiden Sie, wie Sie die Einschränkungen des Systems ausnutzen.
   Nun, da wir entschieden haben, wie wir die Einschränkungen handhaben werden, wie sollten wir die überwiegende Mehrheit der Systemressourcen handhaben, die keine Einschränkungen sind? Intuitiv ist es offensichtlich. Wir sollten sie so handhaben, dass alles, was die Einschränkungen verbrauchen werden, von den Nicht-Einschränkungen geliefert wird. Gibt es einen Sinn darin, die Nicht-Einschränkungen so zu handhaben, dass sie mehr als das liefern? Dies wird natürlich nicht helfen, da die Leistung des Gesamtsystems durch die Zwänge bestimmt wird. Daher ist der dritte Schritt:
3. Unterordnen Sie alles andere der oben genannten Entscheidung.
   Aber wir sollten hier nicht aufhören. Es ist offensichtlich, dass wir noch viel Raum für Verbesserungen haben. Einschränkungen sind keine gottgegebenen Tatsachen; es gibt viel, was wir dagegen tun können. Was auch immer die Einschränkungen sind, es muss einen Weg geben, ihre begrenzende Wirkung zu reduzieren und somit ist der nächste Schritt, auf den wir uns konzentrieren sollten, ganz offensichtlich.
4. Heben Sie die Einschränkungen des Systems hervor.
   Können wir hier aufhören? Ja, Ihre Intuition ist richtig. Es wird eine weitere Einschränkung geben, aber lassen Sie uns diese ein wenig besser formulieren. Wenn wir eine Einschränkung erhöhen und weiter erhöhen, dann muss es einen Zeitpunkt geben, an dem wir sie brechen. Dieses Ding, das wir erhöht haben, wird das System nicht mehr einschränken. Wird die Leistung des Systems jetzt ins Unendliche gehen? Sicherlich nicht. Eine andere Einschränkung wird seine Leistung begrenzen und daher muss der fünfte Schritt sein:
5. Wenn in den vorherigen Schritten eine Einschränkung gebrochen wurde, gehen Sie zurück zu Schritt 1.
   Leider können wir diese fünf Schritte nicht nennen, ohne eine Warnung zum letzten hinzuzufügen: „Aber Lassen Sie Nicht zu, dass Trägheit eine Systembeschränkung verursacht.“

Wir können diese Warnung nicht genug betonen. Was normalerweise passiert, ist, dass wir innerhalb unserer Organisation aus der Existenz der aktuellen Beschränkungen viele Regeln ableiten. Manchmal formell, oft intuitiv. Wenn eine Beschränkung gebrochen wird, scheint es, dass wir uns nicht die Mühe machen, diese Regeln zu überprüfen. Als Ergebnis sind unsere Systeme heute hauptsächlich durch politische Beschränkungen begrenzt.

Wir finden sehr selten ein Unternehmen mit einer echten Markteinschränkung, sondern eher mit verheerenden marketingpolitischen Einschränkungen. Wir finden sehr selten einen echten Engpass auf der Produktionsfläche, wir finden normalerweise produktionspolitische Einschränkungen. Wir finden fast nie eine Lieferanteneinschränkung, aber wir finden Einschränkungen in der Einkaufspolitik. Und in allen Fällen waren die Richtlinien zum Zeitpunkt ihrer Einführung sehr logisch. Ihre ursprünglichen Gründe sind seit langem verschwunden, aber die alten Richtlinien bleiben immer noch erhalten.

Der allgemeine Prozess kann also zusammengefasst werden (unter Verwendung der Terminologie des Systems, das wir verbessern möchten) als:

1. Identifizieren Sie die Einschränkungen des Systems.
2. Entscheiden Sie, wie Sie die Einschränkungen des Systems ausnutzen können.
3. Unterordnen Sie alles andere der oben genannten Entscheidung.
4. Heben Sie die Einschränkungen des Systems hervor.
5. Wenn in den vorherigen Schritten eine Einschränkung gebrochen wurde, kehren Sie zum ersten Schritt zurück, aber lassen Sie nicht zu, dass Trägheit eine Systemeinschränkung verursacht.

Wie wir bereits sagten, ist die einzige Möglichkeit, keine schwerwiegenden Verzerrungen zu verursachen, denselben Prozess zu beschreiben, aber diesmal mit der Terminologie des Verbesserungsprozesses selbst. Jeder Manager ist überwältigt von Problemen, oder wie einige es nennen würden, Möglichkeiten. Wir alle neigen dazu, uns auf korrigierende Maßnahmen zu konzentrieren, die wir zu ergreifen wissen, nicht unbedingt auf die Probleme, die wir korrigieren sollten, und die Maßnahmen, die erforderlich sind, um diese Probleme zu korrigieren. Daher müssen wir, wenn ein Prozess der kontinuierlichen Verbesserung wirksam sein soll, vor allem herausfinden – WAS ZU ÄNDERN IST.

Mit anderen Worten, die erste Fähigkeit, die wir von einem Manager verlangen müssen, ist die Fähigkeit, die Kernprobleme zu identifizieren, jene Probleme, die, einmal korrigiert, einen großen Einfluss haben werden, anstatt von einem kleinen Problem zum nächsten zu driften und uns selbst vorzumachen, dass wir unsere Arbeit erledigen. Aber sobald ein Kernproblem identifiziert wurde, sollten wir vorsichtig sein, nicht in die Falle zu geraten, uns sofort mit der Frage zu beschäftigen, WIE DIE VERÄNDERUNG HERBEIZUFÜHREN IST. Wir müssen uns zuerst klar machen – ZU WAS SOLL VERÄNDERT WERDEN – sonst führt die Identifizierung von Kernproblemen nur zu Panik und Chaos.

Daher sollten wir auch verlangen, dass ein Manager die Fähigkeit erwirbt, einfache, praktische Lösungen zu konstruieren. In der heutigen Welt, in der fast jeder von der Vorstellung von Raffinesse fasziniert ist, ist diese Fähigkeit, einfache Lösungen zu erzeugen, relativ selten. Trotzdem müssen wir darauf bestehen. Es reicht, uns daran zu erinnern, was wir so hart von der Realität gelernt haben, immer und immer wieder. Komplizierte Lösungen funktionieren nicht, einfache könnten es tun. Sobald die Lösung bekannt ist, und nur dann, stehen wir vor der schwierigsten Frage – WIE MAN DIE VERÄNDERUNG HERBEIFÜHRT.

Literatur

1. Heifetz R (1994) Leadership without easy answers. Harvard University Press, Cambridge, MA
2. Mintzberg H (1998) Cover leadership: notes on managing professionals. Knowledge workers respond to inspiration not supervision. Harv Bus Rev 76(6):140–147
3. Pye A (2005) Leadership and organizing: sensemaking in action. Leadership 1(1):31–49
4. Cheverton J (2007) Holding our own: value and performance in nonprofit organisations. Aust J Soc Issues 42(3):427–436
5. Ham C, Dixon A, Brooke B (2012) Transforming the delivery of health and social care. The case for fundamental change. King's Fund, London
6. Seelos C, Mair J (2012) Innovation is not the holy grail. Stanf Soc Innov Rev 10(4):44–49
7. Lindberg C, Schneider M (2013) Combating infections at maine medical center: insights into complexity-informed leadership from positive deviance. Leadership 9(2):229–253
8. Stiehm JH (2002) The U.S. army war college: military education in a democracy. Temple University Press, Philadelphia
9. Conklin E, Weil W (2005) Wicked problems: naming the pain in organizations. www.touchstone.com/tr/wp/wicked.html. Accessed 20 Sept 2005
10. Rittel HWJ, Webber MM (1973) Dilemmas in a general theory of planning policy sciences. Pol Sci 4(2):155–169
11. Heifetz R, Grashow A, Linsky M (2009) The practice of adaptive leadership: tools and tactics for changing your organization and the World. Harvard Business Press, Boston, MA
12. Jones P (2013) Design for care: innovating healthcare experience. Rosenfeld Media, New York
13. Brown T (2008) Design thinking. Harv Bus Rev 86(6):84–92
14. Rogers KH, Luton R, Biggs H, Biggs R, Blignaut S, Choles AG et al (2013) Fostering complexity thinking in action research for change in social-ecological systems. Ecol Soc 18(2):31
15. Caron D (2009) It's a VUCA World. http://www.slideshare.net/dcaron/its-a-vuca-world-cips-cio-march-5-2009-draft. Accessed 23 Sept 2012
16. Polanyi M (1958) Personal knowledge. Towards a post-critical philosophy. Routledge, London
17. Polanyi M (1983) Tacit dimension. Peter Smith Publisher Inc., Gloucester, MA
18. Cohen WM, Levinthal DA (1990) Absorptive capacity: a new perspective on learning and innovation. Adm Sci Q 35(1):128–152
19. Miller WL, Morris L (1999) 4th generation R&D – managing knowledge, technology, and innovation. Wiley, New York
20. Howell WS (1982) The empathic communicator. Wadsworth Publishing Company, University of Minnesota, St. Paul, MN
21. Argyris C, Schön DA (1974) Theory in practice: increasing professional effectiveness. Jossey-Bass, California SF

22. Raelin JA (2001) Public reflection as the basis of learning. Manag Learn 32(1):11–30.
23. Snowden D (2002) Complex acts of knowing: paradox and descriptive self-awareness. J Knowl Manag 6(2):100–111
24. Kurtz CF, Snowden DJ (2003) The new dynamics of strategy: sense-making in a complex and complicated world. IBM Syst J 42(3):462–483
25. Goldratt EM (1990) What is this thing called THEORY OF CONSTRAINTS and how should it be implemented? The Northern River Press. Great Barrington, MA
26. Schneider M, Somers M (2006) Organizations as complex adaptive systems: implications of complexity theory for leadership research. Leadersh Q 17(4):351–365
27. Albert S, Ashforth BE, Dutton JE (2000) Organizational identity and identification: charting new waters and building new bridges. Acad Manage Rev 25(1):13–17
28. Fulop L, Mark A (2013) Relational leadership, decision-making and the messiness of context in healthcare. Leadership 9(2):254–277
29. Bapat V (2017) Why the lowly dandelion is a better metaphor for leaders than the mighty banyan. Harv Bus Rev Digital Articles 3/23/2017:2–4
30. Nonaka I (1988) Toward middle-up-down management: accelerating information creation. Sloan Manage Rev 29(3):9–18
31. Nonaka I (1994) A Dynamic Theory of Organizational Knowledge Creation. Organization Sci 5(1):14–37
32. Beresford MJ (2010) Medical reductionism: lessons from the great philosophers. Q J Med 103:721–724
33. Morin E (2008) On complexity. Hampton Press, New Jersey
34. Hosking D, Fineman S (1990) Organizing processes. J Manag Stud 27(6):583–604

Teil III
Komplex Adaptive Gesundheitssysteme: Theorie trifft Praxis

Alle Theorien sind legitim, ganz egal. Es kommt darauf an, was man mit ihnen macht.

Jorge Luis Borges (1899–1986)
Argentinischer Schriftsteller und Dichter

Es ist die Theorie, die entscheidet, was beobachtet werden kann.

Albert Einstein (1879–1955)
Deutschstämmiger theoretischer Physiker

Teil I dieses Buches beschrieb die grundlegenden Elemente, die die Bildung eines komplex adaptiven Gesundheitssystems untermauern, und Teil II skizzierte, wie man die Prinzipien der Komplexitätswissenschaften auf die (Neu-)Gestaltung von Gesundheitssystemen anwendet. Drei Beispiele aus drei sehr unterschiedlichen Kontexten veranschaulichten, wie – unter der Leitung von *engagierten Führungspersönlichkeiten,* die Einhaltung dieser Prinzipien – das gemeinsame Verständnis von *Zweck, Zielen und Werten,* zur bottom-up/top-down Entstehung komplex adaptiver Gesundheitssysteme führte:

- Ein primäres Gesundheitssystem in den Slums von Nairobi
- Eine nationale integrierte Neuausrichtung von Gesundheits- und Sozialdiensten zur Eindämmung von HIV/AIDS in Brasilien
- Ein gemeindeeigenes, gemeindegeführtes und gemeindeorientiertes Gesundheitssystem für die Native Alaska und amerikanischen Indianer im Großraum Anchorage

Der nächste Teil dieses Buches wird untersuchen, wie man die Struktur und Dynamik von Gesundheitssystemorganisationen besser verstehen kann. Dies erfordert eine grundlegende Änderung der Denkweise; die Beibehaltung der vorherrschenden

Abb. 1 Ein Array von Punkten [1]

Denkweise wird wahrscheinlich nicht zu einem grundlegend anderen Verständnis führen.

Passiouras visuelles Gleichnis[1]

Abb. 1 zeigt ein Array von Punkten [1]. Wenn man uns fragen würden, diese Punkte zu studieren, würden wir wahrscheinlich damit beginnen, nach Mustern in ihnen zu suchen. Wir würden feststellen, dass ihre Zentren ein quadratisches Array bilden, dessen Reihen 45 zur Horizontalen sind, dass die meisten der Punkte kreisförmig sind, dass es eine bimodale Verteilung ihrer Größe gibt und dass Punkte einer bestimmten Größe dazu neigen, zusammengeklumpt zu sein. Wir könnten feststellen, dass einige der Punkte missgebildet zu sein scheinen, und wenn wir eine unbefristete Anstellung haben, könnten wir Zeit haben, darüber nachzudenken, dass wir bereits Erwartungen an unsere Beobachtungen entwickelt haben, indem wir ein so abwertendes Wort wie „missgebildet" verwenden, das heißt, dass wir angefangen haben, Theorie zu entwickeln – Punkte sollten kreisförmig sein, und wenn sie es nicht sind, ist es ein Fehler.

Es ist klar, dass es hier viele Muster gibt. Aber gibt es ein signifikantes Muster? Was bedeutet „signifikant"? Haben wir die richtigen Beobachtungen gemacht? Könnten die großen und kleinen Punkte ein zweibuchstabiges Alphabet ähnlich dem Morsecode sein, so dass wir nach einem linearen statt nach arealen Muster suchen sollten? Es scheint keine Möglichkeit zu geben, das herauszufinden.

Betrachtet man jedoch ein größeres Feld der Punkte, wie in Abb. 2 dargestellt, und macht man die Augen so unscharf, dass die Punkte fast verschwinden, gewin-

[1] Passioura JB. Accountability, Philosophy and Plant Physiology. Search 1979;10(10):347–350.

Abb. 2 Ein Array von Punkten? [1]

nen sie plötzlich an Bedeutung und verschwinden tatsächlich. Wir schauen nicht mehr auf Punkte. Wir schauen jetzt auf das Gesicht eines Mannes, der eine Pfeife raucht. Abb. 1 *wird nun als Bild seiner Augen, Nase und Mund gesehen, und fast all unsere vorherige Diskussion über Arrays, und Reihen, und Größe, und Form, wird nun als irrelevant angesehen. Alles, was zählt, ist die grobe Verteilung der unterschiedlich großen Punkte, um die Illusion von Licht und Schatten zu erzeugen. Die Bedeutung der Punkte kann nur erkannt werden, indem man auf fast alle detaillierten Informationen verzichtet, die wir über sie haben, und wenn wir die Sprache ändern, mit der wir sie beschreiben. Wir können ihre Bedeutung nicht diskutieren, indem wir uns auf Worte wie Größe, und Form, und Array beschränken. Wir müssen Worte wie Licht, und Schatten, und Nase, und Mund verwenden.*

Dieser Übergang von einer Sprache zur anderen ist ein Beispiel für die Art und Weise, wie unsere Gedanken mit vielschichtigen Systemen umgeht. Und indem wir die Welt als in begrifflichen Schichten organisiert wahrnehmen, gelingt es uns, ihr einen Sinn zu geben; die Verwendung solcher Begriffe wie „molekularer Level", „zellulärer Level", [„Organebene", „Personenebene", „Primärversorgungsebene", „Sekundärversorgungsebene", „Tertiärversorgungsebene", „kommunale Ebene", „Regionalebene", und „Ebene des gesamten Gesundheitssystems"], beweist *das. … Im Folgenden werden die wichtigsten Eigenschaften von hierarchischen Systemen, oder hierachisch organisierten Systemen, wie sie manchmal genannt werden, beschrieben. Der Bericht basiert auf dem von Mesarovic MD. und Macko D. (1969)* ['Foundations for a scientific theory of hierarchical systems,' in Hierarchical Structures (L. L. Whyte, A. G. Wilson and Donna Wilson, eds.). American Elsevier, New York. pp. 29–50].

Eigenschaften von hierachisch organisierten Systemen

1. *Jede Ebene hat ihre eigene Sprache, Konzepte und Prinzipien. In unserer Diskussion über Abb.* 2 *haben wir Wörter verwendet, die zu drei verschiedenen Ebenen gehören: „Array" und „Punkt" gehören zur niedrigsten (d. h. am wenigsten organisierten) Ebene; „Licht" und „Schatten" gehören zur mittleren Ebene und fassen die wichtigen Merkmale der Organisation der Punkte zusammen; „Nase" und „Mund" gehören zur höchsten Ebene und fassen wichtige Merkmale der Organisation von Licht und Schatten zusammen. Unser Verständnis eines hierachisch organisierten Systems wird teilweise durch unsere Fähigkeit gemessen, die Sprachen benachbarter Ebenen zu übersetzen. Die Übersetzung in eine niedrigere Ebene liefert uns Erklärungen, die Übersetzung in eine höhere Ebene liefert uns die Bedeutung des Phänomens, das wir studieren.*
2. *Die Entdeckung auf einer gegebenen Ebene wird durch das Nachdenken über benachbarte Ebenen angeregt. Wir haben gesehen, dass es nahezu unmöglich ist, ein Gesicht zu entdecken, während wir uns auf die Punkte in Abb. 1 konzentrieren. Hätte man uns jedoch gesagt, dass die Anordnung der Punkte für Licht und Schatten steht, wäre uns die Entdeckung des Gesichts wahrscheinlich erleichtert worden, als wir die Figur zum ersten Mal verschwommen sahen. Ebenso könnte unser Verständnis der Bedeutung der Punkte in Bezug auf Licht und Schatten unsere Aufmerksamkeit auf ein wichtiges Merkmal lenken, das wir bisher nicht in Betracht gezogen haben, nämlich die räumliche Frequenz. Wenn das Array der Punkte auf einem feineren Raster wäre, könnten wir mehr Details im Bild sehen.*
3. *Die Interaktion zwischen den Ebenen ist nicht symmetrisch: Eine höhere Ebene benötigt alle unteren Ebenen, um effektiv zu funktionieren, aber nicht umgekehrt. Wenn wir Abb.* 1 *in mehrere Teile zerschneiden und neu anordnen würden, hätten wir immer noch ein Array von Punkten, auch wenn sie ein sinnloses Muster bildeten. Aber wenn wir die Punkte transformierten, indem wir sie beispielsweise so quetschten, dass sie dünne überlappende Linien anstelle von diskreten Bereichen bildeten, hätten wir weder Punkte noch Bild.*
4. *Höhere Ebenen entstehen durch Einschränkungen, die den niedrigere Ebenen auferlegt werden. Zufällig angeordnete Punkte würden kein Bild ergeben. Erst nachdem die Punkte eingeschränkt wurden, um Gruppen zu bilden, kann ein Bild entstehen. Eine Gruppe von großen Punkten ergibt einen Lichtfleck; eine Gruppe von kleinen, einen Schattenfleck.*
5. *Eine Einschränkung wird in der Sprache der höheren Ebene ausgedrückt. Punkte werden gruppiert (eingeschränkt), um einen Fleck zu bilden. Man könnte die Gruppierung in Bezug auf die Größe und Position einzelner Punkte ausdrücken, aber eine solche Beschreibung wäre mühsam und verwirrend und würde keinen Hinweis auf die Bedeutung der Einschränkung geben.*

Implikationen für das Verständnis komplex adaptiver Gesundheitssysteme
Die Leser werden daran erinnert, dass jedes System aus einer Reihe von Teilsystemen besteht und selbst Teil eines größeren Suprasystems ist. Passioura weist auf die wichtigen Beziehungen zwischen den Systemebenen hin; Teilsystemebenen liefern ***Erklärungen*** für die Eigenschaften der interessierenden Systemebene, die Suprasystemebene erklärt die ***Bedeutung*** der Systemebene für das Ganze (Tab. 1).

Diese Zusammenhänge verdeutlichen, dass das *Zerlegen von Systemen in ihre Bestandteile mit Gefahren behaftet ist, da die Teile nicht mehr die Eigenschaften des gesamten Systems enthalten.* Wenn dieser Punkt übersehen wird, kann dies zu Fehlinterpretationen des Systemverhaltens führen und nicht selten in übermäßig simplen Managementinterventionen resultieren.

Im Übereinstimmung mit Passiouras Vorstellungen müssen wir auch das Verständnis von Themen entlang eines Kontinuums sich ändernder Kontexte unterscheiden (Abb. 3). Das Zerlegen von *dem, was wir wissen,* in seine Bestandteile ist erklärend und mit einem hohen Grad an Gewissheit verbunden. Allerdings kann *das, was wir über ein Thema wissen möchten,* nur erahnt werden und wird zu neuen Erkenntnissen führen.

Die folgenden zwei Kapitel befassen sich mit zwei breit angelegten Ansätzen zum Verständnis *komplex adaptiver Systeme (Organisationen):*

- A posteriori *Ansätze,* die die historischen Merkmale des Systems beleuchten - seine Struktur und seine Ergebnisse und daraus abgeleitet seine Treiber
- *Prospektive Ansätze,* die Einblicke in die möglichen zukünftigen Leistungen des Systems geben, d. h. sein potentielles dynamisches Verhalten, basierend auf dem, was bisher bekannt ist

Diese beiden Ansätze werden dann auf das Problem der Fettleibigkeit angewendet. Nur eine Wertschätzung der Interdependenz zwischen allen *„teilweisen Einsichten"* ermöglicht ein *„gesamtes Verständnis"* des Problems, d. h. die Fettleibigkeitsepidemie als Ganzes ist *„größer und anders"* als die *„Summe ihrer Teile"*.

Tab. 1 Phänomene des Gesundheitssystems auf verschiedenen Organisationsebenen

	Primärversorgung	Person	Gesellschaft
SIGNIFIKANZ der Suprasystemebene	Ressourcenzuweisung für sekundäre/tertiäre Versorgung	Kommunale Morbidität und Mortalität	Sozioökonomische Determinanten der Gesundheit
BESCHREIBUNG der Systemebene	Erster Versorgungspunkt	Persönliche Gesundheit Erfahrung	Soziales Kapital
ERKLÄRUNG der Teilsystemebene	Krankenschwestern und Ärzte, die in der Gemeinde praktizieren	Persönliche Morbidität, Familienunterstützung, Umwelt Gefährdungen	Anzahl der Freunde, Gemeindehallen, Sportanlagen, Sportanlagen, usw.

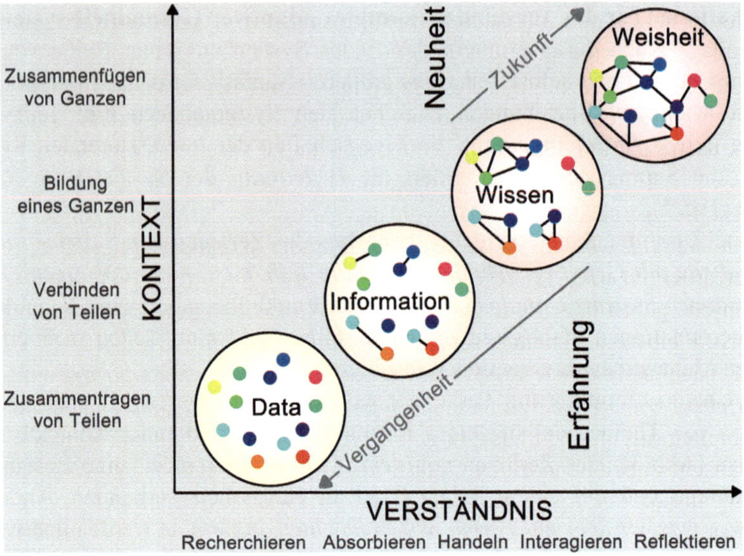

Abb. 3 Das Kontinuum von Verständnis und Kontext. Echtes Verständnis entsteht durch die Fähigkeit, verschiedene Wissensdomänen zu verknüpfen. Adaptiert von: Cleveland H. „Information as Resource“, The Futurist, Dezember 1982, pp. 34–39

Weiterführende Literatur

Morin E (2008) On complexity. Hampton Press, New Jersey

Kapitel 9
Analyse der „Funktionsweise“ von Gesundheitssystemen als Komplex Adaptive Systeme

Überblick. Komplex adaptive Systeme können auf zwei sehr unterschiedliche Arten analysiert werden:

- Rückblickend fragen: Welche seiner Strukturen und Verhaltensweisen haben die Entstehung ihres derzeitigen Zustands ermöglicht (die *was* und *warum* Fragen)
- Vorausschauend fragen: Änderungen an welchen seiner Strukturen und Verhaltensweisen könnten am wahrscheinlichsten Dynamiken formen, die ein zukünftig gewünschtes Ergebnis erzielen (die *wie* Fragen)

Rückwärts betrachtet wird das System zerlegt. Die Zerlegung von Systemen kann zu folgenden Ergebnissen führen:

- Gesundheitsatlanten, die die Verteilung verschiedener Gesundheitsdienste wie die Standorte von Krankenhäusern, Gemeinschaftspraxen, spezialisierten medizinischen und verbundenen Diensten usw. in einem geografischen Gebiet beschreiben
- Geografische-Verteilungskarten überlagern eine Vielzahl verschiedener Daten auf einer Karte und heben visuell ihre Verbindungen hervor. Beispielsweise haben Forscher eine starke Beziehung zwischen sozioökonomischen Merkmalen, der Verteilung von Fast-Food-Restaurants und Adipositasraten in verschiedenen Vororten gefunden
- Das Erstellen von Geografischen-Karten für verschiedene Zeiträume kann Fortschritte bei der Bekämpfung bestimmter Probleme wie die Fortschritte im Kampf gegen die Schlafkrankheit in der Demokratischen Republik Kongo aufzeigen

Vorausschauend berücksichtigt man die Tatsache, dass das *System als Ganzes,* und nicht seine diskreten Einheiten, die beobachteten und gewünschten Verhaltensweisen und Ergebnisse erzielen. Vorausschauend ist das Gebiet der Modellierung.

J. P. Sturmberg, *Neugestaltung des Gesundheitssystems*,
https://doi.org/10.1007/978-3-031-46816-2_9

Ein Modell ist eine „vereinfachte Version der Realität“, es enthält die „vereinbarten“ Variablen, die als „verantwortlich für die Verursachung“ der Verhaltensweisen und Ergebnisse des Systems angesehen werden.

Modellierung ist in erster Linie ein *Lernwerkzeug* – es ermöglicht allen, die am Modellbau beteiligt sind, einen tiefen Einblick in die Struktur und Funktion des Systems zu gewinnen. In zweiter Instanz ist es ein *Entscheidungswerkzeug* – es lädt zur Erforschung von „Was-wäre-wenn“-Szenarien ein, um den *„bestmöglichen“* Ansatz zur Lösung eines Problems zu finden. Modellierung bietet Entscheidungsträgern einen „sicheren Raum“, um die langfristigen Auswirkungen potenzieller Lösungen auf das Verhalten und die Ergebnisse des Systems zu erforschen.

Modellierung ist jedoch kein Allheilmittel; wie Rittel betonte, ist jede Lösung für ein schwieriges Problem eine „Einmal-Lösung“; Modellierung hilft Entscheidungsträgern, „den bestmöglichen Versuch zu unternehmen“.

Punkte zur Reflexion

- Wie kann man die Funktion und Leistung eines Gesundheitssystems oder einer Gesundheitseinheit analysieren?
- Systeme ändern sich ständig. Wie kann man am besten die Auswirkungen von Entscheidungen auf das langfristige Verhalten/Ergebnisse eines Systems „vorhersagen“?
- Wenn Sie an der Analyse der Struktur und Funktion eines Gesundheitssystems/einer Einheit des Gesundheitswesens teilgenommen haben:
  - Wie hat dies Ihr Verständnis für das System und sein Verhalten beeinflusst?
  - Wie sind Sie zu „den notwendigen Änderungen, die vorgenommen werden mussten“, gekommen?
  - Welche Ergebnisse haben diese Änderungen erzielt?
- Wenn Sie an der Modellierung der Struktur und Funktion eines Gesundheitssystems/einer Einheit des Gesundheitswesens teilgenommen haben:
  - Wie hat dies Ihr Verständnis für das System und sein Verhalten beeinflusst?
  - Wie sind Sie zu „den notwendigen Änderungen, die vorgenommen werden mussten“, gekommen?
  - Welche Ergebnisse haben diese Änderungen erzielt?

Abb. 9.1 Gesundheits- und Gesundheitsversorgungskontexte. Der verschachtelte Charakter der Gesundheitsversorgung – die Person und die Person im Kontext seiner Familie *(grüne Kreise)*, ärztliche Praxis im Kontext des Gesundheitssystems *(rote Kreise)*, und die persönliche Umgebung im Kontext des Wohnortes *(blaue Kreise)*

Wie können wir den Systemcharakter von Gesundheit und Gesundheitsversorgung besser verstehen, wie einen *Patient* und einen *Patient in seinem familiären und gemeinschaftlichen Kontext*, eine *ärztliche Praxis* als Organisation und eine *ärztliche Praxis an einem bestimmten Ort* oder ein *Krankenhaus* und ein *Krankenhaus an einem bestimmten geografischen Ort* (Abb. 9.1)? Traditionelle Ansätze zielen darauf ab, das System zu dekonstruieren, um jedes Teil nacheinander zu verstehen. Ein Verständnis von *„den Teilen"* reicht jedoch in der Regel nicht aus, um das *„System als Ganzes"* und sein dynamisches Verhalten zu verstehen.

Dieses Kapitel skizziert eine Reihe von Techniken, die ein tieferes Verständnis eines komplex adaptiven Systems oder einer komplex adaptiven Organisation ermöglichen. Es gibt zwei breite Methodologien:

- A posteriori *Ansätze*, die die historischen Merkmale eines Systems oder einer Organisation beleuchten – seine Struktur und seine Ergebnisse, und durch Deduktion seine Treiber
- *Prospektive Ansätze*, die Einblicke in die möglichen zukünftigen Leistungen eines Systems oder einer Organisation bieten – sein potentielles dynamisches Verhalten, basierend auf dem, was bisher bekannt ist

Zunächst eine Erinnerung – ein Gesundheitssystem besteht aus vielen Teilsystemen, die *einfach, kompliziert* oder *unterschiedlich komplex* sein können. Daher ist es wichtig, zunächst zu identifizieren, mit welcher Art von Teilsystem man es zu tun hat, bevor man ein bestimmtes Analyseinstrument auswählt (Tab. 9.1).

Und zweitens – es gibt viele verschiedene Ansätze, um die Komplexitäten in Gesundheitssystemen zu verstehen (Tab. 9.2). Da das Gesundheitssystem ein *komplex adaptives System* ist, sind Ansätze aus den Bereichen Ingenieurwesen,

Tab. 9.1 Einfache, komplizierte, komplexe und komplex adaptive Teilsysteme in einem Gesundheitssystem

	Einfach	Kompliziert	Komplex	
Arten von Systemen	Mechanische Systeme		Komplex (dynamische) Systeme	Komplex adaptive Systeme
Beispiele aus der kommunalen Gesundheitsversorgung	Grippeimpfung	Behandlung einer Verbrennung 2. Grades	Gemeinschaftspflege für gebrechliche ältere Menschen, Verknüpfung von Pflegebereichen	Zusammenarbeit in der GP-Klinik Multimorbiditätsmanagement
Beispiele aus der Krankenhausversorgung	Laboruntersuchung Chirurgie	Hüftgelenkersatz Akutpsychiatrische Abteilung	Medikationsmanagement bei Polypharmazie	Intensivpflegestation
Beispiele im Teilsystem Gesundheit		Protokolle, Z.B. Richtlinien zum Händewaschen	Bettenmanagement in einem Krankenhaus Personalmanagement in einem Krankenhaus	Psychische Gesundheit Gesundheitsfinanzierung
Aufbau des Systems	Eins-zu-eins-Beziehungen Z.B. Krankenschwester gibt Grippe Impfung	Eins-zu-viele-Beziehungen  Z.B. Chirurg, der ein OP-Team leitet Z.B. Stationsleiter, der sicherstellt, dass das Personal alle Patientenvorfälle, egal wie unbedeutend sie sind, dokumentiert	Many-to-many- und System-to-System-Beziehungen (verschachtelte Systeme)  Teilsysteme können einfache, komplizierte und komplex Komponenten haben. Z.B. der Wert der in der MBS aufgeführten Dienstleistungen (einfach) jedoch die Honorare, die die einzelnen Ärzte den verschiedenen Patienten in ihre Praxis in REchnung stellen ist sehr variabel und hängt von vielen Faktoren ab (komplex Anpassungsfähigkeit)	
Ergebnisse	Linear Z.B. gemessen an der Prozentsatz der berechtigen geimpften Bevölkerung	Meistens vorhersehbar Z.B. gemessen an der Anzahl und Art der Komplikationen im OP Linear	Ändern sich mit Vorgeschichte und Ausgangsbedingungen Unvorhersehbar/vorhergehend Z.B. kontextbezogene Beschreibung der SES-Merkmale von Bevölkerungsgruppen, Detaillierte Beschreibung der Durchführung einer Intervention und der beobachteten Ergebnisse (Z.B. Verringerung des illegalen Drogenkonsums) Nichtlinear und Rückkopplung Komplex-chaotisch	
Verallgemeinerbarkeit	Ja	Ja	Nein	Nein

Tab. 9.2 Eigenschaften von Komplexitätsansätzen

Systemansätze von	Beschreibung	Aktivitäten	Beispiele	Struktur	Focusiert auf Prozess	Dynamik	Richtung der Analyse/ Interaktionen
Technik [1]	Ein Ansatz, der darin besteht ineffektive Prozesse, die die Qualität gefährden, zu antizipieren und Maßnahmen zur Beseitigung solcher Mängel zu entwickeln	• Plan-Do-Studie-Handeln (PDSA) • Lage-Hintergrund-Beurteilung-Empfehlungen (SBAR) • Stochastische Modellierung • Haus der Qualität • Statistische Prozessregelkarten mit Lean/Six Sigma [http://www.leansixsigmatraining.net/toyota-production-system/]	• Prävention von Dekubltus im Krankenhaus • Sturzprävention	✔	✔	✖	⇐
Unternehmen [2, 3], Wirtschaft und Wissen Management		• Wissensgewinnung aus Daten (KDD) • Expertenbasierte kooperative Analyse (EbCA) • Analyse des Ergebnismanagements • Kausalitätsanalyse • Schlanker Ansatz für die Gesundheitslogistik • Modell zur Qualitätsverbesserung (IHI-QI) • Sechs Sigma • Toyota-Produktionssystem	• Kartierung der Bevölkerung • Dienstleistungskartierung • Bekämpfung im Verschwendung Gesundheitswesen • Sicherheit im Gesundheitswesen	(✔)	(✔)	✖	⇐ ⇒
Verteidigung, Luftfahrt und andere Hochrisiko Sektoren [4]	Entwickelt eine Null-Fehler Kultur auf der Grundlage der Erkenntnis, dass hochtechnische Vorgänge von der Interaktion von Systemen, Teilsystemen, Agenten und Kontexten abhängen	• Analysen der grundlegenden Ursachen • SWARMing • TeamSTEPPS [5]	• Sicherheit im Gesundheitswesen • Schulung der Interaktion des Personals	✔	(✔)	(✖)	⇐
Computer Wissenschaften	Simulationsmodellierung [6]	Entscheidungshilfesysteme (DSS) Modellierung der Systemdynamik Agentenbasierte Modellierung	Zugang zu Informationen und Wissen	✖ ✔	✔ ✔	(✔) ✔	⇐ ⇒ ⇒

✔ = yes, (✔) or (✖) = variable, ✖ = no, ⇐ = backwards, ⇒ = forwards

Wirtschaft, Ökonomie, Verteidigung und Luftfahrt nur für spezifische Teilsysteme des Gesundheitssystems anwendbar, wie zum Beispiel präoperative Checklisten, die aus der Luftfahrt übernommen wurden. Darüber hinaus blicken viele dieser Techniken zurück; sie zielen darauf ab, zu identifizieren, was zu den aktuellen Ergebnissen geführt hat. Die Neugestaltung von Gesundheitssystemen hingegen zielt darauf ab, Verbesserungen für die Zukunft zu erzielen und ist das Gebiet der *Modellierung und Simulation.* Obwohl Modellierung und Simulation die Zukunft nicht vorhersagen können, ermöglichen sie ein besseres Verständnis der potenziellen Vorteile und Risiken im Kontext des besten Verständnisses der Struktur und Dynamik des Systems zu diesem Zeitpunkt.

9.1 A Posteriori *Ansätze* zum Verständnis von Gesundheitssystemen als komplex adaptive Systeme

„Rückblickend“ liefert Antworten auf die Frage: *„Welche Strukturen und Handlungen in dem System, in dem wir arbeiten, haben zu den Ergebnissen geführt, die wir beobachten“* (und mit denen wir möglicherweise zufrieden oder auch nicht sind) hervorgebracht haben. A posteriori Ansätze eignen sich, um über die **bestehenden** Strukturen, Interaktionen und Treiber eines Systems oder einer Organisation nachzudenken.

9.1.1 Geschichte der Zerlegung einfacher/komplizierter Systeme

Die Zerlegung funktioniert gut für *entworfene Systeme* wie Autos, Computer oder Produktionsketten. Die Fähigkeit, diese Art von Systemen zu zerlegen, ermöglicht Verbesserungen in der Struktur und/oder Funktion jedes Teils, und wenn die Teile wieder zusammengefügt werden, hat man das *gleiche System* mit veränderten Systemteileigenschaften wiederhergestellt – im Prinzip kann das System nun besser oder schlechter funktionieren. Die Neugestaltung einfacher/komplizierter Systeme erfordert die Autorität und die Bereitstellung von Ressourcen durch *Manager.*

9.1.2 Die Gefahren der Zerlegung komplex adaptiver Systeme (CAS)

Jedoch ist das Gesundheitssystem ein *komplex adaptives – NICHT ein einfaches/kompliziertes – System;* seine Stakeholder lernen ständig auf der Basis des Feedbacks, das sie erhalten. Darüber hinaus konzentrieren sie sich, abhängig von ihrem

Tab. 9.3 Stakeholder und ihre unterschiedlichen Interessen im Gesundheitswesen

Stakeholder	Risikomanagement	Prävention	Erkennung	Behandlung
Öffentliche Bereitstellung	z. B. Versicherung abschließen	z. B. Rauchen aufhören	z. B. sich untersuchen lassen, System Kliniker[a]	Kliniker und Anbieter[b]
.				
Regierung	Medicare, Medicaid, US-Congress	NIH, Regierung CDC, DoD, u.a.	NIH, Regierung CDC, DoD, u.a.	NIH, Regierung CDC, DoD, u.a.
Non-Profit-Organisationen		American Cancer Society, American Heart Association, u.a.	American Cancer Society, American Heart Association, u.a.	American Cancer Society, American Heart Association, u.a.
Akademia	Business Schools	Grundlagenwissenschaftliche Disziplinen	Technologie- und Medizinische Hochschulen	Medizinsche Hochschulen
Unternehmen	Arbeitgeber, Versicherungsunternehmen, HMOs		Guidant, Medtronic, u.a.	Lilly, Merck, Pfizer, u.a.

[a]Die Kategorie der Kliniker umfasst Ärzte, Krankenschwestern und andere Gesundheitsberufe
[b]Die Kategorie der Anbieter umfasst Krankenhäuser, Kliniken, Pflegeheime und viele andere Arten von Test- und Behandlungseinrichtungen [1]

Platz und ihrer Rolle im System, auf *spezifische,* aber begrenzte Ziele (siehe zum Beispiel Tabelle 9.3). Um es noch einmal zusammenzufassen, Organisationen:

- Haben keinen *stabilen Zustand; nichtlineare Dynamiken* lassen ihr Verhalten zufällig/chaotisch erscheinen
- Ihre Agenten sind *unabhängig,* beeinflusst durch ihre Umgebung, emotionale Zustände und soziale Regeln
- Ihre Agenten haben *widersprüchliche Ziele und Verhaltensweisen;* sie müssen sich an die Unterschiede der anderen anpassen
- Ihre Agenten *lernen und ändern* ihre Reaktionen und Verhaltensweisen auf Basis von *iterativem Feedback,* was zu *Selbstorganisation und Emergenz* führt; die Ergebnisse können Innovationen oder Katastrophen sein
- Da ein großes CAS *keinen einzigen Kontrollpunkt* hat („niemand ist in charge") können Organisationen wie ein Gesundheitssystem nur beeinflusst ***aber niemals*** kontrolliert werden
- Kein Einzelner hat entweder die *Autorität noch die Ressourcen,* um das System zu gestalten/neu zu gestalten

Angesichts dieser Eigenschaften großer CAS warnt Rouse ***vor der Dekomposition komplex adaptiver Systeme.*** Er betont, dass bei der Zerlegung solcher Systeme mit hoher Wahrscheinlichkeit wichtige Informationen über Interaktionen zwischen

Phänomenen von Interesse verloren gehen [7]. Ein solcher Verlust führt unweigerlich dazu, „den Wald vor lauter Bäumen nicht zu sehen“, was zu falschen Schlussfolgerungen führt, oder um es mit den Worten von Mencken zu sagen: *Für jedes komplexe Problem gibt es eine Antwort, die klar, einfach und falsch ist.*

9.1.3 Die Struktur/Komponenten eines Gesundheitssystems analysieren

Die Analyse der Struktur/Komponenten eines Gesundheitsdienstes liefert wertvolle Erkenntnisse über die Organisation des Dienstes und die Ressourcenverteilung. Sie ermöglicht beschreibende Vergleiche zwischen der Organisation und/oder den Ergebnissen von Gesundheitssystemen in verschiedenen Kontexten.

Allerdings kann eine strukturelle Zerlegung von Dienstleistungen keine Informationen über ihre Funktion liefern, wie zum Beispiel:

- Ist diese spezielle Systemkonfiguration effektiv und effizient
- Fördert sie die Zusammenarbeit zwischen den Dienstleistern
- Wie trägt die soziale und physische Umgebung zu guter/schlechter Gesundheit bei
- Sind Gesundheits- und Sozialdienste zugänglich und kulturell angemessen
- Ermöglicht es den Patienten, besser mit ihren Problemen umzugehen

9.1.3.1 Gesundheitsatlas

Salvador-Carulla et al. [8] schlugen eine Methodik vor, um bestehende (psychische) Gesundheitsdienste in verschiedenen Ländern Europas unter Berücksichtigung von Merkmalen auf der Meso- und Mikroebene (Standort, Dienstleistungstypen) zu kartieren. Jedes Land lieferte strukturierte Daten über seine Bevölkerung, SES-Indizes, allgemeine Informationen über ihre psychischen Gesundheitspolitiken, Komponenten der psychischen Gesundheitsdienste und geographische Daten. Die Methodik wird im Detail in der Arbeit beschrieben; das Ergebnis der Zerlegung wird in Abb. 9.2 (oben) für die Verfügbarkeit von stationären psychischen Gesundheitsdiensten in verschiedenen Maßstäben und in Abb. 9.2 (unten) für verschiedene Arten von psychischen Gesundheitsdiensten in der Region Helsinki gezeigt.

9.1.4 Untersuchung von Einflussfaktoren

Epidemiologische Ansätze sind darauf ausgelegt, potenzielle Faktoren zu ermitteln, die zu einem bestimmten Ergebnis beitragen. Diese Ansätze sind nützlich,

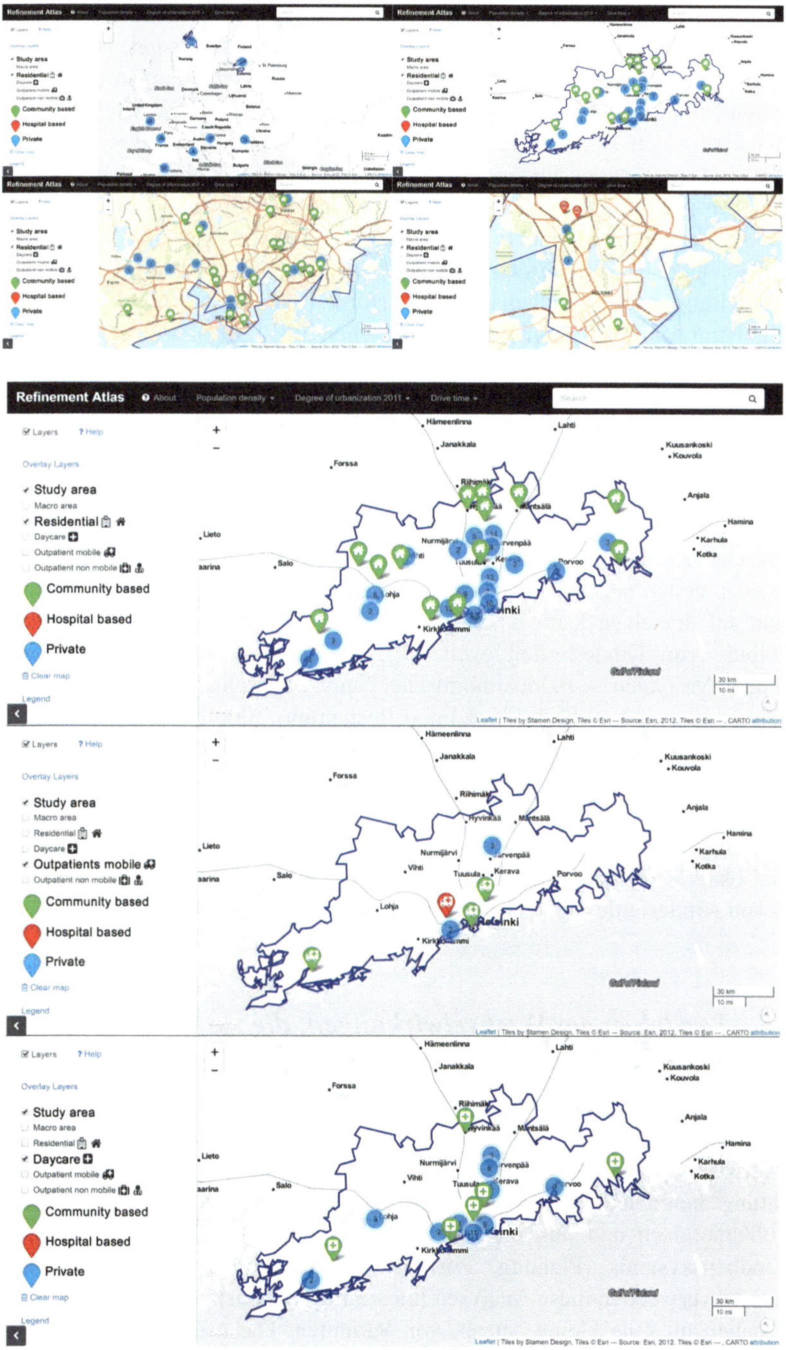

Abb. 9.2 Vergleich von stationären psychischen Gesundheitsdiensten in verschiedenen Auflösungsstufen – Europa *(oben links)*, Region Helsinki *(oben rechts)*, Innenstadt Helsinki *(unten links)* und auf Straßenebene eines Stadtviertels *(unten rechts) (oben);* Verfügbarkeit verschiedener Arten von psychischen Gesundheitsdiensten in Helsinki *(unten)* (http://www.psychiatry.univr.it/refinement/atlas/atlas.html%23)

um Hotspots schlechter Gesundheit, Umweltbeiträge oder sozioökonomische Faktoren zu identifizieren. Obwohl diese nicht kausal erklärend sind, liefern sie alle wichtige Hinweise zur Gestaltung von politischen Entscheidungen und zur Neugestaltung von Dienstleistungen.

Bemerkenswert ist, dass die meisten Fragen außerhalb des direkten Bereichs der Gesundheitssysteme liegen. Die Fachkräfte des Gesundheitswesens sehen die *Folgen* von politischen Entscheidungen, sozialer und umweltbedingter Umstände sowie der Verfügbarkeit/Nichtverfügbarkeit von Gesundheits- und Sozialdiensten; sie haben jedoch *keine direkte Möglichkeit,* diese zu verändern. Eine effektive Neugestaltung des Gesundheitssystems erfordert daher eine interdisziplinäre und skalenübergreifende Zusammenarbeit zwischen allen Bereichen, die die Gesundheit von Einzelpersonen und Gemeinden beeinflussen.

9.1.4.1 Geospatial Mapping

Das Beispiel des psychischen Gesundheitsatlas ist eine statische Form der geographischer Kartierung. Ein dynamischeres Bild entsteht, wenn verschiedene Faktoren, von denen angenommen wird, dass sie zu einem Gesundheitsergebnis beitragen, auf derselben Karte überlagert werden. Abb. 9.3 zeigt die geographische Verteilung von Kinderfettleibigkeit in Berlin und die Verteilung von drei erklärenden Variablen – sozioökonomischer Status, Prozentsatz der nicht-deutschen Bevölkerung und Anzahl der Fast-Food-Restaurants/1000 Einwohner. Abb. 9.4 illustriert die *nichtlineare* (log) Risikobeziehung zwischen den Variablen zur Fettleibigkeit [9]. Ein einziger politischer Ansatz zur Prävention von Fettleibigkeit für die Stadt Berlin wäre eindeutig unangemessen; die Ergebnisse zeigen erstens die Notwendigkeit, lokal relevante Faktoren zu identifizieren, die zur Fettleibigkeit in jeder Lokalität beitragen, bevor die *am besten angepassten* ***Ansätze*** zur Reduzierung von Kinderfettleibigkeit in der Gemeinde untersucht werden.

9.1.5 Verstehen der Wechselwirkungen, die zu den bedenklichen Ergebnissen geführt haben

Beobachtbare Systemergebnisse, wie die Lebenserwartung in einer Stadt oder die Verbreitung einer Krankheit wie der Schlafkrankheit, können durch die Betrachtung potenziell beitragender Faktoren untersucht werden. Diese können sozioökonomisch und umweltbedingt sein oder das Ergebnis der Funktion des Gesundheitssystems (Planung, Prävention oder Bereitstellung) sein. Im Allgemeinen verwenden diese Analysen lineare Regressionsmodelle und beschränken sich daher auf eine kleine Anzahl von Variablen. Diese Ergebnisse spiegeln jedoch viele dynamische *nichtlineare* Wechselwirkungen auf individueller und/oder kommunaler Ebene wider. Ein tieferes Verständnis dafür, wie das System die be-

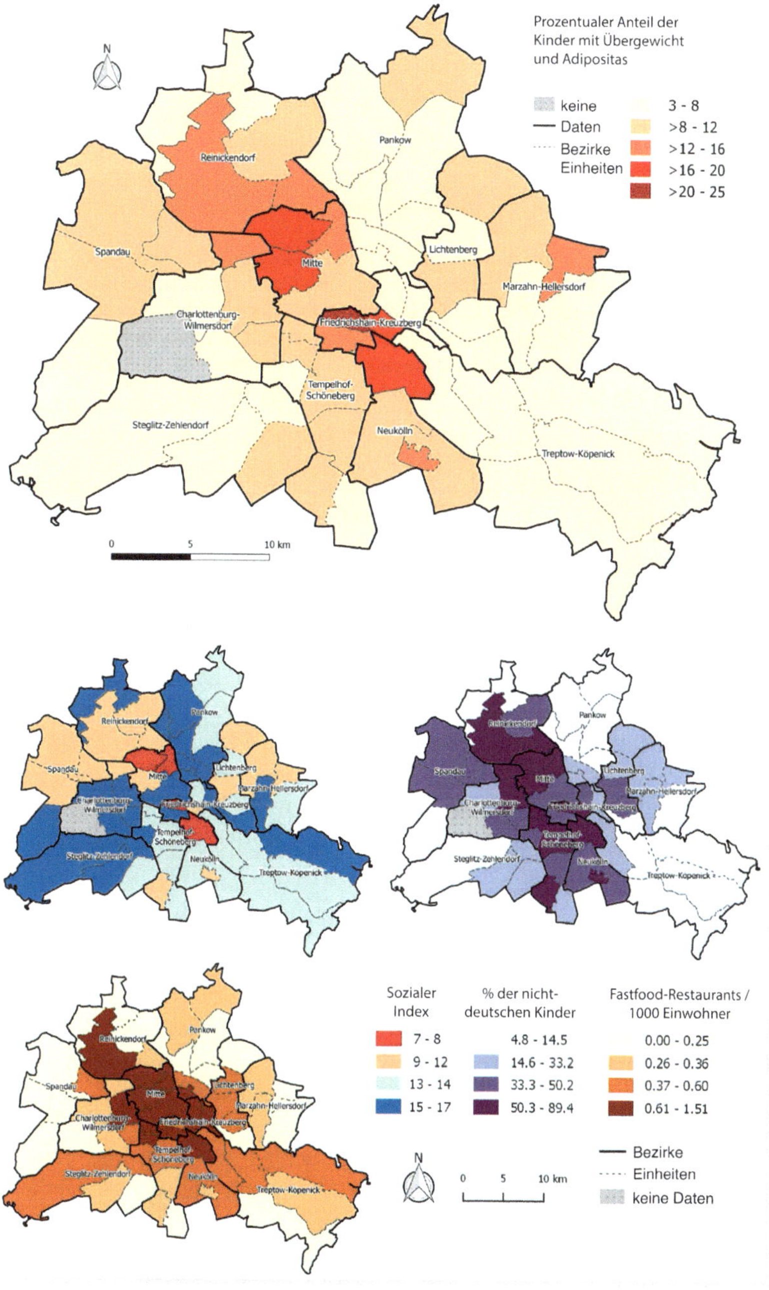

Abb. 9.3 Geographische Verteilung von Kinderfettleibigkeit in Berlin und drei erklärende Variablen – sozioökonomischer Status, Prozentsatz der nicht-deutschen Bevölkerung und Anzahl der Fast-Food-Restaurants/1000 Einwohner. (Reproduziert von Lakes T, Burkart K. Childhood overweight in Berlin: intra-urban differences and underlying influencing factors. International Journal of Health Geographics [9] (Creative Commons Attribution 4.0 International License))

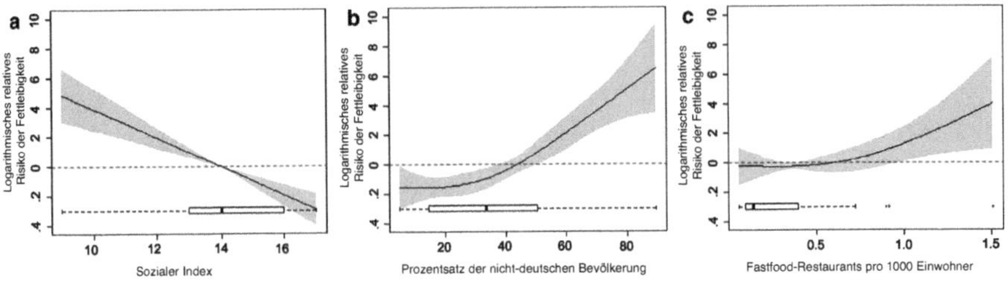

Abb. 9.4 Beziehung zwischen Übergewicht und Fettleibigkeit und sozialem Index (**a**) Prozentsatz nicht-deutscher Kinder (**b**) und Dichte von Fast-Food-Restaurants (**c**). *Graue Bereiche* zeigen 95 % Konfidenzintervalle. *Boxplots* der jeweiligen Prädiktorvariable sind am *unteren Rand jedes Plots* dargestellt. (Reproduziert von Lakes T, Burkart K. Childhood overweight in Berlin: intra-urban differences and underlying influencing factors. International Journal of Health Geographics [9] (Creative Commons Attribution 4.0 International License))

obachteten Ergebnisse erzielt hat, erfordert die Betrachtung, wie verschiedene Variablen sich gegenseitig beeinflussen und in Beziehung zueinander stehen.

9.1.5.1 Unterschiede in der Lebenserwartung in einer Stadt

Eine der einfachsten Methoden ist die Kartierung der Lebenserwartung entlang einer städtischen Buslinie, die den hohen Grad an Varianz in der Lebenserwartung in einer Stadt deutlich macht (Abb. 9.5). Dies spiegelt die offensichtlichen sozioökonomischen Unterschiede wider; jedoch – als aggregierte Maßnahme – sagt es uns nichts über die spezifischen Faktoren, die einem niedrigen sozioökonomischen Status zugrunde liegen und deren *interagierende nichtlinearen Dynamiken,* die das Problem verschärfen.

9.1.5.2 Vergleich von Zeitreihen

Die humane afrikanische Trypanosomiasis (HAT) oder Schlafkrankheit ist eine tropische Krankheit, die durch Protozoen der Gattung Trypanosoma verursacht wird und durch die Tsetsefliege übertragen wird. Unbehandelt führt HAT unweigerlich zum Tod. Das Hauptreservoir für HAT in der Demokratischen Republik Kongo sind Menschen, so dass die Prävention hauptsächlich von dem Massenscreening der gefährdeten Bevölkerung, der passiven Erkennung und der Behandlung infizierter Personen abhängt. Darüber hinaus kann die Kontrolle der Tsetsefliegenpopulationen zur Krankheitskontrolle in Gebieten mit intensiver Übertragung beitragen, indem der Kontakt zwischen Vektor und Mensch reduziert wird.

Der Vergleich von Prävalenzdaten über die Zeit kann Fortschritte bei der Eliminierung von HAT aufzeigen. In der Demokratischen Republik Kongo ist HAT stark rückläufig; zwischen 2000 und 2012 wurde das Risiko von HAT auf weniger

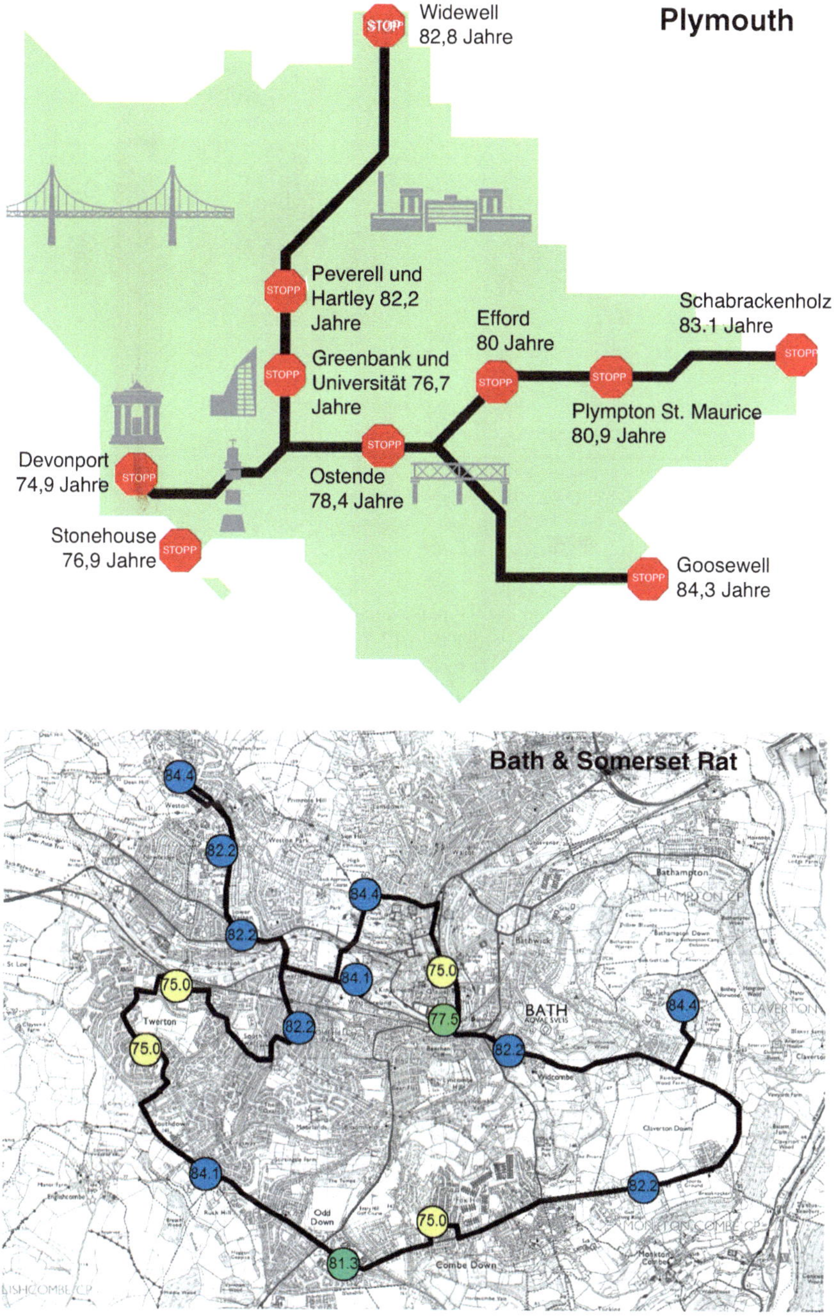

Abb. 9.5 Lebenserwartung entlang einer städtischen Buslinie – eine schematische Darstellung. Plymouths Lebenserwartungs-Buslinie nach Stadtviertel (2011–2013), www.plymouth.gov.uk/thrive_bus_route_by_neighbourhood.pdf und eine geografischer Darstellung (Bath & North East Somerset Council – Life Expectancy http://www.bathnes.gov.uk/services/your-council-and-democracy/local-research-and-statistics/wiki/life-expectancy)

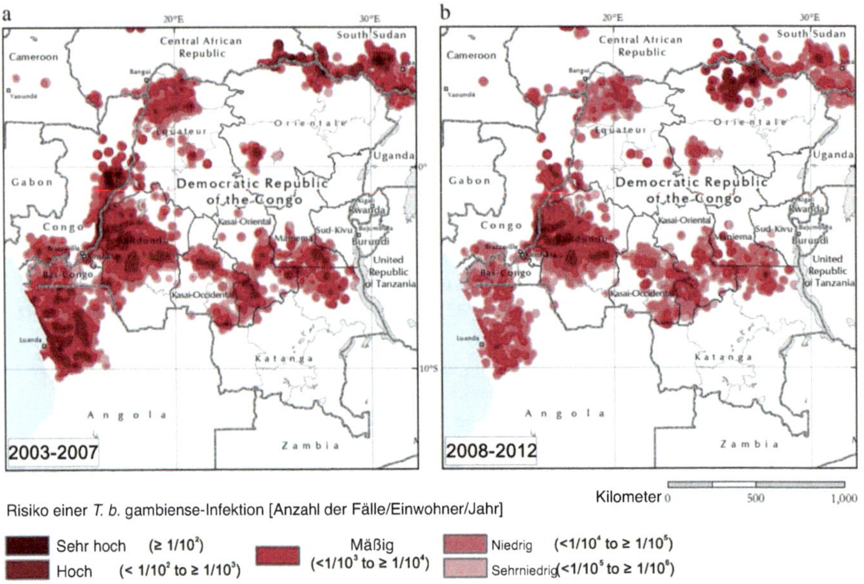

Abb. 9.6 Das Risiko einer Infektion mit Trypanosoma brucei gambiense in der Demokratischen Republik Kongo, (**a**) 2003–2007 und (**b**) 2008–2012. (Reproduziert von Lumbala C, Simarro PP, Cecchi G, Paone M, Franco JR, Kande Betu Ku Mesu V, et al. Human African trypanosomiasis in the Democratic Republic of the Congo: disease distribution and risk. International Journal of Health Geographics [10]. (Reproduziert mit Genehmigung der Autoren))

als ein Drittel der Landfläche und etwa die Hälfte der Bevölkerung reduziert. Trotz einer Bevölkerungszunahme von 10 % ist die Bevölkerung mit hohem und sehr hohem Risiko, HAT zu bekommen, um 45 % von 2,8 auf 1,5 Millionen gesunken und die Bevölkerung mit mäßigem Risiko hat um 21 % von 10,5 auf 8,2 Millionen abgenommen, mit einem entsprechenden Anstieg der Bevölkerung mit niedrigem bis sehr niedrigem Risiko von 19,8 auf 26,8 Millionen. Der nationale Trend zum Rückgang von HAT war nicht einheitlich; die Verschlechterung der Sicherheitslage in der nordöstlichen Region, die aus Kämpfen zwischen verschiedenen Milizengruppen resultierte, verhinderte eine rigorose Überwachung und Behandlung und führte zu einem starken Anstieg der Bevölkerung mit hohem und sehr hohem Risiko (Abb. 9.6) [10].

9.1.6 Bewertung von Systemergebnissen im Licht von Zweck, Zielen und Werten eines Systems

Das Zerlegen komplex adaptiver Systeme auf die oben beschriebene Weise kann es ermöglichen, den zugrunde liegenden Treiber einer Organisation abzuleiten, der aus ihren vereinbarten Zweck-, Ziel- und Werteaussagen abgeleitet wird. Diese können dann gegen die ursprünglichen Absichten, wie sie z. B. in Politik- oder institutionellen Wert- und Missionsaussagen dokumentiert sind, verglichen werden. Dieser Ansatz trägt dazu bei, dass die Rechenschaftspflicht eher auf den Ergebnissen als auf der Einhaltung vereinfachender Prozessmarkern beruht.

9.2 Ein Prospektiver Ansatz zum Verständnis von Gesundheitssystemen

Der Blick zurück gibt Aufschluss über das „Was und Wie", aber nicht über das „Warum", das zu den von uns beobachteten Ergebnissen geführt hat.

Um das Gesundheitssystem zu verbessern, ist ein anderer Denkansatz erforderlich; wie Peter Drucker betonte, gibt es einen Unterschied zwischen *Dinge richtig machen und das Richtige tun,*[1] oder vor ihm Albert Einstein, der sagte: *Die Definition von Wahnsinn ist, immer wieder das Gleiche zu tun und andere Ergebnisse zu erwarten.*

Die Systemanalyse eines *wertorientierten Gesundheitssystems* sollte sich auf die Ausgaben/Ergebnisse des Systemverhaltens konzentrieren. Dies erfordert einen Bewusstseinswandel – Ausgaben/Ergebnisse sind nicht mehr das Ergebnis der Arbeit einzelner organisatorischer Gruppen ***sondern*** der Organisation als Ganzes. Rouse [7] stellt den CAS-Ansatz zum Verständnis des Organisationsverhaltens den traditionellen Ansätzen gegenüber, wie in Tab. 9.4 gezeigt.

Aufgrund dieser Erkenntnisse schlägt Rouse [1] vier Ansätze zur Analyse der Gesundheitssysteme als CAS vor:

- Messungen und Prognosen von Systemzuständen in Bezug auf aktuelle und projizierte Wertflüsse sowie aktuelle und projizierte Probleme

[1] Wenn wir uns die Modelle der Qualität ansehen, verweisen wir häufig auf die Japaner und das, was sie mit dem Automobil gemacht haben. Es besteht kein Zweifel, dass sie die Qualität des Automobils verbessert haben, aber es ist die falsche Art von Qualität. Peter Drucker machte einen sehr grundlegenden Unterschied zwischen Dinge richtig machen und das Richtige tun. Die Japaner machen die Dinge richtig, aber sie tun das Falsche. Das Falsche richtig zu tun, ist nicht annähernd so gut wie das Richtige falsch zu machen. Sie sehen, das Automobil zerstört das städtische Leben auf der ganzen Welt. Besuchen Sie einmal Mexico City, Santiago oder eine der anderen Großstädte, in denen die Staus und die Verschmutzung so schlimm sind, dass die Kinder von der Schule ferngehalten werden müssen und sich nicht im Freien aufhalten dürfen, weil die Luftverschmutzung so schlimm ist, und dann sprechen wir noch über die Qualität der Autos, die es antreiben. Es ist das falsche Konzept von Qualität, Qualität sollte den Begriff des Wertes und nicht nur der Effizienz enthalten. Es gibt einen Unterschied zwischen Effizienz und Effektivität. Qualität sollte auf Effektivität ausgerichtet sein. Der Unterschied zwischen Effizienz und Effektivität ist der Unterschied zwischen Wissen und Weisheit. Aber leider haben wir nicht genug Weisheit, um sie zu verteilen.
Transkript: Wenn Russ Ackoff einen TED Talk gehalten hätte …https://www.youtube.com/watch?v=OqEeIG8aPPk)

Tab. 9.4 Vergleich des organisatorischen Verhaltens [7]

	Traditionelles System	Komplex adaptives System
Rollen	Management	Führung
Methoden	Befehl und Kontrolle	Anreize und Hindernisse
Messung	Aktivitäten	Ergebnisse
Fokus	Effizienz	Agilität
Beziehungen	Vertraglich	Persönliche Engagement
Netzwerke	Hierarchie	Heterarchie
Design	Organisationsdesign	Selbstorganisation

- Messungen und Prognosen der Systemleistung in Bezug auf aktuellen und projizierten Wert, Kosten und Metriken (z. B. Wert geteilt durch Kosten), sowie aktuelle und projizierte Optionen für Eventualitäten
- Beobachtungen der Systembeteiligten in Bezug auf die Beteiligung und Leistung jeder Interessengruppe
- Fähigkeiten zur Messung, Modellierung und Darstellung von Systemzuständen, einschließlich agiler „Was ... wenn?" Experimente und Anpassungen

9.2.1 Gedankenmodelle

Bevor wir das Modellieren als Werkzeug zur Bewältigung der Herausforderung von Rouse in Betracht ziehen, müssen wir unsere Denkweise über das Gesundheitssystem überdenken und herausfinden, was sie über unsere persönlichen Annahmen über die Realität und unsere Fähigkeit zur Steuerung aussagt.

9.2.1.1 Persönliche Verhaltensweisen

Menschen verhalten sich vorhersehbar, wenn auch nicht immer rational. Meistens neigen wir dazu, *intuitive Ansätze* zur Entscheidungsfindung zu verwenden und nur viel seltener einen *kognitiv*-analytischen, strukturierten und disziplinierten – *Ansatz*. In Organisationen werden Entscheidungen häufig von Einzelpersonen getroffen, obwohl bekannt ist, dass Gruppenentscheidungen durchweg besser sind als Einzelentscheidungen [11].

9.2.1.2 Denkweisen und Realität

Snowden [12] schlug den Rahmen der *Multi-Ontologie-Sinngebung* vor, um Denkweisen und ihre Beziehungen zur Realität zu verstehen. Er weist darauf hin, dass wir die Welt manchmal als geordnet und vorhersehbar und zu anderen Zeiten als ungeordnet und unvorhersehbar erleben. Unsere Reaktionen basieren dement-

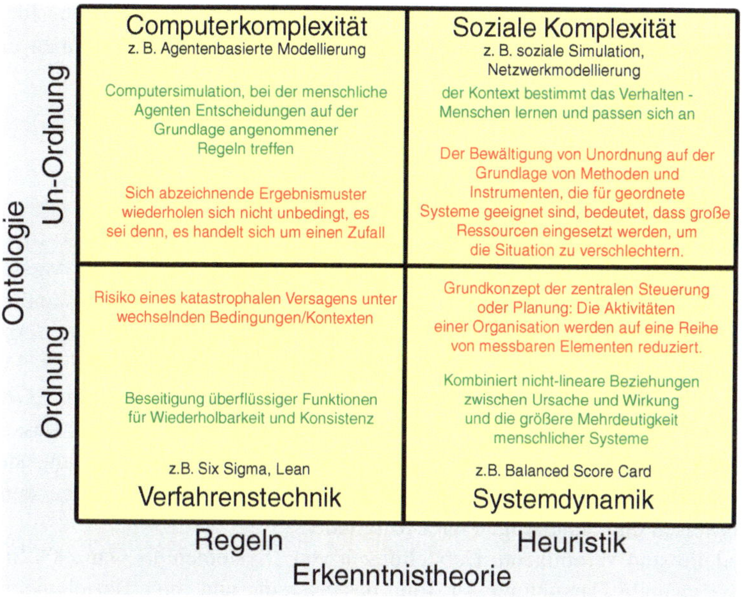

Abb. 9.7 Die Ontologie-Epistemologie-Matrix. Jedes Quadrant beschreibt ein bestimmtes Komplexitätskonzept, repräsentative Komplexitätswerkzeuge und ihre Vorteile und Risiken. (Basierend auf Sheppard F, Williams M, Klein VR. TeamSTEPPS and patient safety in healthcare [5].)

sprechend entweder auf Regeln oder Heuristiken, was zu einer 2 × 2 Tabelle führt (Abb. 9.7). Die Bedeutung liegt darin, den Ort eines Problems zu kennen, da jeder Ort unterschiedliche, aber spezifische Lösungsansätze erfordert und jede Lösung ihre eigenen spezifischen Risiken mit sich bringt.

Die Anwendung dieses Multi-Ontologie-Ansatzes zur Sinnfindung bei gruppenbasierte Problemlösungen bietet das notwendige Maß an Vielfalt sowohl für die Interpretation des Problems als auch bei den Lösungsansätzen. In Snowdens Worten: *Erforderliche Vielfalt bedeutet, die Akzeptanz einer ausreichenden Anzahl divergierender Perspektiven zu gewährleisten, um das Erfassen schwacher Signale und die Vermeidung des allzu häufigen Musters der Erfolgseinprägung zu ermöglichen, während gleichzeitig ein ausreichender Fokus aufrechterhalten wird, um entschlossenes und angemessenes Handeln zu ermöglichen. Vor allem geht es darum, die kognitive Wirksamkeit bei der Informationsverarbeitung zu gewährleisten und damit einen kognitiven Vorteil zu erzielen* [6].

Im Allgemeinen neigt das Management geordneter Systeme dazu, Effizienz und Stabilität zu bevorzugen, die für mechanistische Probleme geeignet sind. In lebenden Systemen resultiert jedoch *Stabilität* und somit *Effektivität* aus der *Anpassungsfähigkeit an sich ändernde Kontexte.*

Es sollte nun klar sein, dass einfache „industrielle" Ansätze zur Lösung von Problemen des Gesundheitssystems und zur Neugestaltung des Gesundheitssystems im Allgemeinen unangemessen und häufig vergeblich sind. Das Verständnis der Unterschiede zwischen den vier Ansätzen ist eine Voraussetzung für *prospektive* Ansätze zur Bewältigung von Problemen in Gesundheitssystemen und im Gesundheitsdiensten.

9.3 Modellierung von Systemproblemen

Modellieren ist ein sich schnell entwickelndes Feld[2] das ein besseres Verständnis des Verhaltens komplex adaptiver Systeme ermöglicht, d. h. ein Verständnis der Auswirkungen von Interdependenzen und Rückkopplungen zwischen den Agenten eines Systems.

Probleme in einer Organisation können entweder als *Probleme des* ***„Gesamtsystems“*** oder als *Probleme in einem bestimmten* ***Teil*** *des Systems* klassifiziert werden. Probleme entstehen im Laufe der Zeit, sie sind nicht geplant, sie entstehen einfach als Funktion der dynamischen Interaktionen zwischen den Verhaltensweisen und Handlungen ihrer Mitglieder.

Modelle sind vereinfachte Darstellungen von „Systemen als Ganzes“. Sie bieten eine visuelle Darstellung der Teile des Systems und ihrer Beziehungen, von denen wir verstehen, dass sie den aktuellen – „beobachtbaren“ – Zustand des „realen Systems“ geschaffen haben. Das Modell kann dann befragt und modifiziert werden, um zu sehen, wie es sich *möglicherweise* in der Zukunft entwickeln könnte (Anhang 1 skizziert drei kritische Schritte, die die Entwicklung von Systemmodellen leiten).

9.3.1 Modellierung als Lernwerkzeug

George Box sagte: *Im Grunde sind alle Modelle falsch, aber einige sind nützlich.* Seine besondere Nützlichkeit ergibt sich aus dem Modellbau als *Stakeholder-Engagement-Aktivität.* Auf diese Weise implementiert, ist „Modellierung“ ein Lernwerkzeug, es nutzt das gemeinsame Verständnis derjenigen, die im System/Organisation arbeiten (Abb. 9.8).

Es ist allgemein anerkannt, wie wichtig es ist, sich auf ein gemeinsames Verständnis des zu modellierenden Problems zu einigen. Es ist besonders wichtig, die *unterschiedlichen Perspektiven und Interpretationen des Problems* zu verstehen und die möglichen Auswirkungen potenzieller Problemlösungen zu berücksichtigen, da man sonst mit folgenden Situationen konfrontiert sein könnte:

---

[2] http://www.systemswiki.org/index.php?title=The_Future_of_Health_Systems_Modeling
5 min mit …Professor Nate Osgood – The Australian Prevention Partnership Centre https://www.youtube.com/watch?v=Y6vQNV-av2g

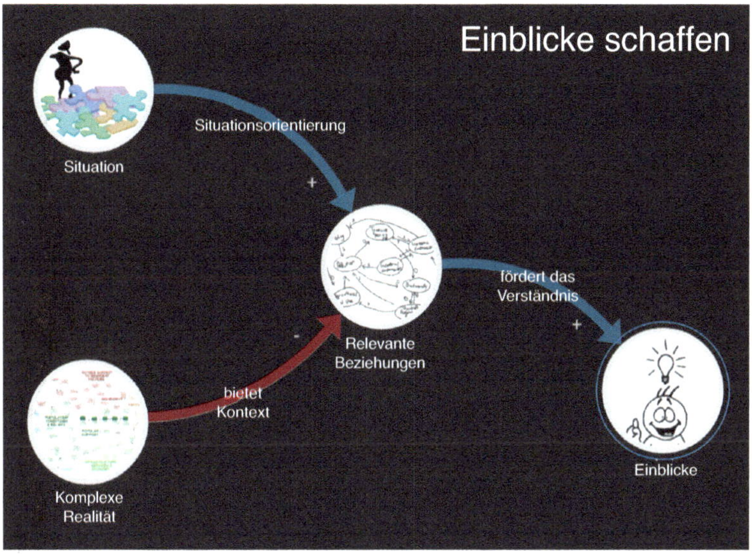

Abb. 9.8 Erstellung von Einblicken. Modifizierter Screenshot, Gene Bellinger – https://stw.kumu.io/creating-insights (Creative Commons Attribution Lizenz)

1. *Verkomplizierung des Problems, da Unterschiede in den Perspektiven* ***nicht identifizierbar*** sind
2. *Vereinfachung des Problems, da Unterschiede in den Perspektiven* ***nicht lösbar*** sind
3. *Vereinfachung des Problems, da Unterschiede in den Wahrnehmungen* ***nicht korrekt gelöst*** werden
4. *Reduzierung der Problemsituation auf ein gut definiertes Problem, das* ***nicht relevant*** *für den vorliegenden Fall ist* [Hervorhebung hinzugefügt] [13]

9.3.2 Modellierung: Ausarbeitung der Dynamik eines Systems

Neben dem Einblick in die Natur des Systems bietet die „Modellierung" (als rechnergestützte Übung) ein Verständnis für das *dynamische* Verhalten des Systems. Abb. 9.9 zeigt ein strukturelles Modell, das die Beschränkungen für Altenpflegedienste in einer Gemeinde verstehen soll.

Derzeit verfügt das System über 1000 Pflegeheimbetten und 90 Sozialarbeiter, die Pflegepakete für ältere Menschen in der Gemeinde betreuen. Die Abb. 9.10 und 9.11 zeigen das dynamische Verhalten des Modells über zwei Zeiträume – 1 Jahr und 3 Jahre. Das Beispiel zeigt, dass eine kurzfristige Sichtweise erhebliche langfristige Konsequenzen verbergen kann. Dies ist eine häufige „Entscheider-

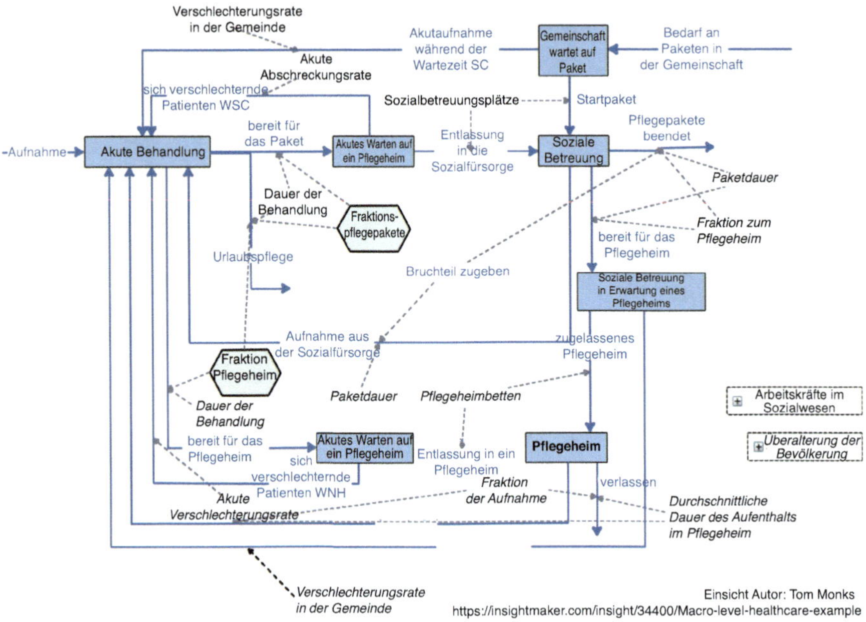

Abb. 9.9 Beispiel für ein Makro-Level-Gesundheitssystemmodell, das die Beschränkungen für Gemeinde-Altenpflegedienste verstehen soll. Modell entwickelt von Tom Monks in Insightmaker https://insightmaker.com/insight/34400/Macro-level-healthcare-example (Creative Commons Attribution Lizenz)

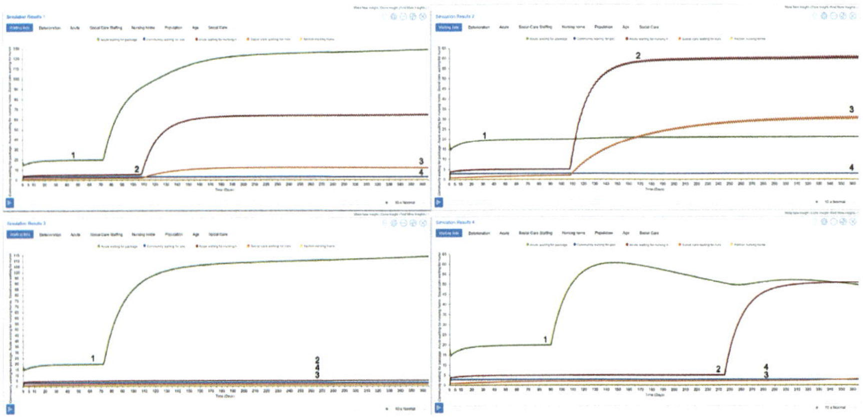

Abb. 9.10 Ergebnisse über 1 Jahr – kurzfristige Auswirkungen

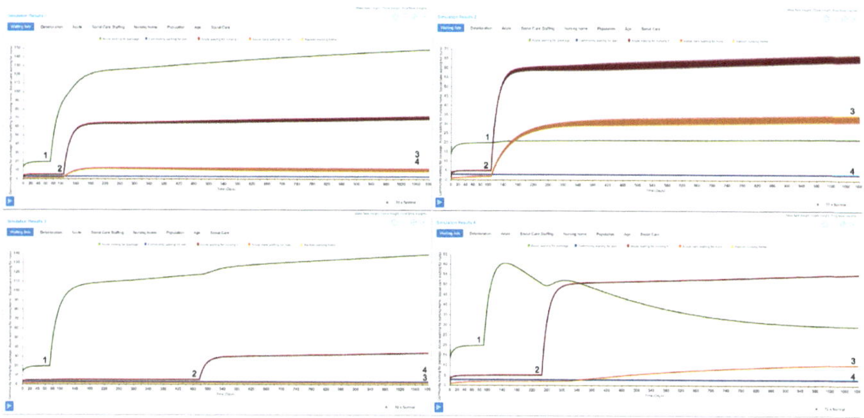

Abb. 9.11 Ergebnisse über 3 Jahre – langfristige Auswirkungen. 1000 Pflegeheimbetten, Größe des Sozialpflegeteams = 90 *(oben links),* 1000 Pflegeheimbetten, Verdoppelung der Größe des Sozialpflegeteams = 180 (*oben rechts*), Verdoppelung der Pflegeheimbetten (2000), Größe des Sozialpflegeteams = 90 (*unten links*). Kombination von Änderungen: Erhöhung der Pflegeheimbetten auf 1500 und Erhöhung der Größe des Sozialpflegeteams auf 130 *(unten rechts).* **1** = Akutpflegepatienten warten auf Altenpflegepaket, **2** = Akutpflegepatienten warten auf Aufnahme ins Pflegeheim, **3** = Gruppe, die Sozialpflege erhält und auf die Aufnahme ins Pflegeheim wartet, **4** = Gruppe, die auf ein Altenpflegepaket wartet. Hinweis: Die y-Achsen-Skala ändert sich, die *„dicken Linien"* in den Diagrammen zeigen Oszillationen zwischen den Zeitpunkten

falle" – sie übersehen oft die zeitliche Verzögerung zwischen der Umsetzung von Veränderungen und der Veränderungen in der Systemleistung.

9.3.2.1 Was … wenn? Anzahl der Patienten, die auf Dienstleistungen warten

Betrachten Sie drei Szenarien:

- Verdoppelung der Anzahl der Pflegeheimbetten
- Verdoppelung der Sozialarbeitskräfte
- Eine Kombination aus einer 50 %igen Erhöhung der Pflegeheimbetten und der Sozialarbeitskräfte

Verdoppelung der Anzahl der Pflegeheimbetten:

- Verringert kurzfristig die Wartezeit auf ein Pflegeheimbett für Akutpflegepatienten, aber mit der Zeit werden die Wartezeiten für Akutpflegepatienten wieder steigen
- Dieser Ansatz wird die zunehmende Wartezeit von Akutpflegepatienten auf ein Altenpflegepaket nicht ändern

Verdoppelung der Sozialarbeitskräfte:

- Wird die Wartezeit für Akutpflegepatienten, die auf ein Altenpflegepaket warten, stabilisieren
- Es wird auch zu einer Verdoppelung der Zahl der Patienten führen, die ein Altenpflegepaket erhalten und derzeit auf die Aufnahme in ein Pflegeheim warten

Die Kombination einer 50 %igen Erhöhung der Pflegeheimbetten und der Sozialarbeitskräfte bietet den größten Nutzen:

- Kurzfristig wird dieser Ansatz die Anzahl der Akutpflegepatienten, die auf ein Altenpflegepaket warten, halbieren und langfristig auf etwa ein Viertel reduzieren
- Es wird den Anstieg **aber nicht** die Anzahl der Akutpflegepatienten, die auf die Aufnahme in ein Pflegeheim warten, verzögern
- Es wird die Anzahl der Menschen reduzieren, die Altenpflegepakete erhalten und auf die Aufnahme in ein Pflegeheim warten
- ABER nach 3 Jahren wird die Anzahl der Wartenden wieder auf das Ausgangsniveau gestiegen sein

9.3.2.2 Was … wenn? Anzahl der Patienten, die Schaden nehmen, während sie auf Dienstleistungen warten

Welche Auswirkungen hat die Beibehaltung des Status quo oder die Durchführung einer dieser Änderungen auf das Wohlbefinden des Patienten? Abb. 9.12 zeigt die Anzahl der Patienten, die sich in der Gemeinde verschlechtern und eine Krankenhausaufnahme benötigen, während sie entweder auf ein Altenpflegepaket oder eine Pflegeheimaufnahme warten:

- Die Verdoppelung der Anzahl der Pflegeheimbetten reduziert erheblich die Anzahl der Patienten, die sich in der Gemeinde verschlechtern
- ABER erhöht die Anzahl der Aufnahmen für diejenigen, die auf ein Altenpflegepaket warten
- Die Verdoppelung der Anzahl der Altenpflegepakete hat keinen Einfluss auf die Anzahl derjenigen, die sich in der Gemeinde verschlechtern
- ABER verhindert die Notwendigkeit einer Krankenhausaufnahme
- ***Kombinierte Erhöhungen*** der Pflegeheimbetten und Altenpflegepakete führt ***kurzfristig zu einer Halbierung*** der Anzahl der Menschen, die sich in der Gemeinde verschlechtern, und langfristig zu einer Reduzierung auf ein ***Viertel***
- UND eine deutliche Reduzierung der Patienten, die eine Krankenhausaufnahme benötigen, während sie auf die Aufnahme in ein Pflegeheim warten
- Die Anzahl derjenigen, die eine Aufnahme benötigen, während sie auf ein Altenpflegepaket warten, bleibt stabil

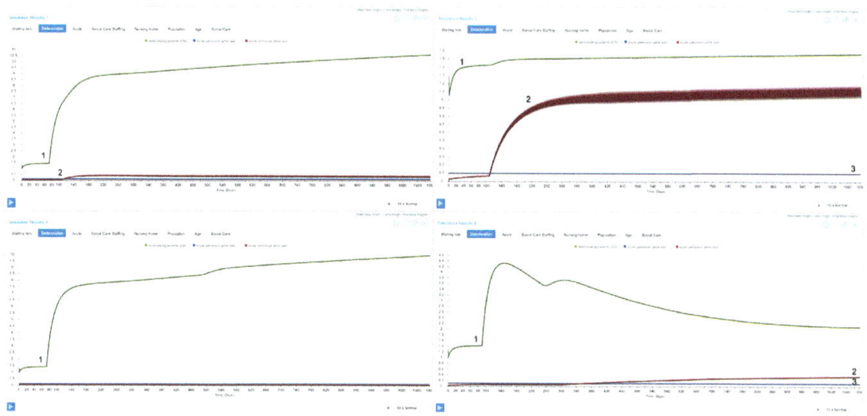

Abb. 9.12 Patientenergebnisse – Verschlechterung während des Wartens auf Dienstleistungen. 1000 Pflegeheimbetten, Größe der Sozialarbeitskräfte = 90 *(oben links)*, 1000 Pflegeheimbetten, Verdoppelung der Größe der Sozialarbeitskräfte = 180 *(oben rechts)*, Verdoppelung der Pflegeheimbetten (2000), Größe der Sozialarbeitskräfte = 90 *(unten links)*. Kombinierte Änderungen: Erhöhung der Pflegeheimbetten auf 1500 und Erhöhung der Größe der Sozialarbeitskräfte auf 130 *(unten rechts)*. **1** = Patienten verschlechtern sich während des Wartens auf ein Altenpflegepaket, **2** = Akutaufnahmen während des Wartens auf die Pflegeheimaufnahme, **3** = Akutaufnahmen während des Wartens auf ein Altenpflegepaket. Hinweis: Änderungen der y-Achsen-Skala, die *„dicken Linien"* in den Plots zeigen Oszillation zwischen den Zeitpunkten

9.3.3 Modellierungstechniken

Um es zu wiederholen, im Prinzip sind Modelle eine *vereinfachte Darstellung der Realität.* Das Modell-Design hängt vom gewähltem Blickwinkel ab (Abb. 9.13):

- Sind wir daran interessiert, Feedback innerhalb des Systems zu erforschen (z. B. Kontinuität der Versorgung von Patienten mit chronischen Krankheiten)
- Sind wir daran interessiert, den Prozessfluss durch eine bestimmte Einheit innerhalb des Gesundheitssystems zu verstehen (z. B. Einhaltung der 4-Stunden-Regel für Patienten in der Notaufnahme)
- Sind wir daran interessiert zu verstehen, wie Einzelpersonen von Ereignissen im Gesundheitssystem betroffen sind (z. B. Ausbreitung einer Epidemie, Fortschreiten einer Krankheit)

Es gibt drei grundlegende Simulationsmodellierungsansätze zur Erforschung der Funktion eines Systems:

- Systemdynamik-Modellierung (SD-Modell: Bestände, Flüsse, Feedback – Makroebene, oft Top-Down-Perspektive)
- Diskrete Ereignismodellierung (DE-Modell: Entitäten, Ressourcen, Operationen – Mesoebene, oft Workflow-Perspektive)

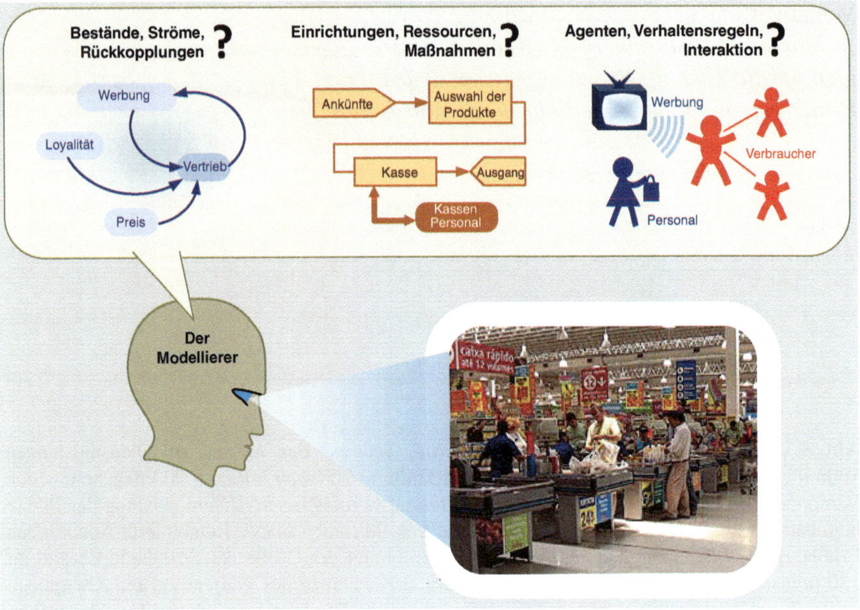

Abb. 9.13 Die Wahl einer Modellierungstechnik – welche Frage erfordert eine Antwort. Bild mit freundlicher Genehmigung von AnyLogic®: Die drei Methoden in der Simulationsmodellierung; verfügbar unter: http://www.xjtek.com/files/book/The_three_methods_in_simulation_modeling.pdf

- Agentenbasierte Modellierung (AB-Modell: Agenten, Verhaltensweisen, Regeln, Interaktionen – Mikroebene, oft individuelle und/oder Bottom-Up-Perspektive)

Modellierung ermöglicht das Testen aller vorstellbaren Interventionen im Gesundheitssystem in einem „sicheren Umfeld“; obwohl selbst gute Modelle keine definitiven Ergebnisse vorhersagen können, bieten sie eine gute Annäherung an potenzielle Vorteile und Fallstricke wie unerwartete Ergebnisse und Auswirkungen in verwandten Systembereichen, wie im obigen Beispiel gezeigt.

Modellierung ist ein Expertenfeld, das nur langsam im Bereich des Gesundheitssystems aufkommt. Während gute Modellierung nicht nur von einem „guten Modell“ abhängt, erfordert sie auch ausgefeilte und leistungsfähige Modellierungswerkzeuge wie AnyLogic® (http://www.anylogic.com/). Die Stärke von AnyLogic® besteht in der Fähigkeit, gleichzeitig Systemstrukturen, Prozesse und Agentenverhalten innerhalb desselben Modells zu erforschen, was die gleichzeitige Erforschung mehrerer Stakeholder-Perspektiven ermöglicht.

Das nächste Kapitel stellt eine Reihe von Systemansätzen vor, die Probleme auf der Mikro-, Meso- und Makroebene des Gesundheitssystems behandeln.

Anhang 1

Drei Arten von Systemdiagrammen

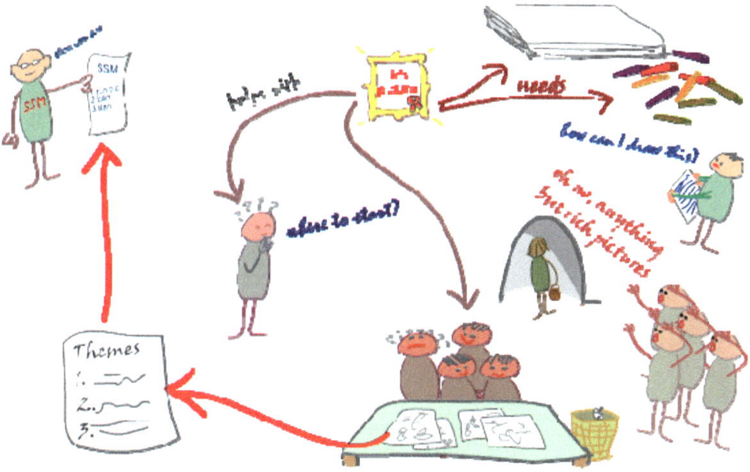

Rich Picture Diagramm. Bild mit freundlicher Genehmigung von Ramage M und Shipp K. Expanding the Concept of ‚Model': The Transfer from Technological to Human Domains within Systems Thinking

Rich Pictures sind unstrukturierte Bilder und werden normalerweise von Hand gezeichnet. Sie stellen alle wichtigen Aspekte eines Problems von Interesse dar.

Das Ziel eines Rich-Picture-Diagramms ist es, den vollen Umfang der Probleme zu erfassen, ohne über ihre Gruppierungen oder Beziehungen nachzudenken, jedoch werden einige verwandte Aspekte von Beziehungen zwischen verschiedenen Problemen häufig durch relative Positionen oder einfache Linien, die diese Probleme verbinden, veranschaulicht.

Mehrere Ursachendiagramme werden verwendet, um zu erforschen, warum Änderungen oder Ereignisse passieren.

Der Zweck der Diagramme besteht darin, die vielfältigen Ursachen hinter bestimmten Ereignissen und Prozessen zu untersuchen. Hierbei wird hauptsächlich die Kausalkette hinter Prozessen betrachtet. Die Erstellung eines Diagramms mit mehreren Ursachen kann wichtige Rückkopplungsschleifen identifizieren, die Einblicke in die vielfältigen Ursachen des Verhaltens eines

Systems geben und dazu beitragen können, unerwünschtes Verhalten weniger wahrscheinlich zu machen.

Einflussdiagramme sind eine Art von Systemkarten, die die Beziehungen zwischen den Komponenten innerhalb des Systems zeigen. Sie heben die Beziehungen und Einflüsse zwischen den Komponenten des Systems hervor.

Eine Erweiterung von Einflussdiagrammen sind Zeichendiagramme (nicht dargestellt). Die Analyse der Beziehungen zwischen den Komponenten kann zeigen, ob die Komponente am Anfang eines Pfeils eine Änderung in die gleiche (angezeigt durch ein „+“) oder entgegengesetzte (angezeigt durch ein „–“) Richtung in der Komponente an der Spitze des Pfeils verursachen wird. Darüber hinaus werden Einflussschleifen – technisch als Rückkopplungsschleifen bekannt – sichtbar und geben weitere Einblicke in die Dynamik des Systemverhaltens.

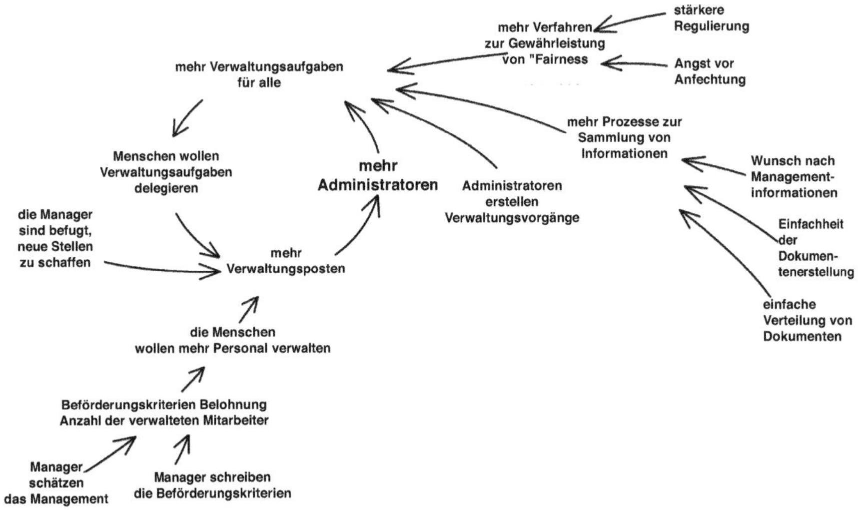

Mehrfachursachendiagramm. Bild mit freundlicher Genehmigung von Ramage M und Shipp K. Expanding the Concept of ‘Model’: The Transfer from Technological to Human Domains within Systems Thinking

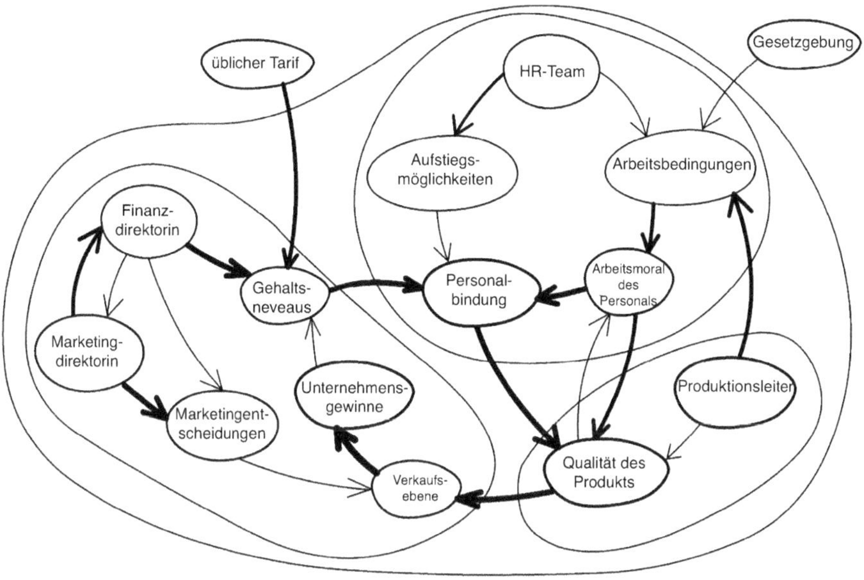

Einflussdiagramm. Bild mit freundlicher Genehmigung von Ramage M und Shipp K. Expanding the Concept of 'Model': The Transfer from Technological to Human Domains within Systems Thinking

Literatur

1. Padula W, Duffy M, Yilmaz T, Mishra M (2014) Integrating systems engineering practice with health-care delivery. Health Syst. 3(3):159–164
2. Haque W, Urquhart B, Berg E, Dhanoa R (2014) Using business intelligence to analyze and share health system infrastructure data in a rural health authority. JMIR Med Inform 2(2):e16
3. Scoville R, Little K (2014) Comparing lean and quality improvement. IHI white paper. Institute for Healthcare Improvement, Cambridge, MA
4. Hudson P (2003) Applying the lessons of high risk industries to health care. Qual Saf Health Care 12(suppl 1):i7–i12
5. Sheppard F, Williams M, Klein VR (2013) TeamSTEPPS and patient safety in healthcare. J Healthc Risk Manag 32(3):5–10
6. Marshall DA, Burgos-Liz L, Ijzerman MJ, Osgood ND, Padula WV, Higashi MK, et al (2015) Applying dynamic simulation modeling methods in health care delivery research–the SIMULATE checklist: report of the ISPOR simulation modeling emerging good practices task force. Value Health 18(1):5–16
7. Rouse WB (2008) Health care as a complex adaptive system: implications for design and management. The Bridge 38(1):17–25
8. Salvador-Carulla L, Amaddeo F, GutiÃ©rrez-ColosÃa MR, Salazzari D, Gonzalez-Caballero JL, Montagni I, et al (2015) Developing a tool for mapping adult mental health care provision in Europe: the REMAST research protocol and its contribution to better integrated care. Int J Integr Care 15:e042

9. Lakes T, Burkart K (2016) Childhood overweight in Berlin: intra-urban differences and underlying influencing factors. Int J Health Geogr 15(1):1–10
10. Lumbala C, Simarro PP, Cecchi G, Paone M, Franco JR, Kande Betu Ku Mesu V, et al (2015) Human African trypanosomiasis in the Democratic Republic of the Congo: disease distribution and risk. Int J Health Geogr 14:20
11. Higgins G, Freedman J (2013) Improving decision making in crisis. J Bus Contin Emer Plan 7(1):65–76
12. Snowden DJ (2005) Multi-ontology sense making: a new simplicity in decision making. Inform Prim Care 13(1):45–53
13. Lynch C, Padilla J, Diallo S, Sokolowski J, Banks C (2014) A multi-paradigm modeling framework for modeling and simulating problem situations. In: Tolk A, Diallo SY, Ryzhov IO, Yilmaz L, Buckley S, Miller JA (eds) Proceedings of the 2014 Winter Simulation Conference: IEEE, S 1688–1699

Kapitel 10
Neugestaltung des Gesundheitssystems: Anwendung von Ansätzen komplex adaptiver Systeme

Überblick. Die Neugestaltung des Gesundheitssystems, wie in diesem Buch argumentiert, basiert auf drei grundlegenden Annahmen:

- Die Philosophie der Medizin – der *Wert von Gesundheitsdienstleistungen* ergibt sich aus ihrer *Auswirkung auf die Gesundheit der Menschen,* die wir behandeln
- Die *Person/Patient steht im Mittelpunkt* eines funktionalen komplex adaptiven Gesundheitssystems
- Ein nahtlos integriertes Gesundheitssystem muss seinen *Zweck, Ziele und Werte* verstehen, um seine einzigartigen *„einfachen (Betriebs-)Regeln"* zu entwickeln. Diese bestimmen zusammen den Kernantrieb für das *„System als Ganzes"*, wie es das Motto der Mayo-Klinik verdeutlicht: *„Die Notwendigkeiten des Patienten stehen an erster Stelle"*
  Dieses übergreifende Prinzip hindert die Subsysteme eines Gesundheitssystems nicht daran, ihre eigenen Antriebskräfte zu übernehmen. Sie müssen jedoch zur nahtlosen Integration der Erreichung der Gesamtziele des Gesundheitssystems beitragen

Dieses Kapitel veranschaulicht, wie das Denken und die Interventionen von komplex adaptiven Systemen, die auf Menschen/Personen ausgerichtet sind, die Neugestaltung von neuartigen Ansätzen auf jeder organisatorischen Ebene leiten können.

Auf der Dienstleistungsebene (Mikroebene):

- ***Klinische Betreuung in der Konsultation.*** Das Zeichnen von Kausalitätsschleifendiagrammen kann wichtige Einblicke in die Dynamik einer Krankheit einer Person geben. Das tiefere Verständnis der Zusammenhänge zwischen dem biologischen, sozialen, emotionalen und kognitiven Zustand der aktuellen

J. P. Sturmberg, *Neugestaltung des Gesundheitssystems*,
https://doi.org/10.1007/978-3-031-46816-2_10

Krankheitserfahrung einer Person ermöglicht es einem Arzt, die persönlichen, umweltbedingten und medizinischen Bereiche effektiver in die Behandlung zu integrieren

- ***Vermeiden von vermeidbaren Krankenhausaufenthalten bei gebrechlichen älteren Menschen.*** Die Überwachung der täglichen Veränderungen in den Gesundheitserfahrungen von gebrechlichen älteren Patienten kann diejenigen identifizieren, die ein Risiko für vermeidbare Krankenhausaufenthalte haben. Der Hauptgrund für vermeidbare Krankenhausaufenthalte ist überraschenderweise die Wahrnehmung von *fehlender sozialer Unterstützung* und nicht die tatsächliche Verschlechterung der organspezifischen Funktion
- ***Richtlinien können unpraktikabel sein.*** Ein als „positive Abweichung" bezeichneter Prozess ermöglicht es den Betroffenen, schnell neue Ansätze zu entwickeln, um die gewünschten Ergebnisse zu erzielen. *Positive Abweichung* beinhaltet (1) anzuerkennen, dass es ein Problem gibt, (2) dass jede Person Teil des Problems ist, (3) dass es Barrieren für Veränderungen gibt und (4) dass kollektive Gespräche unter allen Beteiligten zu besseren Lösungen führen werden

Auf der Gemeinschaftsebene (Mesoebene):

- ***Die Neugestaltung des Gesundheitssystems auf Gemeindeebene, insbesondere in benachteiligten Gemeinden, erfordert Konsultation der Bevölkerung.*** Da *Gesundheit eine persönliche Erfahrung* ist, ist es wichtig zu verstehen, was die Gesundheit der Menschen und der Gemeinschaft beeinflusst. So nannte die am stärksten benachteiligte Gemeinde in Sydney die Entwicklung und Erneuerung der Gemeinde, die Qualifikationen und Beschäftigungsmöglichkeiten sowie die Sicherheit in der Gemeinde als die wichtigsten Prioritäten für die Verbesserung ihrer Gesundheit
- ***Die Gesundheit der Gemeinde erfordert in der Regel einen mehrschichtigen Ansatz.*** Die Initiative *„Shape up Somerville"* veranschaulicht diesen Ansatz. Die Ernährungsabteilung arbeitete mit Schulen zusammen, um das Ernährungswissen der Schüler zu verbessern, und passte das Essensangebot in der Kantine an Der nächste Schritt bestand darin, den Stadtrat einzubeziehen, um Wege zum Gehen und Radfahren sowie Spiel- und Sportplätze zu verbessern. Die Optimierung der Schulbusstrecken ermöglichte es mehr Kindern, sicher zur nächsten Bushaltestelle zu gehen, anstatt zur Schule gefahren werden zu müssen, und die Zusammenarbeit mit Lebensmittelgeschäften und Restaurants identifizierte diejenigen, die bereit waren, gesunde Lebensmittelauswahl anzubieten

Auf der politischen Ebene (Makroebene):

- ***Gesundheitssysteme müssen ihren Zweck, ihre Ziele und Werte klar definieren.*** Zweck-, Ziel- und Werteaussagen sind die Grundlagen, die das Verhalten und die Handlungen der Akteure eines Gesundheitssystems leiten und somit die Funktion des „Gesundheitssystems als Ganzes" beeinflussen
- ***Obwohl sich das System im Laufe der Zeit weiterentwickelt bleiben sein Zweck und seine Werte unverändert.*** Was sich ändert, sind seine spezifischen Ziele im Licht neu identifizierter Notwendigkeiten

Alle diese Beispiele haben eines gemeinsam, sie konzentrieren sich alle auf die *Person/Patienten.* Dieser Fokus bietet den notwendigen Raum, um die wesentliche komplex adaptive Arbeit unter allen zu ermöglichen, um die *bestmöglichen Gesundheitserfahrungen* zu realisieren. Dieser Ansatz führt unweigerlich zu:

- Effektivere und effizientere Versorgung
- Höhere Zufriedenheit aller Beteiligten in der Gesundheitsversorgung
- Erreicht Gerechtigkeit
- Macht das System nachhaltiger

Punkte zur Reflexion

Diese Reflexionspunkte sollten am besten nach dem Lesen dieses Kapitels behandelt werden.

- Wer steht im Mittelpunkt Ihres Gesundheitssystems?
- Kann Ihr Gesundheitssystem die notwendigen Bedürfnissen der Person/des Patienten erfüllen?
- Wie könnten Sie eine Versorgung auf Beratungs- und Gemeindeebene erreichen, die die notwendigen *Bedürfnisse der Person/des Patienten entspricht?*
- Was sind einige der Erfolgsfaktoren und Hindernisse für die Erreichung des Ziels, die notwendigen *Bedürfnisse der Person/des Volkes* in der Gemeinde zu erfüllen?

Dieses Kapitel des Buches zielt darauf ab zu veranschaulichen, wie das *Denken in komplex adaptiven Systemen* tatsächlich zur Verbesserung aller Arten von Gesundheitssystemen beitragen kann.

Der wichtigste Punkt, der erneut hervorgehoben werden muss, ist: Jedes System muss seinen **Zweck,** seine **Ziele,** seine **Werte** und seine **„einfachen Regeln"** verstehen. Zusammen definieren sie den **Kernantrieb** des Systems. Die Einhaltung des Kernantriebs ist eine Voraussetzung dafür, dass Veränderungen in Teilen des Systems nahtlos in das „System als Ganzes" integriert werden und es somit wirklich als ein *komplex adaptives Gesundheitssystem* funktionieren kann.

Während der Zweck und die Ziele eines Gesundheitssystems leicht vereinbart werden können, ist es viel schwieriger, *gemeinsame Werte* für ein Gesundheitssystem zu definieren. Das Streben nach einem *wertorientierten* Gesundheitssystem hat sich im letzten Jahrzehnt als Schlagwort für die Reform des Gesundheitssystems herauskristallisiert; doch was „Wert" ausmacht, bleibt umstritten (siehe Anhänge zu Kap. 5). Die Bedeutung der Definition gemeinsamer Werte für unsere Gesundheitssysteme kann nicht überbetont werden, da es die *Definition von Wert* ist, die bestimmt, wie das Gesundheitssystem die Gesundheitsversorgung und die Neugestaltung des Gesundheitssystems angeht.

Die Philosophie der Medizin stellt klar fest, dass der *Wert von Gesundheitsdienstleistungen aus ihrer Auswirkung auf die Gesundheit der Menschen, die wir behandeln, entsteht* [1]. Wirtschaftliche und politische Philosophien können dies jedoch anders sehen, Preis-Leistungs-Verhältnis klingt nach einem edlen Ziel, aber die politische Realität verfälscht dies oft zugunsten derjenigen, die am lautesten schreien, sei es Menschen, Patienten, Gesundheitsfachleute oder die Industrie.

Es wird hier argumentiert, dass ein *funktionales komplex adaptives Gesundheitssystem* die *Person/Patienten in den Mittelpunkt stellen würde* [1–7], eine Ansicht, die inzwischen weit verbreitet ist.[1] Daher zeigen wir innerhalb des be-

---

[1] Bei der *NEJM Catalyst* Veranstaltung *New Risk, New Business Models,* die am 6. Oktober 2016 in Boston stattfand, machte Dr. Rushika Fernandopulle diese Beobachtungen und zog die folgenden Schlussfolgerungen: Versuche von bestehenden Gesundheitsplänen und -systemen, Probleme wie hohe Kosten und schlechte Ergebnisse zu lösen, waren nicht vollständig erfolgreich. Selbst neue Prozesse, Belohnungen, Technologien und Kulturveränderungen, die dazu dienen sollen, die Gesundheitsversorgung zu verbessern, sind immer noch weitgehend *für das alte System* konzipiert. Trotz viel Rhetorik ist die tatsächliche Anstrengung fast immer klein und inkrementell. Vor etwa 12 Jahren wurde mir klar, dass diese kleinen, inkrementellen Veränderungen nicht funktionieren würden. Das Problem ist, dass unser aktuelles Gesundheitssystem auf Transaktionen ausgerichtet ist. Soweit ich weiß, heilen diese niemanden. Was Menschen heilt – der Grund, warum wir alle Medizin studiert haben – sind Beziehungen. Um diese Beziehungen zu bilden, müssen wir Transaktionen entfernen, und um das zu tun, müssen wir alles ändern. Ändern Sie das Zahlungsmodell, ändern Sie das Liefermodell, ändern Sie die Technologieplattform, vielleicht **noch wichtiger,** ändern Sie die Kultur. (http://catalyst.nejm.org/videos/relationship-based-care-change-everything/?utm_campaign=Connect+Weekly&utm_source=hs_email&utm_medium=email&utm_content=39615521&_hsenc=p2ANqtz--5tkREDH1pZUnaiETiCgF1p3z-HuFRfJ2T3xjcaoReqBDKolXNZ-_4wiS4_d2uXAZQtnxo2yFwBsBiV--RC84XahREgxA&_hsmi=39615521)

grenzten Rahmens dieses Buches einige Beispiele, die aufzeigen, wie *Menschen-/Personen-zentriertes Denken in komplex adaptiven Systemen* die Art und Weise beeinflussen können, wie wir Probleme auf der Nano-, Mikro-, Meso- und Makroebene der Organisation angehen können.

10.1 Mikroebenen-Probleme

Mikroebenen-Probleme entstehen im Kontext der direkten Patientenversorgung. Drei Beispiele skizzieren, wie man Patientenergebnisse durch die Annahme von *komplex adaptivem Systemdenken* verbessern kann:

- Wie wirken sich externe Faktoren auf die klinische Krankheitspräsentation aus
- Wie können Hausärzte vermeidbare Krankenhauseinweisungen verhindern
- Wie man überflüssige Richtlinien für die Infektionskontrolle durch adaptive Lösungen ersetzt, die für alle in einer bestimmten Umgebung funktionieren können

10.1.1 Dynamische Veränderungen im Krankheitsverlauf

Allein das Zeichnen eines Diagramms mit mehreren Ursachen und Auswirkungen verdeutlicht, wie sehr die verschlechternde Gesundheit eines Patienten sowohl von den voneinander abhängigen Variablen seines sozialen Kontextes als auch von der Grundphysiologie abhängt.

Betrachten Sie die folgende Fallstudie: Der 63-jährige John ist verheiratet, kürzlich in den Ruhestand getreten und hat drei erwachsene Kinder, die nicht mehr zu Hause leben. Seine Beziehung zu seiner Frau ist angespannt, und er ist sehr besorgt über die Beziehungs- und Arbeitsbelastungen seiner Kinder. Er hat seinen Allgemeinarzt/Familienarzt zu einer Routineuntersuchung aufgesucht. Seine Krankengeschichte umfasst eine mit einem ACE-Hemmer behandelte Hypertonie und eine verringerte Glukoseintoleranz sowie eine leichte Fettleibigkeit. Er hat vor 12 Monaten das Rauchen aufgegeben. Diät und regelmäßige Bewegung haben ihm geholfen, sowohl seinen Blutdruck als auch seinen Blutzuckerspiegel zu kontrollieren.

Heute beträgt Johns Blutdruck 175/105 und sein Gewicht hat um 5 kg (BMI 28.7) zugenommen. Sein jetziger Blutzuckerspiegel beträgt 13,5 mmol/L (244 mg/dl). Nachdem er diese Ergebnisse gehört hat, gibt er zu, dass er in den letzten Monaten „ein bisschen nachlässig“ war, was die Kontrolle seiner selbst betrifft.

Wie geht es von hier aus weiter? Wenn Sie eine *krankheitszentrierte Denkweise* einnehmen, nehmen Sie seine Erklärung für bare Münze, erhöhen seine Medikamente und ermutigen ihn, zu seinen früheren Lebensgewohnheiten zurückzukehren. Oder Sie könnten einen *personenzentrierten Ansatz* wählen, um die tieferen Gründe für seine Verschlechterung zu verstehen.

Ein *personenzentrierter Ansatz* beinhaltet die Sondierung des Kontexts von Johns Verschlechterung. Ein Ansatz des Denkens in komplex adaptiven Systemen

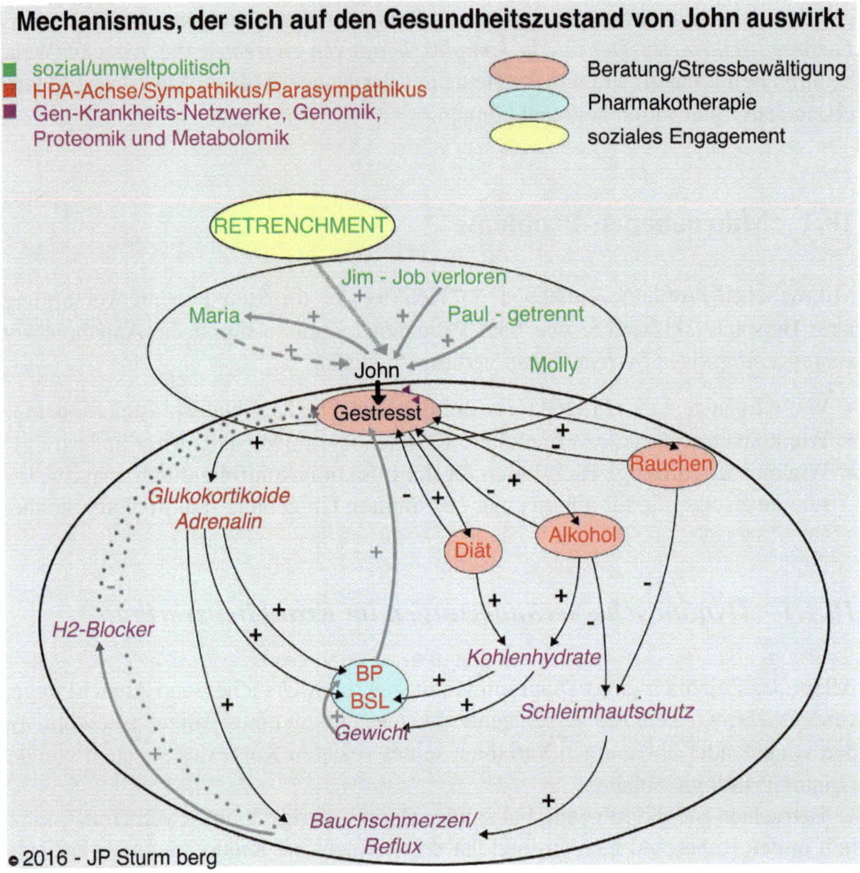

Abb. 10.1 Kausalitätsdiagramm von Johns Krankheitserfahrung. Johns aktueller Gesundheitszustand wird von drei breiten Bereichen beeinflusst – seiner äußeren Umgebung, seiner persönlichen Situation und seiner Reaktion darauf sowie den physiologischen Reaktionen, die aus seinen Lebensstilentscheidungen resultieren. Beachten Sie, wie Rückkopplungsschleifen zwischen Variablen aus verschiedenen Umgebungen verschiedene Aspekte der Physiologie und Gesundheitserfahrung beeinflussen. Soziale und Umweltfaktoren *(grüne Schrift),* physiologische Stressreaktionen *(rote Schrift),* biologische Reaktionen *(lila Schrift),* Beratung/Stressmanagement *(rote Kreise),* Poly/Pharmazie *(blaue Kreise)* und soziale Interventionen *(gelbe Kreise),* adaptiert von Sturmberg JP. Systems and complexity thinking in general practice. Part I – clinical application [31]

kann den personenzentrierten Beratungsansatz des Familienarztes verbessern, indem er die Verbindungen zwischen den sozialen, emotionalen, kognitiven/semiotischen und physiologischen Aspekten seiner Krankheit beleuchtet. Um bei dieser Aufgabe zu helfen, können Sie ein Kausalitätsdiagramm zeichnen, um die miteinander verbundenen Probleme und Rückkopplungsschleifen zu verstehen, die seinen Krankheitsverlauf beeinflussen (Abb. 10.1). Ein Kausalitätsdiagramm gibt dem Hausarzt neue Einblicke in Johns Krankheitserfahrung. Es eröffnet einen neuen narrativen Ansatz, um John zu helfen, seine Krankheit zu verstehen, neue Interventionspunkte zu identifizieren und alternative Behandlungsansätze zu sondieren, um seine Krankheitserfahrung zu modifizieren.[2]

Zunächst beachten Sie den Kontext von Johns Verschlechterung; das zentrale Problem für seine Verschlechterung hängt mit seinen durch soziale Ereignisse ausgelösten Belastungen zusammen – seine Pensionierung, eheliche Reibereien und die ehelichen und beruflichen Schwierigkeiten seiner Kinder – um emotional und kognitiv damit umzugehen, hat er seinen Alkoholkonsum erhöht und wieder mit dem Rauchen begonnen. All diese Herausforderungen lösen die physiologische Stressreaktion aus, aktivieren die Hypothalamus-Hypophysen-Nebennieren-Achse zur Freisetzung von Hormonen (Cortisol, Adrenalin), die den Blutdruck und den Glukosespiegel erhöhen. Die kombinierten Effekte von erhöhten Stresshormonen, erhöhtem Alkoholkonsum und Rauchen erklären das – nun berichtete – neue Symptom der Dyspepsie. Diese Ereignisse bilden Rückkopplungsschleifen, die zu einer weiteren Erhöhung von Johns Stresslevel führen und die physiologischen, sozialen und verhaltensbezogenen Variablen verschlechtern.

Wenn diese kontextabhängigen Faktoren in Johns Krankheit übersehen werden, führt dies zu unbeabsichtigten Folgen, die mit dem traditionellen, krankheitszentrierten, arztzentrierten Ansatz zur Konsultation verbunden sind. Eine Erhöhung der Medikamentendosen kann den Blutdruck und Blutzuckerspiegel senken, birgt jedoch die Risiken von Polypharmazie, Nebenwirkungen von Medikamenten, verminderter Lebensqualität und Überbehandlung. Wenn die Stresslevel auf den Durchschnitt zurückgehen, erhöhen die höheren Medikamentendosen das Risiko von vorübergehender Hypotonie, Stürzen und erektiler Dysfunktion.

Das Teilen des Kausalitätsdiagramms mit John ist ein effektives pädagogisches Werkzeug, um ein gemeinsames Verständnis über die Komplexitäten, d. h. die miteinander verknüpften Abhängigkeiten von Johns Leben und Patho/Physiologie, die seine aktuellen Gesundheitserfahrungen beeinflussen, zu erleichtern. Dieses gemeinsame Verständnis kann helfen, die besten Ansatzpunkte zur Wiederherstellung der physiologischen Homöostase [8], des Kohärenzgefühls [9] und der Resilienz [10] zu identifizieren, um ein gesundes Leben zu optimieren [11]. Das gemeinsame Erkunden seines Diagramms beginnt ein therapeutisches Gespräch für eine gemeinsame und informierte Entscheidungsfindung über die Auswahl von familiären, verhaltensbezogenen, pharmakologischen und therapeutischen Interventionen [12].

Der Ansatz des Kausalitätsdiagramms hilft, die subjektiven und objektiven Aspekte von Johns aktuellem Gesundheitszustand zu verstehen und ermöglicht die Formulierung der am besten geeigneten Managementstrategien. Eine Komplexi-

[2] Für einen schrittweisen Ansatz zur Entwicklung dieses Kausalitätsdiagramms siehe Sturmberg JP. Systems and complexity thinking in general practice. Part I – clinical application [31].

tätsdenkweise berücksichtigt mehr als nur krankheitsspezifische Interventionen, die für fast jede Erkrankung existieren, und befreit Hausärzte und Patienten von der falschen Erwartung, dass es eine Formel oder Richtlinie für die Optimierung positiver Ergebnisse gibt. Viele Aspekte des Krankheitsmanagements beinhalten Interventionen von sozioökonomischer und umweltbedingter Natur. Das Einbeziehen von Patienten in Dialoge bildet eine Partnerschaft mit ihrem Arzt [12], die hilft,

- Eine kohärente narrative Erklärung ihrer Krankheitserfahrung zu entwickeln
- Bewertung der Echtzeitauswirkungen von Beurteilungen und Interventionen
- Gemeinsame Behandlungsentscheidungen zu treffen, einschließlich Kompromissen, die auf die Erreichung gewünschter Ergebnisse abzielen
- Mögliche – positive und negative – unbeabsichtigte Folgen zu berücksichtigen, die sich daraus ergeben, dass entweder eine vollständige Anamnese erhoben oder nicht erhoben wird, eine körperliche Untersuchung durchgeführt oder nicht durchgeführt wird, Untersuchungen angeordnet oder nicht angeordnet werden und therapeutische Interventionen vorgeschlagen oder nicht vorgeschlagen werden

10.1.2 Pflege für gebrechliche ältere Menschen: Vermeidbare Krankenhausaufenthalte verhindern

Vermeidbare Krankenhausaufnahmen sind ein großes Problem für viele westliche Gesundheitsdienste [13]. Ältere und gebrechliche Menschen sind besonders stark von Krankenhausaufenthalten betroffen. Allerdings ist die Gruppe der gebrechlichen älteren Menschen nicht homogen [14]; jede Person hat einzigartige persönliche und klinische Merkmale, die einen plötzlichen Gesundheitsverfall auslösen können, der dringende Pflege erfordert, die medizinischer, emotionaler oder sozialer Natur sein kann. Es gibt mehrere erkennbare Phasen oder Muster im Verlauf von Krankheit und Leiden über die Zeit, die mit erheblichen Ausgabenvariationen verbunden sind. Die Stadien des Patientenverlaufs variieren je nach den Dynamiken und wechselseitigen Feedbackschleifen zwischen den bio-psycho-sozialen, gesundheitlichen und umweltbezogenen Bereichen sowie dem Fortschreiten chronischer Krankheiten und/oder Gebrechlichkeit [15, 16]. Das Erkennen von Mustern eines bevorstehenden Pflegebedarfs in Kombination mit schnell bereitgestellter, individuell angepasster Pflege hat das Potenzial, die meisten vermeidbaren Krankenhausaufenthalte zu verhindern.

Die Vermeidung von Krankenhausaufenthalten findet an der Schnittstelle zwischen den Mikro- und Mesoebenen der Pflege statt. Um den medizinischen, emotionalen, sozialen und kognitiven Notwendigkeiten einer Person gerecht zu werden, ist die Mitwirkung von Fachleuten des Gesundheitswesens vor Ort sowie von Gemeinde- und Sozialdiensten erforderlich (Abb. 10.2).

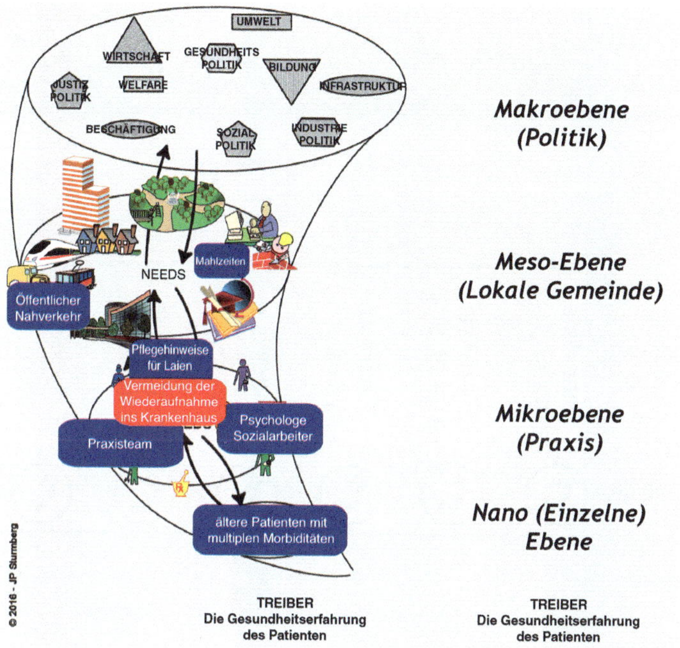

Abb. 10.2 Das PaJR-System befasst sich mit einem bestimmten Teil des Gesundheitssystems, den gebrechlichen älteren Menschen mit hohem Risiko für vermeidbare Krankenhausaufenthalte. Die Hauptakteure im System sind die Person auf der Nano- (individuellen) und der primäre Pflegedienst auf der Mikroebene. Viele Menschen verschlechtern sich aufgrund des Mangels an Sozialdiensten auf der Meso- (Gemeinde) Ebene. Die Vorteile der Abstimmung der Patientenbedürfnisse erhalten oder verbessern nicht nur die Gesundheit und das Wohlbefinden der Patienten, sie sparen auch knappe Krankenhausressourcen

10.1.2.1 Überwachung der Gesundheitstrajectorien von älteren und gebrechlichen Menschen

Die meisten gebrechlichen älteren Menschen werden zwar hauptsächlich von einem Hausarzt betreut, werden aber oft nur episodisch gesehen, wenn ihre Gesundheit sich erheblich verschlechtert hat. Dieses Beispiel aus Irland zeigt, wie eine kontinuierliche telefonische Überwachung der Gesundheitserfahrungen einer Risikopopulation vermeidbare Krankenhausaufenthalte reduzieren kann (Abb. 10.3). Der Dienst wird von medizinischen Laienhelfern betrieben, die fortlaufende halbstrukturierte Gespräche mit Risikopatienten führen; die Antworten werden nach Gesundheitsbedenken, selbst eingeschätzter Gesundheit und Wohlbefinden zusammengefasst und in ein Computerprogramm mit eingebauten prädiktiven Modellierungsfähigkeiten (Patient Journey Record System (PaJR)) eingegeben. Das Gesundheitspersonal erhält Echtzeit-Feedback, das als Entscheidungshilfe für die zu diesem Zeitpunkt am besten geeignete laufende

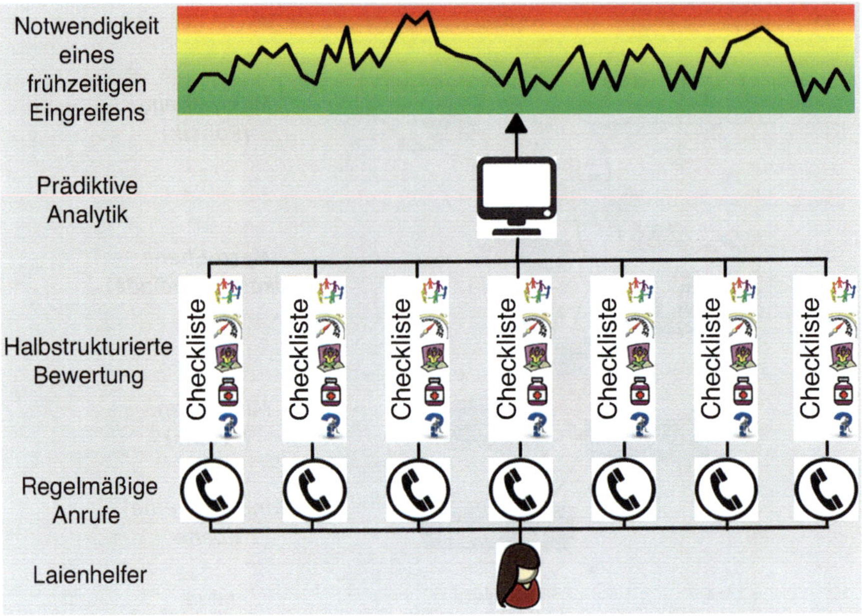

Abb. 10.3 Ablaufdiagramm des PaJR-Ansatzes. Die Pflege ist personenzentriert, semi-strukturierte Beurteilung des Wohlbefindens, Veränderungen im Medikamentengebrauch, selbst eingeschätzte Gesundheit, Vertrauen in die Bewältigung und soziale Unterstützung sind Schlüsselvariablen der Gesundheitsdynamik. Veränderungen in den Mustern dieser Parameter können die Wahrscheinlichkeit einer Verschlechterung der Gesundheit in den nächsten Tagen vorhersagen. Eine frühzeitige Intervention kann die Gesundheit wieder stabilisieren und so vermeidbare Krankenhausaufnahmen verhindern

Behandlung dient – es sind keine Maßnahmen erforderlich, Überprüfung mit lokalem Gesundheitspersonal oder sofortige Notwendigkeit einer ärztliche Untersuchung. Die Auswertung hat gezeigt, dass viele vermeidbare Krankenhausaufenthalte aus Bedürfnissen resultieren, die aus Ängsten vor sozialer Isolation und fehlender rechtzeitiger Unterstützung durch Gemeindediensten entstehen [15, 17]. Die täglichen Telefonkontakte bieten wichtige soziale Betreuung, die stark mit einer reduzierten Sterblichkeit bei gebrechlichen älteren Menschen verbunden ist [18].

PaJR ist ein Beispiel dafür, wie die Umgestaltung vorhandener lokaler Dienste zu einem effektiveren und effizienteren Gesundheitsdienst beitragen könnte. Obwohl es möglicherweise größere Investitionen in einige „nicht-medizinische Dienste" erfordert, führt es aber zu erheblichen Einsparungen für den gesamten Gesundheitsdienst.

10.1.3 MRSA-Kontrolle: Erleichterung adaptiver Veränderungen in einer institutionellen Umgebung

MRSA ist ein ständiges Problem in institutionellen Pflegeeinrichtungen. In der Regel haben formelle Leitlinien und Protokolle zur Infektionskontrolle nicht die gewünschten Ergebnisse erzielt, da sie den Kontext, in dem das Personal sie umsetzen soll, nicht verstehen. Das Personal in einem Krankenhaus war besorgt über die Risiken und negativen Folgen der Übertragung von MRSA zwischen Patienten und initiierte einen *adaptiven Veränderungsprozess* (Abb. 10.4).

Die Lösung dieses Problems verlangte von den Angehörigen der Gesundheitsberufe, *adaptive Veränderungen* in ihrem eigenen Verhalten vorzunehmen. Eine Veränderung zur Erreichung einer „praktikablen" Lösung (dieser Ansatz zum adaptiven Veränderungsmanagement wird als „positive Abweichung" [19]) bezeichnet) erfordert:

- Zunächst anzuerkennen, dass es ein Problem gibt
- Dass jeder Einzelne Teil des Problems ist

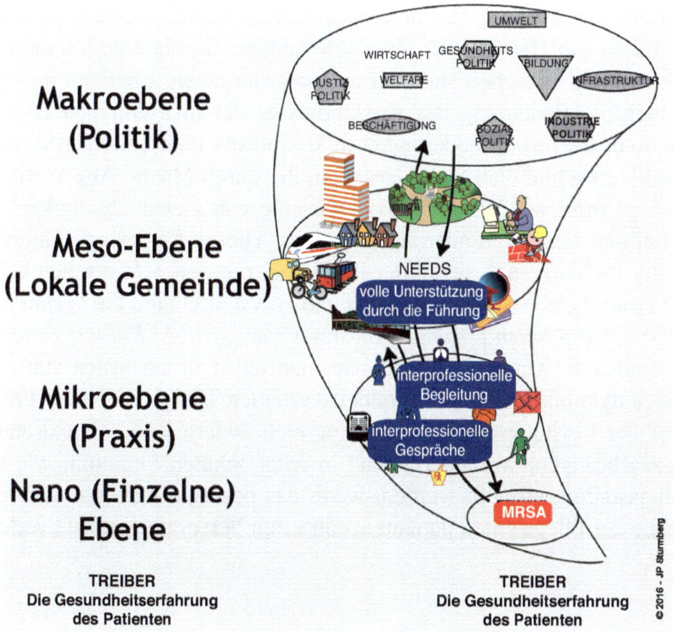

Abb. 10.4 Reaktion auf ein lokales Problem. Vorherrschende MRSA-Präventionsrichtlinien wurden als Risiko für Patienten und Personal in einer Rehabilitationsstation erkannt, da sie Unfälle und Infektionsausbreitung begünstigen könnten. Die Besorgnis des Personals initiierte ein Gespräch zwischen Personal und Management, das zur *„Bottom-up"*-Entstehung von *„praktikablen Richtlinien"* für diesen lokalen Kontext führte

- Dass es Barrieren für Veränderungen gibt
- Dass eine bessere Lösung aus kollektiven Gesprächen unter allen Beteiligten hervorgehen wird

Diese Fallstudie zeigt einen Bottom-up-Ansatz zur Lösung eines lokalen Problems innerhalb eines spezifischen Teils des Gesundheitssystems [20]. *Positive Abweichung* nutzt das Verständnis der Menschen für das Problem und die Barrieren für Veränderungen durch kollektive Gespräche. Der Prozess erfordert das volle Engagement und die Unterstützung der Führung einer Organisation auf allen organisatorischen Ebenen und zwischen Dienstleistungsnetzwerken. Die Ergebnisse sind „praktikable" Lösungen, die *nur in diesem Umfeld zu diesem Zeitpunkt gültig sind.* Im Rahmen dieser Fallstudie ermutigte der Erfolg von Bottom-up-Veränderungen andere Einheiten, ihre spezifischen Probleme mit Ansätzen der *positiven Abweichung* anzugehen.

10.1.3.1 Lokale Veränderungen erreichen – die Bedeutung des Kontexts

Aktuelle politische Aussagen spiegeln selten die Bedeutung des *Kontexts auf das Verhalten* zur Verbesserung der organisatorischen Funktion und Ergebnisse wider [21–23]. Es ist ein Hauptgrund für das Scheitern, nachhaltige Veränderungen in Organisationen zu erreichen und/oder aufrechtzuerhalten. Lindberg und Schneider [20] betonen die Bedeutung des Verständnisses der menschlichen Dynamik und Eigenschaften, die mit Veränderungen in komplexen menschlichen Systemen verbunden sind, einschließlich Veränderungen, die durch Macht, Angst, Bindung und Paradoxon geformt werden. Sie skizzieren eine von vielen „Techniken" [20, 24–26] zur Leitung eines Veränderungsprozesses. Dieser Ansatz erleichtert das Verständnis der vielfältigen Aspekte der Probleme, mit denen Menschen konfrontiert sind, und ermöglicht es ihnen, zu lernen und zu wachsen und die *bestmöglichen, d. h. am besten angepassten Lösungen* für ihren *einzigartigen Kontext* zu finden.

Diese Fallstudie veranschaulicht, wie man selbst in ansonsten stark fragmentierten oder dysfunktionalen Gesundheitssystemen EIN bestimmtes Problem auf der Ebene der Leistungserbringung erfolgreich ändern kann. Grundsätzlich können „prozessbezogene Veränderungen" in jeder lokalen Situation, wie einer Rehabilitationsstation, erreicht werden, wenn das besorgte Personal auf der Nano-/Mikroebene der Pflege einen patientenzentrierten Versorgungsansatz verfolgt.

10.2 Probleme auf Meso-Ebene

Probleme auf Meso-Ebene entstehen als Folge von Dysfunktionen innerhalb der lokalen Gemeinde. Auf dieser Ebene sind die Pflegebedürfnisse breiter als nur die Erbringung von Gesundheitsdienstleistungen und beinhalten die Notwendigkeit für soziale Pflege und Gemeindeentwicklung. Zwei Beispiele skizzieren, wie man die Gesundheitsergebnisse von Einzelpersonen und Gemeinde verbessern kann, indem man einen *komplex adaptiven System Ansatz* verfolgt:

- Menschen in einer stark sozioökonomisch benachteiligten Gemeinde gestalteten gemeinsam ein *gesundheitsförderndes Umfeld* für die Gemeinde
- Die Führung der Gemeinde hat ein kaskadierendes Gemeinschaftsentwicklungsprogramm zur Umsetzung von Gesundheitsförderung und Prävention in der Gemeinde mitgestaltet

10.2.1 Kommune 2168: Wenn Bürger sich für Veränderungen engagieren

Das Projekt Kommune 2168[3] – eine Referenz auf die lokale Postleitzahl des am stärksten benachteiligten Vororts von Sydney, Miller – begann 1999 mit drei Agenturen, dem Stadtrat von Liverpool, dem staatlichen Wohnungsamt und dem lokalen Gesundheitsdienst. Es wurde als „große Partnerschaft zur Erneuerung der Gemeinde und zum Aufbau von Kapazitäten" konzipiert. Sie war eine Reaktion auf das Gefühl der Gemeinde, angesichts der Krise der öffentlichen Sicherheit, die durch die Schließung ihrer Bank, der Polizeistation und anderer lokaler Dienste ausgelöst wurde, im Stich gelassen zu werden [27].

Kommune 2168 richtete Foren ein, in denen Einwohner – darunter lokale NGOs, Polizei, Stadtverwaltung sowie Wohnungs-, Gesundheits- und Gemeindedienste – zusammenzukommen, um die dringendsten Probleme der Gemeinde zu ermitteln und Wege zu deren Lösung zu finden. Das Projektteam erkannte, dass die Bürger diejenigen waren, die die Beziehungen zwischen ihrer lokalen Umgebung, Wohnen, sozialer Infrastruktur, Bildung, Sicherheit von Straßen und Freizeiteinrichtungen usw. auf ihre Gesundheit am besten verstehen.

Die Menschen in Miller erkannten, dass die Gemeindeentwicklung für ihre Gesundheit einen größeren Nutzen bringen würde als lediglich die Erhöhung der Anzahl von Gesundheitsdiensten. Sie erlebten familiäre Dysfunktion und psychische Gesundheitsprobleme sowie Drogen- und Alkoholprobleme als Folge des Teufelskreises von Gesellschaftsentbehrung und Hoffnungslosigkeit.

10.2.1.1 Weiter voran für Miller: Der Strategieplan 2015–2018

Aufgrund dieser Erkenntnisse legte das Projekt Kommune 2168 eine dreijährige strategische Ausrichtung vor, die als Richtschnur dafür dienen soll, *was* das Projekt tun wird und *wie* es dies tun wird. Daraus ergaben sich sieben Bereiche, wobei der Schwerpunkt auf „Gesundheit und Wohlbefinden" am Ende der Liste:

---

[3] http://www.liverpool.nsw.gov.au/community/our-community/living-in-2168

- Gemeindesaufbau, Engagement, Teilnahme und Kommunikation
- Stolz und Harmonie der Gemeinde
- Städtebau
- Beschäftigung und Kompetenzentwicklung
- Bildung und Ausbildung
- Gemeindesicherheit
- Gesundheit und Wohlbefinden

Dieses Projekt geht die Ursachen der schlechten Gesundheit der Menschen in der Kommune 2168 an – sozioökonomische Ungleichheit. *Investieren* in die Gemeindeentwicklung ist ein effektiverer und effizienterer Weg, um die Gesundheit dieser Gemeinde zu verbessern. Das Projektteam koordinierte notwendige *Verbesserungen des Gesundheitssystems,* die erforderlich sind, um eine *bessere Gesundheit* zu erreichen, anstatt einfach – in einer Top-Down-Weise – Gesundheitsdienste zu erweitern, um die Folgen der sozioökonomischen Ungleichheit zu bewältigen, die der schlechten Gesundheit der Gemeinde zugrunde liegt (Abb. 10.5).

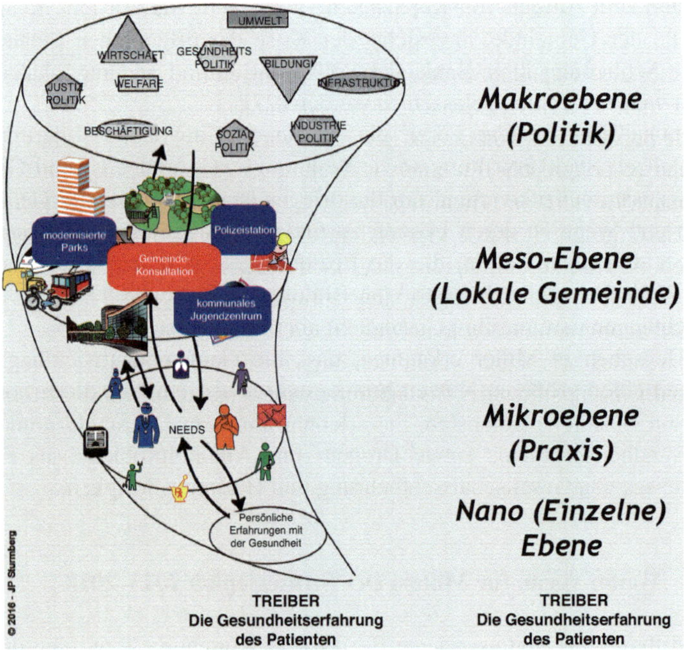

Abb. 10.5 Kommune 2168, obwohl sie ein Gesundheitsverbesserungsziel hatte, konzentrierte sich weitgehend auf die Gemeinde. Durch die Zusammenarbeit von Gemeindemitgliedern und Dienstleistern wurden die notwendigen lokale Veränderungen ermittelt, die als Voraussetzung für gesundheitliche Verbesserungen angegangen werden müssen. Bemerkenswert ist, dass dieses Projekt erfolgreich war, ohne dass eine Änderung auf politischer Ebene oder größeren Investitionen in die Gesundheitsversorgung erfolgreich waren

Leider arbeiten Gesundheits- und Sozialdienste auf verschiedenen Regierungsabteilungen, die ihre Bemühungen selten koordinieren. Hier arbeiten alle identifizierten Dienste zusammen mit der lokalen Gemeinde, um das verlorene Vertrauen in Regierungsagenturen wiederherzustellen, indem sie Maßnahmen umsetzen, die die dringendsten Notwendigkeiten zuerst angehen. Die Zusammenarbeit verhindert unnötige bürokratische „Knie-Jerk-Reaktionen", um entweder aufgrund des „renitenten Verhaltens" der Gemeinde auf strafende Wohlfahrtsreformen zu drängen, oder eine ebenso unnötige Umstrukturierung von Diensleistungen, die als Grund für den mangelnden Fortschritt angesehen wird. In beiden Fällen werden *knappe Ressourcen für das Gesundheits- und Sozialwesen* verwendet, die besser in Dienstleistungen und Infrastrukturen *investiert* werden sollten, die es den Menschen und Gemeinde ermöglichen, sich zu entwickeln und dadurch ihre Gesundheit zu verbessern (in wirtschaftlichen Begriffen, dieser Ansatz *erzeugt Gewinne*).

10.2.2 Das Shape up Somerville (SUS) Projekt

Somerville ist eine sozioökonomisch benachteiligte Gemeinde nordwestlich von Boston. Sie hatte eine hohe Rate an Kinderfettleibigkeit, was den Ausgangspunkt für das *Shape Up Somerville* (SUS) Projekt darstellte.[4]

Im Jahr 2002 finanzierte die CDC das Projekt zunächst als Projekt zur Prävention von Fettleibigkeit bei Erst- bis Drittklässlern durch Umweltveränderungen. Auf der Grundlage des Projekterfolgs wurde SUS 2005 von der Stadt Somerville übernommen und hat seitdem eine Agenda des *Systemwandels* : Einbeziehung aller Sektoren und Ebenen der Gemeinde, einschließlich lokaler Regierung, Unternehmen, Schulen, gemeinnützigen Organisationen, Gesundheitswesen, Basisorganisationen und Einzelpersonen, um politische Veränderungen zu schaffen, die die Gesundheit und das Wohlbefinden der gesamten Gemeinde, Gesundheitsgerechtigkeit und soziale Gerechtigkeit fördern [28, 29].

Shape up Somerville ist ein Beispiel für ein von Gesundheitsfachleuten geleitetes, mehrstufiges Gemeindeentwicklungsprojekt für eine bessere Gesundheit. Während der Fokus auf der Verbesserung der Gesundheit aller in der Gemeinde lebenden Menschen liegt, erfolgt die Umsetzung schrittweise, nach dem Prinzip der Bürgerbeteiligung, das Bürger, Gemeindegruppen und lokale Regierungsleiter einbezieht. Der erste Schritt zielte darauf ab, das Essen in Schulmensen zu verbessern – eine

[4] http://www.somervillema.gov/departments/health/sus http://www.nutrition.tufts.edu/index.php?q=research/shapeup-somerville Shape Up Somerville: Aufbau und Erhaltung einer gesunden Gemeinschaft mit kollektiver Wirkung https://www.youtube.com/watch?v=aBHz-GzDX8c Shape Up Somerville: NECN – Aufruf zur Revolution https://www.youtube.com/watch?v=71V12zS7nQU Bürgermeister Joe Curtatone spricht im Weißen Haus für das Let's Move Programm der First Lady Obama 2.9.10 https://www.youtube.com/watch?v=viIJLjVrUcg

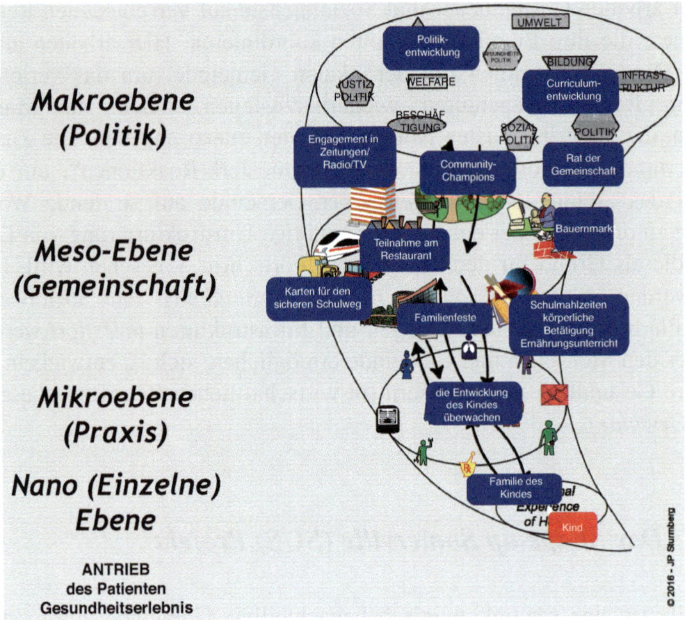

Abb. 10.6 Shape up Somerville begann an der Schnittstelle zwischen den Meso- und Mikroebenen der Versorgung. Die Reduzierung von Kinderfettleibigkeit ist ein *systemisches* Problem, es erfordert sowohl einen individuellen als auch einen familiären und Gemeinde Fokus. Das Projekt war erfolgreich, da sich alle Akteure auf das gemeinsame Ziel konzentrierten, die Gesundheit der Kinder in ihrer Gemeinde zu verbessern.

Initiative, die von Ernährungsberatern geleitet wurde, gefolgt von der Verbesserung des Zugangs zum Schulbus, indem den Kindern ein sicherer Fußweg zur nächsten Bushaltestelle ermöglicht wurde. Diese Maßnahmen führten dazu, dass Kinder auf gesündere Nahrung zu Hause bestanden, Restaurants ihre Speisekarten anpassten und gesündere Mahlzeiten anboten, und die Stadtverwaltung Spielplätze, Gehwege und Fahrradwege reparierte (Abb. 10.6).

Diese Initiative entstand als eine starke Kraft, die die Werte einer Gemeinde beeinflusste und alle darauf konzentrierte, die Themen zu verfolgen, die sich ändern mussten, um eine kontinuierliche Verbesserung der Gesundheit von Einzelpersonen und der Gemeinschaft insgesamt zu erreichen.

Diese beiden Beispiele zeigen, wie wichtig es ist, die Bürgerinnen und Bürger dazu zu bewegen, die *„notwendige Anpassungsarbeit zu leisten"* [24], und die gemeinsamen Ziele und Werte zu schaffen, die es ermöglichen, die notwendigen Veränderungen zu formulieren und Lösungen umzusetzen; obwohl gesundheitsorientiert, wurde ein Großteil der notwendigen Arbeit gleichzeitig von Gesundheitsfachleuten, lokalen Regierungsmitarbeitern und Gemeindemitgliedern geleistet. In beiden Fällen war die Führung teambasiert; die Führung wurde verteilt, um die gewünschten Ergebnisse auf die effektivste und effizienteste Weise zu erreichen.

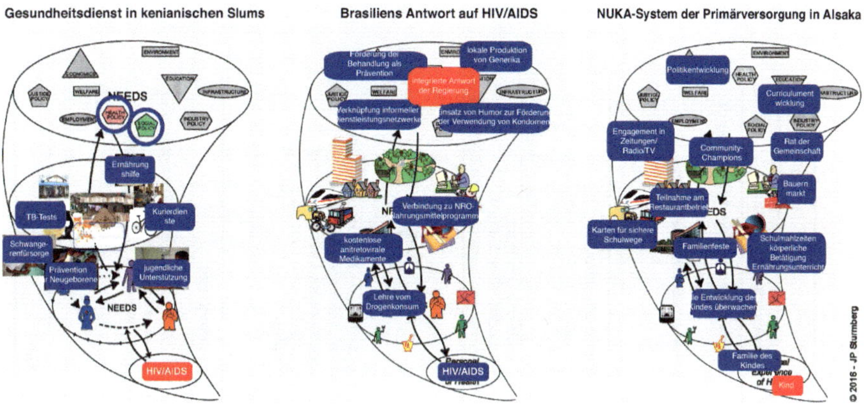

Abb. 10.7 Reform des Gesundheitssystems auf Makroebene

10.3 Makroebenen-Probleme

Makroebenen-Probleme entstehen im politischen Bereich und befassen sich mit Problemen des „Gesundheitssystems als Ganzes". Kap. 7 beschrieb das Design von drei Gesundheitssystemen in drei verschiedenen Kontexten – die obenstehenden Vortex-Bilder dienen nur zur Erinnerung (Abb. 10.7).

10.4 Wertorientierte *Komplex Adaptive* Gesundheitssystemreform

Wie die Beispiele in diesem Kapitel zeigen, ist es leicht möglich, den Fokus der Gesundheitsversorgung auf die Person/den Patienten zu verlagern. Der *Fokus auf die Person/den Patienten* bietet den notwendigen Raum für die notwendigen komplex adaptiven Interaktionen zwischen allen, die an ihrer Versorgung beteiligt sind.

Erforderliche Interaktionen werden zwangsläufig variieren, abhängig von der Art des Problems und/oder den Umständen – einige werden durch einfache oder komplizierte, andere durch komplexe und komplex adaptive Ansätze bewältigt (Tab. 10.1).

Die Reaktion auf Probleme mit der geeigneten Strategie führt unweigerlich zu:

- Effektivere und effizientere Versorgung
- Höhere Zufriedenheit aller Beteiligten in der Gesundheitsversorgung
- Erzielt Gerechtigkeit
- Macht das System nachhaltiger

Tab. 10.1 Was *Wert* ausmacht – Perspektiven verschiedener Interessengruppen

	Einfach	Kompliziert	Komplexe	
Arten von Systemen	Mechanische Systeme		Komplexe (dynamische) Systeme	Komplex adaptive Systeme
Beispiele aus der kommunalen Gesundheitsver-sorgung	Grippeimpfung	Behandlung einer Verbrennung 2. Grades	Gemeinschaftspflege für gebrechliche ältere Menschen Verknüpfung von Pflegebereichen Medikationsmanagement bei Polypharmazie	Zusammenarbeit in der Hausarztpraxis Multimorbiditätsmanagement
Beispiele aus der Krankenhausversorgung	Laboruntersuchungen	Hüftgelenkersatzoperation	Bettenmanagement in einem Krankenhaus Akute psychiatrische Abteilung	Intensivpflegestation Personalführung in einem Krankenhaus
Beispiele im Teilsystem Gesundheit		Protokolle, z. B. Richtlinien zum Händewaschen	Bewältigung einer Epidemie Bewältigung einer Naturkatastrophe	Psychische Gesundheit Gesundheitsfinanzierung Beziehungen (verschachtelte Systeme)
Aufbau des Systems	Eins-zu-eins-Beziehungen Z.B. Krankenschwester gibt Grippeimpfung	Eins-zu-viele-Beziehungen  Z.B. Chirurg, der ein OP-Team leitet Z. B. Stationsleiter, der sicherstellt, dass das Personal jeden Patientenvorfall aufzeichnet, egal wie unbedeutend er ist	Viele-zu-Viele und System-zu-System   Teilsysteme können einfache, komplizierte und komplexe Komponenten haben. Z. B. der Wert der in der MBS aufgeführten Dienstleistungen (einfach) Die Honorare, die die einzelnen Ärzte den verschiedenen Patienten in ihrer Praxis in Rechnung stellen, sind jedoch sehr unterschiedlich und hängen von vielen Faktoren ab (komplex und anpassungsfähig).	
Ergebnisse	Linear z.B. gemessen in Prozent der berechtigten Bevölkerung wird geimpft	Meistens vorhersehbar z.B. gemessen als Anzahl und Art der Komplikationen im OP	Ändern sich mit Vorgeschichte und Ausgangsbedingungen Unvorhersehbar/vorhersehbar Z. B. kontextbezogene Beschreibung der SES-Merkmale von Bevölkerungsgruppen die detaillierte Beschreibung der Durchführung einer Intervention und der beobachteten Ergebnisse (z. B. Verringerung des Konsums illegaler Drogen) Nichtlinear und rückgekoppelt Komplex - Chaotisch	
	Linear			
Verallgemeinerbarkeit	Ja	Ja	Nein	Nein

Allerdings muss anerkannt werden, dass nicht alle Organisationen die gleiche Fähigkeit zur Veränderung haben; die Fähigkeit zur Veränderung hängt in hohem Maße von der vorherrschenden Dynamik der Organisation ab. Organisationen:

- ***Hochgradic geordnete*** Systeme, wie z. B. *sehr bürokratische Organisationen,* neigen dazu zu scheitern, weil sie starr sind; sie widersetzen sich der erforderlichen Anpassungen
- ***Hochgradic chaotische*** Systeme neigen ebenfalls zum Scheitern, da sie *zu wenige stabile Komponenten* haben, um sie zu puffern, und kleine Kräfte tendieren dazu, das System zu stören
- ***Komplex dynamische*** Systeme, die *gleichzeitig geordnet und ungeordnet* sind, sind besser in der Lage, Herausforderungen zu bewältigen und sind widerstandsfähiger gegen Störeinflüsse

Die Anwendung des Cynefin-Ansatzes [30] wie zuvor beschrieben, kann Führungskräften in Organisationen helfen, die erforderliche notwendige adaptive Veränderung zu erleichtern, der für die Entwicklung eines besser angepassten Gesundheitssystems erforderlich ist.

Das nächste Kapitel wird untersuchen, wie verschiedene Blickwinkel auf dasselbe Gesundheitsproblem – Fettleibigkeit – unser Verständnis eines „komplexen Problems" erweitern. Alle Blickwinkel bieten unschätzbare Perspektiven, jedoch kann nur eine *gemeinsame Reflexion* allen Beteiligten das bestmögliche Verständnis des Problems in seiner Gesamtheit liefern und somit eine „systembasierte Lösung" bieten.

Literatur

1. Pellegrino E, Thomasma D (1981) A philosophical basis of medical practice: towards a philosophy and ethic of the healing professions. Oxford University Press, New York/Oxford
2. Leutz WN (1999) Five laws for integrating medical and social services: lessons from the United States and the United Kingdom. Milbank Q 77(1):77–110
3. Sturmberg JP, O'Halloran DM, Martin CM (2010) People at the centre of complex adaptive health systems reform. Med J Aust 193(8):474–478
4. Sturmberg JP, Martin CM, Moes M (2010) Health at the centre of health systems reform – How Philosophy Can Inform Policy. Perspect Biol Med 53(3):341–356
5. Sturmberg JP, O'Halloran DM, Martin CM (2012) Understanding health system reform – a complex adaptive systems perspective. J Eval Clin Pract 18(1):202–208
6. Valentijn PP, Schepman SM, Opheij W, Bruijnzeels MA (2013) Understanding integrated care: a comprehensive conceptual framework based on the integrative functions of primary care. Int J Integr Care 13:e010
7. Sturmberg JP, O'Halloran DM, Martin CM (2013) Health care reform – the need for a complex adaptive systems approach. In: Sturmberg JP, Martin CM (eds) Handbook of systems and complexity in health. Springer, New York, S 827–853
8. Sturmberg JP, Bennett JM, Picard M, Seely AJE (2015) The trajectory of life. Decreasing physiological network complexity through changing fractal patterns. Front Physiol 6:169
9. Antonovsky A (1993) Complexity, conflict, chaos, coherence, coercion and civility. Soc Sci Med 37(8):969–974

10. Rutter M (1985) Resilience in the face of adversity. Protective factors and resistance to psychiatric disorder. Br J Psychiatry 147(6):598–611
11. Reeve J, Lloyd-Williams M, Payne S, Dowrick C (2009) Towards a re-conceptualisation of the management of distress in palliative care patients: the self-integrity model. Prog Palliat Care 17(2):51–60
12. Launer J (2002) Narrative-based primary care: a practical guide. Radcliffe Medical Press Ltd, Oxford
13. Busby J, Purdy S, Hollingworth W (2015) A systematic review of the magnitude and cause of geographic variation in unplanned hospital admission rates and length of stay for ambulatory care sensitive conditions. BMC Health Serv Res 15:324
14. Hutchinson AF, Graco M, Rasekaba TM, Parikh S, Berlowitz DJ, Lim WK (2015) Relationship between health-related quality of life, comorbidities and acute health care utilisation, in adults with chronic conditions. Health Qual Life Outcomes 13:69
15. Martin CM, Grady D, Deaconking S, McMahon C, Zarabzadeh A, O'Shea B (2011) Complex adaptive chronic care – typologies of patient journey: a case study. J Eval Clin Pract17(3): 520–524
16. Martin C, Biswas R, Joshi A, Sturmberg J (2011) Patient Journey Record Systems (PaJR): the development of a conceptual framework for a patient journey system. In: Biswas R, Martin CM (eds) User-driven healthcare and narrative medicine. IGI-Global, Hershy, PA, S 75–92
17. Martin CM (2014) Self-rated health: patterns in the journeys of patients with multi-morbidity and frailty. J Eval Clin Pract 20(6):1010–1016
18. Mazzella F, Cacciatore F, Galizia G, Della-Morte D, Rossetti M, Abbruzzese R, et al (2010) Social support and long-term mortality in the elderly: role of comorbidity. Arch Gerontol Geriatr 51(3):323–328
19. Lawton R, Taylor N, Clay-Williams R, Braithwaite J (2014) Positive deviance: a different approach to achieving patient safety. BMJ Qual Saf 23:880–883
20. Lindberg C, Schneider M (2013) Combating infections at Maine Medical Center: insights into complexity-informed leadership from positive deviance. Leadership 9(2):229–253
21. Fulop L, Mark A (2013) Leading in healthcare – foregrounding context: the theory and practice of context – introduction to the special issue. Leadership 9(2):151–161
22. Seelos C, Mair J (2012) Innovation is not the holy grail. Stanf Soc Innov Rev 10(4):44–49
23. Ham C, Dixon A, Brooke B (2012) Transforming the delivery of health and social care: the case for fundamental change. King's Fund, London
24. Heifetz R (1994) Leadership without easy answers. Harvard University Press, Cambridge, MA
25. Snowden DJ, Boone ME (2007) A leader's framework for decision making. Harv Bus Rev 85 (11):69–76
26. Fulop L, Mark A (2013) Relational leadership, decision-making and the messiness of context in healthcare. Leadership 9(2):254–277
27. Sweet M (2011) Understanding miller: inside story [internet]. www.inside.org.au. Zugegriffen: 28 März 2011
28. Economos CD, Curtatone JA (2010) Shaping up Somerville: a community initiative in Massachusetts. Prev Med 50(Suppl 1):S97–S98
29. Economos CD, Hyatt RR, Must A, Goldberg JP, Kuder J, Naumova EN, et al (2013) Shape Up Somerville two-year results: a community-based environmental change intervention sustains weight reduction in children. Prev Med 57(4):322–327
30. Kurtz CF, Snowden DJ (2003) The new dynamics of strategy: sense-making in a complex and complicated world. IBM Syst J 42(3):462–483
31. Sturmberg JP (2007) Systems and complexity thinking in general practice. part 1 – clinical application. Aust Fam Physician 36(3):170–173

Kapitel 11
Fettleibigkeit – Ein vielschichtiger Ansatz: Ein Problem – verschiedene Modelle – verschiedene Erkenntnisse und Lösungen

Überblick. Fettleibigkeit verringert das Wohlbefinden der Menschen und trägt zur frühzeitigen Entwicklung von Krankheiten wie Diabetes, Herzkrankheiten und Arthritis bei. Fettleibigkeit steigt sowohl in der entwickelten Welt als auch in Ländern mit niedrigem und mittlerem Einkommen rapide an. Staatliche und nichtstaatliche Geldgeber des Gesundheitswesens befürchten, dass diese Fettleibigkeitsepidemie die Lebensfähigkeit der Gesundheitssysteme bedrohen wird.

Was kann getan werden, um die Ausbreitung der Epidemie zu stoppen? Was kann getan werden, um fettleibigen Menschen zu helfen, ihr Gewicht zu reduzieren und das frühe Auftreten von behindernden Krankheiten wie Diabetes, Herzkrankheiten und Arthritis zu verhindern?

Was wir wissen:

- Fettleibigkeit, insbesondere um die Taille und im Bauch, erhöht die Entzündungslast des Körpers; Entzündung ist der Hauptmechanismus für die Komplikationen der Fettleibigkeit
- Unser Gewicht spiegelt das Gleichgewicht zwischen unserer Nahrungsaufnahme und unserer körperlichen Aktivität wider
- Fettleibigkeit verbreitet sich in unseren sozialen Netzwerken; wer von fettleibigen Menschen umgeben ist erhöht auch sein eigenes Körpergewicht
- Kinder von übergewichtigen Eltern neigen viel eher dazu, selbst übergewichtig zu werden; der Hauptgrund dafür sind die erlernten Verhaltensmuster in Bezug auf Einkaufen, Nahrungskonsum und körperliche Aktivität
- Outdoor-Aktivitäten haben mit dem Aufkommen der elektronischen Unterhaltung sowohl bei Kindern als auch bei Erwachsenen erheblich abgenommen
- Fettleibigkeit ist in sozioökonomisch benachteiligten Gemeinden viel häufiger
- Sozioökonomisch benachteiligte Gemeinden haben schlechteren Zugang zu gesunden Lebensmitteln, aber leichten Zugang zu Junk-Food

J. P. Sturmberg, *Neugestaltung des Gesundheitssystems*,
https://doi.org/10.1007/978-3-031-46816-2_11

- Politik dominiert die Konzepte; politische Entscheidungen haben die Interessen der Industrie über die der Gesellschaft gestellt
- Die industrielle Lebensmittelproduktion hat das Volumen der angebauten Lebensmittel erhöht, aber in vielen Fällen die Qualität dieser Lebensmittel verringert
- Werbung für Junk-Food dominiert in allen Medienformen (Zeitungen, Fernsehen, Internet) und zielt speziell auf Kinder und Jugendliche ab

Die Lösung der Fettleibigkeitsepidemie erfordert ein Verständnis der Interdependenzen der mehr als 100 Variablen und 300 Verbindungen des Fettleibigkeitsnetzwerks. Die Netzwerkvariablen können in sieben breite Bereiche gruppiert werden: (1) Stoffwechselwege, (2) individuelle Aktivitätsmuster, (3) individuelle Ernährungsmuster, (4) individuelle Bewältigungsfähigkeiten, (5) soziale und (6) physische Umgebungen einer Person und (7) das System der Lebensmittelproduktion, des Marketings und der Verteilung.

Die Lösung der Fettleibigkeitsepidemie erfordert einen ***nahtlos integrierten politischen*** Ansatz, der auf klar definierten Zielen, gemeinsamen Werten und gemeinsamen Umsetzungsregeln basiert. Ein solcher Ansatz wird *die systemweiten Auswirkungen von Veränderungen* auf jede Variable in einem der sieben Bereiche berücksichtigen. Er wird die Auswirkungen jeder Veränderung auf die Person, die Kommune und die Gesellschaft als Ganzes bewerten.

Wie können wir systemische Lösungen für die Fettleibigkeitsepidemie entwickeln? Interventionen können auf persönlicher, gemeinschaftlicher und gesellschaftlicher Ebene gruppiert werden, jedoch ergeben sich die größten Erfolgsaussichten aus koordinierten Ansätzen auf diesen Ebenen. Zu berücksichtigende Interventionen sind:

Auf der persönlichen Ebene:

- Verbesserung der Vermittlung von Kenntnissen über Ernährung und körperliche Bewegung in Elterngruppen, Schulen und Arbeitsplätzen
- Erhöhung der körperlichen Aktivitäten, Verringerung der sitzenden Aktivitäten
- Verbesserung der Einkaufs- und Kochfähigkeiten

Persönliche Interventionen erfordern Unterstützung auf Gemeinschaftsebene:

- Verbesserung des Zugangs zu sicheren Geh- und Radwegen, Spielplätzen und Sportplätzen
- Verbesserung der gesunden Lebensmittelauswahl in Geschäften und Restaurants
- Ersetzen von „Junk Food" durch frische Lebensmittel in der Schule und am Arbeitsplatz
- Bereitstellung von leicht zugänglichem, kostengünstigem und zuverlässigem öffentlichen Verkehrsmitteln

- Förderung der Entwicklung von Gemeinschaftsgärten zur Verbesserung des Zugangs zu frischen Lebensmitteln, insbesondere in sozioökonomisch benachteiligten Gemeinden

Gemeinschaftliche Interventionen müssen auf gesamtgesellschaftlicher Ebene unterstützt werden:

- Förderung/Werbung für gesunde Ernährung und körperliche Aktivität
- Anreize zur Unterstützung der lokalen Produktion von frischen Lebensmitteln, wie Gemeinschaftsgärten
- Entwicklung und Umsetzung von Produktionsregeln, die die Lieferung von hochwertigen pflanzlichen und tierischen Lebensmitteln sicherstellen
- Einstellung der Werbung für „Junk Food" nach dem Vorbild des Vorgehens gegen Tabakwaren
- Nutzung von Steuersystemmechanismen zur Unterstützung der gesunden Lebensmittelproduktion und Bestrafung der „Junk Food"-Produktion
- Investitionen in Infrastrukturen, die sichere körperliche Aktivitäten in lokalen Gemeinden unterstützen
- Systemweite Prüfung von Investitionen in die Gesundheit gegenüber Einsparungen im Gesundheitswesen

Erfolgreiches Change Management muss die unvermeidliche Entstehung von Widerstand gegen Veränderungen berücksichtigen, da Veränderungen Bedrohungen für die in dem bestehenden Status quo inhärenten Interessen darstellen.

Punkte zur Reflexion

- Wenn man Fettleibigkeit als systemisches Problem betrachtet, wer sind die Schlüsselakteure, die den Status quo kontrollieren?
- Fettleibigkeit resultiert aus persönlichem, gemeinschaftlichem und gesellschaftlichem Verhalten. Wie hängen sie miteinander zusammen?
- Welche Art von Interventionen könnten auf jeder Ebene in Betracht gezogen werden?
- Um erfolgreich dauerhafte Veränderungen zu erreichen, müssen Strategien nahtlos auf persönlicher, gemeinschaftlicher und gesellschaftlicher Ebene integriert werden. Welche Strategien könnten eingesetzt werden, um diese Veränderung zu erleichtern?

Fettleibigkeit, insbesondere Kindheitsfettleibigkeit, ist ein Problem, das derzeit die Köpfe von Laborforschern, Menschen, Gesundheitsfachleuten, Industrie, Versicherern und Politikern sowie politischen Entscheidungsträgern beschäftigt. Alle sind besorgt über das *eine Problem,* alle haben *verschiedene Modelle* entwickelt, um das Problem zu verstehen, und alle haben *verschiedene Erkenntnisse und Lösungen* gefunden. Während alle wertvolle Einblicke in einen Teil des Problems liefern (was in diesem Sinne reduktionistisch ist), nur wenige haben versucht, einen systemischen Ansatz zur Bewältigung des Problems als *Ganzes* zu skizzieren [1–3].

Um die Komplexitäten der Fettleibigkeit zu verstehen und fehlerhafte strategische Entscheidungen zu vermeiden, ist es notwendig:

- Eine Anerkennung der Tatsache, dass die Ursachen von Fettleibigkeit das Kontinuum von Nano- bis zur Makroebene umfassen
- Eine Bewertung der Stärken und Grenzen partieller Fettleibigkeitsmodells
- Eine Untersuchung, wie sich partielle Modelle in ein „Fettleibigkeit als Ganzes"-Modell einfügen

11.1 Die Teile des Fettleibigkeits-Puzzles

Fettleibigkeit ist ein komplexes Problem. Dieses Kapitel kann kein umfassendes Bild aller Komplexitäten liefern, sondern zielt darauf ab, auf einige Schlüsselprobleme hinzuweisen, die mit systemischen Denkansätzen untersucht wurden:

- Physiologische Aspekte
- Soziale Aspekte
- Industrielle Aspekte

bevor sie ein Modell der „Fettleibigkeit als Ganzes" und dessen Auswirkungen auf systemische Lösungen skizzieren:

- Biomedizinischen Ansätze
- Soziale und umweltbezogene Ansätze
- Politische Ansätzen

Physiologische Aspekte

11.1.1.1 Niedriggradige Entzündung des weißen Fettgewebes

Laborforschung hat die physiologischen Veränderungen identifiziert, die mit Fettleibigkeit verbunden sind [4–6]. Diese Ergebnisse zeigen, dass eine zunehmende Gewichtszunahme eine entzündliche Reaktion im Fettgewebe hervorruft. Die daraus resultierende Zunahme von proinflammatorischen Zytokinen führt zu Insulinresistenz, die die Glukoseaufnahme durch Muskelzellen verhindert und die Neoglukogenese in der Leber sowie die endotheliale Entzündung in Blutgefäßen hemmt.

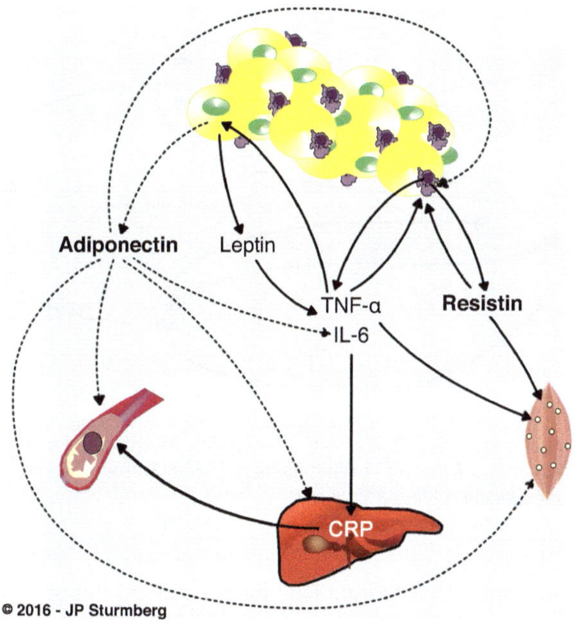

Abb. 11.1 Vereinfachtes Systemdynamikmodell der *„Physiologie der Fettleibigkeit“* Fettleibigkeit führt zu einer Zunahme des metabolisch aktiven weißen Fettgewebes, was zu einer erhöhten Produktion von entzündlichen Molekülen führt, die für die Insulinresistenz verantwortlich sind *(feste Pfeile)* und die hemmenden Effekte von Adiponektin *(gestrichelte Pfeile)* inhibieren

Die Folgen der entzündlichen Prozesse sind klinisch gesehen im Anstieg des Blutzuckerspiegels, freier Fettsäuren und proinflammatorischer Marker wie CRP, TNF-α und IL-6 zu sehen (Abb. 11.1). Die Umkehrung von Fettleibigkeit durch Diät und Bewegung reduziert diese pathophysiologischen Veränderungen [7–9].

11.1.1.2 „Mein-BMI“

Auf der Personenebene spiegelt der allgemeine Ernährungszustand sich im Body-Mass-Index (BMI) einer Person wider, der aus seinem Gewicht und seiner Größe berechnet wird. Das Gewicht spiegelt die Energiebilanz (Kalorienaufnahme und -verbrauch) wider, und die Größe wird genetisch durch Geschlecht und – im Kindes- und Jugendalter, Alter bestimmt. Der Kalorienverbrauch ist eine Funktion des Ruhe-Stoffwechsels[1] und der körperlichen Aktivität (Abb. 11.2).

[1] Der Stoffwechsel wird normalerweise durch die Schofield-Gleichung aus Größe, Gewicht, Alter und Geschlecht geschätzt.

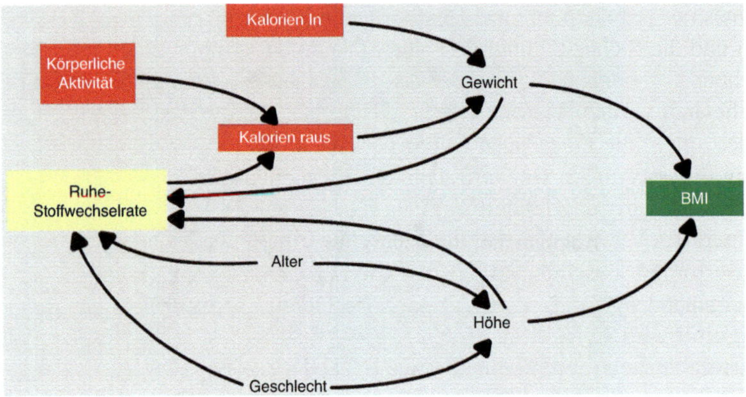

Abb. 11.2 Agentenbasiertes Modell des Body-Mass-Index. Modifizierbare Variablen *(rote Kästchen),* die den BMI *(grünes Kästchen)* beeinflussen, der Ruhe-Stoffwechsel ist eine Funktion von Alter, Größe und Geschlecht *(gelbes Kästchen)*

Diese Beziehungen sind die Grundlage für die Untersuchung verschiedener Gewichtsverluststrategien durch ein agentenbasiertes Modell. Das Modell ermöglicht es, jeden Parameter entweder einzeln oder in verschiedenen Kombinationen zu variieren. Daher kann man die Modellparameter an verschiedene Bevölkerungsmerkmale anpassen sowie die wahrscheinlichsten Vorteile verschiedener Gewichtsmanagementstrategien testen, wie die Auswirkungen verschiedener Gewichtsverlust- und/oder körperlicher Aktivitätsinterventionen [10].

Soziale Aspekte

11.1.2.1 Die soziale Ausbreitung von Fettleibigkeit

Auf der Mikroebene beginnt Fettleibigkeit früh im Leben [11, 12] und, wenn Kinder zu Erwachsenen werden, wird ihre Ausbreitung durch die „Mutter-zu-Kind"-Übertragung (Abb. 11.3) [11] fortgesetzt.

Christakis und Fowler [13] zeigten, dass soziale Einflüsse – soziale Normen, soziales Kapital und Stress – Fettleibigkeit in sozialen Netzwerken fördern. Darüber hinaus wurden Einflüsse von Erwachsenen-zu-Erwachsenen, Erwachsenen-zu-Kind und Kind-zu-Kind Einflüsse, die adipöses Verhaltensweisen fördern Erwachsenen auf Erwachsene, von Erwachsenen auf Kinder und von Kindern auf Kinder nachgewiesen, die fettleibige Verhaltensweisen fördern [14].

Die Forscher entwickelten ein Modell (Abb. 11.4), um die Auswirkungen sozialer Beziehungen zu untersuchen und fanden, dass ein stärkerer Zusammenhang zwischen der sozialen Übertragungsrate von Erwachsenen-zu-Kind als Kind-zu-Kind besteht und dass Interventionen, die sich auf Erwachsene statt auf Kinder konzentrieren, effektiver sind, um zu verhindern, dass Kinder fettleibig werden.

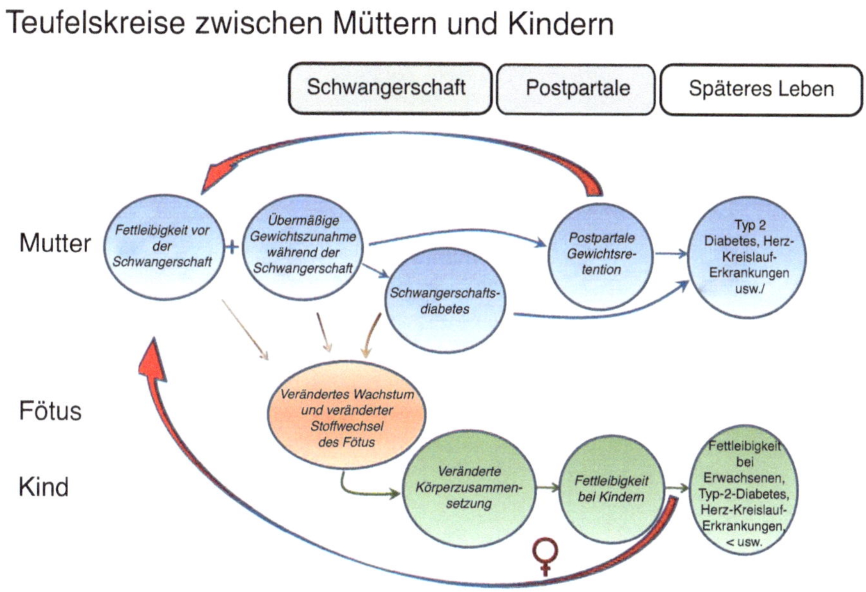

Abb. 11.3 Der Teufelskreis der Fettleibigkeitsverbreitung von Mutter zu Kind. (Bild mit freundlicher Genehmigung von Dr. Matthew W Gillman)

Diese Ergebnisse sind von großer Bedeutung und zeigen, wie Modellierung verhindern kann, dass Bemühungen und Ressourcen in zum Scheitern verurteilte Projekte investiert werden.

11.1.2.2 Gesellschaftliche Faktoren, die mit Fettleibigkeit in Verbindung stehen

Prävention ist besser als Heilung, aber die Gestaltung wirksamer Präventionsprogramme ist viel schwieriger als die Durchführung krankheitsspezifischer kurativer Interventionen. Der erste Schritt in einem Präventionsprogramm ist die Identifizierung aller potenziellen beitragenden Faktoren, der zweite die Identifizierung der Beziehungen und Wechselwirkungen zwischen diesen Faktoren.

Ein Forschungsprojekt, das in einer australischen ländlichen Gemeinde durchgeführt wurde, identifizierte die Schlüsselfaktoren, die Fettleibigkeit bei Kindern fördern, was zu einer Systemkarte der kommunalen Prävention führte (Abb. 11.5). Vier separate Faktoren wurden als Schlüsselbereiche für die Gestaltung wirksamer Präventionsprogramme identifiziert [15]:

- Soziale Einflüsse
- Fast- und Junkfood
- Teilnahme am Sport
- Allgemeine körperliche Aktivität

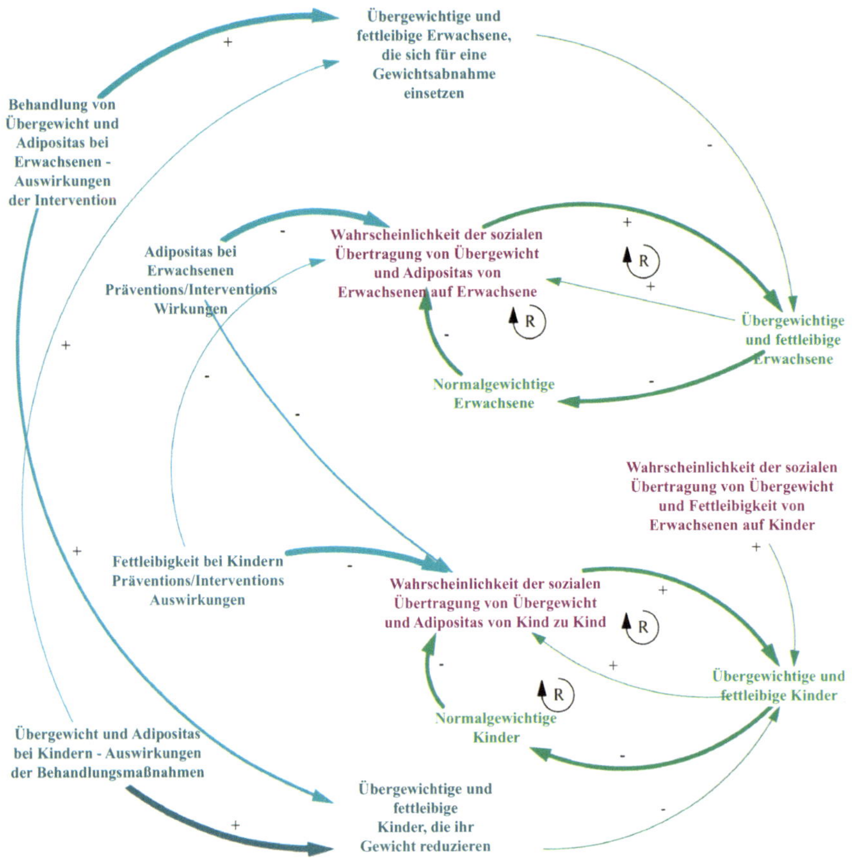

Abb. 11.4 Kausaldiagramm der sozialen Übertragung von Fettleibigkeit zwischen Erwachsenen und Kindern. Die Abbildung zeigt die Elemente des Systemmodells zur Überprüfung von Hypothesen bezüglich der sozialen Übertragung ungesunder Verhaltensweisen, die zu Übergewicht und Fettleibigkeit führen. Elemente auf Erwachsenenebene sind in grün und Elemente auf Kinderebene sind in lila dargestellt. „R" kennzeichnet verstärkende Rückkopplungsschleifen. Die Auswirkungen von Präventionsinterventionen auf Kinder- und Erwachsenenebene werden durch negativ beschriftete Pfeile zur sozialen Übertragung dargestellt. Die Linien der Interventionsauswirkungen sind in unterschiedlichen Breiten dargestellt, um Unterschiede in der relativen Auswirkungsgröße anzudeuten. Die *dicksten Linien* werden bezüglich der Auswirkungen von Erwachsenen-zu-Erwachsenen und Kind-zu-Kind gezeigt. *Linien mittlerer Dicke* werden bezüglich der Auswirkungen von Erwachsenen-zu-Kind gezeigt. Die *dünnsten Linien* werden bezüglich der Auswirkungen von Kind-zu-Erwachsenen gezeigt. (Nach Frerichs LM, Araz OM, Huang TTK. Modeling social transmission dynamics of unhealthy behaviours for evaluating prevention and treatment interventions on childhood obesity [14]. (Creative Commons Attribution License))

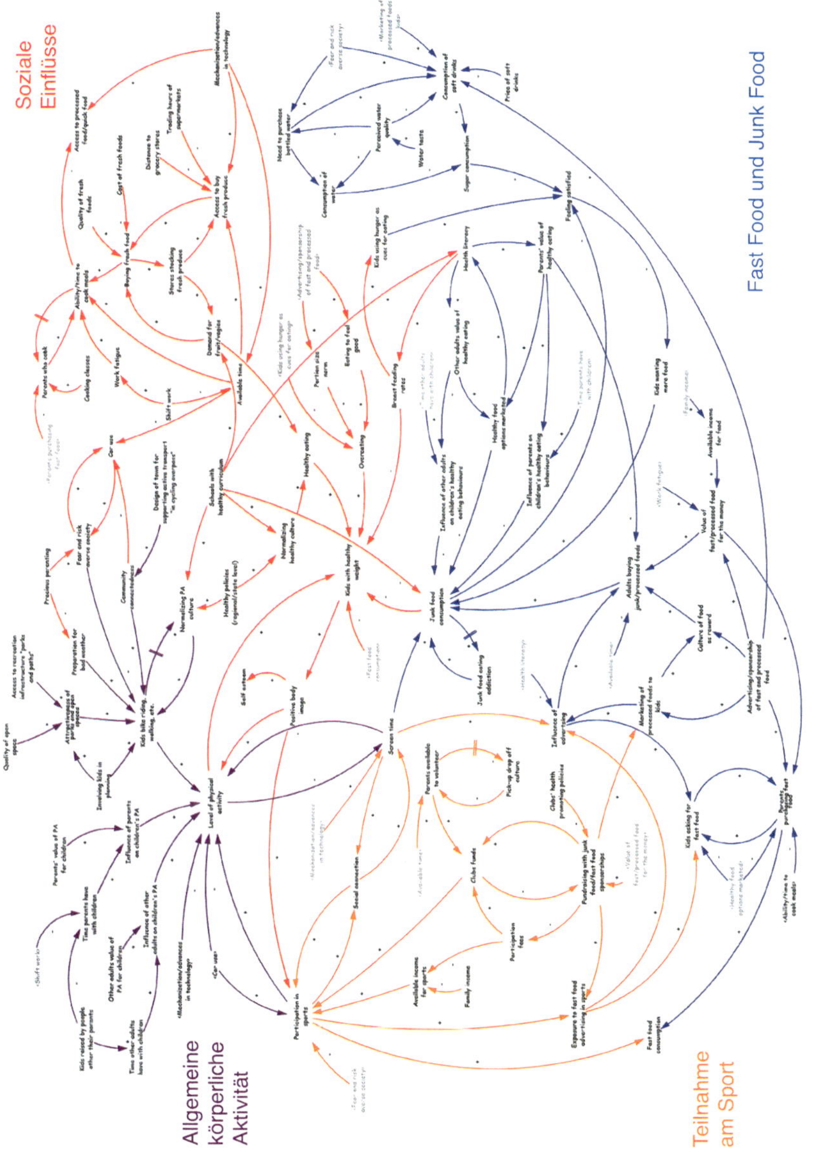

Abb. 11.5 Kausaldiagramm der Ursachen von Kinderfettleibigkeit in einer ländlichen Gemeinde. (Nach Allender S, Owen B, Kuhlberg J, Lowe J, Nagorcka-Smith P, Whelan J, et al. A community based systems diagram of obesity causes [15]. (Creative Commons Attribution License))

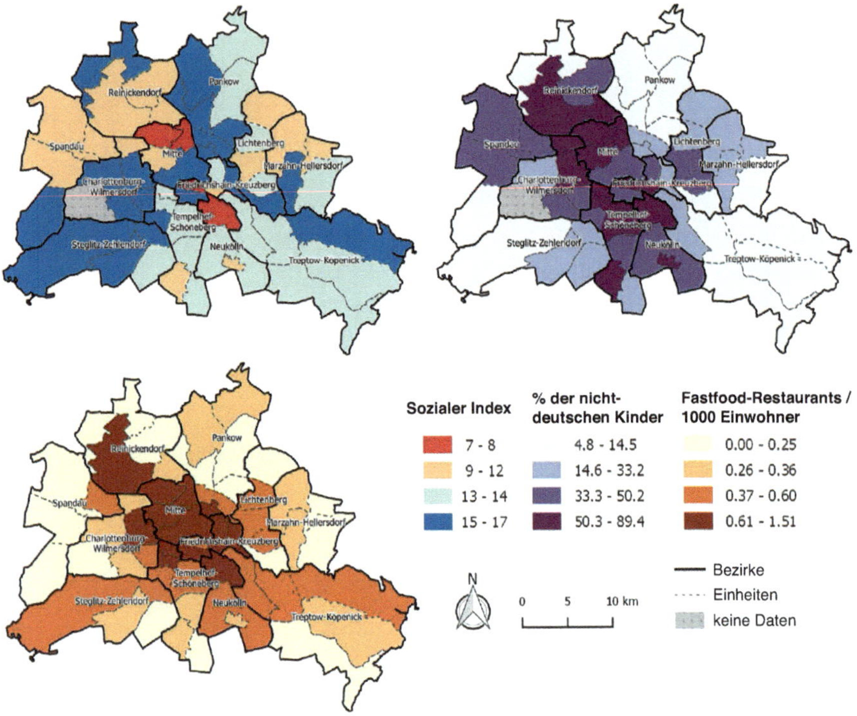

Abb. 11.6 Geographische Verteilung von Kinderfettleibigkeit in Berlin in Bezug auf drei Gemeindefaktoren – Sozioökonomie, Ethnizität und Verfügbarkeit von Fast-Food-Restaurants. (Nach Lakes T, Burkart K. Childhood overweight in Berlin: intra-urban differences and underlying influencing factors [16]. (Creative Commons Attribution 4.0 International License))

Die epidemiologische Studie zur Fettleibigkeit in Berlin [14] ist ein Beispiel dafür, wie kommunale Faktoren:

- Sozioökonomie
- Ethnizität
- Verfügbarkeit von Fast-Food-Restaurants

das Gesundheitsniveau in verschiedenen Segmenten der Bevölkerung einer Stadt beeinflussen. Diese Ergebnisse veranschaulichen schön, dass die Suche nach „Einheitslösungen" nicht funktionieren kann. Vielmehr helfen sie, maßgeschneiderte Strategien und Interventionen zu entwerfen, die sich am besten für spezifische Gemeinde- und Umweltbedingungen eignen (Abb. 11.6).

Industrieaspekte

11.1.3.1 Fettleibigkeit: Die konfliktreiche Politik des Ernährungssystems

Fettleibigkeit im Allgemeinen ist ein Symptom unserer wirtschaftlichen Ausrichtung und Organisation [17–19]. Unternehmen aller Art konzentrieren sich nur auf *ihre Seite der Bilanz* (umschrieben als „was ist für mich drin"),[2] jedoch hat

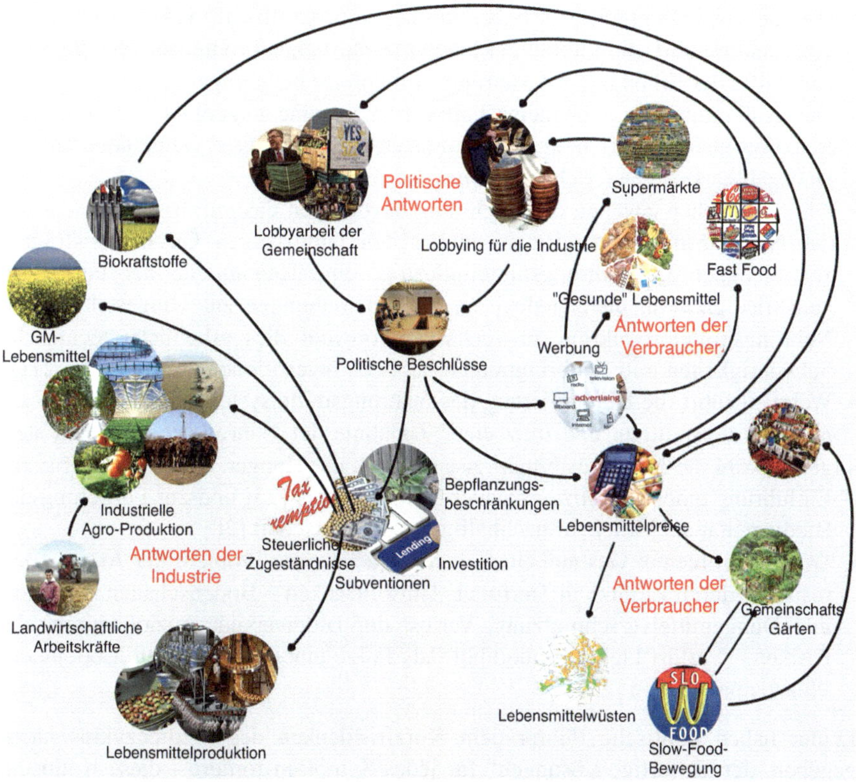

Abb. 11.7 Die konfliktreiche Politik des Ernährungssystems. Jede politische Entscheidung führt zu einer bestimmten Reaktion verschiedener Interessengruppen. Die Abbildung ist notwendigerweise eine Vereinfachung und kann nicht alle Verbindungen und Rückkopplungsschleifen zeigen. Beachten Sie, wie die Unterstützung der Biokraftstoffindustrie unbeabsichtigt und unerwünscht die Lebensmittelpreise beeinflusst hat. Während der Druck auf die Lebensmittelpreise, insbesondere in sozioökonomisch benachteiligten Gemeinden, zur Entstehung von Gemeinschaftsgärten führte, ermöglichten Umwelt- und Lebensmittelqualitätsbedenken das parallele Aufkommen der *Slow-Food-Bewegung*

[2] Das Kooperationsgesetz besagt, dass es die treuhänderische Pflicht der Unternehmensdirektoren ist, die Gewinnmaximierung für ihre Aktionäre zu gewährleisten.

jede Bilanz zwei Seiten – mein Gewinn ist dein Verlust. Ein solcher „Gewinn-Verlust“-Rahmen schafft *unhaltbare Zustände,* in denen letztendlich alle verlieren [20]. Es ist die Rolle der Regierung, *die Eigeninteressen zum Wohle ihrer Bürger auszugleichen* – Abb. 11.7 zeigt einige der Herausforderungen und einige der Reaktionen von Industrie, Einzelpersonen und Kommunen. Ein detailliertes Verständnis der Zusammenhänge und Wechselwirkungen im Ernährungssystem kann dazu beitragen, unerwünschte politische Entscheidungen zu minimieren[3]:

- Der Zusammenhang zwischen Biokraftstoffen und Lebensmittelpreisen zeigt, wie politische Entscheidungen in einem Bereich leicht variable unerwünschte, aber unbeabsichtigte Folgen haben können – Biokraftstoffe haben zur Rodung von Land geführt, die Vielfalt der landwirtschaftlichen Produktion reduziert und zur Hälfte der Erhöhung der Nahrungsmittelpreise beigetragen [21]
- Das Aufkommen von Gemeinschaftsgärten ist eine ungeplante (unerwartete) Reaktion insbesondere in sozioökonomisch benachteiligten Gemeinden auf die Unbezahlbarkeit von frischen Nahrungsmitteln [22–24]
- Die fiskalischen Zwänge der Regierung bevorzugen das kurzfristige Wachstum der Nahrungsmittelindustrie gegenüber den langfristigen Gesundheitsfolgen, z. B. leugnet die Nahrungsmittelindustrie, eine Hauptquelle der Fettleibigkeitskrise zu sein, bietet jedoch an, ihre Bemühungen zur Umgestaltung der Nahrungsmittelproduktion zu verstärken, obwohl dies erhebliche technische Schwierigkeiten mit sich bringt und erhebliche Investitionen erfordert [25–27]
- Weltweit führt die Deregulierung des Nahrungsmittelsystems zu Spekulationen mit Nahrungsmitteln, und trotz einer Zunahme der Nahrungsmittelernten steigen sowohl die Nahrungsmittelpreise als auch der Hunger, daher der Aufruf zur Einführung eines *Ernährungssouveränität* Systems [25] und zur Förderung der Biodiversität als Mittel zur nachhaltigen Landwirtschaft [28]
- Weitere Probleme: Gesundheitsrisiken – wachsendes Problem der Antibiotikaresistenz durch Zusätze in Tierfutter; Umweltrisiken – Bodenschäden, Unkraut- und Düngemittelverschmutzung, Verlust der Biodiversität; sozioökonomische Risiken – Verlust kleiner Bauernhöfe als Folge eines industriellen Modells der Pflanzenproduktion [29]

Leider haben politische Führer dem Kurzfristdenken des Medienzyklus nachgegeben, der „sofortige Lösungen“ für jedes Symptom fordert – diese Kollusion verhindert, dass alle Bürger sich gemeinsam an der Suche nach Lösungen für die „wirklichen Probleme“ beteiligen, die langfristig zuverlässige, erschwingliche und sichere Lebensmittelversorgung garantieren.

[3] Die systemische Natur des Ernährungssystems wurde in der jüngsten Veröffentlichung des Institute of Medicine hervorgehoben: IOM (Institute of Medicine) and NRC (National Research Council). 2015. A framework for assessing effects of the food system. Washington, DC: The National Academies Press.

Tab. 11.1 Systembasierte Ansätze zur Umkehr der Adipositas-Epidemie

	Sozio-ökologische Ansätze	Lebensstilansätze	Gesundheitsdienstleistungsansätze
Ansätze	Ansätze, die die wirtschaftliche, soziale und physische (gebauten und natürlichen) Umwelt formen	Ansätze, die das Verhalten direkt beeinflussen (Reduzierung der Energieeinnahme und Steigerung der körperlichen Aktivität)	Gesundheitsdienstleistungsansätze (Fokus auf die einzelne Person in ihrem unmittelbaren und Gesellschaftskontext, Nutzung von biomedizinischen Interventionen)
Fokus	Fokus auf wirtschaftliche und sozialpolitische Faktoren und Gemeindeentwicklung	Fokus auf Gesellschaftseinstellungen und -erwartungen erfordert Gesellschaftsentwicklungsstrategien	Fokus auf die einzelne Person in ihrem unmittelbaren und Gesellschaftskontext, Nutzung von biomedizinischen Interventionen
Beispiele	• Lebensmittelumgebungen • Physische Aktivitätsumgebungen • Sozioökonomische Umgebungen (einschließlich Besteuerung, Beschäftigung, Bildung, Wohnen und Wohlfahrt)	• Essen • Körperliche Aktivität • Angebote gesunder Lebensmittelauswahl in Lebensmittelgeschäften • Verbesserte physische Umgebung, öffentliche Verkehrsoptionen	• Bewältigung und Reduzierung bestehender Gewichtsprobleme bei Einzelpersonen • Arbeit mit Familien, um zu verhindern, dass übergewichtige oder fettleibige Kinder zu übergewichtigen oder fettleibigen Erwachsenen werden

11.2 Ein ganzheitlicher Ansatz zur Bekämpfung der Fettleibigkeit

Fettleibigkeit ist eindeutig ein komplexes Problem [1, 8, 19, 27, 29]:

- Es kann nicht gelöst werden, indem man die Fettleibigen auffordert, mehr *persönliche Verantwortung* für ihre Gesundheit zu übernehmen [27] oder indem man noch mehr Ressourcen in die biomedizinische Forschung steckt, die sich auf die zugrunde liegende Physiologie, gewichtsbedingte Krankheiten und Pharmakotherapeutika konzentriert
- Es kann auch nicht gelöst werden, indem man die *fettleibigkeitsförderndeNahrungsmittelumgebung* [27] verändert, ohne auch die Stressoren der äußeren Umgebung der Person anzugehen – Familie, Bildung, Sozioökonomie, die gebaute Umgebung, öffentlicher Verkehr, Zugang zu erschwinglichen gesunden Lebensmitteln usw. [3]
- Es wird einen Ansatz aller Regierungsebenen erfordern [19, 27], der seine vertrauten Instrumente wie Steuererleichterungen, Subventionen, Vorschriften und Investitionsunterstützung nutzt, um ein *anti-obesogenes* Nahrungsmittelsystem zu schaffen

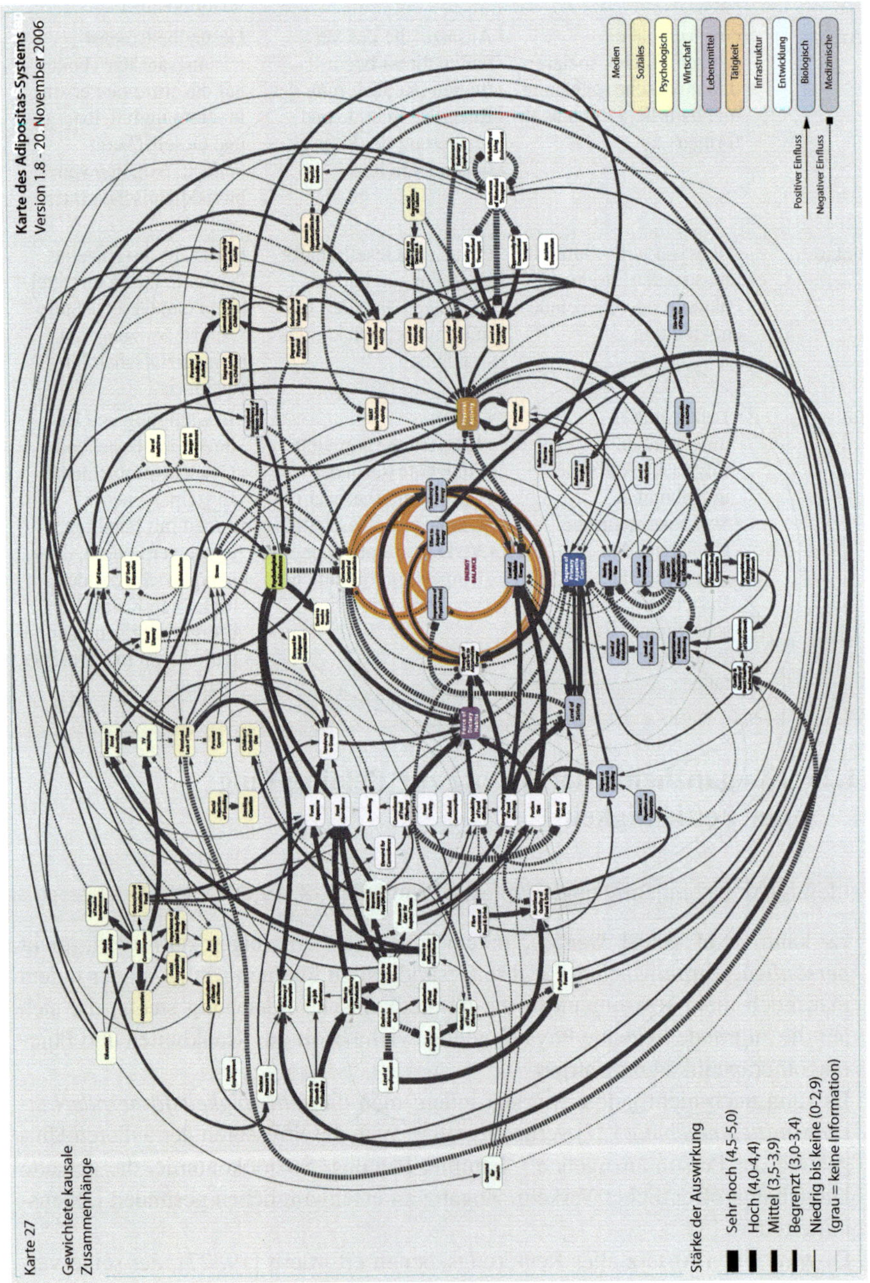

Abb. 11.8 Die vollständige Adipositas-Systemkarte (Abb. 11.8, 11.9 und 11.10 reproduziert von Butland B, Jebb S, Kopelman P, McPherson K, Thomas S, Mardell J, et al. Foresight. Tackling obesities: future choices – Project report [1]. (Open Government Licence v3.0))

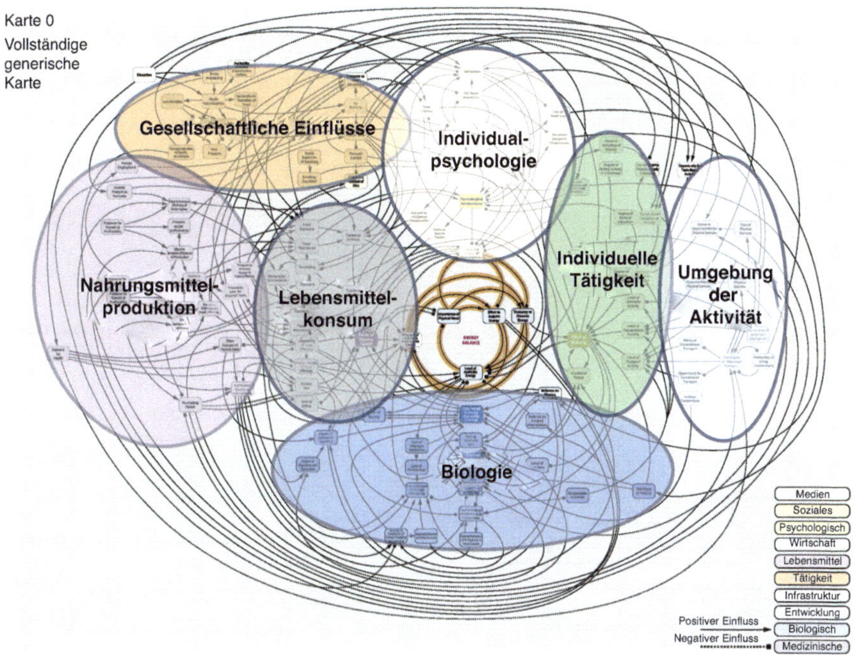

Abb. 11.9 Überlagerung der sieben breiten Systembereiche des Adipositas-Systems

Komplexe Probleme haben keine *einfachen Antworten.* Sie erfordern systemische Denkansätze, um ihren Kurs zur Lösung zu lenken. Der Fokus muss auf drei Bereichen liegen: der sozio-ökologischen Umwelt, den gemeinschaftlichen und individuellen Lebensgewohnheiten und dem individuellen Umgang mit der Erkrankung (Tab. 11.1).

Die vollen Komplexitäten von Adipositas werden im Foresight-Bericht [1] dargestellt, der mehr als 100 Variablen mit mehr als 300 Verbindungen identifiziert hat (Abb. 11.8). Die Variablen des Modells gruppieren sich um sieben breite Bereiche (Abb. 11.9):

- Biologie/Physiologie
- Individuelle Aktivitäten
- Nahrungsaufnahme
- Individuelle Psychologie
- Die Aktivitätsumgebung
- Die soziale Umgebung
- Nahrungsmittelproduktion

Das Modell hat auch erkannt, dass die Stärke des Feedbacks zwischen den Variablen im Modell variiert. Diese Unterschiede weisen auf potenzielle Hindernisse und Förderfaktoren hin, die bei der Entwicklung von Strategien und Interventions-

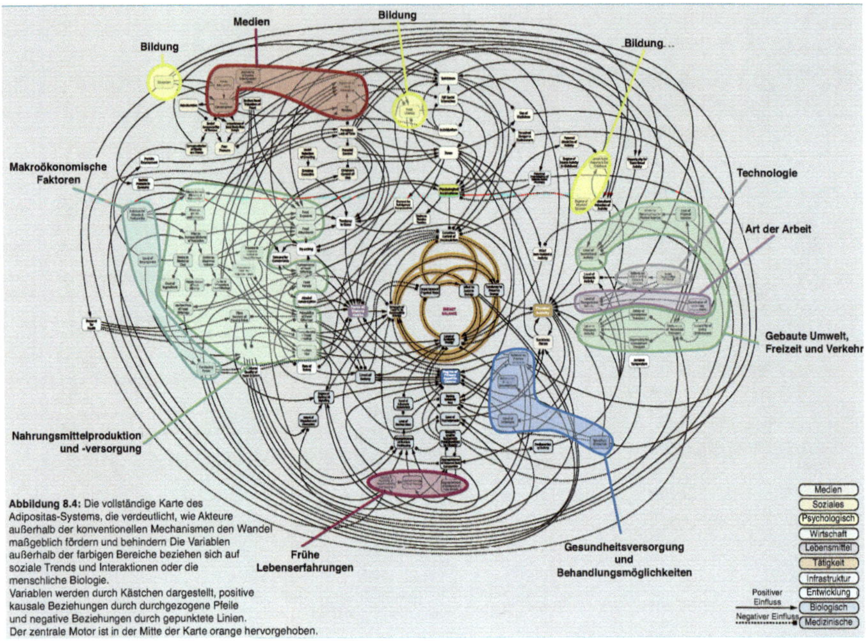

Abb. 11.10 Überlagerung von 11 Interventionspunkten, die neun Strategien zur Modifikation des Verhaltens des Adipositas-Systems umfassen

designs berücksichtigt werden sollten. Der Foresight-Bericht hat Schlüsselinterventionsstrategien (Abb. 11.10) in verschiedene Bereiche des Adipositas-Systems identifiziert, einschließlich:

- Bildung
- Medienkampagnen zur Unterstützung gesunder Ernährung
- Veränderung makroökonomischer Treiber
- Modifikation von Nahrungsmittelproduktionsprozessen und Lebensmittelversorgung
- Kinder frühzeitig an gute Esserfahrungen heranführen
- Verbesserung der Gesundheitsversorgungsoptionen für adipöse Menschen
- Schaffung einer physischen Umgebung zur Unterstützung körperlicher Aktivität
- Modifikation von Arbeitsumgebungen, um gesunde Lebensmittelauswahl in ihren Kantinen zu bieten und körperliche Aktivitäten zu fördern
- Förderung des verantwortungsvollen Umgangs mit Technologie im täglichen Leben

Jede dieser Strategien hat das Potenzial, einen bestimmten Aspekt des Adipositas-Problems zu verbessern. Wie die Erfahrung jedoch gezeigt hat, erzielen Interventionen, die sich ausschließlich auf einen bestimmten Aspekt des Problems

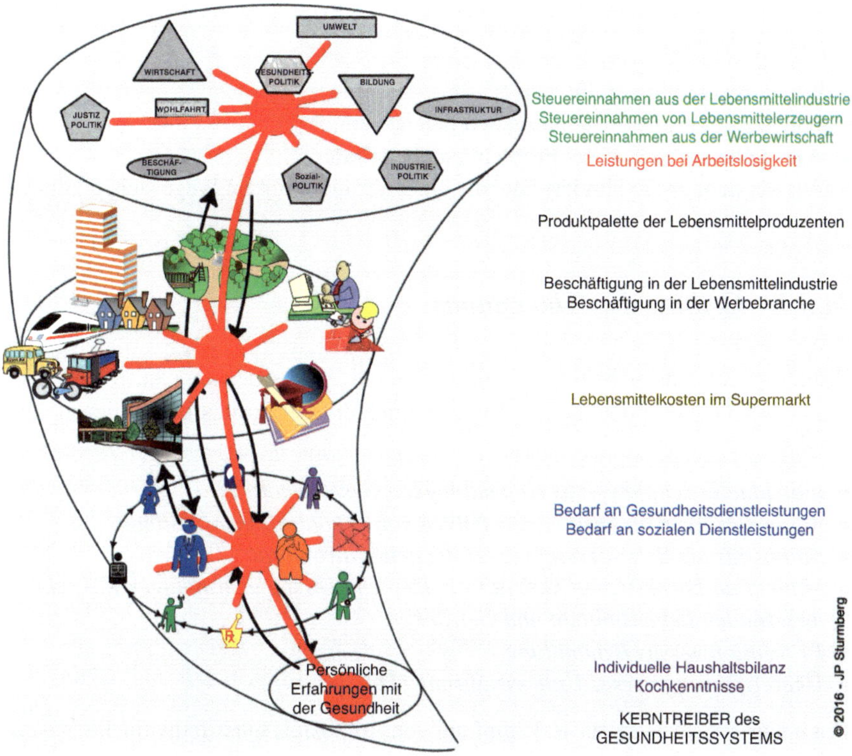

Abb. 11.11 Ein nahtlos integrierter politischer Ansatz zur Bewältigung der „Adipositas-Epidemie“ wird alle Fragen auf allen Ebenen der Systemorganisation berücksichtigen

konzentrieren, in der Regel wenig und/oder keine dauerhafte Veränderung. Erfolgreiche Systemverbesserungen erfordern eine a priori Untersuchung der potenziellen Auswirkungen sowie Nebenwirkungen von fokussierten Interventionen auf das Verhalten des „Gesamtsystems“.

11.3 Systemneugestaltung zur Bekämpfung der „Adipositas-Epidemie“

2-D-Darstellungen von komplexen, vielschichtigen Problemen wie Adipositas können davon ablenken, die multidirektionalen und multidimensionalen Beziehungen zwischen den verschiedenen Aspekten des Problems „leichter zu sehen“. Die 3-D-Darstellung von Adipositas im Gesundheitswirbelmodell (Abb. 11.11) hebt einige der geschichteten Abhängigkeiten des Adipositasproblems hervor und betont die Notwendigkeit, dass alle Akteure ihren Fokus auf den „Kern des Problems“ – die Person und die Erfahrung der Person mit der Erkrankung – richten:

- Wie wirkt es sich auf ihn aus
- Wie glaubt er, übergewichtig geworden zu sein
- Wie stellt er sich vor, das Problem zu überwinden
- Wie versteht er die Hindernisse, die einer Veränderung im Wege stehen könnten

11.3.1 Gründe des Widerstands

Letzteres sollte dazu beitragen, einige der falschen und wenig hilfreichen konzeptuellen Dichotomien in der Debatte über die Adipositas-Epidemie zu überwinden:

- *Individuelle Schuld versus eine adipogene Gesellschaft*
- *Adipositas als Krankheit versus Folgen von unkontrollierter Völlerei*
- *Adipositas als Behinderung versus die neue Normalität*
- *Mangel an körperlicher Aktivität als Ursache versus übermäßiger Konsum von ungesunden Lebensmitteln und Getränken*
- *Prävention versus Behandlung*
- *Überernährung versus Unterernährung* [18]

Ein integrierter Ansatz zur Bekämpfung von Adipositas muss individuelle, gesundheitsdienstliche, gemeindienstliche, bildungsbezogene, industrielle und politische Bereiche ansprechen.[4] Dies kann nur durch die Annahme des gemeinsamen organisatorischen Rahmens der Definition von Zweck, Zielen, gemeinsamen Werten und „einfachen (oder operative) Regeln“ erreicht werden; sie bilden die Grundlage, auf der ein nahtlos integriertes System (Abb. 11.9) entstehen kann.

11.3.2 Erweiterung der öffentlichen Debatte

Die skizzierten systemischen Ansätze zum Verständnis und zur Bewältigung der vielfältigen Probleme der Adipositas-Epidemie sollten dazu beitragen, die öffentliche Debatte im Streben nach gerechten und nachhaltigen Lösungen für alle Beteiligten zu erweitern. Widerstand gegen Veränderungen ist jedoch unvermeidlich, wie Banchoff [30] feststellte:

[4] *Systemdenken und Evaluation* ist ein kurzer animierter Vortrag, der Gesundheitssystemplanern und Evaluatoren zeigt, wie sie Interdependenzen erkennen und vorhersehbare „Fehler“ bei der Planung von Adipositas-Interventionen vermeiden können (https://www.youtube.com/watch?v=2vojPksdbtI).

Akteure, die von einer bestimmten Reihe von Institutionen und politischen Maßnahmen profitieren, neigen dazu, sich um den Status quo zu drehen und einen pfadabhängigen Prozess zu verstärken. …Sie können auch die Bedingungen der legislativen Debatte beeinflussen, indem sie bestimmte politische Alternativen ein- und ausschließen und rhetorische Ressourcen für Verteidiger eines inkrementellen statt eines weitreichenden, politischen Wandels schaffen. (S. 201–2)

11.3.3 Erkennen der Wurzeln des Widerstands

Um solche Widerstände zu überwinden, bietet Nader [31] einen Rahmen an, der die wichtigsten Akteure mit den wichtigsten Maßnahmen im „Kampf“ gegen die Fettleibigkeit verbindet (Abb. 11.12):

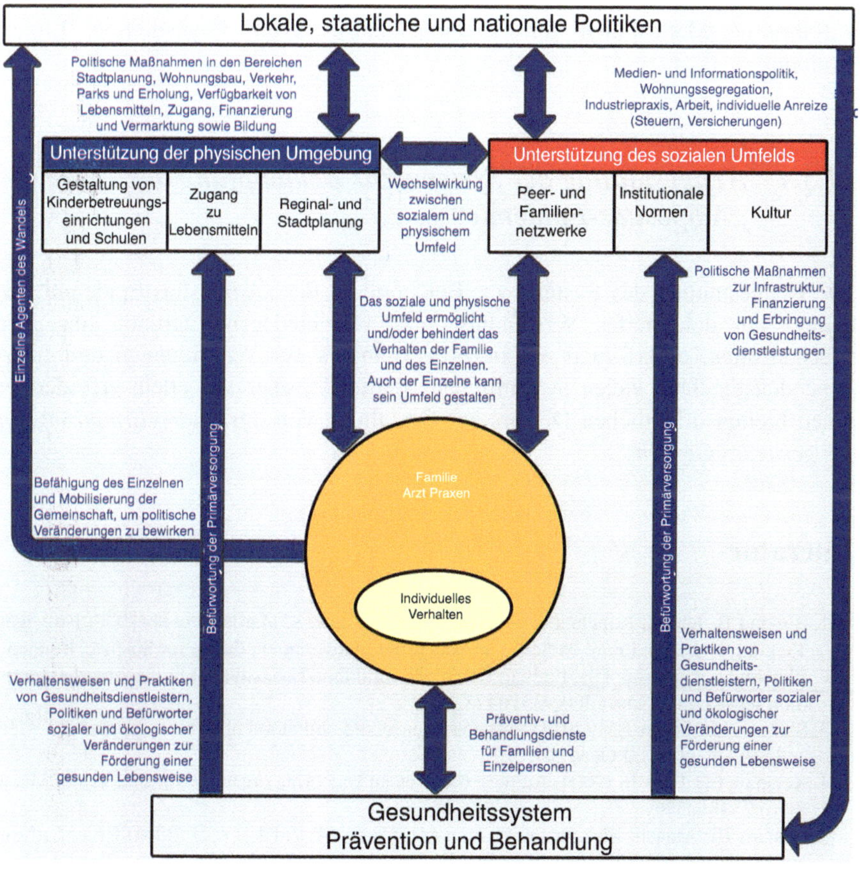

Abb. 11.12 Eine integrierte politische Antwort auf Adipositas. (Basierend auf Nader PR, Huang TTK, Gahagan S, Kumanyika S, Hammond RA, Christoffel KK. Next steps in obesity prevention: altering early life systems to support healthy parents, infants, and toddlers [31])

- Präventive und Behandlungsdienste für Familien und Einzelpersonen
- Das soziale und physische Umfeld ermöglicht und/oder beschränkt das Verhalten von Familien und Einzelpersonen. Auch Einzelpersonen können ihr Umfelt gestalten
- Verhaltensweisen und Praktiken von Gesundheitsdienstleistern, politischen Maßnahmen und als Befürworter von sozialen und ökologischen Veränderungen zur Förderung eines gesunden Lebensstils
- Stärkung des Einzelnen und Mobilisierung der Gemeinschaft, um politische Veränderungen zu bewirken
- Wechselwirkung zwischen sozialer und physischer Umwelt
- Politische Maßnahmen in den Bereichen Stadtplanung, Wohnen, Verkehr, Parks und Erholung, Verfügbarkeit von Lebensmitteln, Zugang, Finanzierung und Marketing sowie Bildung
- Politische Maßnahmen zu Medien und Information, Wohnungssegregation, Industriepraktiken, Arbeit, individuellen Anreizen (Steuern, Versicherungen)
- Politische Maßnahmen zur Gesundheitsinfrastruktur, Finanzierung, Liefermodus

11.3.4 Neugestaltung des Systems zur Bekämpfung der „Adipositas-Epidemie“

Die Neugestaltung des Systems zur Bekämpfung der „Adipositas-Epidemie“ erfordert ein detailliertes Verständnis ihrer verschiedenen zugrunde liegenden Mechanismen, es erfordert ein tiefes Verständnis der Verbindungen und Interdependenzen ihrer vielen systemischen Merkmale, aber vor allem erfordert es einen breiten öffentlichen Diskurs zur Gestaltung von *„gesunder Ernährung für ein gesundes Gewicht“*.

Literatur

1. Butland B, Jebb S, Kopelman P, McPherson K, Thomas S, Mardell J et al (2007) Foresight. Tackling obesities: future choices – project report. Government Office for Science, London
2. Ebbeling CB, Pawlak DB, Ludwig DS (2002) Childhood obesity: public-health crisis, common sense cure. Lancet 360(9331):473–482
3. Skinner AC, Foster EM (2013) Systems science and childhood obesity: a systematic review and new directions. J Obes 2013:10
4. Kershaw EE, Flier JS (2004) Adipose tissue as an endocrine organ. J Clin Endocrinol Metab 89(6):2548–2556
5. Bastard J-P, Maachi M, Lagathu C, Kim MJ, Caron M, Vidal H et al (2006) Recent advances in the relationship between obesity, inflammation, and insulin resistance. Eur Cytokine Netw 17(1):4–12
6. Kargi AY, Iacobellis G (2014) Adipose tissue and adrenal glands: novel pathophysiological mechanisms and clinical applications. Int J Endocrinol 2014:614074

7. Esposito K, Pontillo A, Di Palo C, Giugliano G, Masella M, Marfella R et al (2003) Effect of weight loss and lifestyle changes on vascular inflammatory markers in obese women: a randomized trial. J Am Med Assoc 289(14):1799–1804
8. Nicklas BJ, Ambrosius W, Messier SP, Miller GD, Penninx BW, Loeser RF et al (2004) Diet-induced weight loss, exercise, and chronic inflammation in older, obese adults: a randomized controlled clinical trial. Am J Clin Nutr 79(4):544–551
9. Bruun JM, Stallknecht B, Helge JW, Richelsen B (2007) Interleukin-18 in plasma and adipose tissue: effects of obesity, insulin resistance, and weight loss. Eur J Endocrinol 157(4):465–471
10. Hennessy E, Ornstein JT, Economos CD, Herzog JB, Lynskey V, Coffield E et al (2016) Designing an agent-based model for childhood obesity interventions: a case study of childobesity180. Prev Chronic Dis 13:E04
11. Gillman MW, Ludwig DS (2013) How early should obesity prevention start? N Engl J Med 369(23):2173–2175
12. Gortmaker SL, Taveras EM (2014) Who becomes obese during childhood – clues to prevention. N Engl J Med 370(5):475–476
13. Christakis NA, Fowler JH (2007) The spread of obesity in a large social network over 32 years. N Engl J Med 357(4):370–379
14. Frerichs LM, Araz OM, Huang TTK (2013) Modeling social transmission dynamics of unhealthy behaviors for evaluating prevention and treatment interventions on childhood obesity. PLoS ONE 8(12):e82887
15. Allender S, Owen B, Kuhlberg J, Lowe J, Nagorcka-Smith P, Whelan J et al (2015) A community based systems diagram of obesity causes. PLoS ONE 10(7):e0129683
16. Lakes T, Burkart K (2016) Childhood overweight in Berlin: intra-urban differences and underlying influencing factors. Int J Health Geogr 15(1):1–10
17. Swinburn BA, Sacks G, Hall KD, McPherson K, Finegood DT, Moodie ML et al (2011) The global obesity pandemic: shaped by global drivers and local environments. Lancet 378(9793):804–814
18. Kleinert S, Horton R. Rethinking and reframing obesity. The Lancet.385(9985):2326–2328.
19. Ludwig DS, Pollack HA (2009) Obesity and the economy: from crisis to opportunity. J Am Med Assoc 301(5):533–535
20. Gortmaker SL, Swinburn BA, Levy D, Carter R, Mabry PL, Finegood DT et al (2011) Changing the future of obesity: science, policy, and action. Lancet 378(9793):838–847
21. Chakravorty U, Hubert M-H, Moreaux M, Nøstbakken L (2016) The long run impact of biofuels on food prices. Scand J Econ 119(3):733–767
22. Nelson T (1996) Closing the nutrient loop. World Watch 9(6):10–17
23. Hanna AK, Oh P (2000) Rethinking urban poverty: a look at community gardens. Bull Sci Technol Soc 20(3):207–216
24. Ferris J, Norman C, Sempik J (2001) People, land and sustainability: community gardens and the social dimension of sustainable development. Soc Policy Adm 35(5):559–568
25. Rosset P (2011) Preventing hunger: change economic policy. Nature 479(7374):472–473
26. Scott C, Hawkins B, Knai C (2017) Food and beverage product reformulation as a corporate political strategy. Soc Sci Med 172:37–45
27. Kersh R (2009) The politics of obesity: a current assessment and look ahead. Milbank Q 87(1):295–316
28. Food and Agriculture Organization of the United Nations (2016) Sustainable agriculture for biodiversity, biodiversity for sustainable agriculture. Food and Agriculture Organization
29. Frood S, Johnston LM, Matteson CL, Finegood DT (2013) Obesity, complexity, and the role of the health system. Curr Obes Rep 2(4):320–326
30. Banchoff T (2005) Path dependence and value-driven issues: the comparative politics of stem cell research. World Polit 57(2):200–230
31. Nader PR, Huang TTK, Gahagan S, Kumanyika S, Hammond RA, Christoffel KK (2012) Next steps in obesity prevention: altering early life systems to support healthy parents, infants, and toddlers. Child Obes 8(3):195–204

Teil IV Personenzentrierte, gerechte und nachhaltige Gesundheitssysteme: Das Ziel erreichen

„Wenn wir keinen Weg finden, echte Gleichheit zu schaffen, echte Gleichheit der Chancen und Zugang zu guten Schulen, Wohnungen, Gesundheitsversorgung und anständig bezahlten Jobs, werden wir nicht als produktive und gesunde Gesellschaft überleben.“

Tim Wise (geboren 1968)
Amerikanischer Aktivist und Schriftsteller gegen Rassismus

„Wenn Sie die Art und Weise ändern, wie Sie Dinge betrachten, ändern sich die Dinge, die Sie betrachten.“

Max Planck (1858–1947) - Deutscher theoretischer Physiker
Nobelpreis für Physik im Jahr 1918

Um es mit den Worten von Max Plank zu sagen: Wenn wir unsere Sichtweise auf das Gesundheitssystem ändern, können wir die Probleme, die die Gesundheitssysteme betreffen - ihre Zusammenhänge und Verhaltensweisen ***– in einem anderen Licht sehen.***

Teil I beschrieb die grundlegenden Elemente zum Verständnis der komplex adaptiven Natur von Gesundheitssystemen:

- Die Schlüsseleigenschaften der Komplexitätswissenschaften
- Verständnis der Struktur und Dynamik komplex adaptiver Systeme durch Visualisierung
- Verständnis der Natur der Gesundheit als eines „adaptiven subjektiven Erfahrungszustands“

In Teil II wurden die Grundsätze der systemgestützten Neugestaltung des Gesundheitssystems vorgestellt

- Gemeinsames Verständnis von Zweck, Zielen und Werten
- Engagierte Führung, die das gemeinsame Verständnisse in „einfache (Betriebs-) Regeln" übersetzt
- Beispiele, die die Anwendung dieser Prinzipien auf „reale" Probleme des Gesundheitssystems und des Gesundheitsversorgungssystems veranschaulichen

Teil III verknüpfte die Theorie der komplex adaptiven Systemansätze mit ihrer Praxis. Diese Herausforderungen beinhalteten:

- Verständnis der Stärken und Schwächen verschiedener analytischer Werkzeuge
- Die Rolle der Modellierung beim System-Redesign
- Den Fokus auf die Person/den Patienten beibehalten, um das Auftreten von „besten" angepassten Gesundheitssystemen in verschiedenen Kontexten zu ermöglichen

Der letzte Teil dieses Buches wird sich mit ***Gesundheitssystem-Redesign*** *aus einer* ***Design Thinking*** Perspektive beschäftigen. Design befasst sich mit der Lösung von Problemen *zwischen dem Zustand, wie er ist, und dem Zustand, wie er sein sollte* [1]; Design Thinking wendet daher die Prinzipien des Designs auf die Art und Weise an, wie Menschen *Dinge funktionieren sehen.*

Als Strategie bezieht Design Thinking bewusst alle betroffenen Stakeholder in einen iterativen Prozess ein, um zu lösen, d. h. ihnen zu helfen, ***Sinn zu machen,*** aus den vertrackten Problemen, die dem *wie es sein sollte* im Wege stehen.

Design Thinking wird heute weithin *als ein wesentliches Werkzeug zur Vereinfachung und Humanisierung* [2] der Art und Weise, wie wir leben, arbeiten und mit unserer Umgebung interagieren, angesehen. Es bietet eine Möglichkeit, die vielfältigen Stakeholder des Gesundheits- und Gesundheitsversorgungssystems einzubeziehen, um ein Gesundheits- und Gesundheitsversorgungssystem zu entwickeln, das *den notwendigen Bedürfnissen unserer Menschen/Patienten entspricht.*

Wie in diesem Buch argumentiert, brauchen wir ein Gesundheitssystem, das sich auf *Gesundheit* konzentriert und nicht auf Gesundheitsversorgung [3–5]. McGinnes [3] spricht eloquent die Interdependenzen unserer persönlichen und sozialen Umstände und ihre Auswirkungen auf unsere Gesundheit und Gesundheitsversorgungsbedürfnisse an:

> Letztendlich wird das Gesundheitsschicksal eines jeden von uns durch Faktoren [Gene, soziales Umfeld, Umwelt, Verhalten und medizinische Versorgung] bestimmt, die nicht meist isoliert wirken, sondern durch unsere Erfahrungen, bei denen die Bereiche miteinander verknüpft sind. Ob ein Gen ausgedrückt wird, kann durch Umwelteinflüsse oder Verhaltensmuster bestimmt werden. Die Art und Folgen von Verhaltensentscheidungen werden durch unsere sozialen Umstände beeinflusst. Unsere genetischen Prädispositionen beeinflussen die Gesundheitsversorgung, die wir benötigen, und unsere sozialen Umstände beeinflussen die Gesundheitsversorgung, die wir erhalten.

Wir benötigen ein neu gestaltetes Gesundheits- und Gesundheitsversorgungssystem, das sich auf *Gesundheit* konzentriert, der *Status quo der Krankheitsmanagement-Systeme* ist nicht länger akzeptabel oder nachhaltig. Der Hauptfokus der Neugestaltung ist die Verbesserung der *Erfahrungen der Nutzer, insbesondere ihrer emotionalen* [2]. Die Literatur, die wirtschaftliche Realität und die politische Notwendigkeit weisen auf drei Schlüsselparameter hin, um die Art und Weise, wie wir Gesundheit und Gesundheitssysteme betrachten, zu ändern; sie *sollten sein:*

Personenzentriert
Gerecht
Nachhaltig

Design Thinking ermöglicht es uns gemeinsam, personenzentrierte, gerechte und nachhaltige Gesundheits- und Gesundheitsversorgungssysteme zu entwerfen. Der Schwerpunkt liegt hier auf dem Plural, da die entstehenden Ergebnisse zunächst *Prototypen lokaler Gesundheits- und Gesundheitsversorgungssysteme* sein werden. Mit der Zeit werden sie sich zu „am besten angepassten" Systemen entwickeln, die ihre lokalen Einschränkungen berücksichtigen und den besten lokalen Weg zur Erhaltung und Wiederherstellung der Gesundheit von Menschen und Gemeinschaften widerspiegeln.

Skeptiker müssen sich den gut dokumentierten Missverständnissen (Tab. 1) stellen, dass es der biomedizinische Ansatz ist, der zu besserer Gesundheit und längerem Leben führt [3]. Der Design Thinking-Prozess sollte ihre Beteiligung ermöglichen und *die Art und Weise, wie sie Dinge betrachten, ändern, damit sie Dinge aus einer veränderten Perspektive schätzen können.*

Tab. 1 Probleme, Wahrnehmungen und Fehlwahrnehmungen über das Gesundheitssystem, zusammengestellt aus McGinnis JM, Williams-Russo P, Knickman JR. The Case For More Active Policy Attention To Health Promotion [3] [Hervorhebung hinzugefügt]

Problem	Fakt	Zusätzliche Kommentare
Gesundheitsverbesserungen im Laufe der Zeit	• Die wichtigsten Beiträge zur verbesserten Gesundheit in England in den letzten 200 Jahren kamen mehr von *Veränderungen in der Lebensmittelversorgung, den sanitären Bedingungen und der Familiengröße* als von medizinischen Eingriffen [6]	
Auswirkung der Medizin auf die Lebenserwartung	• Seit 1950 ist die Medizin für etwa *drei der insgesamt sieben Jahre* verantwortlich, um die die Lebenserwartung gestiegen ist [7]	• Die Teilnehmer an der Studie haben die erhöhte Lebenserwartung selten auf öffentliche Gesundheitsmaßnahmen oder Verbesserungen der sozialen Gesundheitsdeterminanten zurückgeführt. Im Gegensatz dazu glaubten die Probanden, dass die medizinische Versorgung bei weitem die vorherrschende Rolle spielte und schrieben der medizinischen Versorgung 80 % der Zunahme der Lebenserwartung zu [8]
Führende Determinanten der Gesundheit	• Auf der Grundlage der umfangreichen Studien [9] der vergangenen Generation können wir nun sagen, dass unsere Gesundheitsaussichten durch unsere Erfahrungen in fünf Bereichen geprägt sind: • **Genetische und gestationale Faktoren** – nur etwa 2% der Todesfälle in den USA können rein genetischen Krankheiten zugeschrieben werden • **Soziale Umstände** – Gesundheit wird stark durch Bildung, Beschäftigung, Einkommensunterschiede, Armut, Wohnverhältnisse, Kriminalität und sozialen Zusammenhalt beeinflusst	• Sozial isolierte Personen haben eine Sterblichkeitsrate, die *zwei bis fünf Mal höher* ist als die von Personen, die enge Beziehungen zu Freunden, Familie und Gemeinschaft pflegen [11] • ...jeder *1 % Anstieg der Einkommensungleichheit* (die Einkommensdifferenz zwischen Reich und Arm) geht mit einem *4 % Anstieg der Todesfälle am unteren Ende* der Skala einher, was uns dazu drängt, die monetären Elemente der Entbehrung von den biologischen, verhaltensbedingten und psychologischen Folgen des Ortes zu trennen [12]

(Fortsetzung)

Tab. 1 (Fortsetzung)

Problem	Fakt	Zusätzliche Kommentare
	• **Umweltbedingungen** – Die Orte, an denen wir leben und arbeiten, können Gefahren in Form von toxischen Agenten, mikrobiellen Agenten und strukturellen Gefahren darstellen • **Verhaltensentscheidungen** – Die täglichen Entscheidungen, die wir in Bezug auf Ernährung, körperliche Aktivität und Sex treffen; die Substanzmissbrauch und Sucht, denen wir zum Opfer fallen; unser Ansatz zur Sicherheit; und unsere Bewältigungsstrategien im Umgang mit Stress sind alle wichtige Determinanten der Gesundheit • **Medizinische Versorgung** – Verbesserungen in der Qualität oder Nutzung der medizinischen Versorgung haben eine relativ begrenzte Fähigkeit, Todesfälle zu reduzieren. Im Laufe des zwanzigsten Jahrhunderts könnten etwa fünf der dreißig Jahre der erhöhten Lebenserwartung auf eine bessere medizinische Versorgung zurückzuführen sein [10]	• Das Institute of Medicine (IOM) schlägt zum Beispiel vor, dass *medizinische Fehler* allein für 44.000–98.000 Todesfälle pro Jahr verantwortlich sein könnten, oder etwa 2–4 % aller Todesfälle [13]
Die miteinander verbundenen Faktoren von Gesundheit und sich krank fühlen/krank sein	• Die Gesundheit von Bevölkerungsgruppen ist das Produkt der *sich überschneidenden Einflüsse* aus diesen verschiedenen Bereichen [Gene, Soziales, Umwelt, Verhalten und medizinische Versorgung], *Einflüsse, die dynamisch sind* und deren *Auswirkungen je nach* Zeitpunkt im Lebensverlauf und den Effekten vorhergehender und nachfolgender Faktoren variieren [14]	• Auf Bevölkerungsebene verteilen sich die Auswirkungen verschiedener Bereiche auf frühzeitige Todesfälle in den USA nach den besten verfügbaren Schätzungen ungefähr wie folgt: ***genetische Prädispositionen**, etwa 30 %;**soziale Umstände**, 15 %;**Umweltbelastungen**, 5 %;**Verhaltensmuster**, 40 %; und **Defizite in der medizinischen Versorgung**, 10 %*
Die aktuellen Treiber der Gesundheitspolitik	• Ganz abgesehen von den Fragen der Evidenz und Komplexität sind *altmodische Interessengruppendynamiken.* Die Interessengruppen, die die Gesundheit zu ihrer höchsten Priorität machen und daher intensiv für Ressourcen lobbyieren, sind diejenigen, die sich auf Forschung und Behandlung im Zusammenhang mit spezifischen chronischen Krankheiten konzentrieren	• Das Ergebnis ist ein Vakuum politischer Verantwortlichkeit für die Erhaltung der Bevölkerungsgesundheit - im Grunde genommen eine *Diffusion der Verantwortung für die Gesundheit*

(Fortsetzung)

Tab. 1 (Fortsetzung)

Problem	Fakt	Zusätzliche Kommentare
Barrieren für die Neugestaltung des Gesundheitssystems	• **Umverteilende Investitionen in die Gesundheit** – Interessengruppendynamiken spielen natürlich eine große Rolle bei Überlegungen zur Veränderung sozialer Bedingungen und der physischen Umwelt. Die Veränderung sozialer Ungleichheiten und sogar die Investition von Steuergeldern in soziale und Gemeinschaftsprogramme stellen immer Nullsummenaktivitäten dar, bei denen diejenigen mit mehr Ressourcen diese mit denjenigen mit weniger Ressourcen teilen müssen. Es braucht mehr als nur den Nachweis, dass sozialer Wandel die Gesundheit verbessern würde, um die breite Öffentlichkeit davon zu überzeugen, dass solche umverteilenden Investitionen getätigt werden sollten. *Diese Entscheidungen sind sehr stark von Ideologie und sozialen Werten geprägt* • **Soziale Präferenzen** – Bei der Gegenüberstellung von Investitionen in Verhaltensänderungen und medizinische Versorgung kommt das zusätzliche Thema Lebensstil und Gewohnheiten ins Spiel. *Die Öffentlichkeit möchte eindeutig medizinische Versorgung, wenn Krankheit auftritt; dies ist eine klar artikulierte soziale Präferenz.* Viele Menschen möchten jedoch ihr gesundheitsgefährdendes Verhalten nicht ändern, auch wenn sie sich der Risiken, die sie eingehen, durchaus bewusst sind. In diesen Fällen müssen Argumente für Investitionen in öffentliche Programme zur Förderung von Verhaltensänderungen berücksichtigen, *welche sozialen Faktoren Menschen dazu veranlassen, gesundheitsgefährdendes Verhalten zu wählen*	• Bei sorgfältiger Betrachtung zeigt sich oft, dass Menschen auf subtile und weniger subtile Weise dazu verleitet werden, ungesundes Verhalten zu übernehmen. Einfache Beispiele sind das Essen ungesunder Lebensmittel *aufgrund des Fehlens von Supermärkten in einkommensschwachen Vierteln,* das Führen eines sitzenden Lebensstils *aufgrund unsicherer Nachbarschaften oder Umgebungen,* die das Gehen gefährlich oder unattraktiv machen, und das Rauchen von Zigaretten oder übermäßiger Alkoholkonsum *aufgrund des Einflusses von Werbung*

(Fortsetzung)

Tab. 1 (Fortsetzung)

Problem	Fakt	Zusätzliche Kommentare
Die Betonung des Gesundheitssystems verschieben	• Im Jahr 2010 wurden die Ziele von Healthy People auf Fragen des *funktionalen Status* und der *Lebensqualität* erweitert und legten besonderen Wert auf die *Verringerung von Diskrepanzen* zwischen Gruppen [15]	
Die Notwendigkeit der öffentlichen Beteiligung	• Eine fokussierte, engagierte Öffentlichkeit muss die Vorteile von *gesünderen Lebensstilen* und *verbesserten sozialen Bedingungen* verstehen, die *Stress reduzieren* und das *Wohlbefinden verbessern*	• ...die Menschen müssen davon überzeugt werden, dass Interventionen zur Veränderung von Lebensstilen und sozialen Bedingungen verfügbar und nicht zu belastend sind
Treiber für einen menschenzentrierten Ansatz in der Gesundheitspolitik	• ...wir [müssen] [Anreize] in politische Initiativen für gesündere Lebensstile, Umgebungen und soziale Bedingungen einbauen	• Es steht eine Reihe von rechtlichen und politischen Interventionen zur Verfügung, um die Gesundheit der Bevölkerung zu verbessern: wirtschaftliche Anreize und Disincentives, Informationsinterventionen, direkte Regulierung, indirekte Regulierung durch das Haftungssystem und Deregulierung [16]

Literatur

1. Rittel HWJ, Webber MM (1973) Dilemmas in a general theory of planning policy sciences. Pol Sci 4(2):155–169
2. Kolko J (2015) Design thinking comes of age. Harv Bus Rev 93(9):66–69
3. McGinnis JM, Williams-Russo P, Knickman JR (2002) The case for more active policy attention to health promotion. Health Aff (Millwood) 21(2):78–93
4. Sturmberg JP, O'Halloran DM, Martin CM (2010) People at the centre of complex adaptive health systems reform. Med J Aust 193(8):474–478
5. Sturmberg JP (2015) If you want health, have a HEALTH system: changing the agendum. Eur J Pers Cent Healthc 3(2):175–181
6. McKeown T (1976) The modern rise of population. Edward Arnold, London
7. Bunker JP (2001) Die Rolle der medizinischen Versorgung bei der Verbesserung der Gesundheit innerhalb von Gesellschaften. Int J Epidemiol 30(6):1260–1263
8. Lindsay GB, Merrill RM, Hedin RJ (2014) Der Beitrag der öffentlichen Gesundheit und verbesserten sozialen Bedingungen zur Erhöhung der Lebenserwartung: eine Analyse des öffentlichen Bewusstseins. J Community Med Health Educ 4:5
9. McGinnis JM (2001) Vereinigte Staaten. In: Koop CE, Pearson CE, Schwarz MR (Hrsg.) Kritische Fragen zur globalen Gesundheit. Jossey-Bass, San Francisco, S. 80–90
10. US-Gesundheitsministerium (1994) Öffentlicher Gesundheitsdienst. Für eine gesunde Nation: Renditen von Investitionen in die öffentliche Gesundheit. Washington: US-Regierungsdruckerei, Vertrags-Nr.: 0-16-045143-4
11. Berkman LF, Glass T (2000) Soziale Integration, soziale Netzwerke, soziale Unterstützung und Gesundheit. In: Berkman LF, Kawachi I (Hrsg.) Soziale Epidemiologie. Oxford University Press, New York, S. 137–173
12. Wolfson M, Gravelle H, Wilkinson RG, Kaplan G, Lynch J, Ross N et al (1999) Beziehung zwischen Einkommensungleichheit und Sterblichkeit: empirische Demonstration abnehmender Erträge auf aggregierte Studien. Zwei Wege, aber wie stark weichen sie ab? Br Med J 319(7215):953–957
13. Smedley BD, Syme SL (Hrsg.) (2000) Gesundheitsförderung: Interventionsstrategien aus sozialer und verhaltenswissenschaftlicher Forschung. National Academy Press, Washington
14. Institute of Medicine (2001) Gesundheit und Verhalten: das Zusammenspiel von biologischen, verhaltensbedingten und gesellschaftlichen Einflüssen. National Academy Press, Washington
15. McGinnis J, Richmond JB, Brandt EN Jr, Windom RE, Mason JO (1992) Gesundheitsfortschritte in den Vereinigten Staaten: Ergebnisse der Ziele für die Nation 1990. JAMA J Am Med Assoc 268(18):2545–2552
16. Gostin JD (2000) Rechtliche und öffentliche politische Interventionen zur Förderung der Gesundheit der Bevölkerung. In: Smedley BD, Syme SL (Hrsg.) Gesundheitsförderung: Interventionsstrategien aus sozialer und verhaltenswissenschaftlicher Forschung. National Academy Press, Washington, S. 390–416

Kapitel 12
…wie die Dinge sein sollten

Überblick. Gesundheitssysteme *sollten nahtlos integriert sein,* um die gesundheitlich notwendigen Bedürfnisse eines jeden Menschen zu erfüllen, unabhängig davon, wo er lebt, wann er erkrankt, und wie sein Zustand aussieht.

Diese Ansicht gewinnt langsam an Akzeptanz und wird langsam in medizinischen Organisationen wie der WHO konzeptualisiert. Es gibt eine wachsende Anerkennung, dass wir unsere Gesundheitssysteme um Menschen/Patienten *neu gestalten sollten,* und dass unsere Gesundheitsdienste „gute Gesundheit" liefern *sollten* (was jedoch „gute Gesundheit" ausmacht, wird oft nicht definiert).

Die WHO-Europa hat erkannt:

- Dass es mehrere Wege zu guter und schlechter Gesundheit gibt
- Dass diese Wege nichtlinearen Mustern folgen und daher Gesundheitsergebnisse schwer vorhersehbar machen
- Dass Gesundheit das Ergebnis komplexer Interaktionen zwischen vielen verschiedenen Arten von Determinanten ist

Die Literatur, die wirtschaftliche Realität und die politische Notwendigkeit weisen konsequent auf drei Schlüsselattribute hin, die *offensichtlich sein sollten,* damit ein Gesundheits- und Gesundheitsversorgungssystem nahtlos integriert wird:

- Personenzentriertheit
- Gerechtigkeit
- Nachhaltigkeit

Personenzentriertheit

Personenzentriertheit bedeutet nicht nur, dass die Person im Mittelpunkt steht, sondern auch, dass ihr physisches und soziales Umfeld berücksichtigt wird. Auch wenn manche den Fokus auf die Person und nicht auf die Bevölkerung als problematisch empfinden, *sollte anerkannt werden,* dass viele der Probleme, die bei dem Einzelnen auftreten, die breiteren Probleme in seiner Gemeinschaft widerspiegeln.

J. P. Sturmberg, *Neugestaltung des Gesundheitssystems,*
https://doi.org/10.1007/978-3-031-46816-2_12

Personenzentrierte Ansätze zur Pflege umfassen die Person, seine Familie und seine Gemeinde als voneinander abhängig. Daher werden Lösungen für die Probleme eines Einzelnen häufig die Beteiligung von Fachleuten aus verschiedenen Quellen erfordern.

Gerechtigkeit

Gerechtigkeit im Gesundheitswesen gewährleistet den Zugang zu Gesundheits- (und Sozial-) Dienstleistungen entsprechend den Notwendigkeiten einer Person.

Wie Virchow bereits betonte – Gesundheitsfachleute haben die Verantwortung, das Gesundheitssystem gerecht zu gestalten. Glücklicherweise erkennen Gesundheitsfachorganisationen zunehmend diese Verantwortung und setzen sich in ihren politischen Agenden für Gerechtigkeitsmaßnahmen ein.

Gerechtigkeit muss von Gleichheit unterschieden werden. Gerechtigkeit im Gesundheitswesen *„bedeutet nicht, dass jeder die gleiche Versorgung erhält. Stattdessen bedeutet es, dass die Versorgung darauf abzielt, optimale Ergebnisse für alle Patientengruppen zu erzielen, auch wenn dies bedeutet, dass die Versorgung von Person zu Person und von Gruppe zu Gruppe variiert"*.

Der Bedarf an medizinischer Versorgung ist nichtlinear über die Gesellschaft verteilt – die meisten Menschen sind die meiste Zeit gesund, ohne dass sie irgendeine Form von Gesundheitsversorgung benötigen. Dennoch bleibt die Gesundheitsversorgung in den meisten Ländern grob ungerecht. Tudor Hart beschrieb es als das „inverse Versorgungsgesetz" – *die Verfügbarkeit guter medizinischer Versorgung variiert umgekehrt mit dem Bedarf der versorgten Bevölkerung.*

Nachhaltigkeit

Die Erreichung der Nachhaltigkeit des Gesundheits- und Gesundheitsversorgungssystems ist zu einem Imperativ geworden; der Nobelpreisträger und Ökonom Robert Fogel prognostiziert, dass die Ausgaben für Gesundheit bis zum Jahr 2025 20–25 % des BIP erreichen werden.

Vorherrschende Tendenzen, die Nachhaltigkeit durch Begrenzung von Dienstleistungen oder Umverteilung von Kosten für die Gesundheitsversorgung auf diejenigen, die Pflege benötigen, zu erreichen, werden letztendlich kontraproduktiv sein. Nachhaltigkeit wurde als das Gleichgewicht zwischen sozialen, ökologischen und wirtschaftlichen Belangen definiert. Daher müssen nachhaltige Lösungen für Einzelpersonen und die Gesellschaft erschwinglich, für alle Beteiligten akzeptabel und an die sich im Laufe des Lebens ändernden Notwendigkeiten angepasst werden.

Personenzentriertheit und Gerechtigkeit wurden als zwei Schlüsselansätze identifiziert, die Gesundheits- und Gesundheitsversorgungssysteme nachhaltig machen.

Punkte zur Reflexion

- Wie *sollte* ein Gesundheitssystem aussehen?
- Wie *sollte* ein Gesundheitsversorgungssystem aussehen?
- Was ist Patientenzentriertheit? Warum ist sie wichtig?
- Was ist Gerechtigkeit? Warum ist sie wichtig für Gesundheitssysteme?
- Was ist Nachhaltigkeit? Wie kann sie in Gesundheits- und Gesundheitsversorgungssystemen sichergestellt werden?

„Die Art und Weise, wie die Dinge sind, bestimmt nicht, wie sie sein sollten."
Michael Sandel (geboren 1953) – Amerikanischer politischer Philosoph, Professor für politische Philosophie an der Harvard University

Gesundheitssysteme sollten nahtlos integriert sein, um die Gesundheitsnotwendigkeiten einer jeden Person auf allen organisatorischen Ebenen von Gesundheits- und gesundheitsbezogenen Dienstleistungen zu erfüllen (Abb. 12.1).

Wie in diesem Buch argumentiert, hat nun auch die WHO betont, dass *Gesundheit* der *Schwerpunkt für die Gestaltung* eines kohärenten Gesundheitssystems sein sollte, eines Systems, das die vielfältigen externen Beiträge zur individuellen und persönlichen Gesundheit in der Gesellschaft berücksichtigt.

> Die Wege zu guter und schlechter Gesundheit können nichtlinear und schwer vorhersehbar sein, und Gesundheit wird zunehmend als Produkt komplexer, dynamischer Beziehungen zwischen verschiedenen Arten von Determinanten verstanden. Das Gesundheits[1] system allein hat nicht die Werkzeuge, um alle unsere Gesundheitsherausforderungen zu lösen.
>
> Die höchsten Ebenen der Regierung und der Gesellschaft müssen anerkennen, dass Gesundheit ein gemeinsames Ziel ist und dass ihre Erreichung Kohärenz erfordert.
>
> Zsuzsanna Jakab, WHO-Regionaldirektorin für Europa

- Zsuzsanna Jakab spielt implizit auf die Tatsache an, dass Gesundheitssysteme die Schlüsselmerkmale von *komplex adaptiven Systemen und ihren Dynamiken* haben – Komplexität, Nichtlinearität und Nichtdeterminismus
- Sie betont, dass wir einen breiten öffentlichen Diskurs benötigen, um ein gegenseitiges Verständnis über die *Natur der Gesundheit* zu erreichen – und implizit die Art von Gesundheits- und Gesundheitssystem, das uns den *Gesundheitszustand, den wir wünschen,* bieten kann
- Ihre Beobachtung spielt auch auf die Natur der Herausforderung an, eine, die das *Design Thinking* als die Herausforderung beschreibt, ein Problem *„zwischen dem Zustand, wie er ist, und dem Zustand, wie er sein sollte"*, zu lösen [1].

Im nächste Kapitel werden mögliche Wege dorthin untersucht, aber zunächst muss man überlegen, was die Hauptmerkmale eines neu gestalteten Gesundheits- und Gesundheitsversorgungssystems sein sollten. Die Literatur, die wirtschaftliche Realität und die politische Notwendigkeit weisen konsequent auf drei Schlüsselmerkmale hin:

Personenzentriertheit
Gerechtigkeit
Nachhaltigkeit

Demnach sollte ein neu gestaltetes Gesundheits- und Gesundheitsversorgungssystem eine *personenzentrierte* Pflege liefern, die die persönlichen Gesundheitserfahrungen verbessert, diese Pflege auf der Grundlage des Bedarfs gerecht anbieten und dies auf eine effektive, effiziente und nachhaltige Weise tun.

[1] Was Zsuzsanna Jakab hier wirklich meint, ist das engere ***„Gesundheitssystem"***.

Abb. 12.1 Ein nahtlos integriertes Gesundheitssystem sollte personenzentriert, gerecht und nachhaltig sein in seinem Bestreben, die Gesundheitsnotwendigkeiten einer jeden Person auf allen organisatorischen Ebenen von Gesundheits- und gesundheitsbezogenen Dienstleistungen zu erfüllen

Es gibt einen aufkommenden Konsens für diese Aussage – das Gesundheitssystem *sollte*:

- Die *Person in den Mittelpunkt des Systems* stellen[2] und sein sich krank fühlen und krank sein mit der Denkweise der *Personomics*[3,4] zu behandeln
- Sich auf *Ungleichheiten in der Gesellschaft und im Gesundheitswesen* konzentrieren[5,6]
- *Allen Bedürftigen* eine zugängliche und erschwingliche Gesundheitsversorgung zu bieten, eine Voraussetzung für die *Nachhaltigkeit* des Systems[7]

Die Neugestaltung des Gesundheits- und Gesundheitsversorgungssystems sollte ein System erreichen, das die *komplex adaptive persönliche Natur der Gesundheit* widerspiegelt, und das Recht, *auf seine eigene Weise gesund zu sein* innerhalb *seines eigenen sozialen Kontexts*. Die WHO-Europa [8] drückte es so aus:

> Gesundheit wird als Menschenrecht, als wesentlicher Bestandteil des Wohlbefindens, als globales öffentliches Gut und als Frage der sozialen Gerechtigkeit und Gleichheit betrachtet. Gesundheit wird auch zunehmend als Eigenschaft anderer Systeme erkannt, wie

---

[2] *Trotz aller Rhetorik über „patientenzentrierte Pflege" steht der Patient nicht im Mittelpunkt.* – David Rosenthal und Abraham Verghese [2].

[3] *Es wird absolut klar, dass die etablierten biotechnischen Mittel, die uns zur Verfügung stehen, durch biographisches Verständnis ergänzt werden müssen.* – Iona Heath [3].

[4] *Angesichts der Bedeutung der psychologischen, sozialen, kulturellen, verhaltensbezogenen und wirtschaftlichen Faktoren jeder Person scheint es nur passend, dass „Personomics" zur Präzisionsmedizin hinzugefügt wird und damit die einzigartigen Lebensumstände eines Menschen zu beschreiben die die Krankheitsanfälligkeit, den Phänotyp und die Reaktion auf die Behandlung beeinflussen.* – Ray Ziegelstein [4].

[5] *...der Grund, warum Armut inakzeptabel ist, liegt nicht darin, dass das Leben der Armen kürzer ist, sondern dass Armut erniedrigend, grausam und ungerecht ist. Menschen sollten Anspruch auf anständige Lebensbedingungen haben, nicht weil sie dadurch länger leben würden (was ein willkommener Nebeneffekt wäre), sondern weil in einer humanen Gesellschaft das Prinzip der Fairness und Gerechtigkeit vorherrscht.* – Petr Skrabanek [5].

[6] *Gesundheitssysteme fördern die Gesundheitsgerechtigkeit, wenn ihr Design und Management speziell die Umstände und Notwendigkeiten sozial benachteiligter und marginalisierter Bevölkerungsgruppen, einschließlich Frauen, Armen und Gruppen, die Stigmatisierung und Diskriminierung erfahren, berücksichtigen, und soziale Aktionen durch diese Gruppen und die zivilgesellschaftlichen Organisationen, die sie unterstützen, ermöglichen.* – Lucy Gilson et.al. [6].

[7] *Ein nachhaltiges Gesundheitssystem hat auch drei Schlüsselmerkmale: Erschwinglichkeit, für Patienten und Familien, Arbeitgeber und die Regierung ...; Akzeptanz bei den wichtigsten Interessengruppen, einschließlich Patienten und Gesundheitsfachleuten; und Anpassungsfähigkeit, weil Gesundheit und Gesundheitsnotwendigkeiten nicht statisch sind ....* – Harvey Fineberg [7].

der Wirtschaft, der Umwelt, der Bildung, des Verkehrs und des Ernährungssystems. Die Anerkennung der Gesundheit als Schlüsselfaktor für den wirtschaftlichen Wohlstand von Wissensgesellschaften gewinnt an Boden. (Seite vii)

12.1 Personenzentriertheit

Personenzentriertheit[8] *sollte* das erste Attribut eines neu gestalteten Gesundheits- und Gesundheitsversorgungssystems sein. Wir benötigen einen Fokus auf *persönliche Gesundheit und Gesundheitserfahrung* [2–4, 9, 10] und müssen berücksichtigen, dass Gesundheit ebenso sehr von dem physischen Zustand einer Person abhängt wie von ihrem äußeren Kontext – Bildung, Beschäftigung, Wohnsituation, Nachbarschaft und Gemeinde und Geographie. Diese externen Faktoren prädestinieren die Krankheitslast, das Gesundheitsverhalten und die tatsächliche Inanspruchnahme von Gesundheitsdiensten. Ein stärkerer Fokus auf das Erreichen *guter subjektiver Gesundheitserfahrungen* – unabhängig von objektiven Merkmalen von Gesundheit und Krankheit – ist obligatorisch, da es zukünftige Morbidität und Mortalität bestimmt [11–13], und somit die wirtschaftliche Nachhaltigkeit des Systems.

12.1.1 Ein Fokus auf Gesundheit

Die Notwendigkeit, den Fokus auf Gesundheit und die Erfahrung von Gesundheit zu verlagern, wird zunehmend anerkannt; z. B. argumentierte Fineberg [7]:

> Ich beziehe mich absichtlich auf ein „Gesundheitssystem" und nicht auf ein „Gesundheitsversorgungssystem", weil die Lösungen sich auf das letztendliche Ergebnis von Interesse konzentrieren müssen – das heißt, die Gesundheit der Bevölkerung und die Gesundheit jedes Einzelnen – und nicht nur auf das formelle System der Pflege, das hauptsächlich zur Behandlung von Krankheiten konzipiert ist.
>
> Ein erfolgreiches Gesundheitssystem hat drei Attribute: gesunde Menschen, das bedeutet eine Bevölkerung, die das höchstmögliche Gesundheitsniveau erreicht; eine hervorragende Versorgung, d. h. eine Versorgung, die effektiv, sicher, zeitnah, patientenzentriert, gerecht und effizient ist; und Fairness, das bedeutet, dass die Behandlung ohne Diskriminierung oder Unterschiede für alle Individuen und Familien unabhängig von Alter, Gruppenidentität oder Wohnort erfolgt, und dass das System fair zu den Gesundheitsfachleuten, Institutionen und Unternehmen ist, die Pflege unterstützen und erbringen.

[8] Personenzentriertheit auf instrumenteller Ebene beinhaltet: leichten Zugang zur Pflege, Kontinuität der Pflege vorzugsweise mit einem einzigen Versorger, Koordination der Pflege, bidirektionale Kommunikation und fürsorgliche Einstellungen.

Tab. 12.1 Unsere verschiedenen Rollen als Akteure im Gesundheitssystem. Frenk J. The Global System: Strengthening national health systems as the next step for global progress [14]. (Creative Commons Attribution License)

Akteure innerhalb des Gesundheitssystems umfassen nicht nur Institutionen und Organisationen, sondern auch die gesamte Bevölkerung: • Als Patienten, mit spezifischen Bedürfnissen, die Pflege benötigen • Als Nutzer, mit Erwartungen darüber, wie sie behandelt werden • Als Steuerzahler/Patienten und daher als die letztendliche Finanzierungsquelle • Als Bürger, die möglicherweise Zugang zur Pflege als Recht fordern, und am wichtigsten • Als Mitproduzenten von Gesundheit durch Pflegesuche, Einhaltung der Behandlung und Verhaltensweisen, die die eigene Gesundheit oder die Gesundheit anderer fördern oder schädigen können

12.1.2 Engagement der Gesellschaft

Frenk [14] betonte, dass das Gesundheitssystem als ein *System* uns alle einbezieht; wir sind alle Akteure mit einer Reihe von verschiedenen Rollen in unseren jeweiligen Gesundheitssystemen (Tab. 12.1). Wir alle profitieren in irgendeiner Form davon, wenn wir uns *krank fühlen* oder *Pflege für eine Krankheit* benötigen, und wir alle tragen wirtschaftlich dazu bei – direkt durch verschiedene Formen von Gesundheitsversicherungsbeiträgen und indirekt als „gesunde" oder „wieder gesunde" Bürger, die in der Wirtschaft engagiert sind.[9] Die Neugestaltung des Gesundheitssystems *sollte daher* die Beteiligung der Gesellschaft erfordern, z. B. durch Bürgerjurys [15] oder die Beteiligung mehrerer Interessengruppen [16], um den *Zweck, die Ziele und die Werte* des Gesundheitssystems zu definieren.

12.1.3 Auswirkungen auf Gesundheitsdienste

Während ein menschenzentriertes Gesundheitssystem bessere Pflege und bessere Gesundheitsergebnisse liefern würde, wird es nicht unbedingt die Gesamtkrankheitslast einer Gesellschaft reduzieren. Wie Seale [17] andeutete:

> Es gibt keine Beweise dafür, dass mit der Verbesserung der medizinischen Versorgung die **gesamte Menge an Krankheiten** [Hervorhebung hinzugefügt] in einer Nation abnimmt. Medizinische Fortschritte werden einzelne Krankheiten bei Einzelpersonen verhindern oder heilen, aber sie kontrollieren nicht die Gesamtsumme der Krankheiten in irgendeinem bedeutenden Sinne. Das Muster der Krankheit in der Gesellschaft ändert sich, Krankheit nimmt nicht ab oder verschwindet. Zum Beispiel wird das Kind, das aufgrund

[9] Für mehr Details über den Beitrag und die gesellschaftlichen Vorteile des Gesundheitssystems siehe: Suhrcke et al. (2005) The contribution of health to the economy in the European Union. Luxembourg: Office for Official Publications of the European Communities (http://ec.europa.eu/health/ph_overview/Documents/health_economy_en.pdf).

von Impfungen nicht an Diphtherie, Pocken oder Tetanus im Alter von 3 Jahren stirbt, im Alter von 20 Jahren von Tuberkulose geheilt, lebt weiter, um im Alter von 60 Jahren wegen Diabetes behandelt zu werden, wird im Alter von 70 Jahren durch Osteoarthritis behindert und stirbt schließlich im Alter von 80 Jahren an einem Schlaganfall. Solche Veränderungen im Krankheitsmuster, auf unendlich verschiedene Weisen, geschehen in jeder Gesellschaft, wenn medizinische Fortschritte stattfinden. Schließlich ist der Tod für das Individuum unvermeidlich und geht selten mit perfekter Gesundheit einher.

12.2 Gerechtigkeit

Gerechtigkeit *sollte* das zweite Attribut eines neu gestalteten Gesundheits- und Gesundheitsversorgungssystems sein. Gerechtigkeit und Personenzentriertheit sind eng miteinander verbundene Konzepte. Gesundheitsdienstgerechtigkeit, per Definition, *gewährleistet den Zugang zu Gesundheits- (und Sozial-) Diensten entsprechend den Notwendigkeiten einer Person* [18].

12.2.1 Gerechtigkeit ist ein Recht

Gerechtigkeit wird allgemein als Menschenrecht angesehen. Gerechtigkeit bedeutet *Gerechtigkeit nach dem Naturrecht oder* dem (juristischem) *Recht.* Sie muss von Gleichberechtigung unterschieden werden, die die *Qualität oder den Zustand* des Gleichseins beschreibt (Abb. 12.2).

Tatsächlich zielt ein gerechter Ansatz darauf ab, den Menschen *das zu geben, was sie brauchen* (= Fairness). Im Gegensatz dazu zielt Gleichberechtigung darauf ab, sicherzustellen, dass *jeder in einer bestimmten Situation das Gleiche bekommt* (= Gleichheit). Gerechtigkeit und Gleichheit sind nur dann austauschbar, wenn alle von der gleichen Stelle aus starten und die gleichen Notwendigkeiten haben.

12.2.2 Gerechtigkeit erreichen

Gerechtigkeit im Gesundheitswesen bedeutet *„nicht, dass jeder die gleiche Versorgung erhält. Stattdessen bedeutet es, dass die Versorgung darauf abzielt, optimale Ergebnisse für alle Patientengruppen zu erzielen, auch wenn dies bedeutet, dass die Versorgung von Person zu Person und von Gruppe zu Gruppe unterschiedlich ist“* [19].

Das Streben nach Gerechtigkeit in der Gesundheitsversorgung ist eine *moralische* und *ethische* Verpflichtung. Wie Whitehead [20] feststellte:

Abb. 12.2 Die „politische Natur" der Gesundheitsversorgung – meine Sicht auf das 4th box Projekt (http://www.the4thbox.com/) – das Originalbild wurde von Angus Maguire für das „Interaction Institute for Social Change" erstellt

> Der Begriff Ungerechtigkeit hat eine moralische und ethische Dimension. Er bezieht sich auf Unterschiede, die unnötig und vermeidbar sind, aber darüber hinaus auch als unfair und ungerecht angesehen werden. Um eine bestimmte Situation als ungerecht zu bezeichnen, muss die Ursache untersucht und im Kontext dessen, was in der restlichen Gesellschaft vor sich geht, als unfair beurteilt werden.

Einige gesundheitliche Unterschiede zwischen den Menschen sind auf unvermeidbaren Faktoren zurückzuführen, während andere eindeutig vermeidbar und somit unfair sind [20]:

Unvermeidbare Faktoren	Vermeidbare und somit ungerechte Faktoren
• Natürliche, biologische Variation • Gesundheitsschädliches Verhalten, wenn es frei gewählt wird, wie die Teilnahme an bestimmten Sportarten und Freizeitaktivitäten • Der vorübergehende Gesundheitsvorteil einer Gruppe gegenüber einer anderen, wenn diese Gruppe als erste ein gesundheitsförderndes Verhalten annimmt (solange andere Gruppen die Möglichkeit haben, in absehbarer Zeit aufzuholen)	• Gesundheitsschädliches Verhalten, bei dem der Grad der Wahlmöglichkeit von Lebensstilen stark eingeschränkt ist • Exposition gegenüber ungesunden, stressigen Lebens- und Arbeitsbedingungen • Unzureichender Zugang zu wesentlichen Gesundheits- und anderen öffentlichen Dienstleistungen • Natürliche Selektion oder gesundheitsbezogene soziale Mobilität, die dazu neigt, dass kranke Menschen sozial absteigen *(die ursprüngliche Krankheit mag unvermeidbar gewesen sein, aber das niedrige Einkommen von kranken Menschen scheint sowohl vermeidbar als auch ungerecht)*

12.2.3 Die nichtlineare Verteilung von Bedarf und Gerechtigkeit

Die Gesundheitsbedürfnisse in der Gemeinschaft sind nichtlinear verteilt. Wie Whyte [21] in Bezug auf die Gesundheit in der Gesellschaft gezeigt hat (Abb. 12.3), sind die meisten von uns die meiste Zeit gesund, und dies hat sich trotz verbesserter Kenntnisse, Technologie oder erhöhter Finanzierung in den letzten 50 Jahren nicht geändert [21–23]. Nur etwa 20 % der Gesellschaft benötigen zu einem bestimmten Zeitpunkt Gesundheitsversorgung. Die Mehrheit

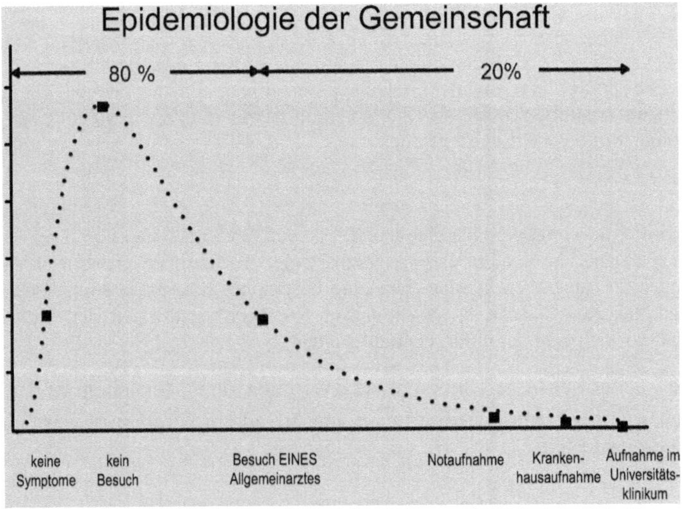

Abb. 12.3 Gesellschaftsverteilung von Gesundheit und Gesundheitsbedarfs

davon benötigt nur primäre Gesundheitsdienste, etwa 3,2 % benötigen sekundäre Versorgung und nur 0,8 % benötigen den ressourcenintensivsten tertiären Versorgungssektor [21–23].

Diese Erkenntnisse deuten darauf hin, dass ein gerechtes Gesundheitssystem *mehr Aufmerksamkeit* auf diejenigen richten sollte, die noch keine Gesundheitsdienste benötigen.

Um das Gesundheits- und Gesundheitsversorgungssystem gerechter zu gestalten, *sollte es auch mehr* Aufmerksamkeit auf den überproportional höheren Bedarf an Versorgung am unteren Ende des sozioökonomischen Gefälles richten. Wie Tudor Hart hervorhob, liefern die derzeitigen Gesundheitssysteme die Versorgung in einer höchst ungerechten Weise (er prägte den Begriff „inverse Versorgungsgesetz"): *die Verfügbarkeit guter medizinischer Versorgung variiert umgekehrt proportional zum Bedarf der versorgten Bevölkerung* [24].

12.2.4 Gerechtigkeit als Leitprinzip in der Gesundheits- und Gesundheitssystemgestaltung

Wer wird zu den 20 % gehören, die als nächstes Patient sein werden? Was werden unsere Pflegebedürfnisse sein, wenn wir Patienten sind? Und auf welcher Grundlage sollte entschieden werden, welche Art von Dienstleistungen wir erhalten sollten?

Diese Fragen haben wichtige Auswirkungen auf die Neugestaltung von Gesundheits- und Gesundheitsversorgungssystemen. Die Bedeutung der Gerechtigkeit in der Gestaltung von Gesundheits- und Gesundheitsversorgungssystemen wurde bereits in einem Bericht der WHO-Kommission für soziale Determinanten der Gesundheit (Anhang 1) [6] dargelegt. Daher muss, so umstritten es auch sein mag, eine gerechte Neugestaltung des Gesundheitssystems die Bereitstellung all jener *Gesundheits- und Sozialdienste* erreichen, die erforderlich sind, um die *vollen Notwendingkeiten einer Person*[10] *in ihrem Gemeindekontext* zu erfüllen.

Gerechte, komplex adaptive Umgestalter von Gesundheitssystemen machen sich die Realität zu eigen:

- Der Bedarf an Gesundheitsleistungen steht in umgekehrtem Verhältnis zum sozioökonomischen Status
- Der individuelle Bedarf an Gesundheitsdienstleistungen ist weitgehend unvorhersehbar
- Effiziente Gesundheitsversorgung geht Hand in Hand mit effektiver Sozialfürsorge
- Ein gemeinschaftlicher Ansatz zur Finanzierung der Gesundheitswesens kommt der Gesellschaft insgesamt zugute

[10] Für die Unterscheidung zwischen Bedürfnissen und Wünschen siehe Kap. 5

Der Gestaltungsprozess *sollte* die vielen fest verankerten Interessen berücksichtigen, die derzeit von den „eingebauten" Ungerechtigkeiten des Systems profitieren (Anhang 2) [5, 24].

12.2.5 Gesundheitsfachleute sollten sich für Gesundheitsgerechtigkeit einsetzen

Gesundheitsfachleute haben über viele Jahrzehnte hinweg die Folgen von Ungerechtigkeiten in der Gesellschaft und ihre schädlichen Auswirkungen auf die Gesundheit erlebt (Anhang 3).

In den 1850er Jahren betonte bereits Rudolf Virchow, dass die Gesundheitsberufe an vorderster Front stehen müssen, um gesundheitsschädigende soziale Ungerechtigkeiten zu bekämpfen.

> Die Medizin ist eine Sozialwissenschaft, und die Politik ist nichts anderes als Medizin im großen Maßstab. Die Medizin, als Sozialwissenschaft, als Wissenschaft vom Menschen, hat die Verpflichtung, Probleme aufzuzeigen und ihre theoretische Lösung zu versuchen: Der Politiker, der praktische Anthropologe, muss die Mittel für ihre tatsächliche Lösung finden. Die Ärzte sind die natürlichen Anwälte der Armen, und soziale Probleme fallen in hohem Maße in ihren Zuständigkeitsbereich.

Virchow ist eindeutig – die Gesundheitsberufe haben die Verantwortung, das Gesundheitssystem gerecht zu gestalten, eine Position, die auch von der Australian Medical Association in ihrer Stellungnahme zu den sozialen Determinanten der Gesundheit und der Verhinderung von Gesundheitsungleichheiten – 2007[11] zum Ausdruck gebracht wird:

> Gerechtigkeit kann als gleichberechtigter Zugang zu Dienstleistungen bei gleichem Bedarf, gleichberechtigte Inanspruchnahme von Dienstleistungen bei gleichem Bedarf und gleiche Qualität der Versorgung oder Dienstleistungen für alle betrachtet werden. Zentral dabei ist die Erkenntnis, dass nicht jeder den gleichen Gesundheitszustand oder die gleiche Fähigkeit hat, mit seinen Gesundheitsproblemen umzugehen, und es daher wichtig sein kann, Menschen unterschiedlich zu behandeln, um auf gleiche Ergebnisse hinzuarbeiten.

12.2.6 Umsetzung einer gerechter Versorgung

Die Erreichung gerechter Versorgung erfordert jedoch mehr als nur den Zugang zur richtigen Versorgung zur richtigen Zeit. Sie erfordert eine Erweiterung der individuellen medizinischen Versorgung; sie erfordert einen *kooperativen Ansatz,*

[11] https://ama.com.au/position-statement/social-determinants-health-and-prevention-health-inequities-2007.

um mit kommunale Einrichtungen zusammenzuarbeiten und die richtigen Bedingungen zu schaffen, um die sozialen Determinanten schlechter Gesundheit zu überwinden, mit anderen Worten, sie erfordert systemische Ansätze [28–30].

Es erfordert auch, dass die Regierungen bei ihren politischen Entwicklungen der Gerechtigkeit große Aufmerksamkeit schenken. Insbesondere, wie Starfield [30] betonte, erfordert es einen Schwerpunkt auf die Primärversorgung, da die Primärversorgung zu mehr Gerechtigkeit führt. Wie Barbara Starfield im Kontext der Primärversorgung ausführte:

> [gute klinische Primärversorgung hängt ab] von einer spezifischen Gesundheitssystempolitik für Bevölkerung ab. Entscheidend bei diesen Maßnahmen sind Versuche, **Ressourcen gerecht zu verteilen – das heißt, nach Bedarf** [Hervorhebung hinzugefügt]; ‚progressive' (im Gegensatz zu ‚regressive') Finanzierung unter staatlicher Kontrolle oder Regulierung; geringe oder keine Kostenbeteiligung für Primärversorgungsleistungen; und Breite der verfügbaren Leistungen („Ganzheitlichkeit") im Primärversorgungssektor. Jede dieser politischen Merkmale spiegelt allgemeine Systemeigenschaften wider: Fokus auf die Verteilung von Gesundheitsmerkmalen in der Bevölkerung – das heißt, ein Fokus auf Gerechtigkeit statt nur auf Durchschnittswerte; Progressivität der Finanzierung von Sozialdiensten im Allgemeinen; und Berücksichtigung der notwendigen Bevölkerungsbedürfnisse statt der Nachfrage (die die Mächtigeren statt der Entrechteten begünstigen). Das heißt, gerechtere Gesellschaften neigen dazu, in vielerlei Hinsicht gerechter zu sein, weil progressive Regierungen im Allgemeinen progressivere Politiken in einer Reihe von Sozialsektoren fördern.

12.3 Nachhaltigkeit

Das dritte Leitprinzip *sollte* Nachhaltigkeit sein. Personenzentriertheit und Gerechtigkeit sind zwei Schlüsselansätze, die Gesundheits- und Gesundheitsversorgungssysteme nachhaltig machen [31].

Die Nachhaltigkeit der Gesundheits- und Gesundheitsversorgungssysteme ist bedroht. Der Nobelpreisträger für Wirtschaft, Robert Fogel [32], prognostizierte bereits 2004, dass die raschen Entwicklungen im Gesundheitswesen bis 2025 die Kosten auf 20–25 % des BIP steigen lassen würden. Tatsächlich bewegen sich viele entwickelte Länder, wie er vorausgesagt hat, stetig auf diese nicht mehr tragbare Zahl zu.[12]

[12] BIP-Ausgaben für Gesundheit 2014 (Die Weltbank – für weitere Details siehe http://data.worldbank.org/indicator/SH.XPD.TOTL.ZS?view=map) hoheinkommensländer 12,3 %; niedrige und mittlere Einkommensländer 5,8 %, weltweiter Durchschnitt 9,9 % USA 17,1 %, Malediven 13,7 %, Deutschland 11,3 %, Kuba 11,1 %, Kanada 10,4 %, Australien 9,4 %, Ecuador 9,2 %, UK 9,1 %, Südafrika 8,8 %, Brasilien 8,3 %, Chile 7,8 %, Russland 7,1 %, Luxemburg 6,9 %, Kenia 5,7 %, Singapur 4,9 %, Senegal 4,7 %, Fidschi 4,5 %, VAE 3,6 %, Madagaskar 3,0 %.

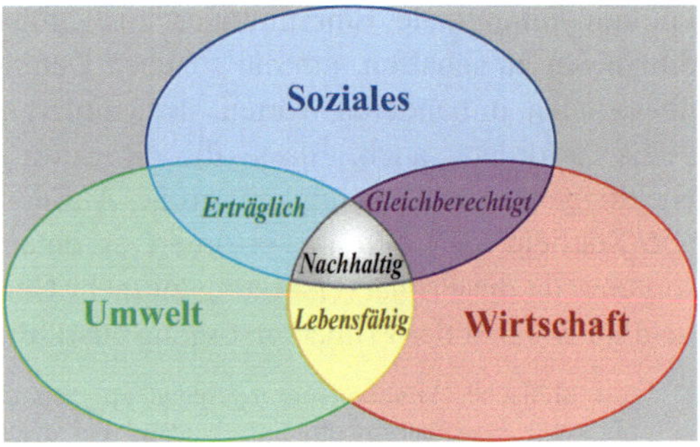

Abb. 12.4 Konzeptuelles Modell der Nachhaltigkeit (Lizenz von Wikimedia Commons)

12.3.1 Der Begriff der Nachhaltigkeit

Der Begriff der Nachhaltigkeit entstand in den Umweltwissenschaften und wurde nun in allen Bereichen der gesellschaftlichen Aktivität weitgehend übernommen (Abb. 12.4). Im Jahr 2005 verabschiedete der UN-Weltgipfel eine Resolution, die die voneinander abhängigen Merkmale anerkannte, die gesellschaftliche Aktivitäten nachhaltig machen:

> Diese Bemühungen fördern auch die Integration der drei Komponenten nachhaltiger Entwicklung – wirtschaftliche Entwicklung, soziale Entwicklung und Umweltschutz – als voneinander abhängige und sich gegenseitig verstärkende Säulen. Die Beseitigung der Armut, die Änderung nicht nachhaltiger Produktions- und Konsummuster und der Schutz und die Bewirtschaftung der natürlichen Ressourcenbasis für wirtschaftliche und soziale Entwicklung sind übergreifende Ziele und wesentliche Voraussetzungen für nachhaltige Entwicklung [33].

Vorherrschende Tendenzen, Nachhaltigkeit durch Begrenzung von Dienstleistungen oder Umverteilung von Kosten für die Gesundheitsversorgung auf diejenigen, die Pflege benötigen, werden letztendlich kontraproduktiv sein. Lösungen erfordern einen offenen, gesellschaftsweiten Diskurs über die Kosten und den Umfang des Gesundheits- und Gesundheitsversorgungssystems im Kontext seiner Vorzüge, nämlich: Qualität, Effizienz, Akzeptanz und Gerechtigkeit [34, 35].

Nachhaltigkeit entsteht aus den komplex adaptiven Interaktionen eines Unternehmens in seinem lokalen Umfeld. Fineberg [16] betonte die drei Schlüsselattribute, die ein Gesundheitssystem nachhaltig machen:

- ***Bezahlbarkeit,*** *für Patienten und Familien, Arbeitgeber und die Regierung (unter Berücksichtigung, dass Arbeitgeber und die Regierung letztendlich auf Einzelpersonen als Verbraucher, Arbeitnehmer und Steuerzahler angewiesen sind, um ihre Mittel bereitzustellen)*

- ***Akzeptanz bei den wichtigsten Interessengruppen,*** *einschließlich Patienten und Gesundheitsfachleuten*
- ***Anpassungsfähigkeit,*** *da die Notwendigkeiten des Gesundheitswesens und der Gesundheitsversorgung nicht statisch sind (d. h. ein Gesundheitssystem muss adaptiv auf neue Krankheiten, sich ändernde Demografien, wissenschaftliche Entdeckungen und dynamische Technologien reagieren, um lebensfähig zu bleiben* [Hervorhebung hinzugefügt]

Ein Gesundheitssystem wird daher nur dann nachhaltig sein, wenn es ALLE sozialen, wirtschaftlichen und ökologischen Belange im Kontext von personenzentrierter und gerechter Versorgung in Einklang bringt [7, 8, 36]. Anhang 4 und 5 veranschaulichen, wie ein gemeinnütziges US-Gesundheitssystem und der National Health Service des Vereinigten Königreichs Nachhaltigkeit in die Praxis umsetzen.

Personenzentriertheit, Gerechtigkeit und Nachhaltigkeit sind voneinander abhängig und *sollten* in dem Bestreben, ein nahtlos integriertes Gesundheits- und Gesundheitsversorgungssystem schaffen, gleichzeitig behandelt werden.

Anhang 1

Gerechtigkeitsprinzipien formen das Design von Gesundheitssystemen

Gilson L, Doherty J, Loewenson R, Francis V. Challenging inequity through health systems. Final report, Knowledge Network on Health Systems 2007. Geneva: WHO Commission on the Social Determinants of Health, 2007. [6]

Warum Gesundheitssysteme für die sozialen Determinanten von Gesundheitsungleichheit wichtig sind

1. Gesundheitssysteme bieten **der breiten Bevölkerung Vorteile,** die über die Prävention und Behandlung von Krankheiten hinausgehen. Richtig konzipiert und verwaltet, sind sie:
   - ein Weg das Leben der Menschen zu verbessern, sie vor der Anfälligkeit für Krankheit zu schützen, ihnen ein Gefühl der Lebenssicherheit zu vermitteln und einen gemeinsamen Zweck innerhalb der Gesellschaft zu schaffen
   - ein Weg sicher zu stellen, dass alle Bevölkerungsgruppen in die Prozesse und Vorteile der sozioökonomischen Entwicklung einbezogen werden, und
   - die notwendige politische Unterstützung für eine dauerhafte Entwicklung zu schaffen
2. Gesundheitssysteme **fördern die Gesundheitsgerechtigkeit,** wenn ihr Design und ihre Verwaltung speziell die Umstände und Notwendingkeiten sozial benachteiligter und marginalisierter Bevölkerungsgruppen berücksichtigen, einschließlich Frauen, Armen und Gruppen, die Stigmatisierung und Diskriminierung erfahren, und soziales Handeln durch diese Gruppen und die sie unterstützenden zivilgesellschaftlichen Organisationen ermöglichen.
3. Gesundheitssysteme können, wenn sie angemessen gestaltet und verwaltet werden, **zur Erreichung der Millennium-Entwicklungsziele beitragen.**

Kritische Merkmale des Gesundheitssystems zur Bekämpfung gesundheitlicher Ungleichheit

1. Die wichtigsten übergreifenden Merkmale von Gesundheitssystemen, die sozial benachteiligte und marginalisierte Gruppen sowie der breiten Bevölkerung gesundheitliche Vorteile verschaffen, sind:
   - die Führung, Prozesse und Mechanismen, die **intersektorale Maßnahmen** zur Förderung der Gesundheit nutzen; organisatorische Arrangements und Praktiken, die **Bevölkerungsgruppen und zivilgesellschaftliche Organisationen,** insbesondere solche, die mit sozial benachteiligten und marginalisierten Gruppen arbeiten, in Entscheidungen und Maßnahmen, die Gesundheitsnotwendigkeiten identifizieren, ansprechen und Ressourcen dafür zuweisen
   - Gesundheitsfinanzierungs- und Versorgungsvereinbarungen, die auf eine **flächendeckende Versorgung abzielen** und spezielle Vorteile für sozial benachteiligte und marginalisierte Gruppen bieten (insbesondere: verbesserter Zugang zur Gesundheitsversorgung
   - besserer Schutz gegen die verarmenden Kosten von Krankheiten; und die Umverteilung von Ressourcen zugunsten ärmerer Gruppen mit größeren Gesundheitsnotwendigkeiten) und
   - **die Wiederbelebung des Konzepts der umfassenden primären Gesundheitsversorgung,** als eine Strategie, die die anderen oben identifizierten gesundheitsfördernden Merkmale stärkt und integriert

Anhang 2

Faktoren, die Ungleichheit verstärken

Diese Faktoren sind seit mehr als 50 Jahren bekannt, wurden jedoch bisher bei den Bemühungen zur Verbesserung des Gesundheits- und Sozialsystems vernachlässigt (erstmals hervorgehoben von Tudor Hart im Jahr 1971 [24])

Die Rolle der Regierung in Gesundheits- und Sozialdiensten einschränken – Neoliberale/ Libertäre Doktrin
„...die Funktion des Staates besteht im Allgemeinen darin, Dinge zu tun, die der Einzelne nicht tun kann, und ihm zu helfen, Dinge besser zu tun. Es geht nicht darum, für den Einzelnen zu tun, was er gut selbst tun kann. ...Ich würde gerne eine Reform des Gesundheitsdienstes in den kommenden Jahren sehen, die auf der Annahme individueller Verantwortung für die persönliche Gesundheit basiert, wobei die Funktion des Staates auf die Verhinderung von echter Not und die Förderung persönlicher Verantwortung beschränkt ist." John Seale [25]
Die Psychologie des menschlichen Doppelstandards – Über sich selbst in positiven und über die Gesellschaft im negativen Sinne denken
„...wir denken an unsere *individuellen Nutzungsmuster in den günstigen Begriffen von Ausgaben und Zufriedenheit, aber an unsere sozialen Nutzungsmuster in den ungünstigen Begriffen von Entbehrung und Besteuerung* [Hervorhebung hinzugefügt]. Es scheint ein grundlegender Fehler unserer Gesellschaft zu sein, dass soziale Zwecke weitgehend aus individuellen Einkommen finanziert werden, und zwar durch eine Methode von Steuern und Abgaben, die es uns sehr leicht macht, die Gesellschaft als etwas zu empfinden, das uns ständig beraubt und einschränkt – ohne dies könnten wir alle profitabel ausgeben. ...Wir denken an ‚mein Geld' ... in diesen naiven Begriffen, weil Teile unserer Idee von der Gesellschaft selbst an der Wurzel verdorrt sind. Wir können, uns in unserem gegenwärtigen System kaum vorstellen, dass soziale Zwecke aus dem sozialen Produkt finanziert werden ..." Raymond Williams [26]
Marktmechanismen sind der einzige Weg zu einer intelligenten Planung im Gesundheitswesen – Die ökonomische Doktrin
„In einem kostenlosen Gesundheitsdienst ist effizientes Management besonders schwierig, da weder der Zweck noch das Produkt der Organisation klar definiert werden können und es wenige automatische Kontrollen gegen Managementunfähigkeit gibt. ... In jeder großen Organisation benötigt das Management quantitative Informationen, um eine Situation analysieren, eine Entscheidung treffen und wissen zu können, ob seine Maßnahmen das gewünschte Ergebnis erzielt haben. Im Handel werden diese quantitativen Informationen hauptsächlich in monetären Begriffen geliefert. Durch die Verwendung des einfachen, bequemen und messbaren Kriteriums des Gewinns als Ziel und Produkt hat das Management einen Maßstab zur Beurteilung der Qualität der Organisation und der Wirksamkeit seiner eigenen Entscheidungen." John Seale [25]
Aus der Menge herausstechen – Einen (wirtschaftlichen) Vorteil erlangen
„In einigen Gebieten, insbesondere den wohlhabenderen, besteht zwischen lokalen Krankenhäusern ein Wettbewerb um Patienten, da das Fehlen regionaler Planung in einigen Orten zu einem Überangebot an Krankenhauseinrichtungen geführt hat. Unter solchen Umständen werden Krankenhausverwalter ermutigt, Öffentlichkeitsarbeit und andere Mittel zur Selbstwerbung zu nutzen. ... Dieser Wettbewerb führt auch zu bestimmten Krankenhaus ‚Statussymbolen', bei denen Merkmale wie der Besitz eines Computers; der Besitz einer ‚Kobaltbombe'; die Fähigkeit, wenn auch selten, eine offene Herzoperation durchzuführen; und die Auflistung eines Neurochirurgen im Personal sind alle aktuelle Statussymbole in den Augen bestimmter Gruppen der Öffentlichkeit. Selbst kleine Krankenhäuser mit 150-200 Betten können solche Merkmale als Notwendigkeiten betrachten." John Fry [27]

Anhang 3

Beispiele für gesundheitliche Ungleichheiten innerhalb und zwischen Ländern

http://www.who.int/social_determinants/thecommission/finalreport/key_concepts/en/

Soziale und wirtschaftliche Bedingungen und ihre Auswirkungen auf das Leben der Menschen bestimmen ihr Krankheitsrisiko und die Maßnahmen, die ergriffen werden, um zu verhindern, dass sie krank werden oder um Krankheiten zu behandeln, wenn sie auftreten.

Beispiele für Gesundheitsungleichheiten zwischen Ländern:

- die Säuglingssterblichkeitsrate (das Risiko, dass ein Baby zwischen Geburt und dem ersten Lebensjahr stirbt) beträgt in Island 2 pro 1000 Lebendgeburten und in Mosambik über 120 pro 1000 Lebendgeburten
- das Lebenszeitrisiko eines mütterlichen Todes während oder kurz nach der Schwangerschaft beträgt nur 1 in 17.400 in Schweden, aber es ist 1 in 8 in Afghanistan

Beispiele für Gesundheitsungleichheiten innerhalb von Ländern:

- in Bolivien ist die Säuglingssterblichkeit bei Babys, die von Frauen ohne Bildung geboren werden, größer als 100 pro 1000 Lebendgeburten, während die Säuglingssterblichkeitsrate bei Babys, die von Müttern mit mindestens sekundärer Bildung geboren werden, unter 40 pro 1000 liegt
- Die Lebenserwartung bei der Geburt unter den Ureinwohnern Australiens ist erheblich niedriger (59,4 für Männer und 64,8 für Frauen) als die der nicht-indigenen Australier (76,6 und 82,0)
- Die Lebenserwartung bei der Geburt für Männer im Carlton Viertel von Glasgow beträgt 54 Jahre, 28 Jahre weniger als die von Männern in Lenzie, ein paar Kilometer entfernt
- die Prävalenz von Langzeitbehinderungen bei europäischen Männern im Alter von 80+ Jahren beträgt 58,8 % bei den niedriger Gebildeten im Vergleich zu 40,2 % bei den höher Gebildeten

Anhang 4

Ein nachhaltiges Gesundheitssystem – US-Ansätze

Was bedeutet ein nachhaltiges Gesundheitssystem?
Wenn wir von einem „nachhaltigen Gesundheitssystem" sprechen, spiegelt sich darin die Verpflichtung wider, „das Leben der Menschen und Gemeinschaften, denen wir dienen, für kommende Generationen zu verbessern". Im Folgenden finden Sie einige Überlegungen zu den Elementen eines solchen Systems:
Es ist ein System … • das **die Gesundheit unserer gesamten Bevölkerung verbessert** – nicht nur die Gesundheit der Patienten, die durch die Türen unserer Einrichtungen gehen, sondern Menschen in unseren gesamten Gemeinden • das **neue Modelle der Pflegebereitstellung verwendet,** um die Pflege zugänglicher, kostengünstiger und effektiver zu machen • das **Pflege am Ort und zum Zeitpunkt der Krankheit oder des Krankheitsverlaufs liefert,** um den größten Einfluss auf die fortgesetzte Gesundheit des Patienten zu haben • mit einer **Belegschaft, die auf neue Weisen arbeitet,** oft bis an die Spitze ihrer Lizenz oder ihres Berufs, unter Nutzung des vollen Potenzials unserer talentierten und engagierten Mitarbeiter • das **finanziell verantwortungsbewusst ist,** und umsichtig in Menschen, Infrastruktur, Innovation, Bildung und Forschung investiert, die wirklich den Patienten und der Bevölkerung dienen • das **in unseren Komunen arbeitet,** als Teil des Gefüges, das uns zusammenhält • dass **Werteintegration** und ein Netzwerk der Pflege schätzt und lokal, regional und national zusammenarbeitet, um die Gesundheit und die Gesundheitsversorgung zu verbessern • das **seine Ergebnisse misst,** weit über die derzeit national vorhandenen klinischen Ergebnisse und Prozessmessungen hinaus, damit wir wissen, wie es uns geht, wie es unseren Patienten geht, und dass das, was wir in Bezug auf Behandlungen, Therapien und Verfahren tun, effektiv, notwendig und von Wert ist • das **Patienten und Familien als Partner in der Pflege behandelt,** in dem Wissen, dass Patienten, die vollständig über die Risiken und Vorteile von Behandlungen und Verfahren informiert sind, oft andere Entscheidungen treffen und Entscheidungen, mit denen sie zufriedener sind, als wenn sie die Entscheidung ihrem Arzt überlassen hätten • das **Veränderung und Verbesserung antreibt,** anstatt einfach zuzulassen, dass Veränderung mit ihnen geschieht • das **transparent ist, intern und extern,** unsere Prozesse und unsere Ergebnisse miteinander, mit unseren Patienten und ihren Familien und mit anderen Anbietern teilt, um uns selbst zur Rechenschaft zu ziehen und letztendlich uns alle zu verbessern
Dartmouth-Hitchcock ist ein gemeinnütziges akademisches Gesundheitssystem, das Gemeinden im nördlichen Neuengland dienen
http://www.dartmouth-hitchcock.org/about_dh/what_is_sustainable_health.html

Anhang 5

Ein nachhaltiges Gesundheitssystem – UK-Ansätze

Was ist nachhaltige Gesundheit?
Es ist einfach, sich ein nachhaltiges Gesundheits- und Pflegesystem vorzustellen, das innerhalb der Grenzen der finanziellen, sozialen und ökologischer Ressourcen ewig bestehen kann. Die Herausforderung besteht darin, dass der aktuelle Ansatz zur Bereitstellung von Gesundheits- und Pflegeleistungen nicht auf die gleiche Weise fortgesetzt werden kann um innerhalb dieser Grenzen zu bleiben.
Ein nachhaltiges Gesundheits- und Pflegesystem wird erreicht, indem hochwertige Pflege und verbesserte öffentliche Gesundheit bereitgestellt werden, ohne die natürliche Ressourcen zu erschöpfen oder schweren ökologischen Schaden zu verursachen.
Es kann auch nützlich sein, über die Beziehung zwischen Nachhaltigkeit und Gesundheit in drei unterschiedlichen Ansätzen nachzudenken, die von einem engen zu einem breiten Fokus wechseln. Die Ressourcen und Anleitungen auf dieser Website konzentrieren sich auf die Punkte 1 und 2.

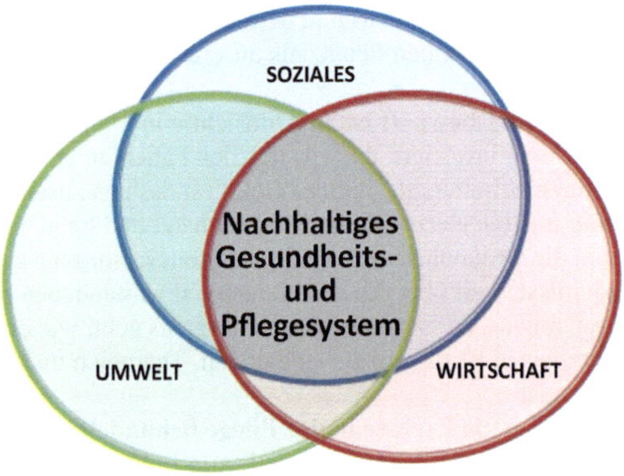

Ein nachhaltiges Gesundheits- und Pflegesystem:
1 – Nachhaltiger Gesundheits- und Pflegesektor Dies beinhaltet die „Ökologisierung" des Sektors mit besonderem Augenmerk auf Energie, Transport, Abfall, Beschaffung, Wasser, Anpassung der Infrastruktur und Gebäude. Dies stellt sicher, dass die im Sektor verwendeten Ressourcen (physisch, finanziell und menschlich):
• Effizient genutzt werden (z. B. Gebäude und Wohnungen sind gut isoliert und verbrauchen weniger Brennstoff zum Heizen) • Verantwortungsvoll verwendet werden (z. B. wird klinischer Abfall sicher entsorgt, um die örtliche Bevölkerung zu schützen)
2 – Nachhaltige Gesundheitsversorgung
Dies ist etwas breiter (aber spezifischer für die Gesundheitsversorgung) als Punkt 1 und beinhaltet die Zusammenarbeit im gesamten Gesundheitssystem und mit Partnern, um eine Gesundheitsversorgung zu liefern, die eine dreifache Rendite liefert, d. h. gleichzeitige finanzielle, soziale und ökologische Rendite auf Investitionen. Es beinhaltet die Anpassung unserer Dienstleistungen, Gesundheitsförderung, mehr Prävention, soziale Verantwortung der Unternehmen und die Entwicklung nachhaltigerer Versorgungsmodelle.
Eine nachhaltige Lebensweise:

3 – Nachhaltige Gesundheit und Wohlbefinden
Dies ist die breiteste Ebene und beinhaltet die Berücksichtigung der Nachhaltigkeit von allem, was die Gesundheit und das Wohlbefinden beeinflusst (z. B. Bildung, Landwirtschaft, Bankwesen usw.).
Sustainable Development Unit The SDU is funded by, and accountable to, NHS England and Public Health England to work across the NHS, public health and social care system. http://www.sduhealth.org.uk/policy-strategy/what-is-sustainable-health.aspx

Literatur

1. Rittel HWJ, Webber MM (1973) Dilemmas in a general theory of planning policy sciences. Pol Sci 4(2):155–169
2. Rosenthal DI, Verghese A (2016). Meaning and the nature of physicians' work. N Engl J Med 375(19):1813–1815
3. Heath I (2011) Harveian Oration 2011 – divided we fail. Royal College of Physicians, London
4. Ziegelstein RC (2015). Personomics. JAMA Intern Med 175(6):888–889
5. Skrabanek P (1994) The death of humane medicine. London: Social Affairs Unit
6. Gilson L, Doherty J, Loewenson R, Francis V (2007) Challenging inequity through health systems. Final Report, Knowledge Network on Health Systems 2007. WHO Commission on the Social Determinants of Health, Geneva
7. Fineberg HV (2012) A successful and sustainable health system – how to get there from here. N Engl J Med 366(11):1020–1027
8. World Health Organization Regional Office for Europe (2011) Governance for health in the 21st century: a study conducted for the WHO Regional Office for Europe. World Health Organization Regional Office for Europe, Copenhagen
9. Sturmberg JP (2009) The personal nature of health. J Eval Clin Pract 15(4):766–769
10. Sturmberg JP (2013) Health: a personal complex-adaptive state. In: Sturmberg JP, Martin CM (eds) Handbook of systems and complexity in health. Springer, New York, pp 231–242
11. Idler EL, Benyamini Y (1997) Self-rated health and mortality: a review of twenty-seven community studies. J Health Soc Behav 38(1):21–37
12. Jylhä M (2009) What is self-rated health and why does it predict mortality? Towards a unified conceptual model. Soc Sci Med 69(3):307–316
13. Benyamini Y (2011) Why does self-rated health predict mortality? An update on current knowledge and a research agenda for psychologists. Psychol Health 26(11):1407–1413
14. Frenk J (2010) The global health system: strengthening national health systems as the next step for global progress. PLoS Med 7(1):e1000089
15. Mooney G, Blackwell S (2004) Whose health service is it anyway? Community values in healthcare. Med J Aust 180(2):76–78
16. Lindstrom RR (2003) Evidence-based decision-making in healthcare: exploring the issues through the lens of complex, adaptive systems theory. HealthcarePapers 3(3):29–35
17. Seale J (1962) The health service in an affluent society. Br Med J 2(5304):598–602
18. Gwatkin DR, Bhuiya A, Victora CG (2004) Making health systems more equitable. The Lancet 364(9441):1273–1280
19. Robert Wood Johnson Foundation (2014). A roadmap to reduce racial and ethnic disparities in health care. Available at: http://www.solvingdisparities.org/sites/default/files/Roadmap_StrategyOverview_final_MSLrevisions_11-3-4 %20 %284 %29.pdf.
20. Whitehead M (1985) The concepts and principles of equity and health. Copenhagen: World Health Organization Regional Office for Europe

21. White K, Williams F, Greenberg B (1961) The ecology of medical care. N Engl J Med 265(18):885–892
22. Green L, Fryer G, Yawn B, Lanier D, Dovey S (2001) The ecology of medical care revisited. N Engl J Med 344(26):2021–2025
23. Johansen ME, Kircher SM, Huerta TR (2016) Reexamining the ecology of medical care. N Engl J Med 374(5):495–496
24. Hart J (1971) The inverse care law. Lancet I:405–412
25. Seale JR (1961) Management efficiency in the health service. Lancet 278(7200):476–480
26. Williams R (1961) The long revolution. Chatto & Windus, London
27. Fry J (1969) Medicine in three societies: a comparison of medical care in the USSR, USA and UK. Springer, New York.
28. Wong WF, LaVeist TA, Sharfstein JM (2015) Achieving health equity by design. JAMA 313(14):1417–1418
29. Association of American Medical Colleges (2016) Achieving health equity: how academic medicine is addressing the social determinants of health. Association of American Medical Colleges, Washington
30. Starfield B (2011) Politics, primary healthcare and health: was Virchow right? J Epidemiol Community Health 65(8):653–655
31. Bertakis KD, Azari R (2011) Patient-centered care is associated with decreased health care utilization. J Am Board Fam Med 24(3):229–239
32. Fogel RW (2004) The escape from hunger and premature death. Cambridge University Press, Cambridge
33. United Nations (2005) 2005 World summit outcome. Resolution adopted by the General Assembly. United Nations. http://data.unaids.org/Topics/UniversalAccess/worldsummitoutcome_resolution_24oct2005_en.pdf
34. Boxall A-M (2011) What are we doing to ensure the sustainability of the health system? Canberra, Australia: Department of Parliamentary Services, Parliament of Australia, 18 November 2011. Report No.: Contract No.: 4 2011–12. Available at: http://www.aph.gov.au/About_Parliament/Parliamentary_Departments/Parliamentary_Library/pubs/rp/rp1112/12rp04
35. Prowle M, Harradine D (2015) Sustainable healthcare systems: an international study. ACCA (the Association of Chartered Certified Accountants), London. Available at: http://www.accaglobal.com/an/en/technical-activities/technical-resources-search/2015/february/sustainable-healthcare-systems.html.
36. Coiera E, Hovenga EJ (2007). Building a sustainable health system. Yearb Med Inform 2007:11–8.

Kapitel 13
...und wie man dorthin gelangt

Überblick. Wenn die Wege zu guter und schlechter Gesundheit nicht linear sind und daher schwer vorherzusagen sind, werden die derzeitigen vorgeschriebenen Methoden der Organisation und Praxis von Gesundheits- und Sozialpflege sinnlos.

Dies lässt die eine große Frage offen:

- Wie erreichen wir Gesundheits- und Gesundheitssysteme, die *unsere Notwendigkeiten erfüllen* und die Eigenschaften haben, *personenzentriert, gerecht und nachhaltig* zu sein?

Die Verknüpfung von *System- und Komplexitätswissenschaftlichem Denken* mit *Design Thinking* bietet einen Weg, diese Frage zu beantworten. Design Thinking bietet einen Rahmen, um vom aktuellen Zustand zu dem Zustand zu gelangen, der *sein sollte.*

Der Fokus auf die Verbesserung der emotionalen Erfahrungen der Benutzer steht im Zusammenhang mit dem Fokus des Gesundheits- und Gesundheitsversorgungssystems auf die Erfüllung der Notwendigkeiten der Person/des Patienten. Als Prozess beginnt Design Thinking mit (1) dem Verständnis der Art des Problems, (2) der Identifizierung des gewünschten Ergebnisses und (3) dem freien Nachdenken über so viel Lösungen wie möglich, die dieses Ziel erreichen könnten.

Die Neugestaltung des Gesundheits- und Gesundheitsversorgungssystems erfordert in erster Linie:

- Eine Bereitschaft, eine andere Perspektive einzunehmen
- Die Formulierung eines gewünschten Zustands des neuen Systems
- Eine Bereitschaft, den notwendigen ersten Schritt zu tun, alle in das Gespräch einzubeziehen

...um dorthin zu gelangen

Ein patientenzentriertes, gerechtes und nachhaltiges Gesundheits- und Gesundheitsversorgungssystem erfordert einen *ganzheitlichen Systemdenkansatz* und

J. P. Sturmberg, *Neugestaltung des Gesundheitssystems*,
https://doi.org/10.1007/978-3-031-46816-2_13

eine Denkweise, die die Gesundheit der Gesellschaft als Voraussetzung für eine erfolgreiche und wirtschaftlich dynamische Gesellschaft sieht. Die Erreichung eines solchen Gesundheits- und Gesundheitsversorgungssystems ist jedoch letztlich ein politischer Prozess, der sowohl professionelle als auch politische Führung erfordert. Es muss ALLE in den Designprozess des Gesundheitssystems einbeziehen und es erfordert einen Governance-Rahmen, um seine Implementierung und seinen Betrieb zu überwachen. Dies wird nicht zu einer „Einheitslösung" führen; tatsächlich wäre das Fehlen von lokalen Anpassungen, die die Einzigartigkeit der lokalen Umstände widerspiegeln, ein klares Scheitern der Neugestaltungsbemühungen.

...und die Herausforderungen

Sozialer Wandel, trotz aller verfügbaren Beweise, ist schwer zu erreichen, nicht zuletzt, weil Veränderungen den Status quo stören. Die vorherrschende gewinnorientierte Motivation vieler Akteure im Gesundheitsversorgungssektor aufzugeben, ist eine große Herausforderung. Eine Umgestaltung des Gesundheitssystems, die den Menschen in den Mittelpunkt stellt, bedeutet zwar möglicherweise weniger kostenintensive Leistungen, würde aber wahrscheinlich auch mehr menschliche Unterstützungsleistungen erfordern. Daher könnte ein neu gestaltetes Gesundheits- und Gesundheitsversorgungssystem nicht weniger kostspielig sein, aber es ist sehr wahrscheinlich, dass die Ausgaben sinnvoller zum ultimativen Ziel des Gesundheitssystems beitragen – *die Notwendigkeiten, Wünsche und Erwartungen* derjenigen zu erfüllen, die Gesundheits- und Versorgungsleistungen benötigen.

Es ist an der Zeit, die Ideologie beiseite zu legen und sich auf das zu konzentrieren, was zählt – die *Notwendigkeiten* und die *Gesundheit* unserer gegenwärtigen und zukünftigen Patienten.

Das Bruttoinlandsprodukt ... misst alles ... außer dem, was das Leben lebenswert macht.

Robert F. Kennedy (1925–1968)

Punkte zur Reflexion

- Wie können wir einen breit angelegten Diskurs über Gesundheit und Gesundheitssystemreform beginnen?
- Wer sollte entscheiden, was die Ziele eines Gesundheits- und Gesundheitsversorgungssystems *sein sollten*?
- Wie balancieren wir wirtschaftliche und soziale Interessen in einem personenzentrierten, gerechten und nachhaltigen Gesundheits- und Gesundheitsversorgungssystem?
- Wenn Gesundheit ein öffentliches Gut und kein Ware oder Konsumgut ist, wie sollte sie finanziert werden?

„Der erste Schritt, irgendwohin zu kommen, besteht darin zu entscheiden, dass man nicht dort bleiben will, wo man ist."
Chauncey Depew (1834–1928) – Amerikanischer Anwalt und Politiker

Wenn die Wege zu guter und schlechter Gesundheit nicht linear sind und daher schwer vorherzusagen sind, werden die derzeitigen vorgeschriebenen Methoden der Organisation und Praxis von Gesundheits- und Sozialpflege sinnlos.

Es bleibt also die große Herausforderung:

- Wie erreichen wir ein Gesundheits- und Gesundheitsversorgungssystem, das *unsere Notwendigkeiten erfüllt* und die Eigenschaften hat, *personenzentriert, gerecht und nachhaltig* zu sein?

Dies ist eine Frage, die, wie Rittel und Webber [1] argumentierten, Planung erfordert und somit außerhalb des *„klassischen Paradigmas von Wissenschaft und Technik – dem Paradigma, das dem modernen Professionalismus zugrunde liegt – nicht auf die Probleme offener gesellschaftlicher Systeme anwendbar ist"*.

Diese Probleme, so fahren sie fort, müssen *„von Problemen in den Naturwissenschaften unterschieden werden, die definierbar und trennbar sind und Lösungen haben können, die findbar sind, die Probleme der Regierungsplanung – und insbesondere die der sozialen oder politischen Planung – sind schlecht definiert; und sie beruhen auf schwer fassbarem politischem Urteil zur Lösung.* ***(Nicht „Lösung." Soziale Probleme werden nie gelöst. Im besten Fall werden sie immer wieder neu gelöst.)*** [Hervorhebung hinzugefügt]"[1]

An diesem Punkt treffen sich ***System- und Komplexitätswissenschaftliches Denken*** auf ***Design Thinking.*** Ersteres bietet ein Verständnis für die

- *Struktur und Dynamik* des Gesundheits- und Gesundheitsversorgungssystems

---

[1] Metaphorisch erklärten Rittel und Webber ihren Standpunkt so: *Die Probleme, auf die Wissenschaftler und Ingenieure sich normalerweise konzentriert haben, sind meist „zahme" oder „gutartige"...*
Böse Probleme hingegen haben keines dieser klärenden Merkmale; und sie umfassen fast alle Fragen der öffentlichen Politik – ...
Es gibt mindestens zehn unterscheidende Eigenschaften von Planungsproblemen, d. h. bösen, auf die Planer besser achten sollten .... Wie Sie sehen werden, nennen wir sie „böse" nicht, weil diese Eigenschaften selbst ethisch verwerflich sind. Wir verwenden den Begriff „böse" in einer Bedeutung, die der von „bösartig" (im Gegensatz zu „gutartig") oder „bösartig" (wie ein Kreis) oder „tricky" (wie ein Kobold) oder „aggressiv" (wie ein Löwe, im Gegensatz zur Sanftmut eines Lammes) ähnlich ist. Wir meinen nicht, diese Eigenschaften von sozialen Systemen zu personifizieren, indem wir bösartige Absichten unterstellen. Aber dann könnten Sie zustimmen, dass es moralisch verwerflich ist, wenn der Planer ein böses Problem behandelt, als ob es ein zahmes wäre, oder ein böses Problem vorzeitig zähmt, oder sich weigert, die inhärente Bosheit sozialer Probleme zu erkennen.

Letzteres ermöglicht es, die Beteiligten in die *notwendige adaptive Arbeit einzubinden, die geleistet werden muss*, um einen gemeinsamen akzeptablen zukünftigen Zustand des Systems zu schaffen[2]

13.1 Design Thinking

Design befasst sich mit der Lösung von „[Problemen] *zwischen dem Zustand, wie er ist, und dem Zustand, wie er sein sollte*“ [1]; Design Thinking wendet also die Prinzipien des Designs auf die Art und Weise an, wie Menschen *Dinge sehen*.

Der Hauptfokus der Neugestaltung liegt auf der *Verbesserung der Erfahrung der Nutzer, insbesondere ihrer emotionalen Erfahrungen* [4]. Ursprünglich wurde es im Kontext der Produktverbesserung entwickelt, wird aber heute auch umfangreich zur Neugestaltung von Dienstleistungen eingesetzt.

Design Thinking wird allgemein als ein *unverzichtbares Werkzeug zur Vereinfachung und Humanisierung* [4] unserer Lebens-, Arbeits- und Umweltbeziehungen angesehen. Es bietet eine Möglichkeit, die vielfältigen Stakeholder des Gesundheits- und Gesundheitsversorgungssystems zur Arbeit an einem Gesundheits- und Gesundheitsversorgungssystem zu bewegen, das *unseren Notwendigkeiten als Menschen/Patienten* gerecht wird.

13.1.1 Die Ursprünge des Design Thinking

Archer [5] beschrieb erstmals eine *systematische Methode für Designer,* die hervorhebt, dass Probleme komplex sind und ihre Lösungen einen menschenzentrierten (menschliche Werte) Ansatz erfordern. Herbert Simon schlug Ende der 1960er Jahre *Design Thinking* als Weg vor, um komplexe Probleme zu lösen [6]. Er kam zu dem Schluss, dass *jeder gestaltet, der Handlungsweisen entwirft, die darauf abzielen, bestehende Situationen in bevorzugte zu verwandeln* [6].[3]

---

[2] Interessierte Leser werden auch ermutigt, die Arbeiten von Karl Weick zum Thema Sinngebung zu lesen, z. B. *Sense- making in Organisations* [2] oder *Making Sense of the Organisation* [3]. Karl Weick beschreibt die Herausforderung der Sinngebung so: *Die Sinngebung wird auf die Probe gestellt, wenn Menschen auf ein Ereignis stoßen, dessen Auftreten so unwahrscheinlich ist, dass sie zögern, es zu melden, aus Angst, man würde ihnen nicht glauben. Im Wesentlichen denken diese Menschen, es kann nicht sein, also ist es nicht.*

[3] Für eine detaillierte Geschichte des Design Thinking siehe: Stefanie Di Russo. Understanding the behaviour of design thinking in complex environments. Ph.D. thesis, Swinburne University, Australia 2016 – verfügbar unter https://www.academia.edu/24919250/Understanding_the_behaviour_of_design_thinking_in_complex_environments.

In den frühen 1970er Jahren schlug Papanek [7] vor, dass Designwissen zur Lösung gesellschaftlicher und umweltbedingter Probleme eingesetzt werden sollte. Er wies auf die moralischen Verpflichtungen und Verantwortlichkeiten des Designs hin – heute unter dem Begriff „Wert" subsumiert – und stellte fest: *„Das Design der letzten Zeit hat nur flüchtige Bedürfnisse und Wünsche befriedigt, während die echten Bedürfnisse des Menschen oft vernachlässigt wurden"*. Nicht überraschend verglich er das Ergebnis des Design Thinking mit der Vereinfachung von Komplexität.

13.1.2 Design Thinking als Problemlösungsstrategie

Design Thinking – als Strategie – bezieht bewusst alle betroffenen Stakeholder in einen iterativen Problemlösungsprozess ein. Seine Ansätze **kombinieren** Erkenntnisse aus:

- WISSENSCHAFT (Ähnlichkeiten zwischen unterschiedlichen Dingen finden)
- KUNST (Unterschiede zwischen ähnlichen Dingen finden)
- DESIGN (Schaffen machbarer „Ganzer" aus nicht machbaren „Teilen")

auf eine Weise, die am besten geeignet ist, Lösungen für „wicked problems" [1] im Bereich der Unsicherheit zu finden. Anfang der 1990er Jahre behauptete Buchanan [8], dass Design Thinking besonders nützlich sei bei:

> ...dem Design von komplexen Systemen oder Umgebungen zum Leben, Arbeiten, Spielen und Lernen. ...dieser Bereich hat sich auch erweitert und spiegelt ein stärkeres Bewusstsein für die zentrale Idee, den Gedanken oder Wert wider, der die Einheit eines ausgewogenen und funktionierenden Ganzen ausdrückt. Dieser Bereich beschäftigt sich immer mehr mit der Erforschung der Rolle des Designs bei der Erhaltung, Entwicklung und Integration von Menschen in breitere ökologische und kulturelle Umgebungen, bei der Gestaltung dieser Umgebungen, wenn dies wünschenswert und möglich ist, oder bei der Anpassung an sie, wenn dies notwendig ist.

13.1.3 Der Prozess des Designens

Wie oben skizziert, spiegelt Design Thinking in erster Linie einen mentalen Ansatz wider. Sein Hauptfokus liegt auf dem Ergebnis, d. h. *wie die Dinge sein sollten* [6]. Der Zusammenhang zwischen der Philosophie und den Prozessen des Design Thinking wird in Abb. 13.1 zusammengefasst. Der Schlüssel zu erfolgreicher Problemlösung ist einfach – ***verstehen Sie das Problem*** ohne vorgefasste Vorstellungen von einer Lösung, ***lassen Sie die Lösungen*** als Ergebnis entstehen. Wie Einstein es formulierte: *„Wenn ich eine Stunde Zeit hätte, ein Problem zu lösen, und mein Leben von der Lösung abhinge, würde ich die ersten 55 Minuten damit verbringen, die richtige Frage zu stellen, denn wenn ich die richtige Frage kenne, könnte ich das Problem in weniger als fünf Minuten lösen"*.

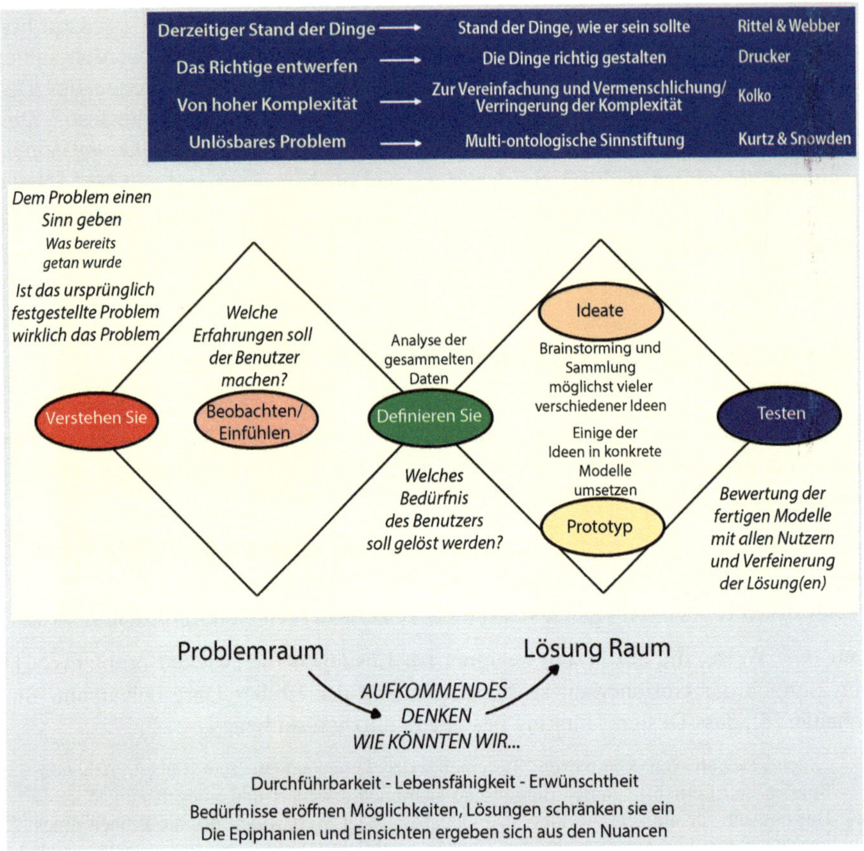

Abb. 13.1 Zusammenfassung der Philosophie und Praxis des Design Thinking. Nur das vollständige Verständnis des Problems ermöglicht das Aufkommen der „richtigen" Lösung. Beachten Sie, dass Lösungen immer vorübergehend sind; neue Probleme starten den Prozess immer wieder von vorne

13.2 Gesundheitssystem-Neugestaltung: Die Prinzipien

Wie die Aphorismen von Max Planck, Michael Sandel und Chauncey Depew aus den vorherigen Kapiteln nahelegen, erfordert die Neugestaltung des Gesundheitssystems eine andere Denkweise. Ein „neues" Gesundheits- und Gesundheitsversorgungssystem erfordert:

- Eine Bereitschaft, eine andere Perspektive einzunehmen
  - *Wenn Sie die Art und Weise ändern, wie Sie Dinge betrachten, ändern sich die Dinge, die Sie betrachten*
- Die Formulierung eines gewünschten Zustands des Systems
  - *Die Art und Weise, wie die Dinge sind, bestimmt nicht, wie sie sein sollten*

- Eine Bereitschaft, den notwendigen ersten Schritt zu tun, um den notwendigen Dialog zu führen
  - *Der erste Schritt, um irgendwohin zu gelangen, besteht darin zu entscheiden, dass Sie nicht dort bleiben wollen, wo Sie sind*

Dieses Buch hat die Begründung und die Prinzipien für eine Neugestaltung des Gesundheits- und Gesundheitsversorgungssystems auf der Grundlage seiner komplex adaptiven Eigenschaften skizziert. Es hat auch die Notwendigkeit in den Vordergrund gestellt, ein ***Gesundheitssystem*** zu entwerfen, anstatt engere *Gesundheitsversorgungssysteme*, die sich mit den – vermeidbaren oder unvermeidbaren – Folgen der ***„Ergebnisse des Gesundheitssystems“*** befassen. Am wichtigsten ist, dass es hervorgehoben hat, dass die komplex adaptiven Systemdynamiken von Gesundheits- und Gesundheitsversorgungssystemen aus dem ***Verhalten ihrer menschlichen Akteure*** entstehen, daher erfordert der Erfolg jeder Neugestaltungsbemühung einen partizipativen Ansatz.

Design Thinking,[4] als ein eng mit dem komplex adaptiven Systemrahmen verbundenes Framework betrachtet, scheint ein nützliches Modell zu sein, um den Prozess zu „starten“, der die *notwendige adaptive Arbeit erfordert*, um mit den Neugestaltungsbemühung erfolgreich zu sein.

13.3 *„…um dorthin zu gelangen“:* Die Notwendigkeit, sich auf Personenzentriertheit, Gleichheit und Nachhaltigkeit zu konzentrieren

Die These dieses Buches ist, dass ein neu gestaltetes Gesundheits- und Gesundheitsversorgungssystem – aus ***philosophischen, wirtschaftlichen*** und ***politischen*** Gründen:

Personenzentriert
Gerecht
Nachhaltig

sein muss.

Auf diesen Grundlagen schlägt es vor, dass die „am besten angepassten“ Lösungen sich ergeben würden aus (Abb. 13.2):

[4]Andere Ansätze beinhalten: positive Abweichung (siehe z. B. Positive Deviance Initiative – www.positivedeviance.org/), relationale Koordination (siehe z. B. Relational Coordination – Relationship Centered Health Care – www.rchcweb.com/Relational-Coordination), und wertschätzende Untersuchung (siehe z. B. The Appreciative Inquiry Commons – https://appreciativeinquiry.case.edu/).

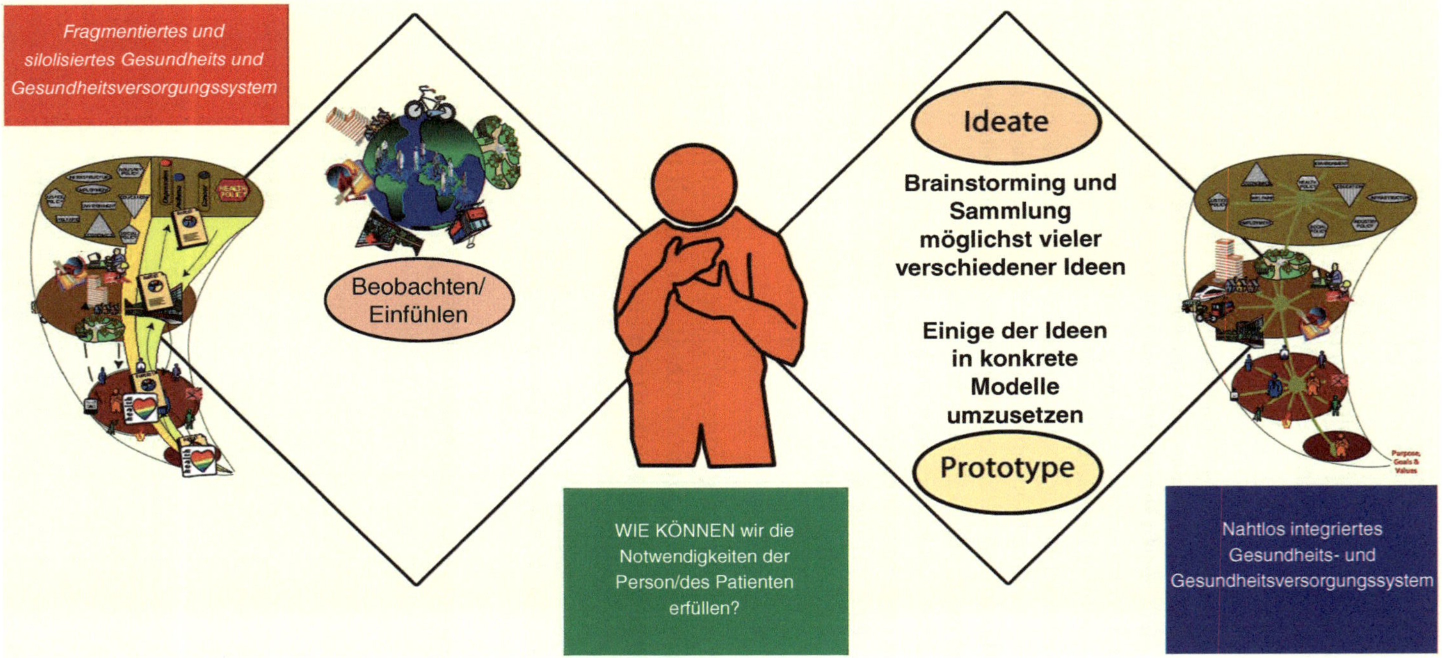

Abb. 13.2 Neugestaltung des Gesundheits- und Gesundheitsversorgungssystems – Zusammenfassung der wichtigsten Schritte. Verstehen Sie die aktuelle Situation, definieren Sie, was wir erreichen möchten, stellen Sie sich mögliche Modelle vor und testen Sie sie, um den definierten/erwünschten zukünftigen Zustand zu erreichen

- Verstehen des aktuellen Zustands des Gesundheits- und Gesundheitsversorgungssystems
- Einbindung von Bürgerjurys, um eine neue Vision für ihr Gesundheits- und Gesundheitsversorgungssystem zu definieren
- Einbindung aller betroffenen Stakeholder in ein Brainstorming über mögliche Lösungen und Enwicklung vielversprechender Lösungen zu möglichen Modellen für die „Erprobung aud der Straße“

Ein *patientenzentriertes, gerechtes* und *nachhaltiges* Gesundheits- und Gesundheitsversorgungssystem erfordert einen ganzheitlichen Denkansatz und eine Denkweise, die die Gesundheit der Gesellschaft als Voraussetzung für eine erfolgreiche und wirtschaftlich dynamische Gesellschaft sieht [9,10]. Ein solches Gesundheits- und Gesundheitsversorgungssystem zu erreichen, ist jedoch letztlich ein politischer Prozess, der sowohl professionelle als auch politische Führung erfordert – um ALLE in den Gestaltungsprozess des Gesundheitssystems einzubeziehen und ein Governance-Framework zur Überwachung seiner Implementierung und seines Betriebs. Die WHO [11] schlägt vor, dass:

> „Governance **für** [Hervorhebung hinzugefügt] Gesundheit“ wird definiert als der Versuch von Regierungen oder anderen Akteuren, Gemeinden, Länder oder Gruppen von Ländern in der Verfolgung von Gesundheit als integraler Bestandteil des Wohlbefindens durch einen „ganzheitlichen Regierungsansatz“ und einen „ganzheitlichen Gesellschaftsansatz“ zu steuern. Es positioniert Gesundheit und Wohlbefinden als Schlüsselelemente dessen, was eine erfolgreiche Gesellschaft und eine dynamische Wirtschaft im 21. Jahrhundert ausmacht, und verankert Politiken und Ansätze in Werten wie Menschenrechten und Gleichheit. Governance für Gesundheit fördert das gemeinsame Handeln von Gesundheits- und Nicht-Gesundheitssektoren, von öffentlichen und privaten Akteuren und von Bürgern für ein gemeinsames Interesse. Es erfordert ein synergetisches Set von Politiken, von denen viele in Sektoren außerhalb der Gesundheit sowie in Sektoren außerhalb der Regierung liegen, die durch Strukturen und Mechanismen unterstützt werden müssen, die Zusammenarbeit ermöglichen. Es verleiht Gesundheitsministern und Ministerien sowie öffentlichen Gesundheitsbehörden eine starke Legitimität, um ihnen zu helfen, neue Aufgaben bei der Gestaltung von Politiken zur Förderung von Gesundheit und Wohlbefinden zu übernehmen.

und, ähnlich wie bei Ron Heifetz’s Vorstellung von „Führungskräften, die die notwendige adaptive Arbeit, die von ALLEN geleistet werden muss“ [12], vorantreiben, schlägt fünf Führungsstrategien vor, um die notwendigen ***adaptiven*** Veränderungen zu bewältigen:

> Auf der Grundlage einer Überprüfung von Fallstudien zu neuen Ansätzen für die Governance **für** [Hervorhebung hinzugefügt] Gesundheit werden fünf Arten von intelligenter Governance für Gesundheit zur Überlegung vorgeschlagen, die in ganzheitlichen Regierungs- und Gesellschaftsansätzen kombiniert werden sollten:
>
> - Regieren durch Zusammenarbeit
> - Regieren durch Bürgerbeteiligung
> - Regieren durch eine Mischung aus Regulierung und Überzeugung
> - Regieren durch unabhängige Agenturen und Expertengremien
> - Regieren durch adaptive Politiken, widerstandsfähige Strukturen und Voraussicht

13.4 „...und was im Weg stehen könnte"

Ein letzter Gedanke – unvermeidlich – muss den Bedrohungen gelten, die den Status quo in Frage stellen. Die skizzierten *philosophischen, wirtschaftlichen* und *politischen* Gründe könnten jedoch von Interessengruppen angefochten werden (siehe Anhang 1), die durch Veränderungen des Status quo verlieren könnten. Wie McGinnes et al. [13] betonten, *„braucht es mehr als nur Beweise dafür, dass sozialer Wandel die Gesundheit verbessern würde, um die breite Öffentlichkeit davon zu überzeugen, dass solche umverteilenden Investitionen getätigt werden sollten. Diese Entscheidungen haben sehr viel mit Ideologie und sozialen Werten zu tun"*.

Wie jedoch in verschiedenen Abschnitten dieses Buches dargelegt, erfordert die Neugestaltung des Gesundheits- und Gesundheitsversorgungssystems Führung auf höchster Ebene. Der Mangel an Führung und politischem Willen angesichts industrieller Eigeninteressen und wirtschaftlicher Macht ist immer dann offensichtlich, wenn das Thema Gesundheit und Gesundheitssystemgestaltung aufkommt [14]. Man denke nur an Don Berwicks scharfsinnige Beobachtung:

> Es übersteigt meinen Verstand, dass die gleichen Leute, die „Foul" schreien, einen Augenblick später argumentieren, die Gesundheitsleistungen für die Bedürftigen zu reduzieren, entscheidende Programme der Pflege und Prävention zu entfinanzieren und jährlich Tausende von Dollar Kosten auf Menschen – Ältere, Arme, Behinderte – zu verlagern, die am wenigsten in der Lage sind, sie zu tragen.

Es sollte daher nicht überraschend sein, dass Regierungen sich hauptsächlich auf Kosteneindämmung konzentrieren, anstatt auf eine echte Neugestaltung des Gesundheits- und Gesundheitsversorgungssystems. Anhang 2 gibt ein Beispiel für Ratschläge an australische Parlamentarier vom Parlamentarischen Bibliotheksdienst [15]; 4 von 5 Fragen und Empfehlungen konzentrieren sich entweder auf Kosteneinsparungen oder auf Kostenumverteilungsmaßnahmen.

Die Feststellung, dass Gesundheit und Gesundheitsversorgungssysteme komplex adaptive Systeme sind, *sollte* jede vorurteilsbehaftete Verurteilung als Befürworter oder Gegner einer *„sozialisierten Medizin"* oder as *„Gegner des freier Marktes"* beenden. Die Wirtschaft ist zweifellos Teil des Gesundheits- und Gesundheitsversorgungssystems, **aber** so sind auch soziale und gesellschaftliche Ansprüche. Betrachten Sie die Sichtweise des WHO Governance for Health in the twenty-first century [9]:

> Ein jüngster Bericht des World Economic Forum (2011) [16] stellt fest, dass die Strukturen und Prozesse der Regierungen umgestaltet werden müssen, um eine neue Reihe von Akteuren und Werkzeugen zu umfassen, um in der heutigen komplexen, verknüpften, sich schnell verändernden Welt effizient und effektiv zu sein. Sie müssen relevant bleiben, indem sie auf sich schnell ändernde Bedingungen und die Erwartungen der Bürger reagieren und die Fähigkeit aufbauen, effektiv in komplexen, voneinander abhängigen Netzwerken von Organisationen und Systemen im öffentlichen, privaten und gemeinnützigen Sektor zu arbeiten, um öffentlichen Wert zu schaffen (S. 14).

13.4.1 Disambiguierung: Sozial

Die Begriffe „sozial“ und „sozialisiert“ sind mit so viele Auslegungen behaftet,[5] dass es einige Klarstellungen erfordert, um einen gemeinsamen Nenner zu finden.

In seiner grundlegendsten Form steht SOZIAL[6] im Gegensatz zu *privat* in Bezug auf Eigentum oder Zugang zu Ressourcen und Dienstleistungen für die einfache Tatsache, dass Menschen zusammenleben, und dass das Zusammenleben eine Voraussetzung für das Überleben der menschlichen Spezies ist. Der Begriff verweist auf die Vorstellungen von Vernetzung und Interdependenz – zwei grundlegende Prinzipien von Komplexität und Netzwerken – und betont damit unsere persönliche Abhängigkeit vom Verhalten und den Handlungen anderer Mitglieder unserer „Gruppe“.[7]

Gesundheit hängt letztendlich von der gesellschaftlichen Funktion ab, und soziale Handlungen und Interaktionen, die die gesellschaftliche Funktion verbessern, tragen zur Verbesserung der Gesundheit bei. Die Regierung spielt eine zentrale Rolle bei der Sicherstellung der Handlungen und Interaktionen ihrer Bürger durch *soziale Politiken,* die die Gesundheit und das Wohlbefinden ihrer Wählerschaft fördern. Die Regierung hat eine regulierende Funktion; die Umsetzung dieser Politiken kann vom privaten, öffentlichen oder gemeinnützigen Sektor übernommen werden. Die Bereitstellung von Gesundheits- und Sozialdiensten trägt zum *Gemeinwohl* (oder Wohlfahrt[8] /Wohlbefinden) der Gesellschaft bei (siehe Anhang 3 für eine detailliertere Untersuchung der Sozialpolitik – freundlicherweise zur Verfügung gestellt von Professor Paul Spicker, Emeritus Professor für Public Policy an der Robert Gordon University, UK[9]).

---

[5] (1) das Konzept von Einstellungen, Orientierungen oder Verhaltensweisen, die die Interessen, Absichten und Bedürfnisse anderer berücksichtigen, (2) politische Bedeutung hängt von der politischen Orientierung ab – liberale Merkmale auf der linken Seite, konservative Merkmale auf der rechten Seite, (3) *sozial* dass es einige Klarstellungen erfordert, um einen gemeinsamen Nenner zu finden.

[6] Latein socci – Verbündete

[7] Der australische Aboriginal-Begriff ist „mob“ für Familie, Verwandtschaftsgruppe oder allgemeiner Gruppe von Menschen.

[8] Alte englische Phrase wel faran – sich gut entwickeln, erfolgreich vorankommen, gedeihen

[9] siehe auch Paul Spickers Website „An introduction to Social Policy“ – http://www.spicker.uk/

13.4.2 Disambiguierung: Adam Smith befürwortete das Gemeinwohl UND den freien Markt

Adam Smiths Abhandlung *Eine Untersuchung über die Natur und Ursachen des Reichtums der Nationen (1776)* [17] betonte, dass Menschen nicht durch ihre Güte, sondern durch ihr eigenes Interesse motiviert sind (S. 16). Eigeninteresse birgt jedoch das Risiko der Ausbeutung, daher sind wettbewerbsfähige Märkte notwendig, um alle ehrlich zu halten. Smiths ökonomisches Denken beinhaltete, dass der Markt selbst herausfinden würde, was die Menschen wollen und wie man es ihnen am effizientesten zukommen lässt. Mit anderen Worten, der Markt würde seine eigene Ordnung schaffen, ohne dass jemand Befehle gibt – was zur Vorstellung der *unsichtbaren Hand* führte.[10] – das zum Kern unserer Wirtschaftslehre geworden ist.

Aber Smith war vorsichtig mit dem Markt; insbesondere war er sich des Versagen der Märkte bei der Bereitstellung öffentliche Güter bewusst. Wie er sagte: *Ich habe noch nie erlebt, das diejenigen, die sich für das Gemeinwohl einsetzen, viel Gutes getan haben. Es ist eine Neigung, die tatsächlich nicht sehr verbreitet ist unter Kaufleuten und sehr wenige Worte müssen verwendet werden, um sie davon abzubringen* (S. 350).

Tatsächlich war Smith besorgt über die Konzentration der Märkte in einer Hand (den großen Kapitalisten), da er sah, dass sie den Markt umgingen.[11] Ihre politische Macht ermöglichte es ihnen, Regierungen dazu zu drängen, schützende Gesetze, Zölle und Subventionen zu erlassen, die hohe Gewinne garantieren würden. Was die Regierungen übersahen, war, dass diese Ansätze schlecht für die

---

[10] Smith verwendete den Begriff nur **einmal** auf 743 Seiten und dann eindeutig in metaphorischer Weise – *Indem er die Unterstützung der heimischen Industrie der ausländischen vorzieht, beabsichtigt er nur seine eigene Sicherheit: und indem er diese Industrie so lenkt, dass sie den größten Wert erzeugen kann, beabsichtigt er nur seinen eigenen Gewinn, und er wird in diesem, wie in vielen anderen Fällen,* ***von einer unsichtbaren Hand geleitet, um ein Ziel zu fördern, das nicht Teil seiner Absicht war*** *[Hervorhebung hinzugefügt]. Noch ist es immer das Schlechteste für die Gesellschaft, dass es kein Teil davon war. Indem er sein eigenes Interesse verfolgt, fördert* ~~*er oft das der Gesellschaft effe*~~*ktiver, als wenn er es wirklich fördern will.* (S. 349).
Hier spielt Smith auf das an, was ihm zu seiner Zeit nicht bekannt war, die ***Systemdynamik der Wirtschaft als komplex adaptives System.***

[11] Pitts argumentiert, dass der *Reichtum der Nationen* dazu dienen sollte, die Öffentlichkeit auf die hohlen Argumente der Kaufleute aufmerksam zu machen, die die Politik in Großbritannien erobert hatten. Sie behauptet: *Aber im Gegensatz zu neueren Studien, die zu Recht über die ältere Karikatur von Smith als unkritischer Apologet des Kapitalismus hinausgegangen sind, indem sie seine Ängste vor den Verderbnissen der Handelsgesellschaft untersucht haben, betone ich stattdessen seine sich entwickelnde Sorge, dass Mitglieder der Handelsgesellschaft es versäumt haben, die Gewalt und Ausbeutung, die durch das britisch geführte System des globalen Handels und der imperialen Expansion verursacht wurden, angemessen zu kritisieren.* S. 142.
Pitts J. Irony in Adam Smith's Critical Global History [18].

Gesellschaft ‚als Ganzen‘ waren.[12] Daher war es nicht die Regierung, die für den „freien Markt“ gefährlich war, sondern viel mehr große Unternehmen, die Regierungen dazu zwangen, ihre Gewinne zu schützen. In Smiths eigenen Worten:

> Ihre Überlegenheit gegenüber dem Gentleman vom Lande liegt nicht so sehr in ihrem Wissen um das öffentliche Interesse, als in ihrem besseren Wissen um ihr eigenes Interesse als er um seines. Es ist durch dieses überlegene Wissen um ihr eigenes Interesse, dass sie häufig seine Großzügigkeit ausgenutzt und ihn überredet haben, sowohl sein eigenes Interesse als auch das der Öffentlichkeit aufzugeben, und zwar aus der einfachen, aber ehrlichen Überzeugung heraus, dass ihr Interesse und nicht das seine das Interesse der Öffentlichkeit sei. Das Interesse der Händler in einem bestimmten Handels- oder Produktionszweig unterscheidet sich jedoch immer in gewisser Weise von dem der Öffentlichkeit und steht sogar im Gegensatz zu diesem. Den Markt zu erweitern und den Wettbewerb zu verengen, ist immer im Interesse der Händler. Den Markt zu erweitern, kann oft genug im Interesse der Öffentlichkeit liegen; den Wettbewerb zu verengen, muss jedoch immer gegen sie sein und kann nur dazu dienen, den Händlern zu ermöglichen, ihre Gewinne über das hinaus zu erhöhen, was sie natürlich wären, um für ihren eigenen Nutzen eine absurde Steuer auf den Rest ihrer Mitbürger zu erheben. Der Vorschlag eines neuen Gesetzes oder einer neuen Handelsregelung, die von dieser Ordnung kommt, sollte immer mit großer Vorsicht angehört und sollte nie angenommen werden, bis er lange und sorgfältig geprüft wurde, nicht nur mit der genauesten, sondern mit der misstrauischsten Aufmerksamkeit. Er kommt von einer Ordnung von Männern, deren Interesse nie genau dasselbe ist wie das der Öffentlichkeit, die im Allgemeinen ein Interesse daran haben, die Öffentlichkeit zu täuschen und sogar zu unterdrücken, und die dementsprechend bei vielen Gelegenheiten sowohl getäuscht als auch unterdrückt haben (S. 200).

Es überrascht daher nicht, dass Adam Smith das befürwortete, was man heute als gesellschaftliche ***Gerechtigkeit*** und ***Nachhaltigkeit*** bezeichnet: *Es kann keine Gesellschaft blühend und glücklich sein, in der der weitaus größere Teil der Mitglieder arm und unglücklich ist* (S. 66).[13]

---

[12] *Adam Smith wurde manchmal als jemand karikiert, der keine Rolle für die Regierung im Wirtschaftsleben sah. Tatsächlich glaubte er, dass die Regierung eine wichtige Rolle zu spielen hatte. Wie die meisten modernen Anhänger freier Märkte glaubte Smith, dass die Regierung Verträge durchsetzen und Patente und Urheberrechte gewähren sollte, um Erfindungen und neue Ideen zu fördern. Er glaubte auch, dass die Regierung öffentliche Arbeiten, wie Straßen und Brücken, bereitstellen sollte, von denen er annahm, dass es sich für Einzelpersonen nicht lohnen würde, sie bereitzustellen. Interessanterweise wollte er jedoch, dass die Nutzer solcher öffentlichen Arbeiten ~~in dem Maße zahlen, wie sie s~~ie nutzen.*
The Concise Encyclopedia of Economics. http://www.econlib.org/library/Enc/bios/Smith.html

[13] Coker argumentierte: *Obwohl Smiths ökonomischer Mensch in seinem eigenen Interesse handelt, erkennt er nie, dass sein Verhalten Konsequenzen für andere haben sollte, die vorteilhaft sind. Wie stark die Selbstliebe auch sein mag, sie kann nie über den Wunsch des Menschen nach sozialer Anerkennung siegen. Mit dieser Position kann argumentiert werden, dass Smith den ungezügelten Individualismus ablehnte und eine organische Sicht der Gesellschaft annäherte.* S. 141.
Coker EW. Adam Smith's Concept of the Social System [19].

13.5 Wenn Sie die Art und Weise ändern, wie Sie das Gesundheits- und Gesundheitsversorgungssystem betrachten, ändert sich das Gesundheits- und Gesundheitsversorgungssystem, das Sie betrachten

Dieses Buch zielt darauf ab, eine Begründung und einen Ansatz zu bieten, das Gesundheits- und Gesundheitsversorgungssystem auf eine andere Weise zu betrachten. Fünf breite Konzepte untermauern den „neuen Blick" auf ein personenzentriertes, gerechtes und nachhaltiges komplex adaptives Gesundheits- und Gesundheitsversorgungssystem:

- Das Konzept der Vernetzung von Menschen, Gesundheitsfachleuten, der Gesellschaft und der Regierung
- Eine Wertschätzung der verteilten Befugnisse und Verantwortlichkeiten unter den Akteuren des Systems
- Ein gemeinsames Verständnis von Zweck, Zielen und Werten
- Ein Verständnis, dass Gesundheit ein persönlicher Erfahrungszustand ist
- Eine Arbeitsfokussierung auf das *Erfüllen der Notwendigkeiten jeder Person* auf gerechte und nachhaltige Weise

Der Gesundheitswirbel als Visualisierung des Gesundheitssystems unterstreicht den vielschichtigen organisatorischen Charakter der Gesundheitsversorgung. Es hebt hervor, dass ein nahtlos integriertes Gesundheitssystem aus dem gemeinsamen Fokus auf das ***Erfüllen der Notwendigkeiten der Person/des Patienten*** entsteht.

Ein anderer Blick auf das Gesundheits- und Gesundheitsversorgungssystem erfordert auch einen anderen Blick auf seine Governance-Strukturen. Eine neue Governance-Struktur muss „das Gesundheits- und Gesundheitsversorgungssystem als komplex adaptives System" mit einer neuartigen „Politik- und Governance-Dynamik" verknüpfen, die *Diffusion, Demokratisierung und „gemeinsame Werte"* umfasst (Abb. 13.3). Dies wird nicht zu einer „Einheitslösung" führen [11]; tatsächlich wäre das Fehlen von lokalen Anpassungen, die die Einzigartigkeit der lokalen Umstände widerspiegeln, ein klares Scheitern der Neugestaltungsbemühungen.

Nur gemeinsame Verständnisse ermöglichen eine Transformation des Gesundheitssystems, die *die Notwendigkeiten und Erwartungen aller Beteiligten* im Gesundheits- und Gesundheitsversorgungsraum erfüllt.

Es ist an der Zeit, die Ideologie beiseite zu legen und sich auf das zu konzentrieren, was zählt – die Notwendigkeiten und die Gesundheit unserer gegenwärtigen und zukünftigen Patienten.

Das Bruttoinlandsprodukt ... misst alles ... außer dem, was das Leben lebenswert macht.

Robert F. Kennedy (1925–1968)

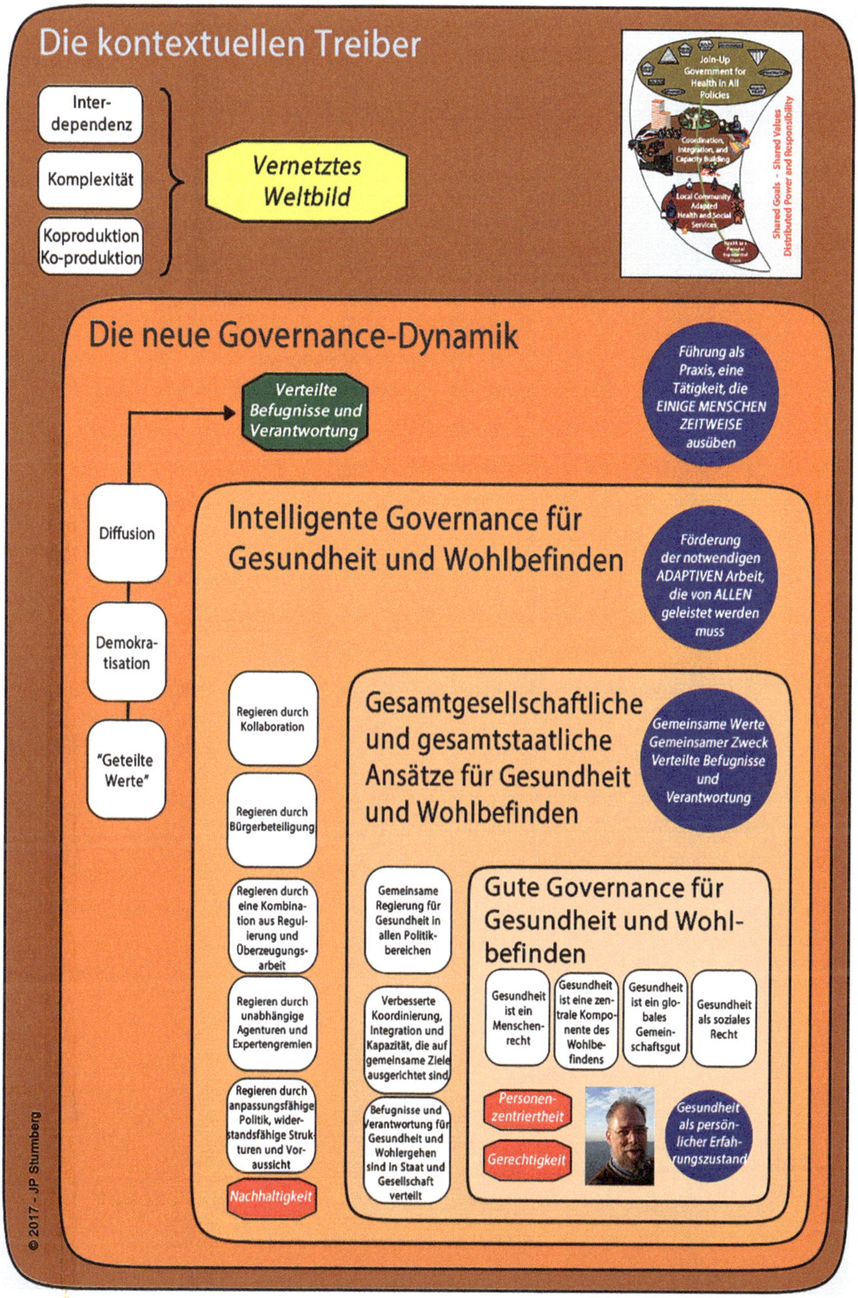

Abb. 13.3 Integration der konzeptuellen und philosophischen Grundlagen, die ein personenzentriertes, gerechtes und nachhaltiges komplex adaptives Gesundheitssystem untermauern, mit den Prinzipien der Governance im gesamten Gesundheitssystem. Erweitertes Rahmenwerk basierend auf: World Health Organization Regional Office for Europe. Governance for health in the twenty first century: a study conducted for the WHO Regional Office for Europe. Copenhagen: World Health Organization Regional Office for Europe, 2011

Anhang 1

Bedrohungen für Systemveränderungen – Ansichten aus der Einsicht

- Eigeninteresse – Leistungserbringer, Gesundheitsorganisationen, externe Organisationen
  - Skrupellose Überversorgung mit einem Verfahren als reine Einkommensquelle
  - Medikalisierung des täglichen Lebens
  - Kostenerstattung nach dem Leistungsprinzip
  - Förderung des Konsumverhaltens anstelle von Gesundheitsdienstleistungen
- Fehlende finanzielle Anreize, um weniger Ressourcen zu verbrauchen
  - Einsparung von Geld durch Reduzierung ineffizienter Ressourcen
  - Angst vor Budgetkürzungen angesichts von Einsparungen durch effektivere Ressourcennutzung
  - Outsourcing - verringert den Grad der Kontrolle, den eine Organisation über den Gesamtbetrieb der Organisation behält
- Fragen zur aktuellen medizinischen Praxis
  - Gibt es einen Unterschied zwischen Physiotherapie und Bewegung im Vergleich zu einem bestimmten chirurgischen Eingriff in der Orthopädie?
  - Unterscheidet sich ein häufig verwendetes Medikament von einem Placebo?
  - Ist ein komplexer, hochinvasiver chirurgischer Eingriff besser als ein weniger invasiver, weniger Ressourcen verbrauchender Eingriff?
- Medizinische Ausbildung
  - Derzeitige Konzentration auf das Krankheitsmanagement auf der Grundlage von EBM-Leitlinien
  - Fehlen eines geisteswissenschaftlichen Curriculums und einer Auseinandersetzung mit den Geisteswissenschaften in der klinischen Praxis
  - Systemdenken - Gesundheit und Krankheit im Kontext der äußeren Umgebung des Menschen: Ernährung, Wohnen, Arbeitsumfeld und -bedingungen, Bildung
- Allgemeine Fehleinschätzung von Gesundheit und Krankheit- Überschätzung der Häufigkeit von Krankheiten
  - Überschätzung des Behandlungsnutzens und Unterschätzung der Behandlungsrisiken
  - Sensationalisierung von „medizinischen Durchbrüchen"
  - Prozessauditierung fördert nicht die „strategische soziale Entscheidungsfindung"

Anhang 2

Was tun wir, um die Nachhaltigkeit des Gesundheitssystems zu gewährleisten? – Zusammenfassung [11]

Die Gesundheitsausgaben sind in Australien in den letzten Jahrzehnten stetig gestiegen, genau wie in vielen Ländern weltweit. Immer mehr Regierungen machen sich Sorgen darüber, wie dieses Niveau der öffentlichen Ausgaben aufrechterhalten werden kann. Viele suchen nach Wegen, um das Wachstum der Gesundheitsausgaben einzudämmen oder die „Kostenkurve zu biegen".

Steigende Gesundheitsausgaben sind ein schwer zu lösendes Problem, da es eine Vielzahl von Faktoren gibt, die die Gesundheitskosten in die Höhe treiben, und die meisten davon sind tief in einem komplexen Gesundheitssystem verwurzelt, in dem vieles außerhalb der Reichweite der Regierung liegt. Einfache technische Lösungen wie strengere Beschränkungen für die Staatsausgaben oder die Verwendung von monetären Anreizen zur Änderung des Verhaltens von Gesundheitsfachleuten oder Verbrauchern sind wahrscheinlich allein nicht wirksam, da sie sich nicht mit wichtigen politischen Dimensionen des Problems auseinandersetzen. Regierungen müssen beispielsweise Wege finden, das Wachstum der Gesundheitsausgaben zu verlangsamen, ohne die Gesundheitsergebnisse negativ zu beeinflussen, insbesondere für Menschen, die bereits in schlechter Gesundheit sind. Regierungen müssen auch Veränderungen vor Ort bewirken, wo Gesundheitsdienstleistungen erbracht werden. Dies kann schwierig sein, da viele Gesundheitsdienstleister im privaten Sektor tätig sind, der außerhalb der direkten Kontrolle der Regierungen liegt.

Trotz der Herausforderungen verwenden die meisten Regierungen eine Reihe von politischen Instrumenten, um das Wachstum der Gesundheitsausgaben zu kontrollieren. Dieses Papier identifiziert einige der Hauptinstrumente, die in Australien verwendet werden:

- Entscheidung, welche Gesundheitsinterventionen öffentlich finanziert werden
- Änderung der Art und Weise, wie Gesundheitsdienstleister bezahlt werden
- Auferlegung von Kosten auf Einzelpersonen
- Einschränkung der Kapazität des Gesundheitssystems und
- Förderung des Wettbewerbs

In dem Papier wird bewertet, wie effektiv jedes dieser Instrumente in Australien eingesetzt wird, und es skizziert einige potenzielle Reformoptionen.

Schlüsselpolitische Instrumente zur Begrenzung der Gesundheitsausgaben
Entscheidung, welche Gesundheitsversorgungsmaßnahmen öffentlich finanziert werden

Eines der Hauptinstrumente, die Regierungen zur Kontrolle der Gesundheitsausgaben einsetzen, besteht darin sicherzustellen, dass öffentliche Gelder nur zur Finanzierung der klinisch effektivsten und kosteneffektivsten Gesundheitsinterventionen verwendet werden. Formell wird dieser Prozess als Health Technology

Assessment (HTA) bezeichnet. Derzeit arbeiten HTA-Prozesse in Australien innerhalb diskreter Sektoren des Gesundheitssystems und nicht darüber hinaus. Der Bewertungsprozess für neue Medikamente ist beispielsweise völlig getrennt von dem für neue medizinische Verfahren. Derzeit werden die meisten Bewertungen für neue Technologien oder Interventionen durchgeführt; bestehende, auch wenn sie veraltet oder unwirksam sind, werden weiterhin finanziert, außer in relativ seltenen Fällen.

Um diese Probleme in der HTA zu beheben, könnten politische Entscheidungsträger in Erwägung ziehen, eine einzige HTA-Agentur zu gründen, die in der Lage ist, die klinische Wirksamkeit und Kostenwirksamkeit aller Arten von neuen und bestehenden Gesundheitsinterventionen systematisch zu untersuchen. Unter diesen Bedingungen sollte es möglich sein, die Wirksamkeit verschiedener Arten von Interventionen für die gleichen Gesundheitszustände zu vergleichen. Es sollte auch in Betracht gezogen werden, Mechanismen zur „Entfinanzierung" oder „Desinvestition" von den am wenigsten wirksamen Interventionen einzuführen.

Änderung der Art und Weise, wie Gesundheitsdienstleister bezahlt werden

Die Art und Weise, wie Gesundheitsdienstleister bezahlt werden, hat ebenfalls Auswirkungen auf die Gesundheitsausgaben. Einige Zahlungsmethoden bieten Anreize zur „Überversorgung", während andere wenig Anreiz bieten, qualitativ hochwertige Pflege zu liefern. Australien stützt sich derzeit stark auf Zahlungsmethoden für Anbieter, die von der Weltgesundheitsorganisation als die am wenigsten effektiven Methoden zur Eindämmung des Ausgabenwachstums angesehen werden: Zahlungen nach dem Kostenerstattungsprinzip und die aktivitätsbasierte Finanzierung (ABF) bieten beide starke Anreize, das Volumen der erbrachten Versorgung und damit die Gesamtausgaben zu erhöhen.

Um die Gesundheitsausgaben einzudämmen, könnten politische Entscheidungsträger in Erwägung ziehen, die Vergütung nach Einzelleistungen und ABF-Methoden durch andere zu ergänzen oder zu kombinieren, die besser in der Lage sind, das Ausgabenwachstum zu begrenzen (Beispiele hierfür sind feste Budgets und angestellte Mitarbeiter). Es wird wichtig sein, dass diese neuen Methoden auch von Reformen begleitet werden, die die Systeme zur Leistungsüberwachung stärken, damit sie keine nachteilige Auswirkung auf die Qualität der Versorgung haben.

Mehr Kosten den Einzelpersonen aufbürden

Viele Regierungen versuchen, das Wachstum der Gesundheitsausgaben durch die Auferlegung von Kosten auf Einzelpersonen zu begrenzen; diese Kosten sind allgemein bekannt als Zuzahlungen. Die meisten Länder entfernen sich von der Verwendung von Zuzahlungen als Mittel zur Finanzierung der Gesundheitsversorgung, aber Australien stützt sich weiterhin stark auf sie. Obwohl Australien ein System von Sicherheitsnetzen hat, um die Menschen vor übermäßig hohen Kosten aus eigener Tasche zu schützen, gibt es nun Hinweise darauf, dass die Kosten für die Versorgung einige Menschen davon abhalten, notwendige Gesundheitsdienste in Anspruch zu nehmen. Da dies weder gerecht noch effizient ist, sollten politische Entscheidungsträger in Betracht ziehen, die australische Politik in Bezug auf Zuzahlungen und Sicherheitsnetze auf hohem Niveau zu überprüfen. Bei dieser Überprüfung sollten nicht nur technische Fragen wie Zugang, Ansprüche und

Höhe der Leistungen erörtert werden, sondern auch alternative Vorschläge für die Zuzahlungspolitik geprüft und diskutiert werden.

Einschränkung der Kapazität des Gesundheitssystems

Die Gesamtkapazität des Gesundheitssystems hat einen starken Einfluss auf das Ausgabenwachstum. Die Kapazität wird in hohem Maße durch die Anzahl der Gesundheitseinrichtungen und die Anzahl der im System tätigen Gesundheitsfachkräfte bestimmt. Reformen in der Art und Weise, wie Gesundheitsfachkräfte in Australien ausgebildet und registriert werden, wurden kürzlich umgesetzt, aber es ist noch zu früh, um ihre Auswirkungen auf das Ausgabenwachstum zu bewerten. Die Entscheidungsprozesse für die Gesundheitsinfrastruktur in Australien haben jedoch relativ wenig Aufmerksamkeit erhalten. Derzeit gibt es mehrere Verfahren zur Finanzierung von Gesundheitsinfrastrukturen, was es schwierig, wenn nicht gar unmöglich macht, die Auswirkungen von Entscheidungen zur Finanzierung der Infrastrukturen auf die Gesundheitsausgaben zu überwachen.

Um das Wachstum der Gesundheitsausgaben zu kontrollieren, könnten Regierungen in Betracht ziehen, die verschiedenen Entscheidungsprozesse im Infrastrukturbereich in Australien zu konsolidieren und sie transparenter zu gestalten. Um weitere Fortschritte im Bereich des Gesundheitspersonals zu erzielen, müssen Regierungen weiterhin neue Wege der Zusammenarbeit in Bereichen gemeinsamer Verantwortung finden.

Förderung des Wettbewerbs

Wettbewerb ist ein Schlüsselfaktor für Effizienz und Innovation in vielen Wirtschaftssektoren, aber er ist im Gesundheitssektor umstritten, weil es so viele Bereiche des Marktversagens gibt. Obwohl es Wettbewerb im australischen Gesundheitssystem gibt, ist er in vielen Bereichen begrenzt.

Es gibt viele potenzielle Optionen, um den Wettbewerb im Gesundheitswesen zu fördern, aber frühere Erfahrungen hier und im Ausland zeigen, dass Wettbewerbspolitiken nicht immer die erwarteten Vorteile bringen. Um effektive Wettbewerbspolitiken im Gesundheitswesen zu entwerfen und umzusetzen, müssen die politischen Entscheidungsträger zunächst die Unterschiede zwischen dem Gesundheitswesen und anderen Märkten anerkennen.

Einige Optionen in medizinischen Dienstleistungen bestehen darin, eine größere Rollensubstitution zu fördern (zum Beispiel den Einsatz von Krankenpflegekräften oder Arzthelfern, wo dies angemessen ist). Eine andere Möglichkeit besteht darin, der Regierung eine größere Rolle bei der Ausbildung von medizinischen Spezialisten zu geben und den Prozess transparenter zu gestalten.

Australiens Gesundheitsversicherungssystem sollte als Priorität für Reformen betrachtet werden, da es einen übergreifenden Einfluss auf den Wettbewerb zwischen Anbietern und Dienstleistungserbringung hat. Das Hauptproblem bei der Krankenversicherung besteht darin, langjährige Fragen zur Rolle der privaten Versicherung im Kontext von Medicare (gesetzliche Krankenversicherung) zu klären. Es existieren bereits eine Reihe von Vorschlägen für Versicherungsreformen, wie z. B. die Förderung eines gesteuerten Wettbewerbs zwischen Versicherungskassen, die Umverteilung bestehender öffentlicher Subventionen für Privatversicherungen in andere Bereiche, z. B. an Patienten in Form von Gutscheinen, an private Krankenhäuser in Form von Bettzuschüssen oder direkt an öffentliche Krankenhäuser.

Anhang 3

Sozialpolitik und Gesundheitsversorgung – Paul Spicker Emeritus Professor für öffentliche Politik an der Robert Gordon Universität, UK
Mein Dank geht an Prof. Paul Spicker für die Bereitstellung dieses Anhangs.

Die Untersuchung der Sozialpolitik hat sich größtenteils nicht direkt mit „Gesundheit" beschäftigt. Viele Themen, die für das Wohlergehen der Menschen zentral sind – Liebe, Lachen, Freizeit, Kultur, Musik – spielen bei der Bereitstellung von Dienstleistungen keine Rolle. Die Sozialpolitik beschäftigt sich viel mehr mit Gesundheitsversorgung – der Organisation, Verwaltung und Bereitstellung von Gesundheitsdienstleistungen. Gesundheitsversorgung wurde nicht immer als eine eigene Kategorie angesehen. Sie wird manchmal als Teil eines anderen Systems gesehen – das Armenrecht, das medizinische Versorgung zusammen mit Einkommen, Bildung und Arbeitshäusern bereitstellte, oder die Idee der „sozialen Sicherheit" in Frankreich, die die Finanzierung der Gesundheitsversorgung zusammen mit Renten verwaltet. Ebenso werden andere Dienstleistungssysteme manchmal als Teil der Gesundheitsversorgung behandelt: Das viktorianische Gesundheitsamt war auch für öffentlichen Wohnungsbau und Sanitärversorgung zuständig, und in den 1920er und 1930er Jahren wurden psychiatrische Krankenhäuser zur Behandlung von psychischen Erkrankungen, Lernbehinderungen und Illegitimität fast austauschbar eingesetzt. Es ist denkbar, dass zukünftige Generationen auf unsere Unterscheidungen zwischen Gesundheits- und Sozialpflege oder Gesundheitsförderung und körperlicher Erziehung mit Verwunderung zurückblicken – oder dass Bereiche, in denen wir es versäumen, die Gesundheitsversorgung von anderen Feldern zu unterscheiden, was mit der Medikalisierung des Sterbens geschehen ist, ebenso verwirrend sein werden.

Regierungen und Gesundheitsversorgung

Das Gesundheitswesen bietet keine Gesundheit; es bietet Pflege. Der Hauptzweck der kollektiven sozialen Organisation bestand darin, die Bereitstellung von Pflege zu regulieren und zu verwalten, am direktesten durch die Gewährleistung einiger Behandlungsgarantien im Bedarfsfall. Die „Gesundheitssysteme" des kontinentalen Europas können hauptsächlich als Versicherungssysteme verstanden werden, die medizinische Kosten für Beitragszahler oder Bürger decken. Im Allgemeinen bieten fast alle diese Systeme eine vernünftig umfassende Abdeckung für Krankenhauspflege; die meisten decken ambulante Pflege in gewissem Umfang ab, und zumindest einige der Kosten für medizinische Produkte [1]. Das Versicherungsprinzip ist auch in nationalen Systemen implizit; der britische National Health Service bietet jedem nicht Gesundheit, sondern das Äquivalent einer universellen Krankenversicherung, finanziert durch Steuern.

In Entwicklungsländern neigt spezialisierte medizinische Versorgung dazu, auf diejenigen mit größeren Ressourcen beschränkt zu sein, mit nur begrenzten Ausnahmen (z. B. Sri Lanka und Kuba); für die allgemeine Bevölkerung ist ein anderes Modell im Entstehen. Essential Health Packages, manchmal auch Basic Health Care Packages genannt, bieten eine universelle Bereitstellung ausgewählter medizinischer Leistungen, wie Impfungen oder Geburtshilfe, während sie typischerweise sowohl die teurere, hochtechnologische Reaktion auf Krankheiten und Unfälle, als auch die Versorgung von längerfristigen Zuständen wie psychiatrischer Pflege oder Unterstützung bei Behinderungen vermeiden [2, 3].

Die Systeme, die zur Bereitstellung von Gesundheits- und Sozialdiensten entwickelt wurden, sind komplex. Die kollektive Bereitstellung wird manchmal im Kontext der Handlungen von „Wohlfahrtsstaaten" diskutiert, aber dieser Begriff ist irreführend (siehe Tab. A.3.1 und A.3.2 zur Klärung). In vielen Gesellschaften hat sich die kollektive Versorgung nicht durch die Regierung oder den Staat entwickelt; sie hat durch gegenseitige Versicherungen und freiwillige Gesellschaften begonnen, oder sogar durch Gewerkschaften [6, 7]. Gegenseitige Versicherung ist intrinsisch umverteilend: Menschen bündeln Risiken, um mit Veränderungen des Schicksals umgehen zu können, und Mitgliedschaft kauft Sicherheit. Die Erfahrung mehrerer Länder war eine fortschreitende Ausweitung der Abdeckung, hauptsächlich auf Schwierigkeiten stoßend, wenn bestehende Systeme Menschen mit niedrigem Einkommen oder solche mit besonderen Notwendigkeiten nicht abdecken. Wenn Zwang eingeführt wurde, hat er sich oft mit der Beseitigung des Rests beschäftigt – erweitert auf die Ärmsten die Vorteile der Solidarität und des sozialen Schutzes, die sonst nur denen mit mehr Ressourcen garantiert werden könnten [7].

Regierungen und Staaten sind nicht die einzige Art und Weise, wie kollektive Dienstleistungen organisiert werden, aber sie haben eine wichtige Rolle bei der

Tab. A.3.1 Klärung von Begriffen – Sozialpolitik, Wohlfahrt und der Wohlfahrtsstaat

Sozialpolitik	Wohlfahrt
• Verwaltung von Sozialdiensten - Gesundheitsverwaltung - Soziale Sicherheit - Bildung - Beschäftigungsdienste - Gemeinschaftspflege - Wohnungsverwaltung • Soziale Probleme managen - Verbrechen - Behinderung - Arbeitslosigkeit - Geistige Gesundheit - Lernbehinderung - Alter • Soziale Benachteiligung ansprechen - Rasse - Geschlecht - Armut	• Wohlbefinden und „Nützlichkeit" (wo das Wohlbefinden oder die Interessen der Menschen aus den Dingen bestehen, die sie wählen zu haben) • Sozialschutz und die Bereitstellung von Dienstleistungen, z. B. für Kindheit, Krankheit oder Alter (dies ist das Hauptverständnis in Europa) • Finanzielle Unterstützung für arme Menschen (dies ist die Hauptverwendung in den USA) Wohlfahrtsstaat • Ein ideales Bild der Sozialfürsorge, das die bestmöglichen Dienstleistungen auf der Grundlage des Rechts auf Staatsbürgerschaft bietet • Die Bereitstellung von Sozialleistungen durch die Regierung (die Hauptverwendung in den USA) • Die vielfältigen sozialen Systeme, die existieren, um Dienstleistungen zu erbringen und sozialen Schutz zu bieten (die Hauptverwendung in Europa)

Hinweis: Für weitere Informationen siehe P. Spicker (2014) Sozialpolitik: Theorie und Praxis [4]

Tab. A.3.2 Einige Argumente für und gegen die Bereitstellung von Sozialhilfe

	Argumente für Sozialhilfe	Argumente gegen Sozialhilfe
Humanitär	• Wohlfahrt erfüllt Notwendigkeiten • Wohlfahrt ermächtigt Menschen • Wohlfahrt schützt die individuelle Würde	• Wohlfahrt beschränkt die individuelle Freiheit
Religiös	• Der Katholizismus erkennt eine Pflicht zur sozialen Solidarität (oder gegenseitigen sozialen Verantwortung) an • Judentum, Islam und lutherisches Christentum erfordern kollektive Verantwortung für die eigene Gemeinschaft	• Kollektive Versorgung verdrängt die Wohltätigkeit
Demokratisch	• Demokratische Regierungen dienen ihren Bürgern • Sozialschutz hat sich parallel zu demokratischen Rechten entwickelt	• Die verfassungsmäßige Regierung muss eingeschränkt werden, um Tyrannei zu vermeiden
Wirtschaftliches Wohlergehen	• Wohlfahrt ist das, was Menschen wählen; eigeninteressierte Individuen bündeln Risiken und ergreifen kollektive Maßnahmen	• Wohlfahrt beeinträchtigt die grundlegenden Eigentumsrechte
Wirtschaftsorganisation	• Märkte hinterlassen Lücken	• Märkte bieten Auswahl und machen Dinge besser
Sozial	• Wohlfahrt fördert den sozialen Zusammenhalt	• Wohlfahrt führt zu Abhängigkeit

Hinweis: Für weitere Informationen siehe P. Spicker (2017) Argumente für Wohlfahrt: Der Wohlfahrtsstaat und Sozialpolitik. [5]

Dienstleistungserbringung übernommen. Manchmal geschieht dies, um das bestehende Versorgungsmuster zu ergänzen (wie das französische *régime général* oder der Affordable Care Act in den USA); in anderen, selteneren Fällen, hat der Staat die Rolle übernommen, die zuvor von freiwilliger und gegenseitiger Hilfe ausgeführt wurde. Das grundlegendste Argument für staatliches Handeln ist, dass eine demokratische Regierung da ist, um das zu tun, was die Menschen von ihr erwarten. Regierung, schrieb Edmund Burke, ist „eine Erfindung der menschlichen Weisheit, um menschliche Bedürfnisse zu befriedigen.“ [8] Die Hauptbeschränkung für diese Art von Regierungshandeln wird in verfassungsmäßigen Regierungen auferlegt, wo Verfassungen den legitimen Umfang der Regierungstätigkeit einschränken. Regierungen engagieren sich häufig in Bereichen, in denen:

- Maßnahmen den Schutz der gesamten Öffentlichkeit gewährleisten, wie beispielsweise Impfungen zur Erreichung der Herdenimmunität oder Sanitär- und Entwässerungsmaßnahmen zur Förderung der öffentlichen Gesundheit
- wo andere Methoden (freiwillig, gegenseitig oder marktbasiert) inakzeptable Lücken hinterlassen haben (zum Beispiel die Langzeitpflege älterer Menschen)
- es notwendig ist, die Interessen einiger Menschen vor Handlungen anderer zu schützen (z. B. Regulierung der Lebensmittelqualität oder der Missbrauch von Antibiotika)

- ein Teil der Versorgung für den Patienten nicht freiwillig ist – zum Beispiel in der psychiatrischen Versorgung

Manchmal spart die Bereitstellung von Gesundheitsversorgung andere Ausgaben; manchmal ist die öffentliche Bereitstellung einfach die praktischste Sache zu tun. Der Grund, warum die Armenrechtsgremien in den 1850er Jahren die Verantwortung für die öffentliche Gesundheit übernahmen, war einfach, dass es in weiten Teilen des Landes keine andere Verwaltungsstelle gab, die dies tun konnte.

Die Bereitstellung im öffentlichen Sektor wurde stark kritisiert. Sie wird oft als wirtschaftlich ineffizient charakterisiert. Das freie Markt-Institut für Wirtschaftsangelegenheiten kritisiert die Art und Weise, wie der britische National Health Service die Ausgaben für Gesundheit einschränkt; wenn die Dinge privat erledigt würden, argumentieren sie, könnten die Menschen mehr Geld ausgeben, wie sie es für richtig halten [9]. Die Kriterien, nach denen öffentliche Dienste arbeiten, unterscheiden sich von denen, die für private Unternehmen gelten. Sie werden von Hood als „Sigma-Typ-Werte" beschrieben, die Sparsamkeit und die Reduzierung von Verschwendung betonen; „Theta-Typ-Werte", die Rechtschaffenheit, Fairness und Legitimität betonen; und „Lambda-Typ-Werte", die Widerstandsfähigkeit, Robustheit und Sicherheit betonen [10]. Einige Kritiker lehnen es ab, dass die öffentlichen Dienste andere Entscheidungen treffen als die, die vom Markt getroffen würden [11, 12], was den Punkt eher verfehlt – das ist es, was sie tun sollen.

Öffentlich und Privat: Wohlfahrtspluralismus

Die Hauptalternative zum öffentlichen Sektor wird manchmal als der „private Sektor" bezeichnet. Dieser Begriff steht für eine Reihe von etwas unterschiedlichen Aktivitäten. In erster Linie wird darunter die Bereitstellung von Waren und Dienstleistungen durch kommerzielle Anbieter über einen Wirtschaftsmarkt verstanden. Dieser Ansatz wird leidenschaftlich von den „Neoliberalen" unterstützt, die das Denken in der Wirtschaft und in internationalen Organisationen weitgehend dominieren. Arthur Seldon argumentiert, dass der Preismechanismus zu einer Wahl für den Verbraucher führt; ein vom Verbraucher und nicht von den Berufen geführter Service; effizientere Dienstleistungen zu geringeren Kosten (weil dies die Rentabilität erhöht); Reaktion auf Bedürfnisse (weil ihre Bezahlung davon abhängt); und die Bildung der Menschen über die Auswirkungen ihrer Entscheidungen [13].

Ökonomen machen viel aus dem „Marktversagen", Umständen, in denen die Annahmen, die in der theoretischen Wirtschaft gemacht werden, nicht zutreffen. Märkte haben unvollkommene Informationen (insbesondere im Gesundheitswesen, wo spezialisiertes Wissen eines der Hauptprodukte ist, die gekauft werden); sie sind an bestimmte Standorte gebunden (insbesondere bei der Bereitstellung persönlicher Dienstleistungen); es kann Probleme des „moralischen Risikos" geben, bei denen die Bedürfnisse und Ansprüche der Menschen auf Gesundheitsversorgung durch ihr eigenes Verhalten geprägt sind. Im Gesundheitswesen gelten die normalen Beschränkungen der Nachfrage nicht; Menschen werden alles ausgeben, was sie haben, um am Leben zu bleiben. Die grundlegenden

Probleme der Märkte gehen jedoch tiefer als die herkömmliche Vorstellung von Marktversagen. Es liegt in der Natur eines Marktes, dass Verbraucher nicht die einzigen sind, die eine Wahl haben; Produzenten haben auch eine. Menschen mit komplexen und potenziell teuren notwendigen Bedürfnissen, die in abgelegenen Gebieten leben, sind unsicher versicherbar. Es gibt einen Prozess der „adversen Selektion", der Menschen ausschließt; und der öffentliche Sektor wird im Allgemeinen dazu gebracht, die Lücken zu füllen [14]. Wo immer öffentliche Dienstleistungen als letzter Ausweg bereitgestellt wurden, gibt es Fragen der Gerechtigkeit und der Aufrechterhaltung der Grenzen; der Prozess der Bewältigung von Restbedürfnissen ist unweigerlich kostspielig und ineffizient; und diese Elemente haben wiederum zu einem unerbittlichen Druck geführt, den Umfang der Bereitstellung zu erweitern.

Es gibt kein Land, in dem Dienstleistungen ausschließlich durch die Aktivität der Regierung oder durch den kommerziellen Markt erbracht werden. Die Bereitstellung von medizinischer Versorgung in den USA wird oft als „privat" dargestellt, aber in der Praxis zahlt die Regierung etwa die Hälfte der Kosten, durch eine Reihe von Dienstleistungen und Finanzierungsmechanismen einschließlich Medicare (Unterstützung für ältere Menschen), Medicaid (Unterstützung für Menschen mit niedrigem Einkommen), Landesregierungen (die typischerweise für langfristige psychiatrische Versorgung zahlen), staatliche Versicherungen (z. B. in Hawaii und Minnesota) und den Dienst für Ureinwohner Amerikas. Dann gibt es TRICARE, für Militärpersonal, und die Veterans Health Administration, ein System für ehemalige Militärangehörige und ihre Familien, die zusammen mehr als 70 Millionen Menschen betreuen. Wenn wir uns den „privaten" Sektor genauer ansehen, umfasst er freiwillige Non-Profit-Organisationen, Wohltätigkeitsorganisationen, gegenseitige Versicherungen und kommerzielle Bezahlung für Dienstleistungen. Ein freiwilliges Krankenhaus kann sowohl private als auch öffentliche Stationen haben.

Die Unterscheidung zwischen öffentlich und privat erfasst jedoch nicht das volle Spektrum an Dienstleistungen, die in entwickelten Gesellschaften üblich sind – ein Spektrum, das verschiedentlich als „gemischte Wohlfahrtsökonomie" oder manchmal als „Wohlfahrtspluralismus" bezeichnet wird. Der Begriff „privat" wird manchmal mit dem „freiwilligen" Sektor verwechselt, aber die Motivationen und Ansätze der freiwilligen Bereitstellung unterscheiden sich in der Regel stark von kommerziellen Anbietern. Einige freiwillige Anbieter sind gemeinnützige Organisationen, die gegründet wurden, um ein soziales Ziel voranzutreiben. Einige sind gegenseitig, sie bieten sozialen Schutz. Die Grenzen zwischen verschiedenen Aktivitätsklassen sind undeutlich. Es gibt „soziale Unternehmen", die Markpraktiken mit gemeinschaftlichen Zielen verbinden. Einige freiwillige Organisationen richten sich nach den Prinzipien von Handel und Unternehmen. Umgekehrt haben einige kommerzielle Organisationen ausgeklügelte Systeme für betriebliche Wohlfahrt oder soziale Unternehmensverantwortung.

Es ist auch erwähnenswert, dass es einen „informellen" Sektor gibt. Viele Menschen erhalten physische Pflege nicht von Fachleuten, sondern von Familienmitgliedern, Partnern, Nachbarn und Freunden. In einer vernichtenden Kritik an der sozialen Versorgung von Menschen mit Lernbehinderungen machte Michael Bayley deutlich, dass die von Fachleuten oder staatlichen Diensten erbrachte Pflege im Vergleich zur Arbeit informeller Pflegekräfte als marginal angesehen werden sollte – manchmal eine Ergänzung, oft als Zusatz zur eigentlichen Arbeit [15]. Er argumentierte daher, dass die Planung für soziale Leistungen nur dann erfolgen könnte, wenn sie auf bestehenden sozialen Netzwerken aufbaut – ein Prozess, den er als „Verwebung" bezeichnete, der aber inzwischen eher als „Pflegepaket" betrachtet wird.

Warum das Gesundheitswesen nicht wie ein Unternehmen ist

Das Geschäftsmodell, das Wirtschaftslehrbücher dominiert, ist das Modell einer Reihe von Anbietern, die alle Entscheidungen darüber treffen, was sie anbieten, wie sie es tun und was sie berechnen. Es ist eine Binsenweisheit zu sagen, dass die Gesundheitsversorgung nicht viel damit zu tun hat, aber das bringt uns nicht sehr weit; auch im wirklichen Leben sind die Unternehmen anders. Es ist schwierig zu verallgemeinern, weil es so viele verschiedene Aspekte gibt, aber in jeder Diskussion über die Gesundheitsversorgung wird es wahrscheinlich grundlegende Abweichungen vom theoretischen Modell geben.

Die erste dieser Abweichungen betrifft die Ziele. Eine der primären Eigenschaften, die eine Aktivität als öffentlichen Dienst definiert – ob sie auf Regierung, freiwilliger Aktivität, Wohltätigkeit, Mutualismus oder anderem Unabhängigen basiert – ist, dass sie dazu dient, öffentliche Ziele zu fördern [16]. Der primäre Test für jeden öffentlichen Dienst ist, ob er dabei effektiv ist – „Effektivität" wird in Bezug auf das Ausmaß definiert, in dem der Dienst seine Ziele erfüllt. Die meisten öffentlichen Dienste versuchen gleichzeitig, dies ohne Verschwendung von Ressourcen zu tun und streben nach Kosteneffizienz. Einige werden ihre Aktivitäten „zielgerichtet" durchführen, um die Bereiche auszuwähen, in denen sie den größten Effekt erzielen; andere werden Dienstleistungen rationieren, indem sie Kriterien für die Anspruchsberechtigung und die Zuweisung von Dienstleistungen anwenden, um ihre Ziele effektiver zu erreichen. Kosteneffizienz ist ein sehr unterschiedlicher Test von der Idee der „Effizienz", die in Wirtschaftsbüchern zu finden ist. Produktive Effizienz wird erreicht, wenn Unternehmen Waren oder Dienstleistungseinheiten zu den niedrigstmöglichen Kosten pro Einheit produzieren. Kosteneffizienz wird erreicht, wenn die Ziele eines Dienstes in größtmöglichem Umfang zu den niedrigsten Kosten erreicht werden. Der Unterschied zwischen den beiden ist einfach: es ist eine Frage, wie viel ein Produzent tun sollte. Unternehmen werden effizient, indem sie entscheiden, wie viel sie produzieren sollen; sie werden den Umfang ihrer Aktivität auf das Niveau beschränken, das ihre Rendite maximiert. Ich habe früher auf die Probleme der adversen Selektion hingewiesen. Es macht aus wirtschaftlicher Sicht durchaus Sinn, Menschen mit Verbrennungen nicht zu behandeln; Verbrennungen sind teuer zu behandeln. Diese Art der Auswahl ist implizit im Marktprozess – wenn kommerzielle Unternehmen entscheiden, welche Aktivitäten sie durchführen sollen, tun sie nur das, was sie tun sollen. Öffentliche Dienste, wenn sie versuchen, diese Konsequenzen zu vermeiden, versuchen nicht, „effizient" zu sein; sie versuchen, etwas anderes zu tun.

Das zweite Schlüsselproblem betrifft die Kommodifizierung – ein unschönes Stück Jargon, für das ich mich entschuldigen muss, aber es gibt keine echte Alternative. Der Verkauf von Waren funktioniert am effizientesten, wenn klar ist, was verkauft wird und was es kostet, es zu produzieren. Dies ist bei persönlichen Dienstleistungen schwieriger, aber einige persönliche Dienstleistungen (wie Friseurdienste oder Hotelzimmer) können kommodifiziert werden – das heißt, sie können auf die gleiche Weise in verkaufbare Produkte umgewandelt werden. Es gibt sicherlich Elemente in der Gesundheitsversorgung, die auf dieser Basis behandelt werden können – der Verkauf von medizinischen Gütern, Laser-Augenoperationen, spezifische Aufgaben in der Zahnmedizin. Man könnte argumentieren, dass Versicherungen auf diese Weise verkauft werden können, obwohl sie mehr Sicherheit bieten, wenn sie es nicht tun. Der Versuch jedoch, die Kommodifizierung weiter auszudehnen, zum Beispiel auf Zeitpakete für die Pflege älterer Menschen, ist umstritten; es geht etwas verloren in Kontinuität, persönlichen Beziehungen und Vertrauen. Ziele wie ganzheitliche Reaktion, emotionale Unterstützung oder kontinuierliche Pflege werden wahrscheinlich durch Kommodifizierung gestört. Es sollte daher nicht überraschen, dass ein Großteil der Arbeit von öffentlichen Diensten, freiwilligen Organisationen und Wohltätigkeitsorganisationen „dekommodifiziert" ist – vollständig aus einem Marktregime herausgenommen.

Der dritte Unterschied betrifft die Dienstleistungsintegration. Kommerzielle Märkte müssen nicht koordiniert oder integriert werden; sie haben die „unsichtbare Hand". Jeder Einzelne wählt aus, was er aus einer Reihe von Optionen erhalten wird, die angeboten werden. Diese Vorgehensweise hat jedoch ernsthafte Einschränkungen – auch die Anbieter haben Wahlmöglichkeiten. Der lückenhafte und selektive Ansatz der Märkte impliziert von Anfang an eine Landschaft fragmentierter und teilweiser Bereitstellung. Dies wurde durch die komplexe, eingeschränkte und manchmal restliche Entwicklung öffentlicher Dienstleistungen verschärft.

Es hat in den öffentlichen Diensten eine zunehmende Betonung von Integrationsfragen gegeben: ganzheitliche Betreuung, Einbeziehung einer Reihe von Interessengruppen, Abbau von Barrieren zwischen „Silos". Es gibt Vorbehalte gegenüber einigen dieser Versuche: Professionelle Unterschiede spiegeln Unterschiede in Ausbildung, Fachwissen und Zweck wider und die Bereitstellung komplexer Dienstleistungen erfordert eine Arbeitsteilung, um effektiv zu sein. Ein starker Schwerpunkt auf Partnerschaft kann negative Auswirkungen auf einen Dienst haben – Verwischen von professionellen Grenzen und Verlagerung der Aufmerksamkeit von Kerntätigkeiten auf Randtätigkeiten. Wenn mehrere Dienste gleichzeitig versuchen, ganzheitlich zu sein, können sie Anstrengungen duplizieren und sich gegenseitig auf die Füße treten. Nichts davon schmälert die Argumentation, die zur Betonung der Integration geführt hat: den Wunsch sicherzustellen, dass Menschen nicht leiden, wenn die Verantwortung für sie zwischen den Diensten übergeht, um Lücken zu vermeiden, Duplikation zu reduzieren (was verschwenderisch ist) und es jedem Dienst zu ermöglichen, seine Ziele in größtmöglichem Umfang zu erreichen. Zusammenarbeit und Partnerschaft sind nur ein Teil dieses Prozesses; der andere Teil ist die Einbeziehung des Dienstnutzers [17]. Persönliche Dienstleistungen können nicht effektiv erbracht werden ohne die Anwesenheit und in gewisser Weise die Beteiligung des Dienstnutzers. Die Vorstellung, dass Dienstleistungen von Fachleuten und Dienstnutzern „ko-produziert" werden, ist ein Aufruf, die Rolle des Patienten ebenso wie die des Gesundheitsfachmanns zu berücksichtigen. Wie es das zeitgenössische Motto ausdrückt: „Nichts um mich ohne mich".

Literatur

1. Paris V, Hewlett E, Auraaen A, Alexa J, Simon L (2016) Health care coverage in OECD countries in 2012. OECD Health Working Papers, No. 88. OECD Publishing, Paris. http://dx.doi.org/10.1787/5jlz3kbf7pzv-en
2. World Bank (1993) World Development Report 1993: investing in health. World Bank, Washington DC
3. http://www.who.int/healthsystems/topics/delivery/technical_brief_ehp.pdf
4. Spicker P (2000) The welfare state: a general theory. SAGE, London
5. Spicker P (2014) Social policy: theory and practice. Policy Press, Bristol
6. Baldwin P (1990) The politics of social solidarity. Cambridge University Press, Cambridge
7. Yanay U (1990) Service delivery by a trade union – does it pay? J Soc Policy 19(2):221–234
8. Spicker P (2017) Arguments for welfare: the welfare state and social policy. [7]. Rowman and Littlefield, London
9. Burke E (1790) Reflections on the revolution in France. Holt, Rinehart and Winston, New York 1959
10. Niemitz K (2016). Rebuttal: „The NHS is wonderful, just underfunded", Institute of Economic Affairs. https://iea.org.uk/blog/rebuttal-the-nhs-is-wonderful-just-underfunded
11. Hood C (1991) A public management for all seasons? Public Adm. 69(1):3–19
12. Wolf C (1978) A theory of non-market failure, Rand Corporation, Santa Monica
13. Winston C (2006) Government failure versus market failure. Brookings, Washington DC
14. Seldon A (1977) Charge. Temple Smith, London
15. Barr N (2004) The economics of the welfare state. Oxford University Press, Oxford
16. Bayley M (1973) Mental handicap and community care. RKP, London
17. Spicker P (2009) The nature of a public service. Int J Public Admin. 32(11):970–991
18. Osborne S, Radnor Z, Nasi G (2013) A new theory for public service management? Am Rev Public Admin 43(2):135–158

Literatur

1. Rittel HWJ, Webber MM (1973). Dilemmas in a general theory of planning policy sciences. Pol Sci 4(2):155–69.
2. Weick K (1995) Sensemaking in organizations. Sage Publications, London
3. Weick K (2001) Making sense of the organization. Wiley-Blackwell, Oxford
4. Kolko J (2015) Design thinking comes of age. Harv Bus Rev. 93(9):66–69
5. Archer B (1965) Systematic method for designers. The Design Council, London
6. Simon HA (1969) The sciences of the artificial. MIT Press, Cambridge
7. Papanek V (1971) Design for the real world: human ecology and social change. Pantheon Books, New York
8. Buchanan R (1992) Wicked problems in design thinking. Des Issues 8(2):5–21

9. World Health Organization Regional Office for Europe (2011) Governance for health in the 21st century: a study conducted for the WHO Regional Office for Europe. Copenhagen: World Health Organization Regional Office for Europe
10. Rasmussen L (2010) Making our health system more sustainable: an ideas paper for the Commissioner of Environmental Sustainability, Victoria. Doctors for the Environment Australia, College Park, SA
11. Prowle M, Harradine D (2015) Sustainable healthcare systems: an international study. ACCA (the Association of Chartered Certified Accountants), London. Available at: http://www.accaglobal.com/an/en/technical-activities/technical-resources-search/2015/february/sustainable-healthcare-systems.html
12. Heifetz R (1994) Leadership without easy answers. Harvard University Press, Cambridge, MA
13. McGinnis JM, Williams-Russo P, Knickman JR (2002) The case for more active policy attention to health promotion. Health Aff (Millwood). 21(2):78–93
14. Starfield B (2011) Politics, primary healthcare and health: was Virchow right? J Epidemiol Community Health 65(8):653–655
15. Boxall A-M (2011) What are we doing to ensure the sustainability of the health system? Canberra, Australia: Department of Parliamentary Services, Parliament of Australia, 18 November 2011. Report No.: Contract No.: 4 2011–12. Available at: http://www.aph.gov.au/About_Parliament/Parliamentary_Departments/Parliamentary_Library/pubs/rp/rp1112/12rp04
16. World Economic Forum (2011) The future of government. Lessons learned from around the world. World Economic Forum, Geneva. REF: 010611. Available at: http://www3.weforum.org/docs/EU11/WEF_EU11_FutureofGovernment_Report.pdf
17. Smith A (2007) An inquiry into the nature and causes of the wealth of nations. MεταLibri – digital edition, São Paulo
18. Pitts J (2015) Irony in Adam Smith's critical global history. Polit. Theory 45(2):141–163
19. Coker EW (1990) Adam Smith's concept of the social system. J. Bus. Ethics 9(2):139–142